장애유아 통합교육과정

| 총신대학교 부속유치원 편 |

[하나, 둘, 셋, 단계별 따라 하기]

학지사

머리말

교육과학기술부는 유치원에서 2010년에 만 5세부터 시작하여, 2011년에는 만 4세, 2012년에는 만 3세부터 장애유아 통합교육을 의무적으로 실시한다는 법령을 공포하였다. 오래전부터 통합교육을 실시하고 있는 유치원이나 어린이집에서는 참으로 반갑고 기쁜 소식이 아닐 수 없다. 그러나 유아교육 현장에서 장애유아 통합교육을 실시하기 위해서는 갖추어야 할 몇 가지 기본 조건이 있다.

첫째, 장애유아의 특성을 고려하여 개별화 교육을 실시하도록 교사는 장애유아의 특성에 대한 전문적 지식과 기술을 갖추고 있어야 한다.

둘째, 비장애유아의 태도에 관한 것이다. 장애유아와 비장애유아가 한 학급에 있음으로써 상호작용할 기회가 일어난다. 비장애유아가 장애유아를 친구로 받아들여 긍정적인 태도를 형성할 수 있도록 다양한 프로그램이 동시에 제공되어야 한다.

셋째, 통합교육을 성공적으로 이끌기 위해서는 교사의 준비된 자질과 전문적인 능력이 절대적으로 필요하다. 이는 대학의 교사양성 교육과정에서 이미 갖추어져 있어야 한다.

넷째, 교실환경을 어떻게 구성하느냐 하는 것 역시 전문적 소양의 영역이다.

다섯째, 교육 프로그램을 위해 무엇을, 어떻게 진행하느냐 하는 것이다.

이러한 상황에서 볼 때 우리나라의 유아교육기관은 장애유아 통합교육을 위해 갖추어야 할 기본 조건을 갖추지 못한 상태다. 그 이유는 현장의 교사들이 대학에서 교사양성 교육과정 중 일반 유아를 위한 교육과정만을 이수했기 때문이다. 장애유아를 위한 교육과정이 거의 구성되어 있지 못한 것이 오늘날 우리나라 대학의 유아교육 교사양성 교육과정의 현실이다.

이러한 현실 속에서 총신대학교 유아교육과에서는 1995년부터 학과 교육과정을 장애유아를 위한 과목을 개설하고, 나아가 본 대학 부속유치원에서는 장애유아 통합교육을 실시하였다. 뿐만 아니라 실험 실습장인 유치원에서 많은 연구 보고서와 거기에 따른 책을 발간하여 왔다.

이번에 집필한 『장애유아 통합교육과정』은 AEPS를 통한 프로그램으로서 현장 교사들이 보다 쉽게 적용하여 사용할 수 있도록 구성하였다.

본 대학 부속유치원에서 실시하고 있는 장애유아 통합교육과정을 소개함으로써 현장에 있는 교사들에게 조금이나마 도움이 되었으면 한다.

이 책은 다음과 같이 구성되어 있다. 제1부는 이론적인 것을, 제2부는 단계별 실행을, 제3부는 실제 프로그램을 소개한다.

제1부. 이론편

제1장과 제2장은 장애유아의 이해와 장애유아 통합교육과 관련된 일반적인 내용을 개괄적으로 소개한다.

제2부. 프로그램의 기본 틀

유아교육기관에서의 장애유아 통합교육의 단계별 실행에 관련된 내용을 실었다. 제3장은 장애유아 통합교육 프로그램과 관련된 틀(frame work)을 제시하였다.

제4장은 장애유아가 유아교육기관에 입학하기 위해 필요한 절차와 그 내용에 관한 것으로서, 장애유아의 입학과 관련하여 필요한 서식, 입학 면담과 입학 전후의 장애유아를 위한 유치원 적응 프로그램을 간략하게 소개하였다.

제5장은 교육진단을 통해 교육 목표를 정하고, 개별화 교육을 실행하기 위한 내용을 담고 있다. 교육진단 도구인 AEPS를 활용하여 단계별로 질적인 교육 목표를 작성하기 위한 단계를 체계적으로 소개하였다.

제6장은 제5장을 통해 질적인 교육 목표를 매일의 일과에 적용하도록 하는

과정이다. 제시된 질적인 교육 목표를 참고하여 충분히 연습할 수 있는 기회를 제공함으로써 일과 운영을 돕도록 하였다.

제7장은 장애유아 가족 지원을 위한 내용이다. 먼저 가족 지원에 대한 이론을 소개하고, 장애유아의 개별화 교육 계획에 대한 가족의 요구와 흥미를 파악하기 위해서 AEPS 가족 보고서를 활용한 단계별 전략을 제시하였다. 그리고 가족 지원을 위한 다양한 면담 사례와 프로그램을 소개하였다.

제3부. 실제편

장애유아 통합교육의 실제를 다루었다. 연간, 학기별, 월간, 주간, 일일 교육 계획을 본 대학 부속유치원의 교육과정 내용에 따라 구체적으로 소개하였다. '부록'으로는 장애 위험군 및 장애유아 행동 지원을 위한 구체적인 사례를 소개하였다.

아무쪼록 이 책이 일선에서 수고하는 모든 선생님들께 길잡이가 되어 장애유아 통합교육을 실시하는 데 도움이 되기를 바라는 마음이다.

2011년 8월

저자 일동

차 례

제2부 장애유아 프로그램의 기본 틀

제3부 장애유아 통합교육의 실제편

| 부록 | AEPS를 활용한 장애유아 통합교육 프로그램의 효과

제1부

이론편

제1장 장애와 장애유아의 이해

인간의 가치관은 한 시대의 사회적 사상에 많은 영향을 받게 되고, 한 사회 또는 그 속에서 생활하는 사회인들이 장애를 겪고 있는 사람들에게 어떠한 관심과 태도, 심리를 가지고 있으며, 어떠한 인간적 가치를 부여하고, 얼마만큼 장애에 대한 올바른 인식을 가지고 있느냐 하는 것이 장애유아의 사회 적응과 교육 및 복지에 중요한 요인이 되고 있다. 따라서 이 장에서는 장애유아에 대한 전반적인 이해를 위해 장애유아에 대한 정의, 장애유아에 대한 법적 근거, 장애유아의 유형별 개념과 원인 및 특성에 대해 살펴본다.

1 장애유아의 이해

장애유아는 선천적이든 후천적이든 관계없이 신체적 · 정신적 능력의 불완전으로 인하여 개인의 일상생활 또는 사회생활에 필요한 것을 확보하는 데 자기 스스로 완전하게 또는 부분적으로 할 수 없는 유아를 말한다. 사람들은 누구나 장애를 갖게 될 수 있으며 건강한 상태를 장기간 유지한다는 것은 어려운 일이므로, 미국에서는 비장애인을 '일시적으로 유능한 사람(temporary able-bodies)'이라고 하기도 한다. 따라서 장애유아라고 해서 따로 분리하거나 편견을 가져서는 안 되며, 장애를 가져도 비장애인과 마찬가지로 사회의 한 일원으로서 생활할 수 있도록 이끌어야 한다.

1) 장애유아의 정의

특수교육 대상인 장애유아는 신체적 특성이나 학습 능력이 규준과 달라서 개별화된 특수교육이 필요한 시각장애, 청각장애, 정신지체, 발달지체, 지체장애, 정서 · 행동장애, 자폐성장애, 의사소통장애, 학습장애, 건강장애를 갖고 있는 유아를 일컫는다.

2) 특수교육의 의미

장애유아는 일반적으로 정서적 불안과 내향적 성격을 가지며, 그로 인해 비정상적인 인격을 형성하는 경우가 많다. 장애유아가 부정적인 자아 개념을 갖게 되는 것은 장애 그 자체 때문이기도 하지만, 그가 속해 있는 사회의 구성원들의 부정적 태도도 중요한 요인이 되기 때문에 장애로 인해 생긴 제반 문제는 그 자신만의 문제가 아니라 사회적 문제이기도 하다. 따라서 장애아를 위한 교육과 보호 대책은 물론 장애아가 속한 사회의 구성원들이 장애아를 긍정적으로 수용하려는 태도를 갖게 하는 것도 매우 중요하다. 사회가 장애아를 바르게 이해하고 수용해야 교육의 효과를 기대할 수 있기 때문이다.

「장애인 등에 대한 특수교육법 시행령」(2008)에 의하면, 특수교육은 특수교육 대상자의 특성에 적합한 교육과정 · 교육방법 · 교육매체 등을 통하여 교과교육 · 치료교육 · 직업교육 등을 실시하는 것을 말한다.

미국 「장애인교육법(Individual Disability Education Act: IDEA)」에 의하면, 특수교육은 부모에게 어떠한 비용 부담 없이 장애아동의 개인별 특수한 요구를 충족시키기 위하여 특별히 고안된 교육을 말하며, 장애아동 개개인의 독특한 요구를 위하여 개발된 것이기 때문에 그 의미는 전통적 학교교육 이상의 교육적인 것으로서 체육을 포함하여 학교나 가정 또는 필요하다면 병원이나 시설 등에서의 교육도 포함된다.

3) 조기 특수교육의 의미

조기 특수교육은 유아의 양육과 복지에 대한 관심이 높아지면서 수준 높은 조기 양육 프로그램의 중요성이 강조되고, 소수집단과 장애인에 대한 차별의 심각성을 인식하여 장애인을 위한 법률 제정을 위한 노력의 일환으로 1975년 공법 94-142가 통과되면서 무상 의무교육을 실시하고, 점차적으로 장애인을 위한 특수교육 프로그램이 제공되었다. 그러나 법률로 제정되기 이전부터 미국의 헤드 스타트 프로그램에서는 특별한 도움이 필요한 유아들에게 최초로 공교육을 실시하였으며, 교육사업뿐 아니라 영양사업, 의료 및 치과 진료를 포함한 건강사업, 사회사업, 가족 지원을 위한 부모교육 등의 서비스가 제공되었다. 1975년 제정된 공법 94-142는 조기 특수교육에 지대한 영향을 미쳤다.

- 입학 거부 불가: 장애의 종류와 정도에 관계없이 모든 유아는 무상 공립교육을 받을 의무가 있다.
- 개별화 교육: 특정 유아들의 요구와 필요에 적합하게 개별화된 교육 프로그램이 구성되어야 한다.
- 차별 없는 공정한 진단, 분류, 배치: 유아들의 진단과 분류 및 배치를 위해서는 차별이 없어야 하며, 부모의 동의하에 이 모든 과정이 이루어져야 한다.
- 최소제한 환경: 장애유아라고 해서 분리된 교육을 실시하는 것이 아니라 최소제한 환경 내에서 분리가 이루어져야 하며, 가능한 한 비장애유아들과 함께 교육이 이루어지도록 배려해야 한다.
- 절차 및 과정상의 정당성에 대한 권리: 부모는 유아의 교육에 영향을 미치는 학교의 교육이나 조치 등에 대해 알고, 행동을 취할 권리가 있다.
- 의사결정에 참여하기: 부모는 자녀와 관련된 주나 지역 정책의 수립과정에 참여할 수 있어야 하며, 유아의 교육 프로그램 개발과 실시에 참여하여야 한다.

2 장애유아교육의 법적 근거

우리나라는 1949년 제정된 「교육법」 제143조에서 특수학교 설립을, 동법 제144조에서는 특수학급 설치를 명백히 규정함으로써 최초의 법적 장치를 마련하였다. 그러나 이후 구체적인 법적 조치가 후속되지 못하여 특수교육은 외면당하다가 1977년 「특수교육진흥법」이 제정되면서 의무교육 연령에 달한 모든 장애유아에게 무상교육권을 주었으나 공교육 보장과 부모나 보호자의 권리에 대해서는 규정하지 않았다. 그 후 1997년 개정된 「특수교육진흥법」과 2007년 「장애인 등에 대한 특수교육법」에는 조기 특수교육, 의무교육, 통합교육, 개별화 교육, 차별금지가 제시되었다. 「장애인 등에 대한 특수교육법」을 간략하게 소개하면 다음과 같다.

- 우리나라의 「장애인 등에 대한 특수교육법」(2007년 제정, 2008년 시행)

가. 목적

이 법은 특수교육을 필요로 하는 사람에게 국가 및 지방자치단체가 적절하고 고른 교육 기회를 제공하고, 교육방법 및 여건을 개선하여 자주적인 생활능력을 기르게 함으로써 그들의 생활 안정과 사회참여에 기여함을 목적으로 한다.

나. 정의

이 법에서 사용하는 용어의 정의는 다음과 같다.

① "특수교육"이라 함은 특수교육 대상자의 특성에 적합한 교육과정·교육방법·교육매체 등을 통하여 교과교육·치료교육·직업교육 등을 실시하는 것을 말한다.

② "특수교육 대상자"라 함은 제10조의 규정에 의하여 특수교육을 필요로 하는 사람으로 선정된 사람을 말한다.

③ "특수교육기관"이라 함은 특수교육 대상자에게 유치원·초등학교·중학교 또는 고등학교(전공과를 포함한다. 이하 같다) 과정을 교육하는 특수학교 및 특수학급을 말한다.

④ "특수학급"이라 함은 특수교육 대상자에게 통합교육을 실시하기 위하여 고등학교 이하의 각급 학교에 설치된 학급으로서, 그들의 능력에 따라 전일제·시간제·특별지도·순회교육 등으로 운영되는 학급을 말한다.

⑤ "순회교육"이라 함은 특수교육을 담당하는 교원(이하 "특수학교 교원"이라 한다)이

가정이나 의료기관, 학교, 기타 시설 등에 있는 특수교육 대상자를 방문하여 행하는 특수교육을 말한다.

⑥ "통합교육"이라 함은 특수교육 대상자의 정상적인 사회 적응 능력의 발달을 위하여 일반 학교(특수교육기관이 아닌 학교를 말한다. 이하 같다)에서 특수교육 대상자를 교육하거나, 특수교육기관의 재학생을 일반 학교의 교육과정에 일시적으로 참여시켜 교육하는 것을 말한다.

⑦ "치료교육"이라 함은 장애로 인하여 발생한 결함을 보충함과 동시에 생활기능을 회복시켜 주는 심리치료 · 언어치료 · 물리치료 · 작업치료 · 보행훈련 · 청능훈련 및 생활적응훈련 등의 교육활동을 말한다.

다. 의무교육

① 특수교육 대상자에 대한 초등학교 및 중학교 과정의 교육은 이를 의무교육으로 하고, 유치원 및 고등학교 과정의 교육은 이를 무상으로 한다. [개정 2005. 3. 24] [시행일 2005. 9. 25]

② 제1항의 규정에 의한 의무 및 무상교육에 드는 비용은 대통령령이 정하는 바에 따라 국가 또는 지방자치단체가 이를 부담 또는 보조한다.

라. 조기 특수교육 시책 강구

국가 및 지방자치단체는 장애를 지닌 유아에 대한 유치원 과정의 교육을 촉진하기 위하여 장애의 조기 발견, 교원 양성, 교육시설, 설비 확충, 조기 특수교육에 필요한 시책을 강구하여야 한다.

마. 특수교육 대상자의 선정

① 다음 각 호의 1에 해당하는 장애가 있는 사람 중 특수교육을 필요로 하는 사람으로 진단 · 평가된 사람을 특수교육 대상자로 선정한다.

1. 시각장애
2. 청각장애
3. 정신지체
4. 지체장애
5. 정서 · 행동장애
6. 자폐성장애
7. 의사소통장애
8. 학습장애
9. 건강장애
10. 발달지체장애

② 제1항의 특수교육 대상자가 취학(입학 · 재입학 · 전학 및 편입학을 포함한다. 이하 같다)하고자 하는 경우에는 고등학교 과정은 교육감이 시 · 도 특수교육운영위원회의, 중학교 과정 이하의 각급 학교는 교육장이 시 · 군 · 구 특수교육운영위원회(이하 "운영위원회"라 한다)의 심사를 거쳐 이를 선정하고, 그 외의 각급 학교에 취학하고자 하는 경우에는 당해 학교의 장이 이를 선정한다.

③ 운영위원회 또는 제2항의 규정에 의한 학교의 장은 특수교육 대상자를 심사 · 선정하는 때는 그 보호자에게 의견을 진술할 기회를 주어야 한다. 다만, 그 보호자가 정당한 사유 없이 이에 응하지 아니하거나 그 보호자의 소재 불명 등으로 의견 진술의 기회를 줄 수 없는 경우에는 그러하지 아니한다.

④ 제1항 내지 제3항의 규정에 의한 특수교육 대상자의 진단 · 평가 · 심사 · 선정의 기준 및 절차와 선정 통보 등에 관하여 필요한 사항은 대통령령으로 정한다.

바. 각급 학교의 지정 · 배치

① 특수교육 대상자가 고등학교 과정 이하의 각급 학교에 취학하고자 할 때는 당해 학교에 직접 지원하거나 고등학교 과정은 교육감에게, 중학교 과정 이하는 교육장에게 학교를 지정 · 배치하여 줄 것을 요구할 수 있다. [개정 1997. 12. 13]

② 교육감 또는 교육장은 제1항의 요구를 받은 경우, 당해 운영위원회의 심사를 거쳐 적절한 학교를 지정 · 배치하여야 한다. 이 경우 다른 특별시 · 광역시 및 도(이하 "시 · 도"라 한다)에 소재하는 특수학교 또는 국립특수학교를 지정 · 배치하고자 할 때는 당해 시 · 도 교육감, 교육장 또는 당해 학교의 장과 협의하여야 한다.

③ 운영위원회는 제2항의 규정에 의하여 학교의 지정 · 배치 요구를 심사할 때는 특수교육 대상자의 장애 정도 · 능력 · 거주지 등을 종합적으로 판단하여야 하며, 그 보호자의 의견을 참작하여야 한다.

사. 차별의 금지

① 각급 학교의 장은 특수교육 대상자가 당해 학교에 입학하고자 하는 경우, 그가 지닌 장애를 이유로 입학 지원을 거부하거나 입학전형 합격자의 입학을 거부하는 등의 불이익한 처분을 하여서는 아니 된다. [개정 1997. 12. 13]

② 각급 학교의 장은 특수교육 대상자의 입학전형 및 수학 등에 있어서 특수교육 대상자의 장애 종별 및 정도에 적합한 편의를 제공하여야 한다. [개정 1997. 12. 13]

아. 순회교육

① 교육감은 각급 학교에서 통합교육을 받고 있는 특수교육 대상자의 교육을 위하여 필요한 경우 순회교육 또는 파견교육을 실시하여야 한다.

② 교육감은 학령기가 지났거나 교육받지 못하는 특수교육 대상자가 수용된 장애

인복지시설 · 아동복지시설 · 치료기관 또는 가정 등에 특수학교 교원을 순회하도록 하거나 파견하여 교육을 실시하는 데 필요한 대책을 강구하여야 한다.

자. 통합교육(2장 참조)

차. 개별화 교육

각급 학교의 장은 특수교육 대상자의 능력 및 특성에 적합한 개별화 교육방법을 강구하여 특수교육 대상자로 하여금 그의 능력을 최대한 계발하도록 하여야 한다.

카. 보호자 교육

각급 학교의 장은 당해 학교에 재학 중인 특수교육 대상자의 보호자가 원하는 경우 또는 보호자 교육이 필요하다고 인정되는 경우, 교육 · 치료 및 직업 등에 대한 보호자 교육 계획을 수립하고 이를 실시하여야 한다.

타. 치료교육

① 특수교육기관의 장은 특수교육 대상자에 대한 건강진단 및 생활기능의 회복 정도의 판정을 정기적으로 실시하여야 한다.

② 특수교육기관의 장은 제1항의 규정에 의한 건강진단 및 생활기능의 회복 정도를 판정한 결과 치료교육이 필요한 특수교육 대상자가 있는 경우에는 이에 필요한 조치를 취하여야 한다.

파. 특수교육운영위원회

① 특수교육에 관한 주요 사항을 심의하기 위하여 교육인적자원부 장관 소속하에 중앙특수교육운영위원회를, 교육감 소속하에 시 · 도 특수교육운영위원회를, 교육장 소속하에 시 · 군 · 구 특수교육운영위원회를 둔다. [개정 1997. 12. 13, 2001. 1. 29. 법률 제6400호]

② 제1항의 규정에 의한 특수교육운영위원회의 기능, 구성 및 운영 등에 관하여 필요한 사항은 대통령령으로 정한다. 다만, 중앙특수교육운영위원회의 기능은 대통령령이 정하는 기관으로 하여금 수행하게 할 수 있다. [개정 1997. 12. 13]

3 미국의 「장애인교육법(IDEA)」

1975년 장애아들이 비장애아들과 함께 학교에서 공부할 수 있도록 공법 94-142인 「전장애아동교육법(Education for All Handicapped Children Act)」을 제정하였으며, 1997년 새로이 개정된 「장애인교육법」인 PL105-17이 마련되어 장애아들도 무상 공교육을 받을 수 있게 되었다. 「장애인교육법」의 중요한 원리는 다음과 같이 6가지로 요약할 수 있다.

1) 장애인 배제 금지

장애인 배제 금지는 3~21세의 학생은 장애의 유형에 상관없이 공교육을 받을 의무가 있으며, 어떠한 이유로도 이들을 배제해서는 안 된다는 것을 명문화하고 있다.

2) 장애인에 대한 차별적 평가 금지

만약 장애가 없는 것으로 판단되면 특별한 장애 관련 서비스를 받지 않아도 되며, 장애가 있는 것으로 판단이 나면 다른 평가를 진행하여 어떠한 특수교육 관련 서비스를 받아야 할지를 결정하는 중요한 기준을 제공한다.

3) 장애인 개개인에게 적합한 교육

장애인 개개인에게 적합한 교육이란 경제적인 부담 없이 부모나 보호자가 장애아에게 필요하다면 가정, 학교, 특수학급, 병원, 시설 또는 기타 장소에서 장애인 개개인을 위해 고안한 교육 설계를 의미한다. 개개인을 위한 개별화 교육 프로그램인 IEP와 가족 지원 프로그램인 IFSP가 대표적인 예다.

4) 최소제한 환경

장애아를 비장애아와 함께 통합해서 교육하도록 최대한 배려하는 주류화(mainstreaming), 통합(integration)의 원리로 혼용하여 사용한다. 최소제한 환경이란 장애아에게 제공되는 환경이 제한되거나 빈약해서는 안 되며, 제한을 최소화해야 한다는 점을 강조한다. 또한 장애아는 가능한 한 비장애아와 함께 교육받아야 한다.

5) 적법한 절차

「교육법」에 명시되어 있어도 갈등이 발생할 경우 중재가 어려우면 청문 과정을 진행하고, 여기서도 문제가 해결되지 않는다면, 이해 당사자가 아닌 제삼자를 선정하여 다시 중재가 이루어지도록 한다. 이러한 과정은 적법한 절차에 의해 이루어지도록 한다.

6) 부모와 학생의 참여

장애아의 교육적 결정을 하기 위해서는 장애아 당사자뿐 아니라 부모가 반드시 참여하도록 한다. 부모가 무엇을 어떻게 가르쳐야 할지, 가정에서는 어떠한 노력을 기울여야 할지를 함께 의논하고 장애아의 공식적 평가와 진단에 참여하여 특수시설 및 서비스를 선별하고 결정하는 데 참여하도록 한다.

4 장애유아의 유형에 따른 이해

우리나라의 경우 장애 유형은 「장애인 등에 대한 특수교육법 시행령」과 「장애인복지법 시행령」에 명시되어 있다. 「특수교육법」 제10조에 명시된 장애가 있는 사람 중 특수교육을 필요로 하는 사람으로 진단·평가된 특수교육 대상자와 「장애인 등에 대한 특수교육법 시행령」에 제시된 장애 유형에 대한 정의, 원인, 특성을 살펴보면 다음과 같다.

1) 시각장애

(1) 시각장애의 정의

시각장애에 대한 정의는 나라마다 다양하게 사용하고 있으므로, 이와 관련해서는 의학적 정의 및 우리나라와 미국의 법적 정의만 살펴본다.

① 의학적 정의

의학적 정의에 따르면, 안과학에서는 보통 시력으로 시각장애 여부를 결정하는데 1/3m 이상의 거리에서 안전지수(finger count)를 구별하지 못하면 맹, 양안 교정시력이 0.02 이상 0.04 미만이면 준맹이라고 한다. 한편 약시는 고도 약시, 중등도 약시 및 경도 약시로 나뉘는데, 흔히 라식(LASIK)과 같은 시력교정 수술이나 렌즈 및 안경 등의 보조물을 착용하여 나올 수 있는 시력인 교정시력이 0.04～0.1이면 고도 약시라 하며, 0.1～0.3일 때 중등도 약시, 0.3～0.8이면 경도 약시라고 진단한다(이상욱, 김재호, 1996).

② 법적 정의

우리나라 「장애인복지법 시행령」에 시각장애는 시각계의 손상이 심하여 시각기능을 전혀 이용하지 못하거나 보조공학기의 지원을 받아야 시각적 과제를 수행할 수 있는 사람으로서 시각에 의한 학습이 곤란하여 특정의 광학기구 · 학습매체 등을 통하여 학습하거나 촉각 또는 청각을 학습의 주요 수단으로 사용하는 사람으로 정의된다.

- 1급: 두 눈의 시력(교정이 가능한 경우 교정시력을 의미함)을 합한 것이 0.01 이하인 사람
- 2급: 두 눈의 시력을 합한 것이 0.02 이상 0.04 이하인 사람
- 3급: 두 눈의 시력을 합한 것이 0.05 이상 0.08 이하인 사람
- 4급: 1. 두 눈의 시력을 합한 것이 0.05 이상 0.08 이하인 사람
  2. 두 눈의 시야가 각각 5도 이내인 사람
- 5급: 1. 두 눈의 시력을 합한 것이 0.13 이상 0.2 이하인 사람
  2. 두 눈의 시야가 각각 10도 이내인 사람
  3. 두 눈에 의한 시야의 1/2 이상을 잃은 사람
- 6급: 한쪽 눈의 시력이 0.02 이하, 다른 쪽 눈의 시력이 0.6 이하인 사람으로 두 눈의 시력을 합한 것이 0.2를 초과하는 사람

미국의 IDEA에서는 교정을 한 후에도 교육적 성취에 부정적인 영향을 미치는 맹

을 포함하는 시각 손상, 저시력과 맹을 모두 포함한다.

(2) 시각장애의 원인

시각장애의 원인은 선천적 원인과 후천적 원인으로 나눌 수 있다.

① 선천적 원인

- 백색증: 홍채에 빛이 너무 많이 들어오는 것을 막지 못하여 생기는 질환으로, 빛에 민감하고 빛이 많을 경우 더욱 어려움이 생긴다.
- 패용성 약시: '게으른 눈'이라고도 부르며, 눈의 결함보다는 한쪽 눈을 사용하여 사용하지 않는 다른 쪽 눈의 시력이 저하되는 것을 말한다.
- 무안구증: 안구가 없는 상태를 말한다.
- 백내장: 선천성 백내장은 수정체에 문제가 생겨 뿌옇게 되어서 시력이 안 좋은 경우를 말한다.
- 소안구증: 안구 형성이 매우 작아서 시각장애가 생기는 것을 말한다.
- 안구진탕증: 자기 스스로 조절이 되지 않는 상태로 눈동자가 양옆이나 위아래로 규칙적으로 움직여서 초점 맞추기가 어려워 시력이 저하되는 것을 말한다.
- 시신경축: 시신경 발달에 문제가 생겨 단안 또는 양안이 나타나는 것을 말한다.

② 후천적 원인

후천성 백내장과 녹내장, 고혈압성 망막증, 당뇨병성 망막증, 눈의 굴절과 근육 이상, 난시, 사시가 이에 해당한다.

(3) 시각장애의 특성

시각장애를 가진 신생아의 운동발달은 정상적인 신생아와 크게 다르지 않으나, 연령이 증가하면서 시각장애의 영향을 받아 운동발달이 점차적으로 지체된다. 전체적인 운동발달뿐 아니라 눈과 손의 협응과 같은 협응력과 소근육 발달에도 어려움을 보이며, 전체적인 운동 수행 능력이 떨어진다. 또한 시각장애아는 필요한 정보를 받아들이는 데 어려움이 있으므로 유아의 인지는 잠재적인 능력에서는 차이가 없지만, 이를 계발할 수 있는 기회의 부족으로 인해 발달 면에서 속도가 지연될 수 있으며, 대상에 대한 개념이 달리 설정될 수 있다. 특히, 시각장애로 인해서 자유스럽게 움직이는 기회나 활동적인 놀이를 할 경험적 기회가 제한되므로 일반적인 운동기능 발달이 지체될 수 있다. 그러므로 방향감각이나 움직임에 대한 특별한 지도가 필요하다.

2) 청각장애

(1) 청각장애의 정의

청각장애란 '농'의 정의에 해당되지 않으면서 교육적 성취에 부정적인 영향을 미치는 영구적이거나 변동적인 청각의 손상을 의미한다.

우리나라의 「장애인복지법」에서는 청각장애를 '청력 손실이 심하여 보청기를 착용해도 청각을 통한 의사소통이 불가능 또는 곤란한 상태이거나 청력이 남아 있어도 보청기를 착용해야 청각을 통한 의사소통이 가능하여 청각에 의한 교육적 성취가 어려운 사람'으로 정의한다.

- 2급: 두 귀의 청력 손실이 각각 90dB 이상인 사람(두 귀가 완전히 들리지 않는 사람)
- 3급: 두 귀의 청력 손실이 각각 80dB 이상인 사람(두 귀에 입을 대고 큰 소리로 말해도 듣지 못하는 사람)
- 4급: 1. 두 귀의 청력 손실이 각각 70dB 이상인 사람(귀에 대고 말해야 들을 수 있는 사람)
  2. 두 귀에 들리는 보통 말소리의 명료도가 50% 이하인 사람
- 6급: 1. 두 귀의 청력 손실이 각각 60dB 이상인 사람(40cm 이상 거리에서 발성된 말소리를 듣지 못하는 사람)
  2. 한 귀의 청력 손실이 80dB 이상이며, 다른 귀의 청력 손실이 40dB 이상인 사람

미국 IDEA의 청각장애에 대한 정의를 보면, 보청기를 착용하지 않은 상태에서 청각을 통해서 언어적인 정보를 처리하지 못함으로써 교육적 성취에 부정적인 영향을 미치는 심각한 청각 손상을 의미한다.

(2) 청각장애의 원인

청각의 손상은 소리 파장을 신경적 충동으로 바꾸어 두뇌에 정보로 전달해 주는 일련의 과정 중 특정 부분에 방해를 받을 때 일어난다. 이러한 청각장애의 원인은 다양하고 그 원인이 확실하지 않지만 유전성 원인과 출생 전후 감염 및 질병으로 인한 출생 관련 요인으로 분류할 수 있다.

① 유전성 원인

우성유전에는 전음기관의 기형이나 변형에 의한 전음난청과 가족 진행성 감음난청이 있으며, 열성유전에는 산발성 감음난청이 있다.

② 출생 관련 원인

출생 전에는 모체 바이러스 감염, 약물중독, 영양 및 대사장애, 방사선 노출이 원인이 될 수 있으며, 출생 시에는 2.5kg 미만의 미숙아의 경우 15%가 난청일 가능성이 높고, 모체와 태아와의 Rh 혈액형 부적합에 의한 용혈성 빈혈, 그 외의 외상도 원인이 될 수 있다. 출생 후에는 바이러스 감염, 약물중독, 내이의 손상을 유발하는 두부 손상 또는 중이염 등이 원인이 되기도 한다.

(3) 청각장애의 특성

청각장애의 주요 특성은 언어발달의 지체다. 이는 청각장애로 인한 듣기 능력의 결손에 기인하며, 이로 인하여 사물의 특성을 지각하고 이해하거나 사리 판단하는 데 지체를 초래한다. 이러한 원인으로 인해 청각장애아들은 다음과 같은 일반적인 특성을 나타낸다.

첫째, 어휘발달에서는 일반 유아들에 비해 난청 유아들은 2년, 농아 유아들은 4~5년 정도 지체된다. 또한 구체적인 단어인 명사나 동사는 대체적으로 습득이 용이하지만, 추상적인 단어인 형용사나 부사의 습득에서는 어려움을 지니며, 문법 습득과 문장의 이해에도 어려움이 있다.

둘째, 발성 및 발화는 자신의 목소리가 피드백이 잘 안 되므로 분명하지 않으며, 특정 음소를 탈락시키거나 다른 음소로 대치하거나 말의 억양과 음높이의 어색함, 속도와 음률의 부적절, 비음, 지나치게 탁한 소리, 숨찬 소리 등을 낸다.

이러한 특성으로 인해 청각장애 유아들은 말과 언어발달에 어려움을 가지며, 의사소통에 제한을 받는다. 일반적으로 청각장애 유아들은 구문 및 형태론과 관련된 영역에서 가장 두드러진 장애를 나타낸다. 난청은 청각을 통해 어느 정도 말을 들을 수 있어 일상생활의 상호작용에 어려움이 없으므로 이들의 어려움을 간과하기 쉽다. 따라서 어휘력이나 문법상의 오류에 집중해서 지도가 이루어져야 한다. '농'인 경우에는 시각적인 방법으로 타인과 의사소통해야 하며, 다른 사람의 언어에 대한 이해력이 떨어지므로 수화반을 구성하는 등 교사가 적극적인 노력을 기울여야 한다.

3) 정신지체

(1) 정신지체의 정의

우리나라 「장애인복지법 시행령」에서는 정신지체의 개념을 '지적 기능과 적응 행동상의 어려움이 함께 존재하여 교육적 성취에 어려움이 있는 사람'으로 정의하고 있다. 다시 말해, 정신지체는 발달과정의 시기에 나타나 교육적 성취에 부정적인 영향을 미치는 적응 행동상의 결함과 동시에 나타나는 심각한 평균 이하의 지적 기능을 의미하며, 가장 많이 사용되는 진단도구는 표준지능검사로서 지능지수가 70 이하이면 특별한 보호와 훈련이 요구되는 정신지체의 범주에 포함된다.

미국정신지체협회(AAMR)에 따르면 정신지체는 완전한 자조기능을 가지는 교육 가능한 경도(IQ 55~70), 기본적인 자조기능과 기능적인 학업기술 및 익숙한 환경에서의 독립적인 행동과 훈련이 가능한 중증도(IQ 40~55), 부분적 자조기술은 가능하나 독자적인 기능을 하기 어려운 중도(IQ 25~40), 약간의 자조기술을 가지나 운동발달이 느리며 항상 감독이 요구되는 보호급의 최중도(IQ 25 미만)로 구분된다.

(2) 정신지체의 원인

정신지체는 다양한 원인에 의해 발생하므로 대부분 원인이 불분명하지만, 알려진 것은 다음과 같다.

① 다운증후군

염색체의 이상으로 인해 발생하는 다운증후군(Down Syndrome)이 있다. 다운증후군이 발생하는 원인은 다음의 3가지를 들 수 있다.

첫째, 3중 염색체로 부모 중 한쪽으로부터 21번 염색체를 2개 받았기 때문에 21번 염색체가 3개가 되는 것이다. 둘째, 유전자의 전위로 21번 염색체의 일부가 다른 염색체 쌍과 자리를 바꾸는 현상이다. 셋째, 모자이시즘(mosaicism)으로 수정된 후 초기 세포 분열에서 비분리 현상이 일어나 21번 염색체가 많아지는 경우다.

② 페닐케톤뇨증

페닐케톤뇨증(phenylketonuria: PKU)은 유전자에 의한 단백질 대사 이상으로 필수 아미노산인 페닐알라닌을 비필수 아미노산인 타이로신으로 바꿈으로써 신진대사를 할 수 없기 때문에 축적된 페닐알라닌이 비정상적인 두뇌발달을 초래함으로써 장애를 일으키는 것이다. 페닐알라닌 성분을 조절하는 식이요법을 실시하면 정신지체를 예방할 수 있다.

③ 약체 증후군

약체 증후군은 23번 성염색체의 X 염색체 이상으로 발생하며, 여아보다 남아에게서 더 많이 나타난다.

④ 프라더-윌리증후군

프라더-윌리증후군(Prader-Willi Syndrome)은 아버지로부터 전해지는 유전적 결함으로 인하여 15번 염색체의 일부가 소실되어 발생한다.

⑤ 두뇌손상

뇌손상은 여러 가지 요인에 의해 발생한다. 임신부의 풍진, 매독, AIDS와 같은 질병, 약물 남용, 영양실조, 방사선에의 노출, 조산, 출생 시 뇌손상 등이 영향을 미친다.

그러나 예방적 차원에서 알아 두어야 할 사항은 유전에 의한 정신지체아가 일반적으로 생각하는 것처럼 순수한 유전에 의한 지체라기보다는 열성유전인자에 기인하며, 이러한 열성유전인자는 3대 영양소인 탄수화물, 단백질, 지방, 그 밖의 여러 음식물을 적절하게 소화시킬 수 있는 기능의 결여로 인해 문제가 발생한다.

(3) 정신지체의 특성

정신지체아의 특징적 행동은 상동증이다. 상동증이란 특별한 이유 없이 반복적인 행동을 하는 것을 의미한다. 학습과정에서 정신지체아들이 나타내는 가장 큰 특징은 사고, 주의력, 기억, 언어적 기능과 같은 인지 능력이 떨어지거나 지체되며 결핍되어 있다는 것이다. 특히, 언어 및 의사소통 문제는 모든 정신지체 유아의 인지 결함으로 인해 나타나는 가장 심각한 적응 행동의 문제 중 하나다. 정신지체를 지닌 유아들은 과제에 집중하는 능력이 부족한 경우가 많으므로 집중력을 키워 주는 것이 필요하다. 또한 반복 연습을 통해서 장기적으로 기억할 수 있도록 체계적이고 장기적인 교육이 이루어지도록 한다.

4) 지체장애

(1) 지체장애의 정의

우리나라 「장애인복지법 시행령」에서 지체장애의 개념은 '기능 · 형태상 장애를 가지고 있거나 몸통을 지탱하거나 팔다리의 움직임 등에 어려움을 겪는 신체적 조건이나 상태로 인해 교육적 성취에 어려움이 있는 사람'으로 정의한다. 더불어 교육적 성취에 부정적 영향을 미치는 심각한 정형외과적 손상, 선천적 기형(예: 내반족, 신체 일부의 결손), 질병에 의한 손상(예: 소아마비, 골결핵), 기타 원인에 의한 손상(예: 뇌성마비, 절단, 근육이나 힘줄을 손상시키는 골절이나 화상)을 포함한다.

(2) 지체장애의 원인

지체장애의 원인은 다양한 범주로 나눌 수 있으나 신경장애, 근골격장애, 외상성 손상, 선천성 기형으로 분류하여 제시하면 다음과 같다.

① 신경장애

중추신경계의 손상이 지체의 원인이 된다. 대표적인 신경장애로는 뇌성마비, 경련성 질환인 뇌전증(간질), 이분척추 등이 있다.

• 뇌성마비: 20% 이상은 원인이 불분명하지만, 출생 전에는 임신부의 감염, 고혈

압, 심폐기능장애, 독성 물질과 엑스선의 노출로 인해, 출생 중에는 분만 사고로 인한 뇌출혈, 분만 중 감염에 의한 뇌염, 뇌막염, 핵황달로 인해, 출산 직후에는 조산, 뇌손상, 뇌혈관 질환, 뇌막염, 중독증, 뇌의 무산소, 하혈, 출혈이 원인이 될 수 있다고 한다.

- 이분척추: 태아 발달기에 골 척추가 완전하게 폐쇄되지 아니하여 생기는 선천성 중앙선 결함이 원인이다.
- 뇌전증(간질): 원인이 분명하지 않으나 산소 결핍, 중독, 분만 외상, 선천성 기형, 종양, 뇌손상의 요인이 원인이 될 수 있다.

② 근골격장애

근육이나 골격의 결함 또는 질환으로 인해 지체장애가 나타날 수 있다. 일반적인 유형은 다음과 같다.

- 근이영양증: 근조직의 퇴화에 기인하는 진행성 쇠약이 특징인 유전성 질환이다.
- 연소성 류마티스 관절염: 사지나 등의 통증과 경직이 특징인 질환으로 원인이 밝혀지지 않았다.
- 불완전 골생성증: 다양한 골절의 결과로 뼈가 불완전하게 생성되는 선천적 질환으로, 결합조직이 비정상적이고, 이완된 관절과 근무력이 일어난다.

③ 외상성 손상

외상성 손상은 출생 후에 신체에 가해진 충격을 말한다.

- 척추손상: 자동차나 오토바이 등 외부적인 것에 의해 척추에 손상을 입는 것을 말한다.
- 외상성 뇌손상: 외부의 힘에 의해 뇌에 손상을 입는 것을 말한다.

④ 선천성 기형

어떤 신체 부위나 기관의 결함 또는 기형을 가지고 태어나는 것을 말한다.

(3) 지체장애의 특성

뇌성마비 유아를 제외하고는 지체장애 유아의 경우는 대부분 지능이 일반 유아와 비슷하다. 신경장애를 가진 유아는 지능과 지각의 결함을 지닐 수 있으며, 이로 인해 학업 성취가 떨어질 수 있다. 뇌성마비 유아들은 약 85~90%가 말이나 의사소통에 장애를 가지고 있으며, 움직임으로 인해 쉽게 지치고 동기화되지 않을 수 있다. 뇌성마비 외에도 선천성 운동장애를 가진 지체장애 아동들은 대부분 의사소통에 어려움을 겪는다.

5) 정서 · 행동장애

(1) 정서 · 행동장애의 정의

우리나라 「장애인복지법 시행령」에서는 정서 · 행동장애의 개념을 '장기간에 걸쳐 다음 각 항목의 어느 하나에 해당하여 특별한 교육적 조치가 필요한 사람'으로서, 첫째 지적 · 감각적 · 건강상의 이유로 설명할 수 없는 학습상의 어려움을 지닌 사람, 둘째 또래나 교사와의 대인관계에 어려움이 있어 학습에 어려움을 겪는 사람, 셋째 일반적인 상황에서 부적절한 행동이나 감정을 나타내어 학습에 어려움을 겪는 사람, 넷째 전반적인 불행감이나 우울증을 나타내어 학습에 어려움을 겪는 사람, 다섯째 학교나 개인 문제에 관련된 신체적인 통증이나 공포를 나타내어 학습에 어려움을 겪는 사람으로 정의하고 있다. 일반적으로 우리나라에서는 3세 이전에 나타나 구어와 비구어 의사소통 및 사회적 상호작용에 심각한 영향을 미침으로써 교육적 성취가 떨어지는 발달장애를 보인다. 자폐와 관련된 기타 특성은 반복적인 활동과 상동적인 움직임을 보이고 환경적 변화나 일과의 변화에 저항을 보이는 것이다.

- 일반적이고 전반적인 불행이나 우울의 분위기
- 개인적인 또는 학교 문제와 관련된 신체적인 증상이나 두려움을 나타내는 경향이 있으며, 정신분열증을 포함함. 그러나 사회적 부적응을 보이는 유아는 심각한 정서장애로 판단되지 않는 한 포함하지 않음

미국의 IDEA에서는 다음의 특성 중 하나 이상이 오랫동안 확연하게 나타나 교육

적 성취에 부정적인 영향을 미치는 상태로 규정한다.

- 지능, 감각, 건강상의 요인으로는 설명할 수 없는 학습상의 무능력
- 또래 및 교사와 만족할 만한 상호적인 관계를 형성하거나 유지하지 못함
- 정상적인 환경에서 나타나는 부적절한 형태의 행동이나 감정
- 일반적이고 전반적인 불행이나 우울의 분위기
- 개인적인 또는 학교 문제와 관련된 신체적인 증상이나 두려움을 나타내는 경향이 있으며, 정신분열증을 포함함. 그러나 사회적 부적응을 보이는 유아는 심각한 정서장애로 판단되지 않는 한 포함하지 않음

(2) 정서 · 행동장애의 원인

정서 · 행동장애의 원인으로는 병리학적 요인과 병리학적 가족 문제와 같은 생물학적 요인, 학교나 그 밖의 환경에서의 바람직하지 않은 경험과 같은 환경적 요인으로 나눌 수 있으나, 그 원인을 확실하게 밝히는 데는 어려움이 있다.

첫째, 생물학적 원인으로, 사람의 정서나 행동은 유전적 · 신경학적 · 생화학적 요인에 의해 영향을 받으며, 이러한 요인들은 신체 및 행동과 관련이 있다. 학습장애는 기질적인 요인도 있지만, 그 밖에도 출산 전후의 영양 부족, 질병, 뇌손상에 의해 정서 · 행동장애를 일으킬 수 있다. 정신분열은 주로 유전적 요소에 의해 발생되며, 자폐는 일반적으로 신경학적 손상이 원인으로 지목되고 있으나 정확한 원인은 밝혀지지 않았다.

둘째, 환경적 요인에 의한 것으로, 열악한 초기의 양육환경, 부모의 공격적인 행동, 또래로부터의 사회적 거부와 같은 원인으로 인해 반사회적인 행동과 장애를 가져온다.

(3) 정서 · 행동장애의 특성

정서 · 행동장애는 언어의 여러 영역 중에서도 대인관계가 이루어지지 않는 사회성이나 발달기능과 가장 관련이 깊은 화용론적 측면, 즉 적절한 상황적인 문맥에서 언어의 사용과 언어의 기능에서 가장 큰 결함을 나타내지만, 정서장애 유아는 놀이와 같은 여러 가지 신체활동의 참여에서 위축된 행동을 보이며, 공격성과 같은 행동

은 다른 유아들에 의해 거부되는 원인이 된다. 이들은 행동 문제로 인한 학습 문제뿐 아니라 학습기술 및 내용을 숙달하는 데 어려움을 갖는 학습장애와 언어장애를 수반한다. 그러므로 정서 · 행동장애 유아들의 사회기술 발달을 위한 교육과 사회적 기능을 위한 읽기, 쓰기, 셈하기의 학습기술도 중요하게 다루어져야 한다.

6) 자폐성장애

(1) 자폐성장애의 정의

우리나라 「장애인복지법 시행령」에서는 자폐성장애의 개념을 '사회적 상호작용과 의사소통에 결함이 있고, 제한적이고 반복적인 관심과 활동을 보임으로써 교육적 성취 및 일상생활 적응에 도움이 필요한 사람'으로 정의하고 있다. 자폐 성향은 일반적으로 출생 후 3년 이내에 나타나고, 약 10,000명당 2~5명에게서 나타나고 있으며, 여아에 비해 남아가 4~5배 이상 높게 나타난다.

(2) 자폐성장애의 원인

자폐성장애의 원인은 명확하게 밝혀지지는 않았으나, 뇌의 특정 부위의 비정상성, 뇌파의 비정상성 등으로 인한 중추신경계 장애에 기인한다는 견해가 지배적이나, 일부에서는 두뇌발달상 손상이나 유전에 기인한다고 추정하기도 한다. 또한 염색체의 이상과 발달 시기의 바이러스에 의한 면역 역기능 때문인 것으로 보기도 한다.

(3) 자폐성장애의 특성

자폐성장애의 특성은 다음과 같다.

① 자 폐

극도의 사회적 위축, 인지적 결함, 언어장애, 상동행동으로 특징지어지는 전반적 발달장애로 30개월 이전에 발생한다.

② 자폐 범주성 장애

경도에서 중도에 이르는 자폐의 특성을 보이는 장애의 범주를 의미한다.

③ 전반적 발달장애

매너리즘, 부적절한 사회적 행동, 비정상적이며 지체된 말과 언어 등을 포함하는 비정상적인 사회적 관계에 의해서 특징지어지는 심각한 발달장애를 의미한다.

④ 아스퍼거 증후군

언어 및 인지 발달은 정상적이지만, 운동기능의 발달에 있어 지체를 보일 수 있으며, 정서적 · 사회적 발달에 있어서 결함을 보인다.

⑤ 레트 장애

최소한 5개월 정도까지 정상적인 발달을 보이다가 4세 정도까지 두뇌 성장 속도가 느려지면서 심리운동 기술의 상실과 심각한 표현언어 및 수용언어의 손상이 나타나며, 일반적으로 중도 정신지체를 동반한다.

⑥ 소아분열장애

약 2~10세까지 정상적인 발달을 보이다가, 이미 습득했던 사회적 기술, 언어, 자조기술 및 놀이기술을 상실하게 되며, 결과적으로 사회적 상호작용과 의사소통에 있어서 질적인 결함과 상동행동을 보인다.

7) 의사소통장애

(1) 의사소통장애의 정의

우리나라 「장애인복지법 시행령」에서는 의사소통장애의 개념을 '첫째, 언어 수용 및 표현 능력이 인지 능력에 비하여 현저하게 부족한 사람, 둘째 조음 능력이 현저히 부족하여 의사소통이 어려운 사람, 셋째 말의 유창성이 현저히 부족하여 의사소통이 어려운 사람, 넷째 기능적 음성장애가 있어 의사소통이 어려운 사람으로 각 항목 중 어느 하나에 해당하여 특별한 교육적 조치가 필요한 사람'으로 정의하고 있다.

IDEA의 정의에 따른 의사소통장애는 교육적 성취에 부정적인 영향을 미치는 말더듬, 조음장애, 언어장애, 음성장애 등을 의미한다. 의사소통은 정보, 아이디어, 감정 및 욕구를 상호 교환하는 것이며, 메시지를 암호화하고, 전달하며, 해독하는 것을 포함하는 것으로서 다른 사람과 사회적인 관계를 유지하며, 사회적 환경에 적응하는 데 매우 중요한 역할을 하는 요인이다.

(2) 의사소통장애의 원인

의사소통장애는 많은 유형과 원인이 있지만, 크게 신체 기관의 특정 부위가 부분적으로 손상되거나, 기능 부전, 이상 형성에 의해 나타나는 구어장애인 기질적 장애와 신체적인 조건은 아니지만 분명한 원인을 알 수 없는 기능적 의사소통장애로 나눌 수 있다. 이러한 기질적 요인과 기능적 요인에 의해 발생하는 언어장애의 대표적인 것으로는 조음장애, 말더듬, 음성장애, 언어장애가 있다.

① 조음장애

조음장애(articulation disorders)는 말소리를 내는 구강에 문제가 발생하여 유아가 이미 잘 알고 있는 소리가 아닌 주어진 소리를 산출할 수 없는 상태로서 장애 정도에 따라 차이가 있다. 어떤 유아들은 몇 개의 소리 또는 특정 소리에 대해서만 어려움을 보이기도 하며, 심한 고도 조음장애는 의사소통에 심각한 문제를 초래하므로 사회적응에도 문제가 발생한다.

② 말더듬

유창성장애인 말더듬(stuttering)은 단어의 처음에 모음이나 자음을 반복하거나, 머뭇거림, 전체적으로 막힘 현상을 보이며, 발달적 말더듬은 2~6세에 나타나고 대부분이 10세 이전에 나타나는 장애다. 그러나 경우에 따라서는 단기간 동안 또는 오랜 기간 동안 말을 더듬으며, 여자보다는 남자에게서 더 많이 발생한다. 그러나 그 원인은 구체적으로 알 수 없으며, 주변 상황, 부모나 주변 사람들의 태도 등 환경에 영향을 받는다고 알려져 있다.

③ 음성장애

음성장애(voice disorders)는 말할 때 만들어지는 소리가 부적절하거나 비정상적이어서 듣기에 불편하고, 의사가 정확히 전달되지 않아 의사소통을 방해한다. 음성이 말하는 사람의 연령에 비해 부적절하며, 음의 세기, 고저, 공명, 지속 시간이 비정상적으로 나타난다. 필요 이상으로 크게 소리를 지르거나, 음의 고저가 이루어지지 않고 너무 고음을 유지하며 목소리를 내므로 상대방이 듣기에 힘이 드는 경우다. 또한 비성 유아들은 소리가 분명하지 않고, 코가 막혔거나 감기가 든 것처럼 말을 하는 경우다. 음성장애에는 발성장애와 공명장애가 있는데, 발성장애는 후두 내의 기능과 관련하여 음성장애가 나타나는 것이고, 공명장애는 구강 및 비강의 기능과 관련하여 나타나는 음성장애를 말한다.

④ 언어장애

언어장애(language impairment)는 언어의 형식인 음운론, 형태론, 구문론, 언어의 내용인 의미론, 의사소통 기능인 화용론에 문제가 발생하는 경우다. 언어장애는 언어를 표현하는 데 단어의 순서나 음을 혼돈되게 사용하여 다른 사람이 언어를 이해하기 어려운 경우이며, 이러한 장애를 가진 유아는 다른 사람의 언어를 듣고 이해하는 수용성 언어에도 어려움이 있다.

(3) 의사소통장애의 특성

의사소통장애의 특성은 표현성 언어, 수용성 언어, 유창성에 문제가 있으므로, 훈련을 받아야 하며 훌륭한 언어 모델을 제공하고 격려와 지지가 이루어져야 한다. 특히, 조음장애로 인한 일반적인 특성은 음소를 생략하거나, 첨가하거나, 대치하거나, 왜곡하므로, 어려움을 보이는 특정한 소리를 녹음하여 들려주고, 음절, 단어, 구, 문장, 구조화된 대화, 비구조화된 대화 등으로 소리를 체계적으로 교육한다. 또한 다양한 자극, 경험, 상황, 상호작용을 통해 자연스러운 언어적 환경을 제공하는 것이 필요하다.

8) 학습장애

(1) 학습장애의 정의

우리나라 「장애인복지법 시행령」에서는 학습장애의 개념을 '개인의 내적 요인으로 인하여 듣기, 말하기, 주의 집중, 지각, 기억, 문제해결 등의 학습기능이나 읽기, 쓰기, 수학 등 학업 성취 영역에서 현저하게 어려움을 겪는 사람'으로 정의하고 있다.

IDEA의 학습장애의 정의는 듣기, 생각하기, 말하기, 읽기, 쓰기, 철자법, 수학 계산 능력이 불완전하여 말이나 글로 표현된 언어를 이해하는 데 필요한 기본적인 심리학적 과정에서 한 가지 이상의 장애를 보이는 것으로, 지각장애, 뇌손상, 미세 뇌기능장애, 난독증, 발달적 실어증과 같은 장애가 이에 속한다.

(2) 학습장애의 원인

학습장애의 원인은 매우 다양하고 서로 상호작용하기 때문에 정확한 원인을 파악하기 어렵다. 김기홍(2009)은 학습장애의 원인을 사회적 · 환경적 · 생물학적 요인으로 나누었다. 이를 구체적으로 설명하면 다음과 같다.

① 사회적 요인

학습장애를 유발하는 사회적 요인과 관련하여 학습장애인의 약 80%는 극도로 결핍된 발달적 환경에 처한 사회적 하위계층에 속한다. 부모의 학력이 매우 낮으며, 직업은 임시 노동자나 무직으로 매우 낮은 임금과 열악한 환경에서 지내므로 자녀의 양육에 어려움을 지닌다. 또한 산모는 영양 및 의학적 조치의 결핍으로 인해 자녀의 발달장애와 결핍을 조기에 발견하기 어렵다.

② 환경적 요인

부모의 아동학대, 이혼, 약물 및 알코올 의존증 등 심리적 · 사회적 요인들이 유아의 발달에 영향을 미치며, 이로 인해 학습 모델과 자극, 성취동기의 결여, 무관심, 방임, 교육환경의 결핍 등 다양한 요소들로 인해 학습에 집중하기 어렵다.

③ 생물학적 요인

신경학적 관점에서 뇌손상이나 뇌성마비, 약물 복용, 난산에 의한 무산소증 등으로 학습을 담당하는 뇌기능의 결함에 의해 학습장애가 발생한다.

(3) 학습장애의 특성

학습장애 유아는 일반적으로 학습 과제 수행 능력인 읽기, 쓰기, 셈하기에서 문제가 발생한다. 또한 의사소통 측면에서는 다른 사람의 말을 잘 들을 수 있으나 들은 말을 잘 이해하지 못하며, 이로 인해 자신의 생각이나 느낌을 잘 표현하지 못한다. 또한 운동발달에 결함을 나타내며, 방향, 좌우성, 운동 협응, 리듬, 공간 인식, 운동 계획하기 등에 결함이 있다. 이들은 도구 사용하기와 소근육 운동기술 역시 서투르다.

9) 건강장애

(1) 건강장애의 정의

우리나라 「장애인복지법 시행령」에서는 건강장애의 개념을 '만성질환으로 인하여 3개월 이상의 장기입원 또는 통원치료 등 계속적인 의료적 지원이 필요하며, 학교생활 및 학업 수행에 어려움이 있는 사람'으로 정의하고 있다.

(2) 건강장애의 원인

정형외과적 장애로는 골격구조 및 관련 근육 문제를 포함하고, 신경학적 장애로는 신경계통, 동작, 운동 또는 신체 특정 부위의 활동에 제한받는 것을 포함하는 것으로, 단마비, 편마비, 삼지마비, 중복마비 등이 있으며, 경련성 질환(간질), 당뇨병, 낭포성 섬유증, 혈우병, 후천성 면역결핍증(AIDS)이 있다. 이 외에도 심장장애, 신장장애, 일반 건강장애인 중증 천식, 악성빈혈, 백혈병 등이 있다.

(3) 건강장애의 특성

만성적이고 때로는 생명을 위협하는 질병으로 인해 집중적인 의학적 치료나 주기적인 치료 등 계속적인 의학적 관심이 요구되며, 질병으로 인한 교사들의 특별한 관심과 보호가 요구된다. 건강장애를 지닌 유아들은 전형적으로 다음과 같은 모습을 보인다.

- 무정위 운동형: 약 20%, 의지와 관계없이 크고 불규칙하고 뒤틀리는 동작, 침 흘림, 근육의 과긴장 상태
- 운동 신조형: 약 1~10%, 균형감각 및 손의 사용에서의 곤란, 불안한 걸음걸이로 인한 보조 필요, 힘없이 뛰는 듯한 모습

- **강직형과 진전형**: 마비된 사지에 심한 경직을 보이고, 조절할 수 없는 떨림을 나타내는 듯한 모습

건강장애 아동들의 특징을 살펴보면 다음과 같다(www.cyworld.com/dlguswjd419).

- **인지 능력과 학업 성취**: 입원치료로 인한 장기 결석 또는 혈액 투석이나 병원 예약 방문 등으로 인한 단기간의 학업 결손에 따라 결손이 누적될 수 있으며, 이로 인하여 학습 수행에의 부정적인 영향, 약물치료 과정에서 생기는 부수적인 결과로 학습에 어려움이 발생한다.
- **사회 · 정서적 특성**: 교사의 이해 부족으로 인한 지나치게 낮은 기대와 과잉 보호 등으로 인한 정서적인 어려움을 나타낸다.
- **신체 · 운동적 특성**: 약물 복용으로 인한 다양한 후유증, 욕창이나 변비 등의 문제, 학교에서 투석을 실시하거나 식생활에서도 제한된 음식이 있을 수 있으므로 교사의 적절한 관리가 필요하다.

① 선정과 배치

현재 소속된 일반 학급에 아동을 그대로 배치하되 특수학급에서 지도가 필요한 경우 학부모의 동의를 얻어 특수학급에 배치하며, 학교 배정 시 특수교육운영위원회에서는 아동의 건강 상태를 고려하여 특별한 설치가 된 학교에 우선 배치한다.

② 학습 지원

유아에 관한 여러 가지 필요한 정보를 수집하여 장기간 결석으로 인한 수업의 손실과 학습을 도와주기 위한 교육적 · 정서적 지원을 통한 맞춤형 개별화 교육 및 한 학급의 구성원으로서 생활할 수 있도록 교육적 지원이 이루어져야 한다. 또한 순회교육을 수업으로 인정해 주며, 사이버 가정학습 서비스를 활용하여 학습 참여를 독려한다.

10) 발달지체장애

(1) 발달지체장애의 정의

우리나라 「장애인복지법 시행령」에서는 발달지체장애의 개념을 '신체, 인지, 의사소통, 사회 · 정서, 적응 행동 중 하나의 발달이 또래에 비해 현저하게 지체되어 특별한 교육적 조치가 필요한 영아 및 9세 미만의 아동'으로 정의하고 있다. 일반적으로 지적 기능에서 심한 제한성을 보이는데, 여러 영역에서 발달과 생활상의 어려움을 겪는 아동으로 이해될 수 있다. IDEA(1997)에서는 발달지체를 3~9세의 아동에게 적용하고 있으며, 아동의 발달 초기에 특정 장애로 아동의 발달을 정확하게 진단하여 교육적 요구에 따른 프로그램이나 관련 서비스를 제공하는 것을 목적으로 한다.

(2) 발달지체장애의 원인

발달지체장애는 유전적 원인, 뇌 구조적인 문제, 환경호르몬, 중금속, 예방접종의 부작용 등 다양한 원인이 복합적으로 작용한다.

(3) 발달지체장애의 특성

발달지체는 발달이 지연되어 생활연령이 같은 일반 아동들이 나타내는 발달 수준보다 더 지체된 아동을 의미한다. 발달지체 아동들은 두뇌의 역기능이나 뚜렷한 구조적 손상이 없으면서도 느린 발달과 불균형적 능력을 보인다. 보통 발달장애아의 부모는 자신의 아이가 다른 아이들에 비해 조금 다르다거나 혹은 많이 울거나 더 보챈다고 생각하지만, 걸음이나 언어가 늦으면서 발달장애를 인식하게 된다. 2세까지는 옹알이도 잘하고 눈을 잘 맞추던 유아가 2세 전후로 오히려 발달이 퇴보하는 것과 같은 증상을 보이는 경우가 많은데, 이는 뇌의 불균형이 원인이다. 뇌의 기능적인 불균형이 있으면, 각 대뇌의 독립적 기능에는 아무 이상이 없으나 한쪽 뇌의 기능이 너무 좋거나 정상이고 다른 쪽의 뇌는 너무 저하되어 있을 수 있다. 이처럼 감각이 대뇌에서 지연되어 인식되면 학습의 근간이 되는 시각과 청각의 인지가 곤란을 겪는 것은 물론 본인의 몸 자체를 잘 인식하지 못할 정도가 된다. 이는 나아가 자아정체감을 형성하는 데 문제를 야기하고, 이를 바탕으로 하는 발달에도 문제가 생기게 된다.

5 우리나라와 미국의 장애 범주 및 정의의 비교

우리나라와 미국 IDEA의 장애 범주 및 그 정의를 비교하여 요약하면 〈표 1-1〉과 같다.

〈표 1-1〉 우리나라와 미국의 장애 범주 및 정의

장애 범주	정의		
	우리나라		미국(IDEA)
	「특수교육법 시행령」	「장애인복지법 시행령」	
자폐장애/ 자폐성장애인/ 자폐(autism)	시회적 상호작용과 의사소통에 결함이 있어 제한적이고, 반복적인 관심과 활동을 보임으로써 교육적 성취 및 일상생활 적응에 도움이 필요한 사람	소아기 자폐증, 비전형적 자폐증에 따른 언어 · 신체 표현, 자기 조절, 사회 적응 기능 및 능력의 장애로 인하여 일상생활이나 사회생활에 상당한 제약을 받아 다른 사람의 도움이 필요한 사람	일반적으로 3세 이전에 나타나 구어와 비구어 의사소통 및 사회적 상호작용에 심각한 결함이 있어 교육적 성취에 부정적인 영향을 미치는 발달장애, 자폐와 관련된 기타 특성은 반복적인 활동과 상동적인 움직임을 보이고, 환경적 변화나 일과의 변화에 저항을 보이는 것을 의미한다.
농(deafness)	–	–	보청기를 착용하지 않은 상태에서 청각을 통해서 언어적인 정보를 처리하지 못함으로써 교육적 성취에 부정적인 영향을 미치는 심각한 청각 손상을 의미한다.
농맹(deafness blindness)	–	–	심각한 의사소통 및 기타 발달적, 교육적으로 문제를 일으키는 청각과 시각이 동시에 손상된 것으로 정의한다. 농이나 맹만을 지닌 유아를 위한 특수교육 프로그램에 맞지 않는 장애를 의미한다.
청각장애인/ 청각장애 (hearing impairment)	청력 손실이 심하여 보청기를 착용해도 청각을 통한 의사소통이 불가능 또는 곤란한 상태이거나, 청력이 남아 있어도 보청기를 착용해야 청각을 통한 의사소통이 가능하여 청각에 의한 교육적 성취가 어려운 사람	• 두 귀의 청력 손실이 각각 60dB 이상인 사람 • 한 귀의 청력 손실이 80dB 이상이고 다른 귀의 청력 손실이 40dB 이상인 사람 • 두 귀에 들리는 보통 말소리의 명료도가 50% 이하인 사람 • 평형기능에 상당한 장애가 있는 사람	'농'의 정의에 해당되지 않으면서 교육적 성취에 부정적인 영향을 미치는 영구적이거나 변동적인 청각의 손상을 의미한다.

정신지체/ 지적장애 (mental retardation)	지적 기능과 적응 행동상의 어려움이 함께 존재하여 교육적 성취에 어려움이 있는 것을 의미한다.	지적 기능과 적응 행동상의 어려움이 함께 존재하여 교육적 성취에 어려움이 있는 사람	발달 시기에 나타나 교육적 성취에 부정적인 영향을 미치는 적응 행동상의 결함과 동시에 나타나는 심각한 평균 이하의 지적 기능을 의미한다.
중복장애 (multiple disabilities)	—	—	심각한 교육적 문제를 초래함으로써 한 가지 장애를 지닌 유아를 위한 특수교육 프로그램에 맞지 않고, 동시에 나타나는 손상들의 조합(예: 정신지체-맹, 정신지체-지체장애)을 의미한다.
지체장애 (orthopedic impairment)	기능 혹은 형태상 장애를 가지고 있거나 몸통을 지탱하거나 팔다리의 움직임 등에 어려움을 겪는 신체적 조건 및 상태로 인해 교육적 성취에 어려움이 있는 사람	• 한 팔, 한 다리 또는 몸통의 기능에 영속적인 장애가 있는 사람 • 한 손의 엄지를 지골(손가락뼈) 관절 이상의 부위에서 잃은 사람 또는 한 손의 검지를 포함한 2개 이상의 손가락을 모두 제1지골 관절 이상의 부위에서 잃은 사람 • 리스프랑(Lisfranc: 발등뼈와 발목을 이어주는) 관절 이상으로 한 다리를 잃은 사람 • 왜소증으로 키가 심하게 작거나 척추에 현저한 변형 또는 기형이 있는 사람 • 지체에 위 각 항목의 어느 하나에 해당하는 장애 정도 이상의 장애가 있다고 인정되는 사람	교육적 성취에 부정적 영향을 미치는 심각한 정형외과적 손상, 선천적 기형(예: 내반족, 신체 일부의 결손), 질병에 의한 손상(예: 소아마비, 골결핵), 기타 원인에 의한 손상(예: 뇌성마비, 절단, 근육이나 힘줄을 손상시키는 골절이나 화상)을 포함한다.

건강장애/ 신장장애인, 심장장애인, 호흡기장애인, 간장애인, 안면장애인, 장루 및 요루 장애인, 간질 장애인/기타 건강상의 장애 (other health impairment)	만성질환으로 인하여 3개월 이상의 장기 입원 또는 통원치료 등 계속적인 의료적 지원이 필요하여 학교생활 및 학업 수행에 어려움이 있는 사람	• 신장장애인: 신장의 기능 부전으로 인하여 혈액 투석이나 복막 투석을 지속적으로 받아야 하거나 심장기능의 연속적인 장애로 인하여 일상생활에 상당한 제약을 받는 사람 • 심장장애인: 심장의 기능 부전으로 인한 호흡 곤란 등의 장애로 일상생활에 상당한 제약을 받는 사람 • 호흡기장애인: 폐나 기관지 등 호흡기관의 만성적 기능 부전으로 인한 호흡기능의 장애로 일상생활에 상당한 제약을 받는 사람 • 간장애인: 간의 만성적 기능 부전과 그에 따른 합병증 등으로 인한 간기능의 장애로 일상생활에 상당한 제약을 받는 사람 • 안면장애인: 안면 부위의 변형이나 기형으로 사회생활에 상당한 제약을 받는 사람 • 장루 및 요루 장애인: 배변기능이나 배뇨기능의 장애로 인하여 장루 또는 요루를 시술하여 일상생활에 상당한 제약을 받는 사람	심장 상태, 결핵, 류마티스성 열병, 신장염, 천식, 겸상적혈구빈혈증, 혈우병, 간질, 납중독, 백혈병, 당뇨병 등과 같은 만성 또는 급성 건강 문제로 극도로 약해진 체력과 민첩성

		• 간질장애인: 간질에 의한 뇌신경 세포 장애로 인하여 일상생활이나 사회생활에 상당한 제약을 받아 다른 사람의 도움이 필요한 사람	
정서·행동장애/정신장애인/정서장애 (emotional disturbance)	장기간에 걸쳐 다음 각 항목 중 하나에 해당하여, 특별한 조치가 필요한 사람 • 지적, 감각적, 건강상의 이유로 설명할 수 없는 학습상의 어려움을 지닌 사람 • 또래나 교사와의 대인관계에 어려움이 있어 학습에 어려움을 겪는 사람 • 일반적인 상황에서 부적절한 행동이나 감정을 나타내어 학습에 어려움을 겪는 사람 • 전반적인 불행감이나 우울증을 나타내어 학습에 어려움을 겪는 사람 • 학교나 개인 문제에 관련된 신체적인 통증이나 공포를 나타내어 학습에 어려움을 겪는 사람	• 지속적인 정신분열증, 분열형 정동장애(여러 현실 상황에서 부적절한 정서 반응을 보이는 장애), 양극성 정동장애 및 반복성 우울장애에 따른 감정 조절, 행동, 사고 기능 및 능력의 장애로 인하여 일상생활이나 사회생활에 상당한 제약을 받아 다른 사람의 도움이 필요한 사람	다음의 특성 중 하나 이상을 오랫동안 확연하게 나타냄으로써 교육적 성취에 부정적인 영향을 미치는 상태 • 지능, 감각, 건강상의 요인으로는 설명할 수 없는 학습상의 무능력 • 또래 및 교사와 만족할 만한 상호적인 관계를 형성하거나 유지하지 못함 • 정상적인 환경에서 나타나는 부적절한 행동이나 감정 • 일반적이고 전반적인 불행이나 우울의 분위기 • 개인적인 또는 학교 문제와 관련된 신체적 증상이나 두려움을 나타내는 경향 정신분열증이 포함됨. 사회적 부적응을 보이는 유아는 심각한 정서장애로 판단되지 않는 한 포함하지 않음
학습장애/특정 학습장애 (specific learning disability)	개인의 내적 요인으로 인하여 듣기, 말하기, 주의 집중, 지각, 기억, 문제해결 등의 학습기능이나 읽기, 쓰기, 수학 등 학업 성취 영역에서 현저하게 어려움을 겪는 사람	—	듣기, 말하기, 읽기, 쓰기, 철자법, 수학 계산의 불완전한 능력으로 말이나 글을 이해하고 사용하는 데 필요한 기본적인 심리학적 과정에서 한 가지 이상의 장애를 보이는 것을 의미한다. 지각장애, 뇌손상, 미세 뇌기능장애, 난독증, 발달적 실어증 등이 이에 속한다.

의사소통 장애/ 언어장애인/ 말 · 언어장애 (speech or language impairment)	다음 각 항목의 어느 하나에 해당하여 특별한 교육적 조치가 필요한 사람 • 언어의 수용 및 표현 능력이 인지 능력에 비하여 현저하게 부족한 사람 • 조음 능력이 현저히 부족하여 의사소통이 어려운 사람 • 말 유창성이 현저히 부족하여 의사소통이 어려운 사람 • 기능적 음성장애가 있어 의사소통이 어려운 사람	음성기능이나 언어기능에 영속적으로 상당한 장애가 있는 사람	교육적 성취에 부정적인 영향을 미치는 말더듬, 조음장애, 언어장애, 음성장애 등과 같은 의사소통 장애를 의미한다.
뇌병변장애인/ 외상성 뇌손상 (traumatic brain injury)	–	뇌성마비, 외상성 뇌손상, 뇌졸중 등 뇌의 기질적 병변으로 인하여 발생한 신체적 장애로 보행이나 일상생활의 동작 등에 상당한 제약을 받는 사람	교육적 성취에 부정적인 영향을 미치는 전반적인 또는 부분적인 기능장애나 심리 · 사회적 손상을 초래하는 외부적인 힘에 의해서 발생한 뇌손상, 인지, 언어, 기억, 주의 집중, 논리, 추상적 사고, 판단, 문제해결, 감각 · 지각 · 운동 기능, 심리 · 사회적 행동, 신체기능, 정보처리, 말과 같은 영역 중 한 가지 이상의 영역에서의 손상을 초래하는 개방형 또는 폐쇄형 뇌손상을 포함하는 것을 의미한다. 선천적이거나 퇴행성 또는 출생 중에 발생한 뇌손상은 포함하지 않는다.
시각장애인/ 시각장애 (visual impairment)	시각계의 손상이 심하여 시각기능을 전혀 이용하지 못하거나 보조공학기기의 지원을 받아야 시각적 과제를 수행할 수 있는 사람으로서 시각에 의한 학습이	• 나쁜 눈의 시력(만국시력표에 따라 측정된 교정시력을 말한다. 이하 같다)이 0.02 이하인 사람 • 좋은 눈의 시력이 0.2 이하인 사람	교정을 한 후에도 교육적 성취에 부정적인 영향을 미치는 맹을 포함하는 시각손상, 저시력과 맹을 모두 포함하는 것을 의미한다.

	곤란하여 특정의 광학 기구, 학습 매체 등을 통하여 학습하거나 촉각 또는 청각을 학습의 주요 수단으로 사용하는 사람	• 두 눈의 시야가 각각 주 시점에서 10도 이하로 남은 사람 • 두 눈의 시야를 1/2 이상 잃은 사람	
발달지체/ 발달장애	신체 · 인지 · 의사소통 · 사회 · 정서 · 적응 행동 중 하나 이상의 발달이 또래에 비하여 현저하게 지체되어 있어 특별한 교육적 조치가 필요한 영아 및 9세 미만의 아동	–	–

제2장 장애유아 통합교육의 이해

장애유아 통합교육의 이해를 위해 장애유아 통합교육의 이론적 기초, 장애유아 통합교육의 효과, 장애유아 통합교육을 위한 준비, 성공적인 장애유아 통합교육을 위한 과제 등에 대해 살펴본다.

1 장애유아 통합교육의 이론적 기초

장애유아 통합교육의 이론적 기초로서 장애유아 통합교육의 개념과 그 배경에 대해 알아본다.

1) 장애유아 통합교육의 개념

장애유아 통합교육의 의미는 시대와 철학적 · 문화적 · 역사적 배경에 따라 매우 다양한 용어로 정의되어 왔다. 통합교육에 대한 용어로는 대개 'mainstreaming' 'integration' 혹은 'inclusion' 등이 있다. 'mainstreaming'은 '주류화'라는 용어로 사용하기도 하는데, Lewis와 Doorlag는 다음과 같이 'mainstreaming'을 정의하고 있다(한국통합교육학회, 2005: 22 재인용).

> 주류화(mainstreaming)란 특수학생들을 일반 교육과정에 포함시키는 것을 의미한다. 학생들이 학교생활의 일부를 일반 학급에서 동료들과 함께 보내면 주류화되었다고 여긴다. 가장 보편적인 주류화 프로그램에서는 일반 학급에 있는 특수학생들이 그들의 동료와 함께 나란히 교육적 및 사회적 활동에 참여한다. 흔히 그들은 특수교육자로부터 추가 교육과 지원을 받는다. 이때 교육활동은 일반 학급 내에서나 학습 도움실에서 이루어진다.

'integration'은 먼저 분리된 상황에서 교육을 하다가 나중에 통합을 지향하기 때문에 '모음식 통합교육'이라 불린다. 'inclusion'은 먼저 장애인을 포함하여 교육을 시작한 후에 필요에 따라 분리하는 방식을 취하기 때문에 '포함식 통합교육'으로 사용하는 것이 바람직하다는 관점이 있다(한국통합교육학회, 2005). 두 개념을 보다 명확하게 하기 위해 한국통합교육학회(2005: 19)에서 제시한 두 개념을 비교해 보면 [그림 2-1]과 같다.

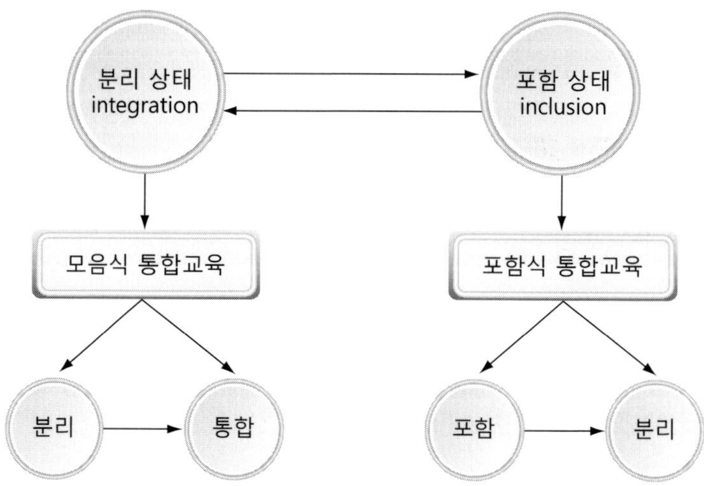

[그림 2-1] 모음식 통합교육과 포함식 통합교육의 의미 비교

뉴질랜드에서는 통합교육을 다음과 같이 정의하고 있다(한국통합교육학회, 2005: 23 재인용).

> 포함식 통합교육이란 장애, 문화, 성이나 사회가 의미를 부여하는 요소에 따라 차별하지 않는 교육을 의미한다. 포함식 통합교육은 학생들이 지적 · 신체적 · 감각적 차이나 다른 어떤 차이를 보이든지 관계없이 생활연령을 기준으로 배치한 일반 학급의 학생들처럼 모두 문화적으로 가치롭게 여기고 그 사회의 교육과정에 평등하게 접근할 수 있는 공동체에 포함시킨다.

이상에서 살펴본 통합교육에 대한 정의는 'mainstreaming'이나 'integration'의 경우, '합친다'는 개념으로서의 통합을 의미하는 것을 알 수 있다. 즉, 처음에는 분리된 형태로 교육을 받다가 필요에 의해 통합하는 경우다. 이러한 경우는 현재 우리나라에서 이루어지고 있는 통합교육의 형태를 의미한다고 볼 수 있다. 그러나 현재의 세계적인 추세는 장애아동과 일반 아동의 두 집단을 분리된 집단으로 나누어 필요에 따라 합친다는 개념으로서의 통합의 의미보다는 처음부터 포함의 개념인 'inclusion'의 의미로서 사용하고 있음을 인식하여야 한다.

미국 특수아동협회의 유아교육 분과에서는 통합교육에 대한 설명을 다음과 같이 하고 있다(이소현, 박은혜, 2001: 52 재인용).

> 통합교육(inclusion)이란 아동이 지니고 있는 다양한 능력과 관계없이 이들이 자신의 지역사회 내의 자연스러운 환경에 적극적으로 참여하도록 모든 아동들의 권리를 지원하는 하나의 가치다. 여기서 자연스러운 환경이란 장애를 지니지 않았다면 배치되었을 환경을 의미한다. 이러한 환경은 가정과 가족, 놀이 친구, 탁아시설, 보육시설, 헤드 스타트 프로그램, 유치원, 지역사회 학교 등의 환경을 의미한다.

통합교육은 장애인이 일반인과 더불어 살아가는 삶을 지향하고, 다양성의 인정과 수용, 교육의 평등성과 수월성 보장에 초점을 맞추어 조화를 극대화함으로써 공동체적 삶의 방식 습득과 공동체적 사회의 실현을 통해 더불어 잘 사는 사회를 실현하는 것을 목적으로 한다. 우리나라 「특수교육진흥법」 제2조 6항에서는 통합교육을 다음과 같이 정의하고 있다.

> 통합교육이라 함은 특수교육 대상자의 정상적인 사회 적응 능력의 발달을 위하여 일반 학교에서 특수교육 대상자를 교육하거나 특수교육기관의 재학생을 일반 학교의 교육과정에 일시적으로 참여시켜서 교육하는 것을 말한다.

이상의 우리나라 「특수교육진흥법」에서 명시하고 있는 통합교육에 대한 정의는 통합교육에 대한 근본적인 이념이나 방향을 구체적으로 명시하고 있다고 보기는 어렵다. 이 정의는 현재 우리나라의 교육 현장에서 이루어지고 있는 통합교육의 형태로서 'mainstreaming(주류화)'의 개념이라고 볼 수 있다. 그러나 이 책에서는 현재 세계적인 추세에 따라서 'inclusion'의 의미로서의 통합교육의 개념을 지향한다.

2) 장애유아 통합교육의 배경

장애유아 통합교육의 배경에는 정상화의 원리, 법률의 제정, 최소제한 환경 그리고 통합교육 효과에 대한 연구 등이 자리 잡고 있다. 통합교육의 효과에 대해서는 다음 절에서 보다 자세히 언급하겠다.

(1) 정상화의 원리

통합교육의 가장 기본이 되는 원리는 '정상화의 원리'로서 1959년 덴마크의 Bank-Mikkelsen에 의해 주창되었다. 정상화의 원리란 '모든 인간은 문화적으로 정상적인 수단을 사용해야 한다는 철학적 신념'(신현기, 최세민, 유장순, 김희규, 2005: 2)이다. 이 철학적 신념은 장애인도 정상적인 생활의 범위에서 모든 생활을 가능한 한 정상적인 방식으로 경험할 수 있도록 모든 기회를 제공해야 한다는 개념으로 Bank-Mikkelsen에 의해 규정되었으며, Bengt Nirje에 의해 널리 전파되었다.

정상화란 장애인이 가능한 한 일반인과 더불어 생활하는 범위나 영역을 극대화하는 것으로서 '문화적으로 보편적인 방법을 통해 가능한 한 사람들의 행동, 외모, 경험, 지위와 평판을 높이고 지원하여 그들에게 적어도 평균 수준의 시민생활을 할 수 있도록 하는 것(한국통합교육학회, 2005: 26-27)'을 의미한다. 따라서 정상화의 원리는 지적 장애 및 여타의 결함을 가진 이들의 일상생활 조건과 삶의 형식을 가능한 한 그들이 속한 공동체와 문화 내에 존재하는 정상적인 환경과 동일하거나 적어도 비슷하게 만들어 주어 비장애인들과 차별 없이 서비스를 제공하는 데 하나의 지침으로 사용된다. Bruininks와 Warfield는 지적 장애 및 여타의 결함을 가진 이들에게 제공되는 제반 서비스는 제한적으로 제공되기보다는 그들의 비장애 동년배들이 경험하거나 제공받는 환경과 동일한 형태로 제공되어야 한다고 주장하였으며, 이것이 바로 '정상화의 원리'라고 보았다.

(2) 법률의 제정

통합교육에 대한 법안의 마련은 미국에서 일어났던 장애 자녀를 둔 부모의 교육권 쟁취 운동으로부터 시작되었다고 볼 수 있다(신현기 외, 2005). 1940년대에 정신지체부모회(Association for Retarded Citizen: ARC)가 결성되었으며, 1950년대에는 뇌성마비부모회, 1960년대에는 학습장애아부모회가 결성되어, 이들 부모회의 노력으로 장애아 교육에 관한 수많은 판례가 만들어지게 된다. 1970년대에는 「펜실베이니아 장애인 협의회 대 펜실베이니아 공공의 건강(Pennsylvania Association for Retarded Citizen vs. Common Wealth of Pennsylvania)」이라는 법안이 통과되면서 장애학생의 교육권이 보다 강화되었다.

저명한 교육 전문가들의 주장처럼 모든 장애학생들은 그들의 능력에 맞는 적절한 교육을 받아야 하며, 그것이 가능하다고 하는 사실과 미국 「헌법」에서 밝히고 있는 평등의 기준을 위반할 수 없다는 내용은 장애아동에 대한 교육의 정상화(통합교육)에 합법성을 부여하였다. 또한 소수민족이나 사회경제적으로 열악한 환경에 있는 학생들의 교육을 다루었던 몇몇 사례들 역시 통합교육 운동에 영향을 미쳤다.

1970년대 이후 미국의 장애아동 교육을 위한 법의 변천사를 살펴보면 〈표 2-1〉과 같다. 우리나라에서의 통합교육을 위한 법적 근거는 「헌법」「교육법」「교육기본법」「초·중등교육법」「특수교육진흥법」 등을 통해 살펴볼 수 있다. 「헌법」 제31조 1항에서는 모든 국민은 능력에 따라 균등한 교육을 받을 수 있다고 규정하고 있으며, 「초·중등교육법」 제57조에서는 고등학교 이하 각급 학교에는 관할청의 인가를 받

〈표 2-1〉 미국의 장애아동 교육을 위한 법의 변천사

연 도	주요한 법적 사건
1972	펜실베이니아와 밀즈의 사례(Pennsylvania & Mills Cases): 장애아동이 미국 내의 다른 아동과 동등하게 교육받을 법적 권리가 있음을 결정한 연방정부 최고 법원의 획기적인 법적 사례
1974	• 연방정부의 「초 · 중등교육법」: 한 아동에게 제공되는 교육은 그 아동에게 적절해야만 한다는 조항이 추가됨 • 교육 및 사적 권리 결의안(The Federal Education Rights Privacy Act: FERPA): 부모 및 보호자가 그들 자녀의 교육 기록을 이용할 수 있는 권리와 그들의 사적 생활에 대한 권리를 보장하였음
1975	「전장애아교육법(The Education for the Handicapped Act: EHA)」이 연방정부 법으로 제정됨: 이 법을 통하여 5~21세의 모든 적격한 유아 및 아동들을 위한 특수교육이 의무화됨. 이 법은 적격한 대상이 누구인지, 적절한 무상교육의 당위성, 최소제한 환경, 개별화 교육계획, 아동과 부모의 권리를 위한 적법한 절차 밟기를 다룸
1983	EHA를 통해 학교가 전이 서비스, 지원, 부모훈련 프로젝트, 연구 및 데모 프로젝트를 의무화함
1986	EHA를 통해 3세부터 시작하는 모든 적격한 아동에 대한 서비스를 의무화하고 3~5세를 위한 서비스를 '유아특수교육(Early Childhood Special Education: ECSE)'이라고 명명함. 동시에 재정적 동기부여금을 주에 제공하여 출생부터 3세까지의 영아에게 조기중재 서비스를 제공하도록 의무화함. 주 정부는 이 서비스를 계획하고 수립할 수 있는 기한을 받음.
1988	연방정부 최고 법정은 모든 아동을 위한 특수교육 서비스를 제공할 것을 결정함. 장애의 정도가 어떻든지 간에 어떠한 아동도 적절한 무상교육 서비스로부터 거절당해서는 안 됨
1990	「전장애아교육법(EHA)」이 현재의 「장애인교육법(IDEA)」으로 개명됨. IDEA에 성인 사회로의 전이 서비스를 포함시키고, 필요한 사람들에게 보조공학적 서비스를 제공하도록 하였으며, 적격 범주에 자폐증과 외상성 뇌손상을 포함시킴
1997	IDEA는 부모 역할 및 참여, 통합교육과 일반 교육과정의 적용에 대한 책무, 논쟁에 대한 조정이 가능하도록 강화함
2004	IDEA는 수준 높은 교사를 위한 표준을 높이고, 교육법에서는 연구 중심의 전략 사용, 학문적 책무성과 결과의 사용, 적소의 미래지향적 대책의 제공, 적기의 분쟁 해결을 위한 항목을 제시함

출처: Judith Newman(2006). pp. 8-9.

아 특수교육을 필요로 하는 학생을 위한 특수학급을 둘 수 있다고 규정하고 있어, 장애학생의 적절한 교육권을 보장하고 있다. 또한 1977년에는 「특수교육진흥법」에서 장애학생이 적절한 공교육을 받을 수 있도록 구체적인 토대를 마련하였다.

특히, 장애유아 통합교육의 중요성은 1994년 「특수교육진흥법」이 개정 · 공포됨에 따라 이미 교육 관련자들에게 인식되기 시작하였으며, 이러한 인식은 1996년 「교육법」 개정안에 따른 일반 「초 · 중등교육법」에서의 통합교육의 명시로 인해 일반 유치원에서 고등학교에 이르기까지 일반 학교에서의 통합교육의 실시가 가능하게 되는 실천 단계로까지 발전되었다. 또한 교육인적자원부가 발표한 '제2차 장애인 복지 발전 5개년 계획(안)'에 의하면, 2007년도에는 모든 유아교육기관의 일반 학급에서 통합교육을 실시한다는 계획이 수립되어 통합교육을 확대할 수 있는 계기가 마련되었으며, 유아교육 현장에서의 통합교육을 위한 양적인 팽창을 뒷받침하고 있다.

2007년도에 제정되고, 2008년도에 시행된 통합교육의 내용은 다음과 같다. 첫째, 일반 학교의 장은 특수교육 대상자 또는 그의 보호자나 특수교육기관의 장이 통합교육을 요구하는 경우에 특별한 사유가 없는 한 이에 응하여야 한다. 둘째, 일반 학교의 장은 1항의 규정에 의하여 통합교육을 실시하는 경우에 대통령령이 정하는 기준에 따라 특수학급을 설치 · 운영하고, 예산의 범위 안에서 특수교육에 필요한 교재 및 교구를 갖추어야 한다.

(3) 최소제한 환경

최소제한 환경(The Least Restrictive Environment)이란 개념은 1960년대에 특수교육 분야에서 사용된 개념으로, 그 표현에 있어서 학자들마다 약간의 차이가 있으나 내용상으로는 같은 의미를 지닌다고 볼 수 있다. 즉, 최소제한 환경이란 장애아동과 비장애아동과의 교류가 최대한 보장된 환경이라고 볼 수 있다. 미국의 「장애인교육법(IDEA)」에는 장애아동이 어디에서 교육받든지 최대한 비장애아동과 상호작용할 수 있는 기회가 주어져야 한다는 점이 강조되고 있으며, 만일 특수학급이나 일반 교육환경이 아닌 곳에서 교육을 받을 경우, 일반 교육환경에서는 적합한 교육을 받을 수 없는 경우로 한정하고 있다.

최소제한 환경에 대한 개념은 절대적 개념이라기보다는 상대적 개념이라고 볼 수 있다. 그 이유는 최소제한 환경이 장애아동의 특별한 교육적 요구나 환경에 따라 각기 달리 적용되기 때문이다. 어떤 학생에게는 최소제한 환경이 다른 학생에게는 보다 제한적인 환경이 될 수 있다. 따라서 최소제한 환경에 대한 결정은 장애의 특성이나 정도, 가정과 학교의 환경 등 여러 가지를 종합적으로 고려하여 결정하는 것이 바람직하다.

이상에서 살펴본 바와 같이 장애유아 통합교육의 실시에는 정상화의 원리, 법률의 제정, 최소제한 환경 등이 배경이 되고 있음을 알 수 있다.

2 장애유아 통합교육의 효과

장애유아 통합교육의 효과는 여러 부분에서 이루어진 연구를 통해 알 수 있다. 이 절에서는 장애유아 통합교육이 비장애유아 및 장애유아에게 미치는 영향으로 나누어 살펴보았다.

1) 통합교육이 비장애유아에게 미치는 영향

일반적으로 장애유아를 통합할 때 부딪히게 되는 흔한 문제 가운데 하나는 비장애유아가 장애유아들과 함께 교육을 받게 될 때 부정적인 영향을 받게 되지는 않을까 하는 비장애유아 부모들의 우려다. 이러한 부모들의 우려는 통합교육을 실시하려고 하는 교사나 운영자의 큰 관심사가 되며, 통합교육을 실시하기 위해 해결해야 할 당면 과제다.

그동안 이러한 우려를 해소하기 위해 많은 연구가 실시되었으며, 그 결과는 매우 긍정적인 것으로 나타났다. 장애유아와 통학교육을 받은 비장애유아는 통합되지 않은 비교 집단에 비해서 오히려 그 발달적 성취가 높게 나타났다(이소현, 1995b). 또한 비장애아동이 장애아동과의 상호작용이 활발하게 일어났을 때 정의적 측면과 행동적 측면에서 긍정적인 반응이 나타났다(이선복, 2000; 오은혜, 2002; 전애리, 2003; 김종삼, 2000; 조종연, 2001). 예를 들면, 자폐아를 통합시킨 프로그램에서 비장애유아가 자폐아의 행동을 모방하는 것이 아니라 오히려 자폐아의 사회성 발달을 위한 프로그램의 실시로 인해 타인을 이해하고 배려하는 사회적 행동이 더 발달되었다. 또한 장애 이해 프로그램이 비장애유아의 자아 개념에도 긍정적인 영향을 미친 것으로 나타났다(우해숙, 2003). 이 외에도 통합교육이 비장애유아의 사회적 · 정서적 발달에 긍정적인 영향을 미치는 것을 알 수 있다(채미경, 2001).

장애 이해 프로그램이 비장애유아의 장애유아에 대한 태도에 미치는 영향을 연구한 결과를 보면, 통합교육을 받기 전과 받은 후의 태도에 많은 긍정적인 변화가 있음을 알 수 있다. 김효선(2003)의 「통합적 장애인식 개선 프로그램이 비장애아동의 장애아동 수용 태도에 미치는 효과」 연구에서 인지적·감정적(인식적 측면)·행동적 측면 모두에서 긍정적인 영향을 미치는 것으로 나타났다. 손복순(2003)의 「장애 이해 프로그램 적용이 비장애아동의 장애아동에 대한 태도에 미치는 영향」 연구에서 프로그램 경험 후 비장애아동의 장애아동에 대한 인식 및 감정 측면의 태도와 수용성 그리고 감정 활동 선호도에서 긍정적인 반응이 나타났다. 이상과 같은 맥락의 연구와 그 결과가 긍정적으로 나타난 연구로 성수자(2001), 원경희(2002), 이재길(2003), 우해숙(2003), 박인수(2006) 등의 연구가 있다.

우리나라뿐만 아니라 이미 외국에서는 장애유아와 함께 통합교육을 받은 비장애유아들이 통합되지 않은 비교 집단의 비장애유아들보다 그 발달적 성취가 높은 것으로 나타났고(Bricker, Bruder, & Bailey, 1982; Bricker & Sheehan, 1981), 통합교육을 받기 전보다 후에 장애유아에 대해 더 긍정적인 태도를 보인 것으로 보고되었다(Esposito & Peach, 1983).

이 외에도 많은 연구들이 장애 이해 프로그램이 비장애유아가 장애유아를 이해하는 데 긍정적인 영향을 미쳤음을 보여 주고 있다(이숙향, 1999; 이윤옥, 2003; 권오기, 2001; 민경환, 2002). 이상의 연구 결과들을 통해 비장애유아들이 통합교육을 통해 부정적인 영향을 받는 것이 아니라, 오히려 사회적·정서적·발달적 측면에서 긍정적인 영향을 받고 있음을 알 수 있다.

2) 통합교육이 장애유아에게 미치는 영향

통합교육을 받고 있는 대부분의 장애유아의 특징은 사회적 기술의 부족으로 인해 타인과의 상호작용이 잘 안 된다는 것이다. 통합교육을 통해 장애유아가 얻을 수 있는 가장 큰 혜택 중 하나는 사회적 기술의 습득이라고 볼 수 있다. 「비장애유아와의 미술활동이 장애유아의 사회적 기술에 미치는 영향」(김남희, 2002)을 연구한 결과를 살펴보면, 비장애유아와의 미술활동을 통하여 장애유아의 사회적 기술 가운데 협력 기술, 자기주장 기술 그리고 자기통제 기술 모두에서 많은 효과가 나타났다. 정리 정돈이나 교사의 지시 따르기, 여가 시간 활용하기, 과제 마치기, 친구와 물건 함께 쓰기 등에서 많은 점수가 상승하였다. 또한 친구들이나 교사의 요구에 응하는 행동이 늘어났으며, 모르는 사람에게 자신의 이름을 스스로 말하는 것은 어렵지만 "너 누구야?" "너 이름이 뭐야?"라는 물음에는 자신의 이름을 말할 수 있게 되었다. 그리고 친구들이 돌아가면서 자신의 이름을 말하면 그것을 모방할 수도 있게 되었으며, 주의집중 시간도 길어졌다. 따라서 비장애유아와의 특별활동이 장애유아의 사회적 기술의 발달에 매우 긍정적인 영향을 미친 것을 알 수 있다.

여가활동을 통해 사회적 기술이 발달되었는가를 연구한(임남희, 2004) 결과를 보면, 사회적 기술에서 장애를 지니고 있는 아동에게 통합교육에서의 여가활동을 실시한 결과, 사회적 기술의 하위 영역인 협력기술, 자기주장 기술, 자기통제 기술에 있어서 모두 효과가 있는 것으로 나타났다. 특히, 규칙 지키기, 도움 주고받기, 물건 공유하기, 교사의 지시 따르기 등의 협력기술이 많이 향상되었으며, 또래와 협력적인 관계를 맺으려는 시도가 매우 빈번해졌다. 또한 이들은 언어 표현력에 문제가 있어 교사가 중재자의 역할을 하였으나, 자기소개나 도움을 요청하는 행동, 부당한 대우에 대한 대처 능력 등 자기주장 기술이 많이 습득되었으며, 자기통제 기술도 많이 향상되었음이 연구 결과를 통해 입증되었다.

장애유아 통합교육은 이상에서 살펴본 바와 같이 장애유아에게 사회적 기술의 습득뿐 아니라 기타 여러 영역의 발달에도 긍정적인 영향을 미친다.

우리나라뿐만 아니라 외국의 여러 연구에서도 장애유아에게 통합교육이 매우 긍정적인 영향을 미친다는 사실이 연구·보고되었다. 예를 들면, 교사의 촉진과 강화(Strain, Shores, & Kerr, 1976), 또래 중재(Odom & Strain, 1984), 협력이 필요한 교재의 제공(Beckman & Kohl, 1984) 등의 전략을 사용하여 장애유아의 사회적 상호작용이 증진되었다. 또한 중도 장애유아들이 비장애유아들과 통합되었을 때 부적절한 놀이행동을 보이는 빈도가 줄어들었다는 보고가 있다(Guralnick, 1980).

이상의 연구들을 통해 장애유아 통합교육이 장애유아의 여러 발달적 측면에 긍정적인 영향을 미친다고 결론지을 수 있다.

3 장애유아 통합교육을 위한 준비

장애유아 통합교육이 효과적으로 이루어지기 위해서는 장애유아의 조건, 비장애유아의 태도, 교사의 자질, 교실환경 그리고 교육 프로그램 등의 필수적인 조건이 갖추어져야 한다.

1) 비장애유아의 태도

장애유아를 비장애유아와 함께 학급에서 학습하도록 하는 이유는 장애유아가 비장애유아와의 상호작용을 통해 자아존중감을 확립하고, 비장애유아들로부터 언어발달을 꾀할 수 있으며, 사회적 행동, 대인관계, 적응 행동, 인지기능 등에서 모델을 제공받을 수 있기 때문이다. 이를 위해서는 장애유아와 비장애유아와의 원활한 상호작용이 필요하며, 이러한 상호작용은 비장애유아의 장애유아에 대한 긍정적인 태도를 바탕으로 이루어진다.

비장애유아의 장애유아에 대한 긍정적인 태도를 형성하기 위해서는 여러 방면에서의 사전 교육이 필요하다. 즉, 사람은 여러 측면에서 서로 다르며, 상호작용하는 방법도 다르다는 것을 이해시키고 수용하도록 영상 자료, 그림동화 등을 보여 주고, 비장애유아들이 어떻게 느끼며, 그들이 가져야 할 태도에 대해 토론하는 것이 필요하다. 또한 장애유아에게 간식 당번을 하게 하여 비장애유아가 돕도록 하고, 교사는 장애유아의 장점을 비장애유아들에게 이야기해 주고, 장애유아가 집단에서 발표나 시범을 보일 때 격려해 줌으로써 비장애유아가 장애유아에 대해 긍정적인 관심을 가질 수 있도록 배려한다. 또한 장애유아가 문제행동을 할 때 비장애유아가 장애유아의 입장에서 이해할 수 있도록 감정이입하는 능력을 길러 주는 것이 필요하다. 예를 들면, 우는 행동을 할 때 그 이유에 대해 이해할 수 있도록 상대방의 입장이 되어 보게 한다.

2) 교사의 자질

통합교육의 성공적인 수행을 위해 가장 중요한 역할을 하는 것은 교사의 자질이라고 볼 수 있다. 교사의 자질은 다음의 3가지 측면에서 고려되어야 한다.

첫째, 교사는 장애유아를 이해하는 데 기초가 되는 장애유아의 발달과 행동에 대한 지식을 갖추고 있어야 한다. 둘째, 교사는 통합교육의 실제 상황에서 장애유아를 지도하는 데 필요한 교육기술과 도구 및 자료 활용 기술을 갖추고 있어야 한다. 셋째, 교사의 장애유아에 대한 태도는 장애유아의 자아존중감의 형성과 장애유아와 비장애유아와의 사회적 상호작용에 지대한 영향을 미치므로, 교사는 장애유아에 대해 긍정적이고 수용적인 태도를 지니고 있어야 한다(김삼섭, 1996).

이상의 것을 위해 교사는 장애유아와 관련된 전문서적 연구(예: 아동기 행동장애, 정서장애, 자폐증, 주의력 결핍, 아동 문제), 특수 분야와 관련된 학회 및 세미나 참석(예: 자폐학회, 특수교육학회), 발달장애아 부모교육 프로그램의 참여, 통합될 유아가 다니는 특수교육기관 방문을 통한 유아 관찰 및 담당 교사와 개별 면담을 통한 정보 교환 등의 활동이 필요하다. 또한 부모로부터 장애유아에 대한 정보를 얻고, 교육의 연계성을 갖기 위해 입학 초부터 장애유아의 가정에서의 생활, 특수교육기관의 입학 여부, 유치원 적응, 문제행동과 유치원에서의 생활에 대한 수시 면담이 필요하며, 장애유아의 부모가 특수교육 분야와 관련된 세미나에 참석할 수 있도록 정보를 제공하고 배려하는 것이 필요하다.

3) 교실환경

교실환경을 어떻게 구성하는가는 일반교육에서와 마찬가지로 통합교육을 성공으로 이끄는 데 매우 중요한 요소가 된다. 교사는 환경을 구성할 때 물리적, 사회적으로 반응적인 환경을 구성하도록 한다. 이를 위해 활동과 교재는 적절하게 도전적이어야 하며, 너무 어려워서는 안 된다. 환경 내의 성인과 유아는 그 환경 내의 다른 사람들의 신호에 언어적으로 또는 비언어적으로 반응할 수 있어야 하며, 교사의 기대를 바탕으로 독립성이 촉진되어야 한다. 또한 유아가 다른 사람과 소음으로부터 떨어져 혼자 있을 수 있는 조용하고 충분한 공간이 제공되어야 한다.

교사는 교실 내의 진행 중인 모든 활동을 관찰할 수 있으면서도 활동 영역 간의 방해를 최소한으로 줄일 수 있도록 한다. 비장애유아와 장애유아 사이의 상호작용을 돕고, 교사와 관계가 증진될 수 있도록 각 영역을 칸막이로 구분하여 학급환경을 유동적으로 활용할 수 있게 한다. 또 감각이나 운동기능의 장애를 지닌 아동의 독립성을 최대한으로 격려하고 촉진하도록 공간을 구성하도록 한다(Bailey & Wolery, 1995).

4) 교육 프로그램

통합교육의 성공을 위해 가장 중요한 요소 가운데 하나는 훌륭한 교육 프로그램과 그 프로그램의 운영이다. 통합교육을 위한 교육 프로그램은 다음의 기본적인 원칙에 의해 구성되도록 한다.

첫째, 장애유아의 발달적 요구와 장애 정도를 고려한다. 과잉행동 및 주의력 결핍 장애를 지닌 유아의 경우, 비장애유아들에게 요구되는 창의적인 그림 표현이 힘들기 때문에 그림 그리기 대신에 종이 찢어 붙이기, 테이프 붙이기, 물감 찍기 등의 반복적인 행동을 긍정적인 방법으로 표현할 수 있도록 한다. 특히, 집단활동 시간에 착석이나 주의 집중이 잘 이루어지지 않으므로 다른 영역에서 장애유아가 선호하는 활동을 할 수 있도록 배려하여 점차로 착석과 집중하는 시간이 연장되도록 계획한다.

둘째, 기존 교육 프로그램의 자원(예: 놀이도구, 교육자료, 교육활동)을 활용한다. 장애유아의 흥미에 따라 교구를 선택하도록 한다. 퍼즐 맞추기, 그룹 게임, 바느질, 목걸이 만들기, 가위질, 글씨 따라 쓰기, 물놀이, 모래놀이 등이 활용될 수 있다. 또한 노래, 게임, 신체 표현 등 다양한 활동이 제공될 수 있다.

셋째, 놀이와 모방을 통한 교육방법을 택한다. 또래들이 즐겨 하는 소꿉놀이 상황에서 정서적인 안정감을 찾도록 교사와 함께 혹은 장애유아를 도와줄 수 있는 비장애유아와 함께 피자가게놀이나 엄마아빠놀이, 병원놀이와 같은 극놀이를 한다. 유아들이 간단히 수행할 수 있는 활동, 예를 들면 손을 무릎에 올려놓는 행동, 장난감을 활동 영역에 갖다 놓기 등을 또래의 모방을 통해 하게 한다. 기본 생활 습관 중 옷입기, 신발 신기, 실내화 갈아 신기, 손 씻기, 화장실 사용 후 물 내리기 등은 또래와 함께 활동하면서 모방하게 한다.

넷째, 장애유아와 비장애유아 간의 상호작용을 통해 언어 및 사회적 기술을 발달시킨다. 이를 위해 장애유아가 비장애유아들과 함께 게임을 하며 상호작용이 활발히 일어날 수 있도록 배려해 준다. 골프게임 시 비장애유아와 장애유아가 함께 유아용 골프공을 주고받음으로써 친구에 대해 관심을 갖게 하고, 함께 놀이하는 기술을 증진시키며, 언어발달을 할 수 있도록 돕는다. 또한 게임을 통해 협동하는 방법과 게임의 규칙을 알게 하며, 게임의 과정을 통해 언어 및 사회적 기술을 발달시킨다.

다섯째, 비장애유아의 훈련을 통해 장애유아의 지체된 부분이 발달되도록 하고, 비장애유아의 사회성 발달을 꾀한다. 장애유아와 비장애유아 간의 상호작용을 활발하게 하며, 비장애유아가 장애유아에게 먼저 상호작용을 시도할 수 있도록 의사소통 전략을 사용한다. 대부분의 장애유아들은 또래 관계에서 먼저 상호작용을 시도하지 못하므로 비장애유아의 훈련을 통해 상호작용이 이루어지게 한다. 예를 들면, 비장애유아들이 장애유아의 이름을 먼저 부르거나 놀이에 참여하도록 "○○야, 소꿉놀이 하자."라고 권유하는 언어적 표현을 하도록 한다. 또한 놀이 중 장애유아가 부적절한 행동을 하거나 교실 밖으로 이탈하려고 할 때 비장애유아가 장애유아의 행동을 저지하고, 장애유아가 긍정적인 행동을 할 때는 칭찬과 격려를 할 수 있도록 또래를 훈련시킨다. 이를 통해 장애유아뿐 아니라 비장애유아의 사회적 기술로서 조언, 칭찬, 격려하기 등을 증진시킴으로써 비장애유아와 상호작용이 활발하게 이루어질 수 있도록 한다.

4 성공적인 장애유아 통합교육을 위한 과제

장애유아 통합교육이 성공적으로 이루어지기 위해서는 우선적으로 통합교육에 대한 법적 · 제도적 장치가 마련되어야 함은 물론, 지역사회와 교육기관 간의 공감대가 형성되어야 한다. 이 외에도 장애유아가 통합교육을 받을 수 있는 적절한 교육 프로그램이 준비되어야 하며, 이것을 운영할 수 있는 훈련된 교사가 필요하다.

우리나라의 경우 이러한 법적 · 제도적 장치가 마련되어 있기는 하나 그 역사가 짧고, 서구 선진국에 비해 장애인에 대한 편견이 심하여 통합교육에 대한 교육기관과 사회의 공감대가 부족한 실정이다. 또한 통합교육을 위한 교육 프로그램과 준비된 교사가 매우 부족하여 성공적인 장애유아 통합교육의 실시가 어려운 상황이다.

성공적인 장애유아 통합교육의 실시를 위해 장애유아 통합교육의 문제는 무엇이며, 그것을 개선하기 위한 방안에는 어떠한 것들이 있는지 살펴보기로 하자.

1) 장애유아와 통합교육에 대한 부정적 인식의 개선

장애유아 통합교육은 비장애유아와 장애유아가 함께 교육활동에 참여하여 긍정적인 상호작용을 함으로써 사회에 잘 적응할 수 있도록 사회적 기술을 함께 배우는 데 그 목적을 둔다. 따라서 장애유아 통합교육이 성공적으로 수행되기 위해서는 비장애유아와 장애유아 간의 활발한 상호작용이 이루어져야 하며, 이를 위해서는 상대방에 대한 편견이 없어야 한다.

그러나 우리나라의 경우, 서구 선진국에 비해 장애인에 대한 편견이 심한 경향을 보이고 있다. 그 이유를 우리나라 사람들의 보편적인 인간의 지향, 완전한 인간의 지향, 초자아의 결여 등으로 인한 것으로 보는 학자도 있으며(이규태, 1981), 이익섭(1990)은 상품이론, 편견이론, 분리이론, 정책부재론 등으로 인해 갖게 되는 현상으로 보고 있다. 이러한 관점에서는 장애유아는 사회적으로 소외되고 부정적인 대상으로 남을 수밖에 없다.

이와 같은 장애유아에 대한 편견은 통합교육을 실시하는 데 많은 어려움을 일으키는 요인으로 작용하게 된다. 우선 비장애유아의 장애유아에 대한 편견은 장애유아와의 상호작용을 기피하게 하며, 장애유아의 소외감과 열등감을 불러일으켜 서로 간의 원활한 사회적 상호작용을 어렵게 하여 효과적인 통합교육을 기대하기 어렵게 한다. 또한 장애유아를 한 명의 교육 평등권과 수월성을 지닌 객체로 보아야 할 교사의 장애유아에 대한 편견은 통합교육에서 중요한 역할을 하는 교육자로서의 역할뿐 아니라 중재자로서의 역할을 불가능하게 한다.

더불어 장애유아 통합교육이 성공적으로 수행되기 위해서는 학부모들의 장애유아에 대한 시선에도 편견이 있어서는 안 된다. 학부모들의 장애유아에 대한 긍정적인 태도가 당 교육기관의 통합교육에 매우 중요한 역할을 하며, 이들에 대한 학부모의 관점이 곧 자신의 자녀의 장애유아에 대한 관점이 되기도 한다. 단순히 장애유아를 애처롭게 여기는 수준이 아니라 장애유아도 다른 유아들과 똑같이 교육받아야 할 교육의 평등권을 가진 존재로서 바라보는 관점으로의 변화가 요구된다. 따라서 비장애유아와 교사, 학부모의 장애유아에 대한 관점이 긍정적으로 바뀌는 것이 장애유아 통합교육의 성공적 수행을 위해 선결되어야 할 과제다.

2) 장애유아 통합교육 관련 전문가의 책임의식 형성

통합교육에 관련된 모든 교육자들의 통합에 대한 태도는 실질적으로 장애유아 통합교육의 성공에 가장 중요한 요인으로 작용한다고 볼 수 있다. 특히, 통합교육을 주도해 나가는 교육 전문가들의 통합교육에 대한 책임의식의 형성은 통합교육이 직면하고 있는 가장 큰 과제라고 볼 수 있다. 우리나라의 경우 장애유아를 위한 통합교육이 일반 유치원에서 이루어지고 있기 때문에 이것이 성공적으로 수행되기 위해서는 일반 유치원 교사들의 통합교육에 대한 책임의식이 매우 중요한 요인이 된다. 그러나 장애유아를 위한 통합교육은 우선적으로 특수교육 분야에서 해결해야 할 과제라는 인식이 대부분의 일반 교육계 교사들의 관점이었던 것이 사실이다(이소현, 박은혜, 2001).

이와 같은 맥락에서 특수교육 분야에서도 일반교육 현장에 통합되어 있는 장애아들의 교육의 직접적인 책임은 일반 학교 교사들에게 있다는 인식을 하였다. 어느 누구도 통합교육을 위해 책임지려고 하지 않는 이러한 상황에서는 통합교육의 성공을 기대하기 어렵다. 물론 이러한 현상은 행정상의 미비한 문제에서 비롯되는 것이기도 하다. 그러나 이러한 상황이 장애유아들의 교육에 미치는 영향이 매우 심각함을 고려할 때 장애유아 통합교육은 그 누구의 책임도 아니며, 바로 일반 유치원 교사 또는 특수교육 분야의 교사들 자신임을 자각하여야 한다. 통합교육이 통합교육에 관심이 있는 특정 교사들의 몫이 아니라 교사라면 누구나 책임져야 할 당면 과제임을 인식해야 한다.

또한 통합교육 관련 교육 행정가들의 책임의식과 더불어 이를 뒷받침할 수 있는 역할이 요구된다. 통합교육 관련 정책이 지방과 현장에 정확하고 신속하게 전달되어야 하는데, 그렇게 되지 않는 이유는 정보는 있으나 책임의식의 결여로 인해 행정가들의 행정적 지원이 신속하게 이루어지지 않기 때문이다. 또한 실천력을 갖춘 담당 전문가의 부재 때문이기도 하다. 통합교육의 특성상 학습자의 요구가 다양하므로 특수한 상황을 고려한 행정적 지원이 요구된다.

3) 장애유아 통합교육 교사의 자질 향상

장애유아 통합교육의 성공적 수행을 위해서 선결되어야 할 과제 중 하나는 통합교육에 적합한 교사의 양성에 있다. 현재 우리나라에서 실시되고 있는 교사 양성을 위한 대학교육의 교육과정을 살펴보면, 특수교사는 특수교육에 대한 교육을 받도록 교육과정이 구성되어 있으며, 일반 교사는 일반 교사가 되기 위한 교육과정에 의해 교육을 받고 있다. 요즘 약간의 수정이 이루어져 교직이나 전공에 특수교육이 포함되어 있기는 하지만 일반 교사로서 통합교육을 실시하기에는 역부족인 것을 알 수 있다. 대부분 대학의 교육과정에서 통합교육에 대한 과목은 한두 과목 정도에 불과하다. 서울과 경기도 소재 4년제 대학의 유아교육과 교육과정에서의 장애유아 통합교육(특수교육) 관련 상황을 각 대학 홈페이지를 통해 검색한 결과를 보면 〈표 2-2〉와 같다.

〈표 2-2〉 서울과 경기도 소재 4년제 대학의 장애유아 통합교육 관련 교과목 현황

서울 지역 4년제 대학					
대 학	학과 전공	교직 과목	과목 명	학 점	비 고
덕성여대	○		특수아 이해 및 행동지도	3	
성신여대					
삼육대	○		특수아동지도	3	
이화여대		○	특수교육의 이해	2	
중앙대		○	특수아의 이해	2	
총신대	○		장애영유아교육방법론	3	
	○		특수아동지도	3	
	○		장애아통합교육	3	
		○	특수교육학개론	2	2011년~
강남대		○	특수아동의 이해	2	
경기대	○		특수아동지도	3	
서울신학대	○		유아특수교육	3	
안양대	○		특수아동지도	3	
		○	특수아동의 이해	2	
성결대	○		특수아교육	3	
		○	특수아동학개론 또는 특수아동학 이해	2	

이러한 교육과정에 의해 훈련받은 교사들이 장애유아를 위한 통합교육을 실시한다는 것은 장애유아 통합교육을 성공적으로 수행하기보다는 오히려 장애유아 통합교육의 장애요인이 될 수 있음을 의미한다고 볼 수 있다. 이소현(1995a)의 「유치원 교사 양성 교수들의 장애유아 통합에 관한 인식 조사 연구」에서 통합의 가장 큰 방해 요인으로 교사의 교육 운영을 위한 전문성 부족이 지적된 것은 통합교육의 실시를 위한 교사들의 준비 부족을 단적으로 보여 주는 좋은 예라고 볼 수 있다.

통합교육을 위한 교사의 자질을 향상시키기 위해서는 대학 교육과정에 통합교육 관련 과목을 포함시키는 것이 필요하다. 예를 들면, 일반 유아교육 교사의 특수교육 과목 내지는 통합교육 과목의 수강과 특수교사의 일반 유아교육 과목의 수강을 필수화하는 것이다. 또한 현장에서 협력 교육체제를 구축하는 것이 필요하다. 특수교육 전공자가 일반 유치원의 통합교육을 참관할 수 있는 기회를 갖게 하거나 일반 유아교육 전공자가 특수교육기관에서의 교육을 참관하는 등 현장에서 교육을 경험할 수 있는 기회를 제공하는 것이 필요하다. 이를 위해서 선결되어야 할 문제는 통합교육 관련 과목을 가르칠 수 있는 교수 확보가 이루어져야 하고, 일반 유치원과 특수교육기관 간에 협력체계가 이루어져야 하며, 서로 간의 책임에 대한 공동 의식 형성이 요구된다.

4) 장애유아 통합교육을 위한 서비스의 제공

장애유아 통합교육을 받는 장애유아들 가운데 많은 수가 언어치료, 물리치료, 놀이치료 등의 치료 서비스나 청능훈련, 시각적응 훈련 등의 특별 훈련을 받고 있거나 받아야 하는 경우가 있다. 이런 경우 대개는 사적으로 훈련을 받는데, 그 이유는 특수학교의 경우 이러한 시설이나 설비를 갖추고 있는 경우가 많지만 일반 유치원의 경우에는 이러한 설비나 시설을 갖추지 못한 경우가 대부분이기 때문이다. 이러한 환경은 통합교육을 방해하는 잠정적인 요소가 된다. 또한 이를 운영할 수 있는 전문가의 공급이 어려워 성공적인 장애유아 통합교육의 수행에 걸림돌이 된다. 대부분의 장애유아를 위한 특수 치료나 훈련은 부모들의 개인적인 선택과 부담에 의해 이루어지고 있는 실정이다.

따라서 관련 서비스를 필요로 하는 장애유아에게 그러한 서비스를 제공하기 위해서는 치료사 및 관련 전문가들의 진단, 교육 계획 및 상담 등의 프로그램에 참여하게 하는 행정체제가 필요하다. 예를 들면, 주의가 매우 산만한 유아를 치료할 경우 전문가가 일반 교사에게 치료법을 알려 주어 교사가 직접 장애유아를 교육할 수 있도록 하는 협력체계가 이루어지도록 하는 것이다. 또한 언어치료를 필요로 하는 장애유아의 경우, 언어치료사가 교사와 함께 장애유아의 상태를 진단하고, 교실활동 중심의 프로그램을 계획하여 교사가 장애유아의 의사소통을 위한 실제 프로그램을 운영하도록 한다면 보다 효율적인 통합교육이 이루어질 수 있다. 이것을 Bricker는 '교육적 합성(Educational Synthesizer)' 모델이라고 하였다(이소현, 박은혜, 2001). 실제로 교육을 실시하는 교사와 관련 서비스를 계획하는 치료사가 서로 의논하여 함께 교육을 하는 것이다. 예를 들면, 손가락의 소근육 운동발달 촉진을 위한 활동을 특수교사가 분리된 상황에서 일대일로 치료하는 것이 아니라 통합교사가 직접 수행할 수 있도록 특수교사가 지원해 주는 것이다. 즉, 특수교사가 소근육 발달을 위한 학습활동을 계획하고, 그것을 통합교사가 실행하는 것이다. 이러한 모델을 통해 통합교육 현장에서 적절한 서비스가 이루어질 수 있으며, 성공적인 통합교육을 이끌어 낼 수 있다.

또한 통합교육을 위한 훈련된 보조교사의 수급이 요구된다. 유치원의 현실을 감안할 때 많은 수의 유아와 소수의 장애유아를 함께 교육해야 하는 교사의 입장에서 통합교육을 성공적으로 수행하기 위해서는 보조교사의 역할이 필요하다. 우리나라의 경우 행정적 지원을 통해 보조교사제도가 실행되고 있으나 대개 어린이집에 국한되어 있고, 통합교육을 위해 충분히 훈련받지 않은 교사들이 제한적으로 수급되고 있는 실정이다. 따라서 충분히 훈련받은 보조교사의 충분한 수급이 요구된다.

5) 장애유아 통합교육을 위한 행정 및 재정적 지원

장애유아 통합교육을 위한 행정 및 재정적 지원은 이전에 비해 많이 확대되었다고 볼 수 있다. 우선 장애유아가 유치원에 입학하게 될 경우 무상교육이 실시되고 있으며, 개인적으로 받는 특수 분야의 치료비까지도 지원되고 있는 상황이다. 어린이집의 경우 장애유아가 3명 이상일 경우, 특수교사는 물론 보조교사도 지원된다. 그러나 행정상의 이원화로 인해 유치원의 경우 지원이 되지 않아 안타까운 실정이다. 또한 순회교육제가 있어 구청에 신청할 경우 순회지도가 이루어지지만 이때 파견되는 교사는 특수교육을 전공한 교사로서 일반교육에 대해서는 잘 모르기 때문에 통합교육을 실시하는 유치원에서는 신청을 거의 안 하는 상황이다. 따라서 유치원과 어린이집에 지원되는 여러 가지 행정 및 재정적 지원의 일원화가 요구된다.

김숙경(2001)이 교육청 내 특수교육 담당 장학관 및 장학사들이 거의 특수교육 비전공 인력이라는 점을 특수교육 활성화에 있어서 커다란 걸림돌 중 하나라고 지적하고 있듯이, 유아교육 관련 장학관 및 장학사들 역시 통합교육에 대한 관심과 책임의식이 있어야만 유치원에서의 통합교육이 활성화될 수 있다. 현재 유치원 인증을 위한 평가에서도 그 항목 지표에 통합교육에 대한 내용이 없는 것은, 장애유아 통합교육이란 특수한 상황의 유치원에서만 이루어지는 교육이라는 인식이 있음을 엿볼 수 있다. 따라서 행정 당국의 통합교육에 대한 인식의 전환이 요구되며, 또한 장학사나 유치원을 평가하는 사람들의 통합교육에 대한 인식의 전환을 위해 연수가 필요하다. 물론 교사들을 위한 연수에서는 통합교육에 대한 교육이 수년 전부터 이루어졌으며, 요즘은 60시간 연수도 이루어지고 있는 실정이다. 원장을 위한 연수도 2010년 현재 이루어지고 있다. 그러나 보다 체계적이고 구체적인 위로부터의 행정의 일원화와 조화로운 행정적 실행이 요구된다.

제2부

장애유아 프로그램의 기본 틀

제3장 장애유아 통합교육 프로그램의 틀

제4장 장애유아의 유치원 입학 절차

제5장 개별화 교수를 위한 사정과 교수 목표의 설정

제6장 일일활동에 통합하여 교육하기

제7장 장애유아 가족 지원

제3장 장애유아 통합교육 프로그램의 틀

유아교육기관에서 장애유아 통합교육 프로그램을 운영하기 위한 기본적 틀(framework)은 매우 중요하다. 장애유아 교육을 위한 최근의 동향과 증거 중심 실제(evidence based practice)는 장애유아의 중재를 위한 프로그램 구성요소의 연결을 강조하고 있다. 이 장에서는 먼저 이와 같은 프로그램 구성요소의 연결을 기본 틀로서 제시하고, 장애유아 통합교육 현장에서의 연결체계를 구체적으로 제시하고자 한다.[1)]

또 이 책에서 자주 사용되는 용어를 다음과 같이 정의한다.

- AEPS: 영유아의 사정(assessment), 평가(evaluation), 프로그램(programming)을 위한 교육진단 체계(system)를 의미한다.
- IEP(Individualized Educational Programming): 개별화 교육 계획으로서 각 장애유아의 발달과 교육을 위해 수립하여 실시하는 교육을 의미한다.

---

1) 이 책에서 사용하는 연결체계와 이를 적용하는 방식은 활동 중심 중재법(Bricker et al., 1998; 허계형, 이영철 공역, 2004)과 유아의 사회·정서 능력 계발을 위한 활동 중심 중재(Squires & Bricker, 2007; 허계형, 노진아, 2010)의 큰 틀에서 비롯된다.

- IFSP(Individualized Family Service Plan): 개별화 가족 서비스 계획으로서 각 장애유아 가족의 요구와 장애유아의 발달을 위해 수립하는 교육을 의미한다.

1 장애유아 통합교육에서의 연결체계

1) 연결체계의 정의와 필요성

연결체계란 유아 선별, 발달 수준의 사정, 교육 목표 개발, 중재 시행, 진보 평가하기를 연계시키는 중재 모델이며, 이는 조기중재와 유아 특수교육 현장에서 사용하기에 유용할 뿐 아니라 가장 적절하고 효과적인 접근 방법이다(Bricker, 2002). 연계 프로그램의 구성요소는 기관 및 프로그램의 요구에 따라 다양하게 구성되기도 하나(예: Bricker, Pretti-Frontczak, & McComas, 1998; Squires & Bricker, 2007), 일반적으로 유아의 교육 목표와 중재, 이에 대한 효과를 파악하는 구성요소는 필수적으로 포함된다고 볼 수 있고, 전 단계의 구성요소가 다음 단계의 구성요소에 직접적인 영향을 준다는 공통점이 있다([그림 3-1] 참고).

유아교육과 유아 특수교육 분야의 문헌을 살펴보면 연결체계를 설명하고 사용하는 예들이 있다(예: Bagnato & Neisworth, 1991; Bagnato, Neisworth, & Munson, 1997; Bricker, 1989, 1996, 2002). 이들이 강조하는 바는 각 프로그램의 요소들이 하나의 시리즈로서 관련된 활동으로 개념화되어야 한다는 것이다. 프로그램의 구성요소가 상호 연관되어 있을 때 유아와 가족이 목표로 정해진 기술을 효율적으로 획득할 가능

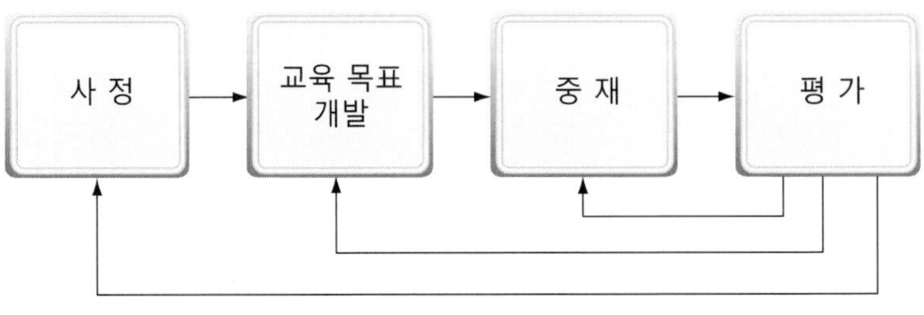

[그림 3-1] 연결체계의 구성요소와 관계

출처: Squires & Bricker(2007). p. 43 수정 인용.

성을 최대화할 수 있기 때문이라며 그 필요성을 강조한다(Bricker, Pretti-Frontczak, & McComas, 1998).

일반적인 공통의 프로그램 구성요소는 사정, 교육 목표 개발, 중재, 평가의 4단계다. 이 4단계는 각기 다른 활동으로 구성되어 있으나, 이전 단계가 다음 단계에 연계되어 있다. 즉, 사정을 통해 유아의 현 수준과 발달적 정보를 확인하고, 이를 바탕으로 한 유아를 위한 기능적이고 통합적인 교육 목표를 설정하고, 교육 목표는 중재 내용을 결정하는 데 직접적으로 이용된다. 중재 다음에 행해지는 평가의 결과는 사정 및 교육 목표 개발과 연계되어 중재에 필요한 정보를 제공함으로써 유아와 가족의 진전에 대해 직접적으로 관련 있는 전형적인 연결체계의 형식으로 나타난다.

2) 연결체계의 프로그램 구성요소

이 책에서 사용하는 장애유아 통합교육 프로그램의 구성요소는 통합교육 현장의 모든 유아들의 교육 목표 파악을 위한 사정, 장애유아 혹은 장애위험 유아의 교육 목표의 개발과 선택, 유아교육·보육 현장의 일상생활을 통한 중재와 그 성과를 파악하기 위한 평가를 포함한다.

(1) 사 정

일반적으로 장애유아는 적절한 의뢰 절차(예: 장애 진단)를 거친 후에 교육환경에 배치된다. 장애유아가 유아교육기관(예: 특수교육기관, 통합교육기관)에 배치되면, 기관에서는 장애유아를 위한 개별화된 교육 프로그램을 개발함으로써 장애유아의 발달과 요구에 적합하게 무엇을 어떻게 가르쳐야 할 것인지를 계획한다. 사정(assessment)은 개별화된 교육 계획이 필요하다고 확정된 대상(장애유아 혹은 장애 의심 유아)에게 시행되는 평가로서 유아의 발달 수준을 파악하고, 이에 따라 무엇을 가르칠 것인지를 결정하도록 돕는 평가활동이다.

- 사정 대상: 특수교육 및 통합교육이 필요한 대상
- 사정 목적: 개별화 교육 계획이 필요한 유아들의 발달 및 행동 목록을 정확히 파악한다. 이 결과를 통하여 적절한 교육 목표를 작성한다.

- 사정 분야: 사정 분야는 유아의 전반적 발달 분야를 포괄적으로 포함하는 것이 적절하다. 즉, 소근육, 대근육, 사회 · 정서, 인지, 언어, 자조기술과 같은 유아의 발달 영역을 종합적으로 포함하는 도구를 활용하여 유아를 평가함으로써 전체적인 유아의 발달 수준을 파악한다. 특히, 사정의 필요에 따라 영역을 구분하여 평가활동을 하고는 있으나, 한 발달 영역이 다른 발달 영역에 영향을 미치는 경우가 많은 점을 감안한다면 더욱 그러하다고 볼 수 있다. 또한 보다 적절하고 효과적인 유아의 교육 목표 설정을 위해 유아의 발달뿐 아니라 가족의 요구 및 가족 사정을 함께 수행하는 것이 적절하다. 가족 사정은 장애유아의 교육 및 발달에 관련된 가족의 관심과 흥미 분야 및 장애유아에 대한 가족의 우선적인 교육 목표를 파악한다. 가족 사정을 수행함으로써 유아의 기능적인 발달을 촉진하는 프로그램 관련 정보를 산출한다.
- 사정도구: 사정 목적(즉, 유아들의 구체적인 발달 및 행동 목록의 파악)을 달성하기에 적절한 도구로는 교육과정 중심 도구가 적절하다. 교육과정 중심 도구는 기능적이고, 발달의 목표 설정과 일상생활과 연관된 중재활동을 개발하는 데 필수적이기 때문이다(Neisworth & Bagnato, 2004; Pretti-Frontczak & Bricker, 2004). 국내에는 이와 같은 교육과정 중심의 사정도구(예: AEPS, 캐롤라이나 교육과정, 포테이지 유아발달 평가)들이 있으며, 기관의 철학과 방향에 적절한 교육과정 중심의 사정도구를 선정하는 것이 매우 중요하다. 어떠한 사정도구를 선택하는가가 장애유아의 개별화 교육 계획의 적절한 교육 목표의 선택과 직접적으로 연계된다는 점을 본다면 더욱 그러할 것이다. 이 책의 제5장에서는 유아의 개별화 교육 프로그램에 적절한 사정도구를 살펴보고, 이 가운데 AEPS 사정도구를 선정하여 단계적 사정 방법을 살펴본다.

(2) 교육 목표의 개발

장애유아를 위한 교육 목표는 일반 유아교육 활동의 교육 목표와는 구분된다. 또한 유치원 환경에서의 생활 영역과도 구분된다. 교육 목표는 유아의 개별화 교육 계획의 핵심적인 부분으로 장애유아 통합교육의 개별화 교육 계획의 효과를 결정하는 부분이라고 할 수 있다.

장애유아의 교육 목표는 IEP 혹은 IFSP에서 유아의 교육 방향을 설정한다. 이 교육 목표에 따라 유아의 연간 교육 프로그램이 정해지고 활동 안에서 연계되기 때문에 교육 목표의 설정은 아무리 강조해도 지나치지 않다고 할 수 있다.

적절한 교육 목표의 준거

- 목표는 기능적이어야 한다. 유아는 기술을 습득함으로써 일상생활 환경에서 독립적일 수 있어야 한다. 기능적 기술이란 유아가 수행하지 못할 경우 다른 누군가에 의해서라도 수행되어야만 하는 기술을 의미한다.
- 목표는 일반화될 수 있어야 한다. 일반화된다는 것은 다양한 환경, 사건, 활동, 사람과 자료에 걸쳐 적절하게 사용될 수 있는 기술이나 정보를 의미한다.
- 목표는 관찰 및 측정 가능한 기술이어야 한다. 관찰과 측정이 가능한 기술이란 볼 수도, 들을 수도 있다는 것으로, 빈도, 지속성 또는 기간을 측정할 수 있다는 것을 의미한다. 팀원은 목표 기술이 관찰이나 측정 가능한지에 대하여 동의할 수 있어야 한다.
- 목표는 통합 가능해야 한다. 통합할 수 있는 기술이란 교사, 치료사, 양육자가 유아의 일상생활(예: 식료품 가게 가기, 등교하기, 미술활동 시간, 간식 시간)에서 반복적으로 쉽게 목표화될 수 있는 것을 의미한다(Bricker, Pretti-Frontczak, & McComas, 1998; 허계형, 이영철 공역, 2004: 63 재인용).

장애유아의 교육 목표는 유아의 발달상에 적절해야 하고, 기능적이어야 하며, 가족의 가치가 잘 반영되어 있어야 한다. 이와 같은 준거를 만족시키는 교육 목표를 개발하기 위해서는 이에 적절한 교육과정 중심의 사정도구를 사용하는 것이 결정적일 수 있다. 사정 결과를 활용하여 교육 목표를 작성하는 자세한 내용은 제5장에 제시되어 있다.

(3) 중 재

중재(intervention)는 장애유아에게 제공되는 다양한 서비스(예: 교육, 치료)를 포함한다. 장애유아가 통합된 교육환경도 중재가 발생하는 대표적인 환경이다. 유아교육기관에는 이미 일반적인 교육과정과 일과가 있다. 이 정해진 일과 안에서 유아들은 상호작용과 질적인 탐색을 통해 학습과 발달을 한다. 장애유아의 교육은 가장 자연적인 환경, 즉 유아의 일반 환경의 일과 안에서 수행되는 것이 적절하고 추천되는 방법이다(예: 유아통합교육기관). 장애유아의 개별화된 교육 목표('제5장'에서 선정된)는 일반 유아들이 교육받고 있는 환경에서 통합되어 교육될 것을 추천한다. 장애유아가 갖는 개별적인 교육적 요구와 교육 목표를 달성하기 위한 방법 및 전략의 구체적인 설명은 제6장을 참고한다.

(4) 장애유아 교육과 발달의 모니터 및 평가

마지막 과정인 장애유아 교육과 발달의 모니터 및 평가는 교사 및 전문인이 수행한 중재 노력이 효과적이었는지를 파악하는 데 필수적이다. 즉, 장애유아의 교육 목표가 적절하게 설정되어 효과적으로 중재되었는지를 평가하는 방식이라고 할 수 있다. 이 책에서는 개별 유아의 평가와 모니터에 기반을 두고, 제5장의 중재 내용에 통합하여 평가와 모니터 체계를 간단히 제시한다.

2 연결체계와 장애유아 통합교육 사례

여기서는 연결체계를 활용한 장애유아 통합교육 사례를 제시하고자 한다. 총신대학교 부속유치원은 1989년 이래 지속적으로 장애유아 통합교육 프로그램을 시행해오고 있고, 프로그램의 틀로서 연결체계를 사용하고 있다. 앞서 제시한 연결체계의 이해를 돕기 위해 구체적인 사례를 통해 살펴보기로 한다.

1) 사 정

총신대학교 부속유치원의 장애유아 유치원 입학 절차('제4장' 참고)에 따라 청각장애를 갖고 있는 동이가 입학하였고, 하늘반에 배정되었다. 하늘반 교사는 영유아를 위한 AEPS 사정도구(Bricker, 2002; 이영철 외 공역, 2008)를 사용하여 유치원 일과와 활동 안에서 동이를 관찰하기로 하였다. 3월에는 동이가 물리적 · 인적 환경에 익숙해질 수 있도록 하였고, 4월에는 동이를 위한 AEPS 유아관찰기록지를 활용한 사정을 수행하였다. AEPS 도구는 유아발달 영역을 포괄적으로 모두 포함하고 있다(예:

소근육, 대근육, 의사소통, 인지, 자조기술). 부담임교사, 담임교사, 특수교육 지원교사가 관찰할 영역을 구분하여 관찰하기로 하고, 의사소통 영역은 특수교육 지원교사가, 대근육 영역과 소근육 영역은 담임교사가, 그리고 인지 영역과 자조기술 영역은 부담임교사가 담당하여 평가하였다. 교사들은 동시에 동이의 가족에게 'AEPS 가족 사정 평가지'를 보내 작성하도록 하였다. 'AEPS 가족 사정 평가지'는 장애유아와 그 가족의 관심 영역과 흥미 영역을 파악할 수 있도록 하고, 특히 장애유아의 발달적 측면을 가족의 관점에서 관찰하고 의견을 제시할 수 있도록 되어 있다. 가족 사정 중 유아의 발달적 측면을 평가하는 항목은 교사가 평가하는 항목과 일치하여 이후 장애유아의 교육 목표로서 가장 중요하고 유용한 교육 목표에 대한 가족의 관점을 파악할 수 있도록 돕는다. 이와 같은 과정을 통해 AEPS 유아발달 평가와 가족 사정 결과가 완성되면, 이 정보와 그 밖의 유용한 자료(예: 의사의 진단 내용, 다른 기관에서 받은 특수교육의 내용)를 바탕으로 하여 다음 단계인 교육 목표 작성을 위해 결과를 요약하였다. 결과의 요약은 AEPS의 영역별로 수(%), 그래프(시각적 요약), 현행 수준에 대한 기술 요약(서술적 요약)을 포함하였다.

2) 질적인 교육 목표의 개발

장기 및 단기 교육 목표의 개발은 두 번째 단계인 유아와 가족 사정의 결과를 토대로 작성하였다. 먼저 담임교사, 특수교육 지원교사는 사정 결과의 요약을 바탕으로 가능한 교육 목표를 선정하였다. 선정된 다수의 교육 목표 가운데 유치원과 학급의 자원과 요구를 고려하여 우선적인 교육 목표(3~4개)를 선정하였다. 선정된 교육 목표는 유아의 발달 수준에 적절할 뿐 아니라 교사와 가족의 일과와 생활 안에서 적절히 통합될 수 있고, 실현 가능한 목표들이다. 이렇게 작성된 교육 목표를 특수교육 지원교사가 장애유아의 어머니와 교사와 함께 살펴본 후에 구체적인 교육 목표를 언제, 어떻게, 어떠한 방식으로 적용하고 평가할 것인지에 대한 구체적인 방안(IEP)을 작성했다. 특수교육 지원교사는 작성된 IEP를 교사와 부모 및 관련 팀원들이 검토하도록 하고 협의서에 서명하도록 하였다. 마지막으로 6개월 이후의 회의 일정을 계획하였다.

3) 중재의 시행

중재를 위해서는 활동 중심 중재(Bricker et al., 1998)를 기본 틀로 하여 선정된 교육 목표가 유치원의 기본 교육과정에서 가능한 한 많이 포함되어 중재될 수 있도록 계획하였다. 활동 중심 중재에서는 유아의 학습 기회—특히 선택한 교육 목표에 대한 학습 기회—를 위해 일상 활동, 유아가 시도한 활동, 교사가 계획한 활동 안에서 의도적으로 삽입하여 중재한다. 총신대학교 부속유치원에서는 앞에서 작성한 교육 목표를 일과(예: 간식, 식사), 유아가 시도한 흥미로운 활동(예: 자유놀이), 교사가 계획한 활동(예: 선택활동)에 의도적으로 포함시켜 학습 기회를 증진시켰다. 유아가 적절한 진보를 보였을 때는 중재가 적절한 것으로 보고 지속하였고, 유아가 진보를 보이지 않은 경우 수정하여 수행하였다.

4) 평 가

마지막으로 평가를 수행한다. 이는 전 단계의 중재와 연계되어 유아가 적절한 진보를 보이는지 그렇지 않은지에 대한 단서를 제공한다. 이 책에서 평가체계는 중재와 함께 수행되어 중재의 계획안에 내포되어 제시된다.

제4장 장애유아의 유치원 입학 절차

이 장은 장애유아 통합교육과 관련하여 유치원 입학을 위한 준비, 장애유아의 입학 전 적응 프로그램, 장애유아의 학기 초 적응준비 프로그램으로 구성하였다.

1 유치원 입학을 위한 준비

장애유아의 유치원 입학을 위한 준비는 유치원에서 사전 회의를 거친 후 장애유아의 서류심사와 입학 면담으로 이루어진다.

1) 사전 회의를 통한 모집 인원 결정

유치원에서는 장애유아 팀을 구성하여(예: 원장, 원감, 주임교사, 특수교사, 자문인) 사전 회의를 수행한다. 사전 회의를 통하여 다음의 고려 사항에 대하여 토의하고 결정한다.

- 현재 재원 중인 장애유아의 재원 여부는 11월 초에 학부모 면담을 통하여 확인해 둔다.
- 신입 장애유아의 배치(예: 장애유아의 수, 배치의 형태)를 파악한다.
- 한 학급에 2명 정도의 장애유아를 배정하고, 장애 정도에 따라 보조교사를 지원한다.
- 충원해야 할 장애유아의 수를 확정한 후에 입학 희망 대기자 명단에 기록된 장애유아와 입학을 희망하는 장애유아의 접수를 받는다.
- 만약 장애유아가 장애유아인 것을 알리지 않은 채 일반 유아 원아모집 기간에 접수하여 추첨되었다면 입학이 무효됨을 공지한다.

2) 입학을 위한 서류심사

입학을 위한 선발방법은 서류심사와 면담을 통해 이루어진다. 장애유아의 입학 관련 서류는 면접 전에 심사한다. 구비 서류는 특수교육 대상자 선정 결과 통지서와 진단서, 특수교육기관의 발달 프로파일 등을 중심으로 장애유아의 상황을 파악한다.

원서 접수 시 학부모가 준비해야 할 사항

- 입학 원서(유치원 소정양식)
- 특수교육 대상자 선정 결과 통지서
- 주민등록등본
- 유아 사진(반명함판)
- 병원 발급 장애진단서 또는 복지카드
- 발달 프로파일
- 복지센터 발급 증명서
- 전형료

3) 입학 면담

입학 면담은 부모와 장애유아가 함께 유치원에 방문하여 지정된 시간에 시행된다. 먼저 장애유아와 부모는 학부모 대기실에서 기다린다. 대기실은 장애유아가 유치원에 익숙해질 수 있도록 장난감을 배치하여, 대기 시간에 자유롭게 놀이가 이루어지도록 환경을 구성한다.

입학을 위한 면담은 장애유아와 그 부모를 중심으로 이루어진다. 장애유아 부모는 대기실에서 면접지를 미리 작성하여 면담 시 제출한다. 면담자료는 다음과 같다.

장애유아 평가서(면담용)

유아명: 평가일: 20** 년 12월 * 일 (* 요일)   평가자: 학부모 · 면담자

영 역	평가 항목 및 내용	평 가		관찰 내용
		학부모	면담자	
입실 시 특성	1. 등원 시 행동 특성: 낯선 사람에 대한 반응(교사 인사 시 반응), 입실 시 유아의 태도			
	2. 신발 벗기 및 정리: 신발을 혼자 벗는가? 정리할 곳을 아는가? 스스로 하는가? 부모의 지시가 있어야 하는가?			
	3. 옷 벗기 및 걸기			
A. 착석	1. 활동 시간 동안 책상에 앉아서 작업을 마칠 때까지 작업을 수행할 수 있는가?			
	2. 앞에서 진행하는 부모나 교사가 제시하는 물건이나 활동에 관심을 가지고 집중하여 보는가?			
	3. 의자 또는 바닥에 앉아서 활동에 집중하는가?			
B. 순응성	1. 요구가 있을 때 자신이 하고 있던 활동을 멈출 수 있는가?			
	2. 요구가 있을 때 지시 내용을 이해하고 수행할 수 있는가?			
C. 놀이기술	1. 장난감에 관심이 있는가?			
	2. 장난감을 가지고 놀 수 있는가?			

D. 부모에 대한 평가	1. 부모는 유아가 관심 있어 하는 놀이와 활동을 민감하게 이해하고 참여하는가?			
	2. 부모는 유아의 행동에 대해 적절하고 일관성 있게 반응하는가?			
	3. 부모는 유아가 반응할 때까지 기다리는가?			
	4. 부모는 유아의 반응에 대해 언어적 · 비언어적 강화(칭찬 등)를 해 주는가?			
E. 문제행동	1. 공격행동(물기, 때리기, 박치기, 밀기, 꼬집기, 할퀴기 등)이 있는가?			
	2. 자해행동(자신을 물기, 때리기, 박치기, 밀기, 꼬집기, 할퀴기 등)이 있는가?			
	3. 방해행동(울기, 떼쓰기, 소리 지르기, 고집 부리기, 자기자극 등)이 있는가?			
	4. 활동에 방해되는 행동을 부모나 교사가 중재할 때 조절할 수 있는가?			
	5. 부모나 교사가 유아의 문제행동을 중재할 수 있는 방법은 무엇인가?			
기타	1. 신변 처리(대소변)가 가능한가?			
	2. 편식이 있는가?			

2 장애유아의 입학 전 적응 프로그램

유치원 적응을 위한 프로그램을 새 학기가 시작되기 전에 수행한다. 프로그램은 선생님과 친해지기, 물리적 환경과 친해지기, 또래 알기 등이다.

1) 선생님과 친해지기

- 목적: 새로운 유치원 생활은 장애유아에게 큰 도전이 될 수 있다. 이때 교사와의 친밀감(라포) 형성은 새로운 환경에 대한 장애유아의 적응을 촉진한다.
- 기간: 입학하기 전 주 1~2회, 한 시간가량 장애유아와 교사가 부모와 함께 놀이에 참여하며 상호작용한다.
- 방법: 교사는 장애유아가 부모와 함께하다가 교사와 장애유아가 단둘이 있는 시간을 마련하고, 처음에는 10분 정도씩 시작하여 차츰 늘려 간다.

입학하기 전에 기관에 오기가 어려울 경우에는 전화나 이메일을 통하여 장애유아와 교사가 간접적인 만남을 갖도록 한다. 이때 가정에서 부모는 유아에게 앞으로 만나게 될 선생님에 대해 이야기해 준다. 교사는 자신과 유치원 사진 및 관련 자료를 부모에게 보내 주어 상호작용할 수 있도록 한다.

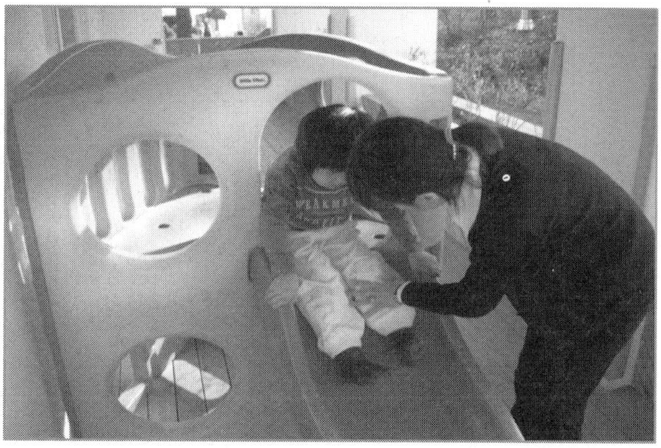

2) 물리적 환경과 친해지기

- 목적: 장애유아가 새로운 환경에 대한 거부감을 최대한 줄이기 위해 부모와 함께 유치원을 방문하여 물리적 환경에 친숙해지도록 한다. 물리적 환경에 대한 적응은 유아와 부모가 함께 시작한다.
- 기간: 입학하기 한 달 전 매주 1회 이상, 한 시간가량 유치원에 머물면서 적응하는 기간을 갖는다.
- 방법: 물리적 환경에 대한 장애유아의 적응 정도에 따라 방법은 다를 수 있으나, 다음과 같이 적응 프로그램이 진행될 수 있다.
  - 1단계: 유치원 바깥에 있는 놀이터를 자유롭게 이용한 후에 귀가한다.
  - 2단계: 유치원 현관까지 들어가 본다. 이때 유아가 거부감이나 저항감이 없다면 실내 놀이공간까지 안내하여 들어가 보도록 한다.
  - 3단계: 실내공간에서 특정 활동에 참여해 본다.

3) 또래 알기

입학 전에 또래와의 상호작용을 촉진하기 위하여 '또래 알기 카드'를 활용한 프로그램에 참여시킨다.

또래 알기 활용방법

유아가 유치원에 입학하여 함께 생활하게 될 친구들의 사진과 이름이 적힌 카드를 각 가정에 보낸다. 부모는 유아에게 친구들의 사진을 보여 주고, 이름을 불러 주며, 이름과 얼굴을 익히는 데 도움을 준다. 이 활동을 통하여 장애유아는 또래 친구에 대한 관심이 높아지고, 사회적 상호작용에 도움을 줄 수 있다.

[또래 알기 카드]

3 장애유아의 학기 초 적응준비 프로그램

학기 초 적응준비 프로그램은 장애유아가 새로운 환경과 또래들 사이에서 가능한 한 빠른 시일 내에 적응하도록 돕는 프로그램이다. 이는 새 학기가 시작되어 새로운 환경에 적응해야 하는 장애유아에게 유치원이라는 새로운 환경에 대한 충격이 수용으로 전이되도록 하는 중요한 역할을 한다. 학기 초 입학 후 2주간 장애유아가 새로운 환경에 적응할 수 있도록 프로그램을 실시한다.

먼저, 처음 1주 동안은 등원하여 활동 후 점심시간 전에 귀가시킨다. 그리고 다음 2주부터는 점심식사 후 오후 활동까지 하고 귀가할 수 있도록 하는데, 장애유아의 특성 또는 적응 정도에 따라 학기 초 적응준비 프로그램의 기간과 시간 등을 조정할 수 있다. 2주에 걸친 적응준비 프로그램은 부모에게도 새로운 교육기관에 대한 불안감을 줄이고, 교사의 협력자로서 유치원의 일과 운영에 대한 이해를 돕기 위한 방법이 된다. 교사의 경우도 적응 기간을 통해 장애유아의 개별 특성과 적응 정도를 파악하여 필요한 교육 목표를 세울 수 있다.

1) 기관에서의 적응 프로그램

유아교육기관에서 장애유아의 적응을 돕기 위한 활동으로는 다음과 같은 것들이 있다.

- 교실의 위치 및 유아 자신의 사물함(신발장, 옷장 등) 위치 알기
- 기관의 각 영역(화장실, 유희실, 강당, 각 학습 장소 등) 돌아보기
- 교실의 여러 영역 돌아보기
- 여러 가지 놀이 영역과 장난감 사용법 익히기
- 또래 인식하기
- 교실 내 활동에 적응하기
- 교사의 관찰기록, 일과적응 평가, 부모－교사 교환일기
- 기관에서 생활하는 시간을 점차 늘려 가기

2) 가정에서의 적응 프로그램

가정에서 장애유아의 유아교육기관에 대한 적응을 도울 수 있는 활동으로는 '교사와의 교환일기' '또래 알기' 등이 있다. '교사와의 교환일기'는 유치원에서 주마다 가정으로 배부되는 주간 평가 내용을 활용할 수 있다. 그리고 '또래 알기'는 입학 전에 유아교육기관에서 미리 자료를 받아서 가정에서 활용하는 방법이다.

제5장
개별화 교수를 위한 사정과 교육 목표의 설정

개별화 교육 프로그램을 위한 사정의 목적은 장애유아 통합교육 현장에서 필요한 교육 목표와 교육 내용을 개발하는 데 직접적인 도움이 되는 정보를 수집하는 것이다. 이를 위해서는 교육과정 중심의 도구를 사용해야 한다. 교육과정 중심의 도구에 있는 항목들은 기능적으로 구성되어 유아의 일상생활 기술과 독립성을 향상시킬 수 있도록 초점이 맞추어져 있기 때문이다.

이 장에서는 일반적인 교육과정 중심 도구와 사정 절차를 간략히 소개하며, 구체적으로 하나의 교육과정 중심 도구(AEPS)를 사용하여 단계별 교육 목표를 제공하는 방식에 대해 살펴본다.

1 영유아 사정에 대한 일반적 이해

1) 사정의 목적

사정(assessment)은 유아 기능의 기초선 또는 출발점을 파악하기 위한 평가로서, 이를 통해 유아의 현 수준(level of functioning)을 파악할 수 있다. 사정과정은 적절하고 타당한 교육 목표의 개발에 필요한 정보를 산출할 수 있어야 한다.

2) 사정과 교육과정 평가도구

어떠한 도구든지 간에 특정한 목적을 달성하도록 개발되었다면, 그 목적이 효과적으로 달성하기 위해서는 개발된 목적에 적절한 평가도구를 사용하는 것이 기본 전제가 될 것이다. 즉, '유아의 교육 목표 개발'이라는 목적을 달성하기 위해서는 이 목적에 적절한 평가도구인 교육과정 중심 도구를 사용하는 것이 기본 전제가 된다.

(1) 교육과정 평가도구의 특성

사정 및 평가도구는 장애의 위험이 있거나 장애를 가진 영유아에게 적절하고 실제적인 지침을 제공할 수 있어야 한다. 이 목적에 맞는 검사도구는 다음과 같은 특성을 지녀야 한다(Bricker, 2002; Pretti-Frontczak & Bricker, 2004).

- 평가 내용이 포괄적이어야 한다. 일반적으로 소근육 운동, 대근육 운동, 문제해결 및 인지발달, 적응기술, 사회 · 정서, 언어와 같은 유아들의 전반적인 발달 영역을 포함한다. 이러한 각각의 영역은 유아들의 발달이 연계되기 때문에 포괄적으로 유아의 발달을 평가하는 것이 필요하다.
- 유아들의 기능적 기술을 촉진할 수 있는 항목들로 구성되어 유아의 독립성을 촉진할 수 있어야 한다. 반대로, 교육 진단 중심의 평가 항목이 너무 실험실 위주의 평가 항목으로 구성되어 있는 경우(예: 탑 쌓기), 교육과정 중심 도구로서 부적절할 수 있다.
- 평가과정에서 팀 간의 협력을 권장한다. 장애유아의 교육에 연계된 모든 팀 구

성원들(예: 부모, 교사, 치료사)이 교육과정에서 협력할 수 있도록 촉진한다. 즉, 대상 유아에 대해 신뢰하고, 전체적인 유아의 수준을 파악하여 중재하기 위한 다방면의 의견 수렴을 권장한다. 유아가 친숙한 환경에서 유아와 정규적으로 상호작용하는 모든 사람들이 사용할 수 있어야 한다.

- 가족의 참여를 촉진한다. 가족 참여를 활성화하고, 가족에게 우선순위가 되는 기능적 기술을 찾도록 해야 한다.
- 기술적 충실도가 있어야 한다. 심리측정학적으로 충실하고, 그 도구를 사용하고자 하는 유아의 문화와 언어에 적절한 도구여야 한다.
- 교육과정과의 연계가 용이해야 한다. 평가도구의 내용이 즉각적으로 그리고 실질적으로 교육과 연계되어 적절한 중재 내용을 계획하고 실행할 수 있도록 돕는다.

(2) 교육과정 평가도구의 예

현재 국내에서 사용되고 있는 다양한 교육과정 중심의 평가도구와 그 특성을 〈표 5-1〉에 제시하였다.

〈표 5-1〉 교육과정 평가도구의 종류와 특성

평가도구 명	저자 / 출판연도	출판사	대상 연령	영 역	교육과정 도구로서의 적절성	특 징
장애아동을 위한 캐롤라이나 교육과정	• 1~3세용: 김호연, 강창욱, 박경옥, 장혜성 공역, 2008 • 3~6세용: 한경근, 신현기, 김은경 공역, 2008	굿에듀북	1~3세, 3~6세	사회, 인지, 언어, 운동, 적응기술	준거 참조 도구	• *The Carolina Curriculum for Preschoolers with Special Needs*(2004)(2세 미만을 위한 내용은 제외함)의 번역본 • 시각 · 청각 · 운동 장애 대상과의 수정을 포함

포테이지 아동발달 지침서	강순구, 조윤경 공역, 2008	굿에듀북	1~6세	유아 자극, 신변 처리, 운동성, 사회성, 인지, 언어	준거 참조 도구	• *Portage Guide to Early Education*(Bluma, Shearer, Frohman & Hilliard)의 번역본
교육진단 검사(PEP-R)	김태련, 박랑규, 1987	굿에듀북	1~7세 5개월	• 발달척도(모방, 지각, 소근육 운동, 대근육 운동, 눈·손 협응, 동작성 인지, 언어성 인지), • 행동척도(대인 관계 및 감정, 사람 사귀기, 물건 다루기, 감각 반응, 언어)		• 국내 아동의 발달 규준 제공 • 자폐아동과 의사소통 장애아동의 개별 평가와 중재
AEPS 시리즈 평가 및 프로그램 체계 I, II, III, IV	이영철 외 공역, 2008	굿에듀북	1~3세, 3~6세	소근육, 대근육, 적응, 인지, 사회-의사소통, 사회성	준거 참조 도구, 규준 자료 제공	• AEPS(Assessment, Evaluation, Programming System)의 번역본 • 총 4권으로 1권은 검사 지침서, 2권은 검사 도구, 3권은 3세 미만 영아를 위한 교육과정, 4권은 3~6세 유아를 위한 교육과정으로 평가 항목과 연계된 교육과정이 있음
KEDAS 공주 영유아발달 진단 시스템	전병운 외, 2005		1~71 개월	인지, 사회·정서, 운동, 적응, 의사소통	준거 참조 도구, 규준 제공	• 국내 영유아 2,050명을 대상으로 표준화되어 있음 • 웹기반 평가·진단 도구로 유아의 개별화 교육 프로그램을 지원함 • 평가 결과와 연계된 중재 프로그램을 제시함

2 AEPS 평가도구를 활용한 사정과 교육 목표 설정하기

1) AEPS 체계의 이해

AEPS의 내용과 조직

AEPS(Assessment, Evaluation, Programming System)란 유아의 현재 기능을 파악하고, 개별화된 교육 목표를 선정하도록 하며, 중재를 계획하기에 용이하고, 지속적으로 유아의 수행 능력을 평가하도록 고안된 교육과정 중심의 평가도구다. 다음의 [그림 5-1]에서는 'AEPS 지침서'의 내용을 요약하여 제시하였다.

이 지침서는 총 4권으로 구성되어 있는데, 제1권은 '실시 지침'으로 검사 사용방법, 가족 참여방법, 팀 접근법, 적절성 결정을 위한 절선점수, 가족 보고서, 유아 진보 기록을 포함한다. 제2권은 '검사도구'이며, 제3권과 제4권은 검사와 연계된 연령별 교육과정이다.

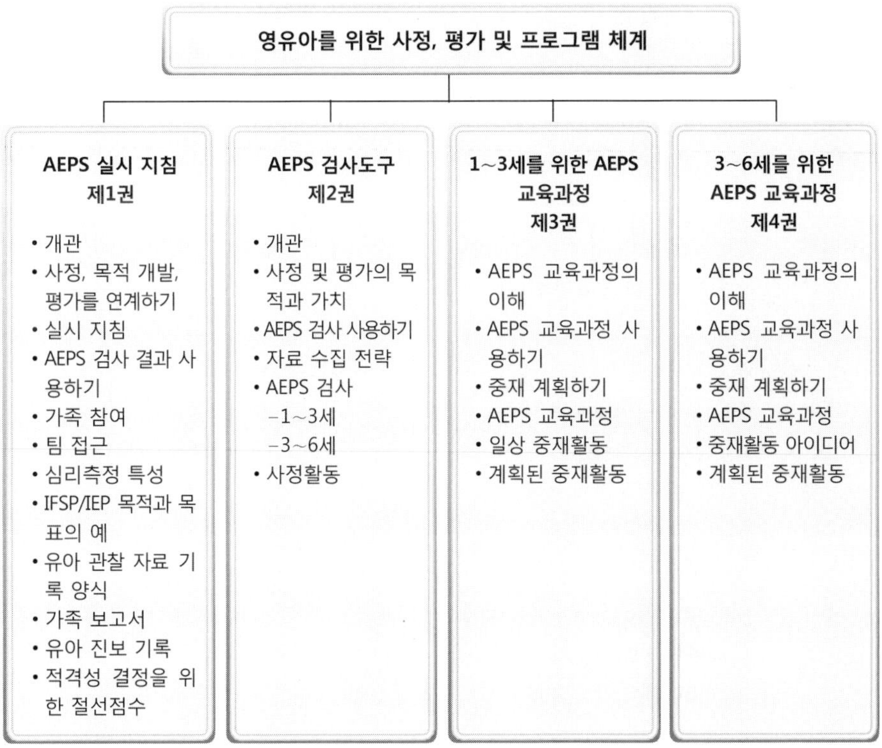

[그림 5-1] AEPS 체계

출처: 이영철, 허계형, 이상복, 정갑순 공역(2008).

① AEPS 체계의 발달 영역

AEPS는 발달 상태에 대한 종합적인 정보를 수집하기 위하여 소근육 운동, 대근육 운동, 적응, 인지, 사회-의사소통 및 사회성의 6가지 광범위한 발달 영역을 포함한다. 각 연령별 발달 영역과 이에 해당하는 내용은 〈표 5-2〉와 같다.

〈표 5-2〉 AEPS의 연령별 발달 영역

영 역	1~3세용	3~6세용
소근육 운동	A. 도달하기, 잡기, 놓기 B. 소근육 운동기술의 기능적 사용	A. 좌우 운동 협응 능력 B. 쓰기 출현
대근육 운동	A. 누운 자세와 엎드린 자세에서의 움직임과 운동력 B. 앉은 자세에서 균형 잡기 C. 균형과 운동성 D. 놀이기술	A. 균형과 이동 B. 놀이기술
적응	A. 음식 먹이기 B. 개인위생 C. 옷 벗기	A. 음식 먹이기 B. 개인위생 C. 옷 입기와 옷 벗기
인지	A. 감각자극 B. 대상영속성 C. 인과관계 D. 모방 E. 문제해결 F. 물체와의 상호작용 G. 초기 개념	A. 개념 B. 범주화 C. 순서화 D. 사건 회상하기 E. 문제해결 F. 놀이 G. 전수 H. 음운론적 인식과 발현적 읽기
사회-의사소통	A. 전 언어적 의사소통 B. 단어로 전환하기 C. 단어와 문장의 이해 C. 사회-의사소통적 신호, 단어, 문장 표현하기	A. 사회-의사소통적 상호작용 B. 단어, 구, 문장의 생성
사회성	A. 친숙한 어른과의 상호작용 B. 환경과의 상호작용 C. 또래와의 상호작용	A. 다른 사람과의 상호작용 B. 참가 C. 환경과의 상호작용 D. 자신과 다른 사람에 대해 표현하기

② AEPS 검사 문항의 조직

AEPS의 각 발달 영역은 요소들로 나누어져 있다. 각 요소는 목적과 목표(장 · 단기 교육 목표에 해당)라고 불리는 일련의 검사 문항을 포함한다. 이 검사 문항들은 유아의 개별화 교육 계획(Individualized Education Programming: IEP)을 쓰기 위해 사용될 수 있다.

AEPS 검사 문항은 기술의 발달 계열 속에서 특정한 행동을 수행하는 유아의 능력을 촉진하기 위해 계열적으로 배열되어 있다. 각 요소와 목적은 보다 쉬운 것 또는 발달적으로 일찍 나타나는 기술에서부터 어렵거나 발달적으로 이후에 나타나는 기술의 순으로 배열되어 있다. 각 목적과 관련된 목표들은 계열적으로 역순으로 배열되어 있다. 즉, 일반적으로 가장 어려운 문항이 처음에 오고 그보다 좀 덜 어려운 문항이 그다음에 온다. AEPS 검사에서 문항의 조직적 구조는 [그림 5-2]와 같다.

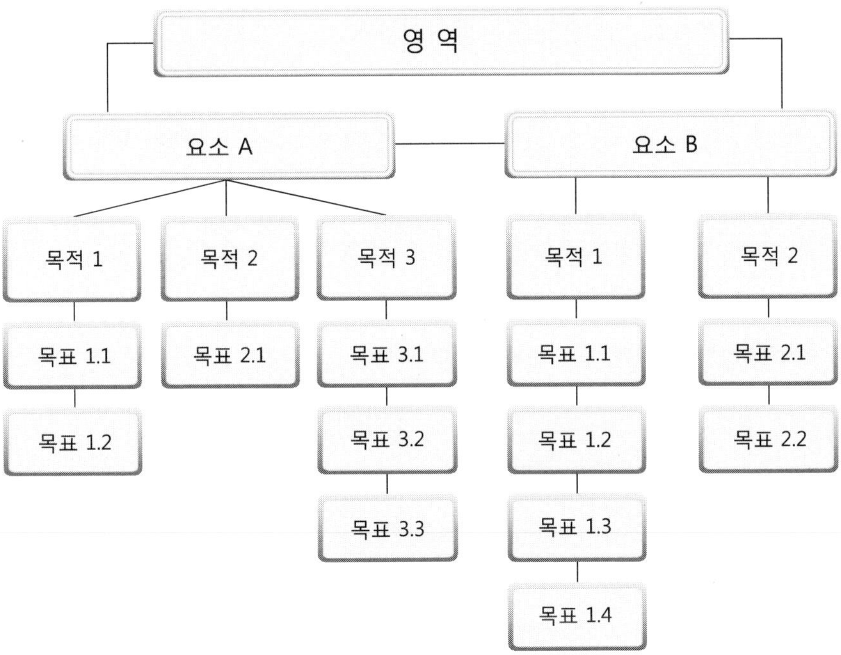

[그림 5-2] AEPS 검사 문항의 조직적 구조

③ AEPS 검사방법

AEPS 검사는 다음과 같은 3가지 검사방법이 있다.

- 관찰법은 최우선적으로 추천되는 방법이다. 관찰은 행동의 특징 또는 형태를 검토하게 하며, 행동이 언제 그리고 어떻게 빈번히 수행되는지, 유아의 수행 능력에 영향을 미치는 환경적 요인(예: 선행 사건, 후속 결과)은 무엇인지 검토하게 한다.
- 직접 관찰이 자료 수집의 우선적인 방법이라고 하더라도, 사용자가 유아의 놀이 또는 일상의 행동을 관찰할 기회를 갖지 못할 때 행동을 유도하기 위한 상황이 연출된다.
- 보고된 정보의 출처는 부모, 양육자, 치료사, 유아 보호자, 교실 보조교사 또는 기록된 서류(예: 평가보고서, 의료보고서)가 될 수 있다.

④ AEPS 채점방법

3가지 점수체계(2=일관성 있게 준거를 수행할 때, 1=일관적이지 않게 준거를 수행할 때, 0=준거를 수행하지 못할 때)를 사용하여 사정자료를 기록한다. 먼저 가장 우선적인 방법으로 관찰법을 사용한다. 각 장기 목표에 대한 점수부터 채점하고, 관련된 단기 목표를 채점한다. 질적으로 평가하거나 점수를 설명할 때는 참고와 보충 설명(특기 사항)을 작성한다. 관찰을 사용했을 때와 직접 평가를 시행했을 때의 점수 준거가 다르므로 시행 방식에 따른 점수의 근거를 확인한다. 유아 관찰기록 양식의 채점은 〈표 5-3〉과 같이 이루어진다.

〈표 5-3〉 유아 관찰기록 양식의 채점(S = 채점 약어)

채 점	수행방법	
	관찰법	직접 검사 수행 시
2점 = 일관적으로 준거 수행	• 문항을 일관적으로 수행 • 항목을 독립적으로 수행 • 행동이 유아의 행동기능의 일부 • 유아가 시간, 자료 및 사람 간에 걸쳐서 기술을 사용	• 3회 중 2회를 준거대로 수행 • 3회 중 2회를 독립적으로 문항 수행 • 3회 중 2회를 시간, 자료 및 사람 간에 걸쳐 수행
1점 = 일관성 없이 준거 수행	• 수행을 하나 일관성이 없음 • 도움을 받아 문항 수행 • 부분적으로 수행 • 특정한 상황 또는 조건하에서 수행 (예: 일정한 사람 또는 일정한 장면)	• 3회 중 도움을 받고 1회 수행 • 3회 중 문항의 일부를 1회 수행 • 3회 중 조건적 상황 혹은 특정 상황에서 1회 수행

0 = 준거를 수행하지 못함	• 문항을 수행하지 못함 • 발달상 수행하지 못하는 것이 정상일 때(예: 유아의 생활연령이 6개월일 때 계단 오르기와 같은 발달상 너무 어려운 문항) 관찰하지 않음	• 3회 중 한 번도 수행하지 못함 • 발달상 수행하지 못하는 것이 정상일 때(예: 유아의 생활연령이 6개월일 때 계단 오르기와 같은 발달상 너무 어려운 문항) 검사하지 않음

출처: 이영철 외 공역(2008). p. 82 수정 요약.

참조 사항 채점하기(N=참조)

- 채점(S칸)과는 달리 유아의 문항을 사정할 때 참조 사항이 있을 때만 적절하게 참조란(N칸)에 기입한다. 예를 들면, 유아가 사물이나 사건의 이름을 명명하기 위한 문항을 수행할 때 의사소통판과 같은 보조도구를 사용했다면, 이는 유아가 독립적이고 지속적으로 '명명하는 개념'을 나타냈으므로, 2점으로 채점하고 참조 사항에 적절히 기입한다(예: M 수정/적응).
- 참조 사항은 장애유아를 위한 팀이 AEPS 검사 정보를 해석할 때, 다음의 중재 계획을 구안할 때, 이후에 평가를 수행할 때 고려해야 할 중요한 정보를 제공해 줄 수 있다. 유아가 갖고 있는 장애로 인해 문항 수정이 필요하다면 이를 수행하고 참조란에 기입한다.
- 참조 사항에 대한 설명과 관련 지침은 〈표 5-4〉와 같다.

〈표 5-4〉 AEPS의 참조 사항, 정의 및 채점 지침

참조 사항	정의 및 채점 지침	가능한 점수
A	도움이 제공되었을 때(유아가 일정 형태의 도움을 받았을 때) 도움은 유아가 바람직한 행동을 수행하도록 돕는 어떤 직접적인 말, 신체적 촉구 및 모델을 포함한다(유아가 행동을 시작하도록 하는 일반적인 지시는 도움으로 간주하지 않는다. 예를 들면, 앞이 열려진 옷 입기의 AEPS 검사 문항을 평가할 때 '코트를 입으세요.'와 같은 지시는 도움으로 간주하지 않고, 코트를 들어서 펴 주거나 유아가 팔을 끼도록 물리적으로 도움을 주는 것은 도움으로 간주한다).	1점 혹은 0점
B	행동이 방해되었을 때 유아가 기술을 가지고 있지만, 분열적이거나 지시에 따르지 않는 행동이 방해 요인으로 작용할 때	1점 혹은 0점

D	직접 검사 검사자가 행동을 직접적으로 유도하였을 때	2점, 1점, 0점
M	수정/적응 감각 또는 운동장애를 가진 유아를 사정하기 위하여 진술된 준거를 수정하거나(예: 반응 또는 반응 방식) 환경이나 자료를 변경시켰을 때(예: 적응 장비의 필요)	2점, 1점, 0점
Q	수행 능력의 질 유아가 진술된 준거에 도달하거나 또는 부분적으로 도달하지만, 수행 능력의 질이 의심스러울 때 또는 수행 능력의 질을 강화하고 싶을 때	2점 혹은 1점

출처: 이영철 외 공역(2008). p. 83 수정 요약.

2) AEPS를 활용하여 단계별 교육 목표 작성하기

(1) 1단계: 팀의 구성

무엇보다도 팀으로서의 접근이 더 효과적이다. 개인 중재자도 독립적으로 AEPS 검사를 실행할 수 있으나 결과의 정확성과 질은 전문가(예: 의사소통 전문가, 작업치료사, 물리치료사)와 양육자가 사정과정에 참여하면 크게 향상될 것이다. 만일 유아가 운동장애를 가지고 있다면 운동 전문가를, 감각장애(예: 청각 또는 시각 손상)를 가지고 있다면 감각 전문가를, 의사소통 지체 또는 장애를 가지고 있다면 의사소통 전문가를 포함시키는 것이 중요하다(Bricker, 2002). 양육자는 중재자나 전문가가 관찰할 수 없는 가정이나 지역사회 상황에서 나타난 유아의 행동기능에 대한 정보를 제공할 수 있다.

사례 **동이를 위한 팀의 구성**

동이는 만 3세의 남아로 청각장애를 가지고 있으며, 최근 와우 수술을 받았다. 일주일에 5회 통합교육 유치원에 다니고 있고, 주 2회 언어치료실에서 언어 중재를 받고 있다. 동이의 개별화된 교육을 위한 팀은 유치원 교사 2명(담임과 부담임교사), 가족(부모, 조부모), 원감이자 특수교육 지원교사 및 말-언어치료 전문가다(말-언어치료 전문가는 팀원으로 구성되었으나 실제적 모임에는 참석이 어려워 전문적인 자문을 전화 통화로 구할 수 있도록 계획되었다).

(2) 2단계: 유아에 대한 정보 파악 및 가족 보고서 작성

먼저 사정 대상인 유아에 대해 파악한다. 유아의 발달 영역, 의료적 이력(history), 가족의 관심사 및 행동 특성에 걸쳐 각 유아의 연령, 발달에 맞는 수행 능력을 잘 알 수 있도록 현재 가지고 있는 정보를 검토한다. 가족의 관심사는 AEPS의 가족 보고서를 작성함으로써 파악할 수 있다. AEPS 가족 보고서의 작성 요령은 다음과 같다.

AEPS 가족 보고서의 작성 요령

개별화 교육 계획의 목적은 가족 구성원이 유아에게 바라는 변화의 상태다. 목표는 가족이 이해할 수 있게 기술되어야 하며, 그들의 우선순위와 관심을 반영해야 한다. 가족 보고서가 이와 같은 사항을 효율적으로 획득할 수 있도록 돕는다.

√ 먼저 AEPS 부록에 첨부된 가족 보고서를 양육자에게 주어 작성하도록 한다. 이때 양육자에게 가족 보고서의 문항은 틀리고 맞는 답이 없고, 유아가 가정에서 하는 행동과 발달 측면을 문항에 따라 정확하게 기입하면 된다고 제시한다.

√ AEPS 가족 보고서는 다른 AEPS 검사지와 마찬가지로 1~3세용과 3~6세용으로 구성되어 있다. 각 양식은 2부로 구성되어 있으며, 1부는 가족의 일상생활 활동과 가족의 활동 관련 정보를 수집하도록 구성되어 있고, 2부는 AEPS 발달 항목 가운데 목적(장기 목표)에 해당되는 항목을 가족들이 이해하기 쉽게 나타내어 양육자가 표시할 수 있도록 구성되어 있다.

√ 가족 보고서의 형식은 AEPS 유아관찰기록지와 마찬가지로 네 번의 검사 시행을 할 수 있도록 구성되어 있고, 이 가운데 해당되는 1회를 작성하도록 한다. 유아의 현재 기능 수준에 대하여 양육자가 '예' '가끔씩' '아직' 가운데 하나를 선택하여 답하고, 만약 양육자가 항목을 관찰할 수 없다면, 그때는 칸 안에 의문부호를 넣을 수 있음을 제시한다.

√ 가족 보고서의 결과와 교사/중재자가 사정한 유아관찰기록지의 내용이 정확히 일치하지 않을 수 있다. 중재자는 가족 보고서의 목적이 가족의 관점과 그들의 우선순위를 파악하기 위함임을 상기하고, 장애유아의 교육 목표에 대한 합의점 도달을 위한 과정으로 자료를 활용할 수 있다.

√ 가족 보고서와 사정 결과를 해석하여 최종 장·단기 교육 목표를 작성할 때 반영하도록 한다.

사례 **동이의 정보 및 가족 보고서 작성**

유치원 교사는 동이의 의료적 이력에 대해 살펴보고, 가족의 의견을 파악하기 위해 가족 보고서를 부모에게 주어 작성하도록 하였다. 담임교사와 특수교육 지원교사는 동이에게 어떠한 연령의 가족 보고서를 제공할지에 대하여 이야기를 나눈 후에, 가족 보고서 I(1~3세용)과 가족 보고서 II(3~6세용)를 모두 작성하도록 결정하였다. 이는 동이의 발달이 특정 영역(예: 소근육과 대근육 영역)은 3~6세용이 적절하고, 사회-의사소통 영역은 1~3세용이 적절하였기 때문이다. 동시에 특수교육 지원교사는 언어치료사 및 부모와 대화함으로써 최근의 정황을 파악하였다.

(3) 3단계: 자료 기록 양식 준비

① 유아관찰기록지 작성하기

유아관찰기록지는 유아의 수행 능력을 AEPS 문항에 따라 기록할 수 있는 양식이다. AEPS 검사는 단순한 체크리스트와 같이 간단히 검사할 수 있는 도구가 아니다. 사정을 하는 사람은 각 문항을 읽고 관련된 준거와 참조 사항에 대해 공부해야 한다. 또한 다양한 자료 기록 양식에 대해서도 잘 알고 있어야 한다. 충분한 준비 없이 AEPS 검사를 사용하면 부정확하고 잘못된 결과를 이끌어 낼 수 있다. 시간, 활동, 자료, 사람 그리고 여러 장면에 걸쳐 유아의 수행 능력에 대한 정보를 포함하지 않은 급히 완성된 사정 또는 평가는 부정확한 결과를 도출할 수 있다. 유아관찰기록지 외에 추가적으로 사회-의사소통 관찰 양식(Social-Communication Observation Form: SCOF)과 사회-의사소통 요약 양식(Social-Communication Summary Form: SCSF)이 있다.

- 유아의 행동과 발달을 기록할 수 있도록 1~3세용과 3~6세용으로 구분되어 있고, 6개 영역으로 제시된다.
- 표지에는 유아의 이름, 생년월일, 가족의 이름과 주소, 양식 작성자의 이름을 쓸 수 있는 공간이 있다.
- 일 년에 4회를 수행할 수 있도록 되어 있다.
- 유아관찰기록지에서 모든 S(채점)칸은 채점 점수(2, 1, 0점) 가운데 하나로 작성되어야 한다.

대근육 운동 영역의 예(3~6세용)

대근육 운동 영역

S = 채점 약어

- 2 = 일관성 있게 준거 수행
- 1 = 일관적이지 않게 준거 수행
- 0 = 준거를 수행하지 않음

N = 참조

- A = 도움이 제공되었을 때
- B = 행동이 방해되었을 때
- D = 직접 검사
- M = 수정/적응
- Q = 수행 능력의 질
- R = 보고

이름: ________________

	검사 기간								
	검사 일자								
	검사자								
	IFSP/IEP	S	N	S	N	S	N	S	N
A. 균형과 운동성									
1. 장애물을 피하며 달리기									
1.1. 달리기									
2. 양발을 교대로 계단을 오르내리기									
2.1. 계단을 오르내리기									
B. 놀이기술									
1. 앞으로 점프하여 뛰기									
1.1. 제자리에서 점프하기									
1.2. 발구름판에서 점프하기									
1.3. 한 발로 균형 잡기									
2. 공을 튀기고, 잡고, 차고, 던지기									
2.1. 공을 튀기기									
2.2. 공을 잡기									
2.3. 공을 차기									
2.4. 공을 던지기									
3. 발을 번갈아 가면서 뛰기(스키핑하기)									
3.1. 한 발로 뛰기(홉핑하기)									
4. 두발자전거를 타고 조종하기									
4.1. 보조바퀴가 있는 두발자전거를 타고 조종하기									

특정한 검사 기간 동안 S 칼럼에 쓰인 모든 2점과 1점을 더해서 영역의 원점수에 기록한다. 영역 퍼센트 점수는 가능한 원점수의 총점을 영역 원점수로 나누고, 다음에 100을 곱한다.

결과					
	• 검사 일자	____	____	____	____
	• 영역별 원점수	____	____	____	____
	• 다 맞았을 때 영역 원점수	34	34	34	34
	• 영역 퍼센트 점수	____	____	____	____

■ 검사자: ______________________ ■ 날짜: ____________

■ 코멘트: ______________________________________

사례 **동이를 위한 적절한 양식**

유치원 담임교사와 특수교육 지원교사는 동이를 유치원 교실에서 관찰하기 위해 유아관찰기록지를 준비했다. 먼저 3~6세용 유아관찰기록지로 시작하여 관찰하다가 동이의 발달 면에서 너무 어려운 영역으로 판정될 경우 1~3세용으로 관찰하기로 결정하였다. 이후 교사는 유아관찰기록지와 연계된 도구의 항목(제2권)에서 관찰에 필요한 준거를 살펴보았다. 특히, 사회-의사소통 영역의 경우는 동이의 언어발달 수준이 1~3세용이 적절하다고 팀에서 결정함으로써 1~3세용을 준비하였다.

② 사회-의사소통 양식 작성하기

사회-의사소통 영역은 다른 영역에서의 일반적인 채점 방식 외에 특별한 주의가 필요하다. 이는 언어 샘플과 언어 관찰을 수행함으로써 부가적인 정보를 수집하는 것이다. 이것의 목적은 유아의 전형적인 의사소통 형식(발성어와 무발성어)을 파악하고, 유아의 단어 이해와 단어 표현, 문장, 의사소통 기능과 의도 및 사회적 환경에서의 상호작용을 파악하는 것이다.

의사소통 행동의 표본을 수집하기 위한 지침(1~3세용)

√ 유아와의 라포 형성이 중요하다.
√ 여러 개의 의사소통 표본을 수집한다. 하루에 한 번에 수집하지 말고, 여러 날 동안 다양한 상황에서 수집한다(예: 10~20분간 3~4가지 상황).
√ 일상의 활동, 친숙한 상황과 자료에서 수집한다(예: 식사시간, 간식시간, 소꿉놀이 장면).
√ 유아와 또래와의 상호작용, 어른과의 상호작용을 관찰한다. 오디오나 비디오 촬영을 하는 것이 유아의 언어 상황을 수집하는 데 도움이 된다.
√ 최소 40개의 발어(단일어, 구, 문장 등)를 수집한다.
√ 유아가 말한 단어(발어)를 그대로 기록한다. 이해할 수 없는 단어나 구라고 해서 생략하지 않는다.
√ 가능한 한 상황에 대한 정보를 구체적으로 포함한다.
√ 발어의 기능에 대해 기록한다(예: 시도, 설명에 대한 반응, 모방).

※ 이중언어 사용 유아를 위한 참조 사항
이중언어를 사용하는 가정 또는 제2의 언어로서 한국어를 학습하는 영유아들을 위해서 가능하다면 2가지 상황 이상에서 두 언어(유아가 정규적으로 노출되는 언어)에 대한 사정을 해야 한다.

사회－의사소통 영역

S = 채점 약어

- 2 = 일관성 있게 준거 수행
- 1 = 일관적이지 않게 준거 수행
- 0 = 준거를 수행하지 않음

N = 참조

- A = 도움이 제공되었을 때
- B = 행동이 방해되었을 때
- D = 직접 검사
- M = 수정/적응
- Q = 수행 능력의 질
- R = 보고

이름: 임동이

	검사 기간	1							
	검사 일자	9115-10/20							
	검 사 자	R: lee. J							
	IFSP/IEP	S	N	S	N	S	N	S	N
A. 언어 전(Prelinguistic) 의사소통적 상호작용									
1. 사람이 말하는 쪽으로 돌아보기		1	m						
1.1. 사물과 이에 대해 말하고 있는 사람 쪽으로 돌아보기		1	m						
1.2. 소리가 나는 물체 쪽으로 돌아보기		0							
2. 공동의 관심거리를 만들기 위해 사람의 응시 따라가기		2							
2.1. 공동의 관심거리를 만들기 위해 사람이 가리키는 몸짓에 따라가기		2							
2.2. 물건 쪽으로 쳐다보기		2							
3. 옹알이로 음성적 상호작용에 참여하기		2							
3.1. 쿠잉(초기 옹알이)으로 음성적 상호작용에 참여하기		2							
B. 단어로 전환하기									
1. 사람의 주의 집중을 얻고, 물건, 사람, 사건에 대해 언급하기		1							
1.1. 말이나 몸짓으로 간단한 질문에 반응하기		2							
1.2. 물건, 사람, 사건 가리키기		2							
1.3. 몸짓이나 말로 사람과 인사하기		2							
1.4. 몸짓이나 말로 물건이나 사람을 거절하거나 반대하기		2							

[그림 5-3] 동이의 작성된 사회-의사소통 영역의 예

(4) 4단계: 사정을 위한 역할 분담

자료 수집을 위해 역할을 분담한다. 즉, 누가 놀이를 관찰하고, 언제 관찰할지 또는 사정활동을 촉진시킬지 그리고 누가 자료를 기록할지를 정한다.

사례 **동이를 위한 팀원들의 역할 분담**

대집단 시간에는 부담임교사가, 식사시간과 간식시간에는 담임교사와 부담임교사가, 사회-의사소통 영역에 대해서는 특수교육 지원교사가 자유놀이 시간과 소집단 활동 놀이 시간에 관찰을 시행하기로 결정하였다. 가정에서 관찰할 몇 가지 항목은 가족이 담당할 수 있도록 했다.

(5) 5단계: 사정의 시행

이 단계에서는 1단계와 2단계에서 동의된 계획의 시행을 위해 팀을 구성하여 접근한다. 팀 구성원들은 친숙한 장면에서 일어나는, 유아의 시도 및 일상의 활동을 하는 동안 유아관찰기록지에 유아의 행동을 기록한다. 만약 유아가 일상의 활동 속에서 모든 행동을 수행하지 않으면, 그때는 직접 검사를 수행하거나 다른 시간대의 장면 및 활동으로 돌아갈 필요가 있다.

부모나 양육자는 가족 보고서를 완성하도록 한다. AEPS 가족 보고서의 완성은 유아의 발달 상태를 이해하는 데 도움을 줄 것이며, 정확한 사정의 결과를 추출할 수 있도록 하고, 가족의 문화, 즉 가치와 요구에 일치하는 IFSP 및 IEP 내용을 개발하게 할 것이다.

각 유아를 위한 유아관찰기록지의 표지를 작성하고, 목표 가운데 너무 쉽거나 너무 어려워서 유아에게 적절하지 않은 항목들은 0R 혹은 2R로 표시한다(유아의 현재 수행 능력보다 발달적으로 아래에 있는 점수 문항은 2R로, 너무 어렵게 보이는 문항은 0R로 표시한다). R은 보고(Report)를 나타내고, 이에 대한 사항은 유아관찰기록지의 '참조' 부분에서 찾아볼 수 있다.

Tip **검사 시간에 대한 고려**

AEPS 검사를 사용하여 자료를 수집하는 것은 처음에는 시간 투자를 필요로 한다. AEPS 검사의 사용자들은, ① **검사에 대해 알고 있는 정도**(예: 사정자가 AEPS 검사에 대해 더 많이 알고 있을수록, 더욱 빠른 시간에 사정을 끝낼 수 있다), ② **유아에 대해 알고 있는 정도**(예: 유아의 행동 목록에 대해 잘 알고 있다면 사정을 빨리할 수 있다), ③ **유아의 기능 수준**(예: 보다 높은 수준의 행동 목록을 가진 유아가 사정하는 데 시간이 더 오래 걸린다)에 따라 실시하는 시간이 다양하다는 것을 발견하였다. AEPS 검사에 대한 그러한 변인들이 정확한 실시 시간을 말하기 어렵게 만든다. AEPS 검사와 유아에 대해 잘 알고 있는 중재자들도 처음 시작할 때 AEPS 검사를 채점하는 데 몇 시간을 요구한다고 보고하고 있으나, 다음의 사정은 보통 처음 사정 시간의 1/4 정도가 걸린다고 한다. 그러나 사정 및 평가는 미리 결정된 시간에 완성될 수 있는 조각난 활동으로서가 아니라 시간과 상황에 걸쳐 일어나는 계속적인 과정으로 보아야 하며, 유아의 종합적이고 구체화된 사정은 적절한 IEP의 개발에 필수적이다.

사례 **동이를 위한 AEPS 검사 작성**

동이를 위한 유아관찰기록지의 표지를 작성하였고, 먼저 목표 가운데 너무 쉽거나 너무 어려워 유아에게 적절치 않은 항목들은 0R 혹은 2R로 표시하였다(유아의 현재 수행 능력보다 발달적으로 아래에 있는 점수 문항은 2R로, 너무 어렵게 보이는 문항은 0R로 표시함). R은 보고(Report)를 나타내고, 이에 대한 사항은 유아관찰기록지의 '참조(Note)' 부분에서 찾아볼 수 있다.

각 영역과 일과에 따라 4단계에서 정한 역할대로 사정활동을 시행하였다. 관찰이 가능하지 않을 경우 필요한 사정활동을 일과 안에서 계획함으로써 직접 사정하였다. 3~4가지 활동 안에서 각 15분 정도 소요하여 자료를 수집하였다(예: 간식시간, 소집단 미술시간, 블록놀이 장면). 이를 통해 최소 40개의 발화를 동이가 발음한 형태 그대로 작성하였고, 상황적 근거를 가능한 한 자세히 포함하였다(1~3세용, 사회-의사소통 관찰 양식을 사용함). 이후 언어 샘플을 토대로 동이의 사회-의사소통 양식을 완성하였다.

부모의 개입이 필요한 항목의 경우는 교사가 부모에게 질문하였고(예: '스스로 옷 벗기' 항목), 해당 항목에 대해 2점, 1점, 0점 가운데 하나로 작성하고, R(보고)을 표시하였다. 보다 자세한 사항은 앞서 작성한 부모의 가족 보고서 결과를 참고하였다.

(6) 6단계: 사정 결과의 해석

충분한 정보가 수집되었다고 판단되면, 유아가 다양한 기능을 어떻게 나타내는지 작성된 유아관찰기록지를 기반으로 패턴을 찾아본다. 유아의 개별화 교육 계획을 수행하기 위한 AEPS 사정 결과는 숫자로 요약하기, 서술로 요약하기, 시각적으로 요약하기로 구분될 수 있다.

① 숫자로 요약하기

숫자의 요약은 각 영역별 전체 점수를 유아가 획득한 문항의 원점수(즉, 모든 2점과 1점)로 나눈 후에 100을 곱하여 유아가 획득한 점수가 문항의 몇 %인지를 확인할 수 있도록 한다. 이때 획득한 %는 이후에 사정을 다시 수행했을 때 획득한 %와 비교하여 유아가 해당 기간 동안 잘 발달하고 있는지를 수치를 통해 확인할 수 있도록 돕는다.

사례 **동이의 사정 결과 해석–숫자로 요약하기**

- 소근육 영역: 86%
- 대근육 영역: 92%
- 적응 영역: 84%
- 인지 영역: 76%
- 사회–의사소통 영역: 40.2%
- 사회성 영역: 50%

② 서술로 요약하기

서술로 요약하는 것의 목적은 유아를 관찰한 내용을 토대로 하여 유아의 기능적 기술이 무엇인지를 설명함으로써 유아의 강점과 흥미가 무엇인지 알아내는 것이다. 전통적으로 유아를 위한 개별화 교육 계획에는 결함 모델, 즉 무엇이 문제인지 규명하고, 할 수 없는 것에 초점을 두는 모델이 사용되어 왔지만, AEPS는 결점을 기술하지 않고 유아의 강점, 흥미, 이제 시작하는 기술(emerging skills)을 중심으로 긍정적으로 서술한다. 유아의 기술을 긍정적으로 서술할 때 유아의 현재 수행 능력 수준에 대한 정확한 그림과 중재 목표를 알 수 있기 때문이다. 서술 요약 시 다음 사항을 주의하여 시행한다.

- 객관적 용어 사용하기
- 이제 시작하는 기술과 기능적 기술의 기록
- 설명하고 개별화하기 위한 예시 사용하기
- 비전문적 용어 사용하기
- 모든 팀 구성원으로부터 얻은 정보와 코멘트 포함하기('가족 보고서'의 내용을 포함한다.)
- 행동과 사건 사이의 관련성을 설명하고, 사건만을 분리해서 설명하지 않기

사례 **동이의 사정 결과 해석-서술로 요약하기**

소근육 영역	동이는 두 손을 사용하여 물체를 조작하고, 각 손은 다른 움직임을 수행할 수 있다. 예를 들어, 한 손에는 우유병을 든 채로 우유를 따를 수 있다. 엄지와 중지, 검지를 사용하여 쓰기도구를 잡고 사용할 수 있는데, 이때 한 손은 종이를 손바닥으로 눌러 고정시킬 수 있다. 또한 선생님이 도와주면 글자를 보고 비슷한 형태로 쓰기를 할 수 있다(예: 교사가 보고 쓸 수 있도록 이름을 다른 종이에 써 줌).
대근육 영역	동이는 장애물이 있는 경우를 포함해서 잘 달릴 수 있다. 예를 들어, 아무것도 없는 유치원 앞 공터를 넘어지지 않고 달리고, 놀이터에서 친구들과 부딪치지 않고 달릴 수 있다. 또한 동이는 양발을 교대로 하여 혼자서 계단 오르내리기를 잘한다. 예를 들어, 4층 강당에 올라가거나 지하 유희실에 내려갈 때 손잡이를 잡지 않고 계단을 오르내린다. 동이는 한 발로 균형을 잡아 제자리에 서 있을 수 있고, 신체활동 시간에 제자리에서 점프하기와 발구름판에서 점프하기를 할 수 있으며, 앞으로 점프하여 뛸 수도 있다. 실제적으로 동이는 대근육 운동 영역의 모든 항목을 완성할 수 있다.
적응 영역	동이는 혼자 음료수를 마실 수 있다. 예를 들어, 유치원에서 간식시간에 우유를 자기 컵에 따라서 마실 수 있고, 마신 후에 흘리지 않고 컵을 다시 탁자에 내려놓을 수 있다. 또 동이는 개인위생 기능을 잘 수행한다. 예를 들어, 스스로 바지와 속옷을 벗고 소변을 본 후 다시 옷을 입을 수 있으며, 비누를 사용하여 손을 닦을 수 있다. 동이는 또한 거울 보는 것을 즐긴다. 예를 들어, 손을 씻기 위해 줄을 서서 기다릴 때 거울 속에 보이는 자신의 얼굴을 보고 여러 가지 표정을 짓거나 머리를 만진다. 어머니는 동이가 집에서도 거울 보기를 즐긴다고 이야기하였다. 동이는 혼자서 지퍼를 열 수 있고, 어른이 도와주면 잠글 수 있다. 섭식 행위에서는 가정과 유치원에서 다른 양상을 보이는데, 가정에서는 자신이 좋아하는 음식(예: 쌀밥, 김) 위주로 잘 먹고, 유치원에서는 선생님의 도움으로 새로운 음식에 관심을 갖기 시작하였다.
인지 영역	동이는 시각적·촉각적 자극에 민감하게 반응하며, 선생님이 새로운 교구를 제시하였을 때, 그것을 관찰하고 만지기를 즐긴다. 동이는 선생님이 숨긴 물건이 어디에 있는지 찾아낼 수 있으며, 일상적인 물건이 어느 위치에 있는지 알고, 만약 늘 있던 곳에 휴지가 없을 경우 다른 장소에 있는 휴지를 찾아서 사용한다. 동이는 어른이 보여 주는 신체활동이나 교구 사용법을 보고 모방할 수 있으며, 장난감의 조작법을 알고 작동할 수 있다. 또 놀이시간이나 정리시간에 분류하는 교구를 사용하여 각 문건을 관련된 물건끼리 범주화할 수 있고, 소방서 로고를 보고 소방차를 꺼내 올 수 있으며 빨간 소방차를 그릴 수 있다. 동이는 친숙한 사람과 그 사람의 물건들을 알아보기 시작하였으며, 친숙한 동요를 부르는 시간에 목소리를 내기 시작하였다. 동이는 언어와 색이름에 대해 관심을 나타내기 시작하였다.

사회-의사소통 영역	동이는 사람이 말하고 있는 쪽을 응시하고, 다른 사람의 응시를 따라가며, 음성적 상호작용에 참여한다. 예를 들어, 동이는 모이는 시간이나 놀이시간에 교구를 설명하는 선생님을 다른 친구들과 함께 바라볼 수 있고, 손을 들거나 소리('ㅏ' 'ㅡ' 등의 모음)를 내어 상호작용에 참여할 수 있다. 동이는 주로 몸짓으로 사람과 인사하고 가끔 소리를 내어 감정을 표현한다. 예를 들어, 좋아하는 친구가 등원했을 때 다가가서 두드림으로써 인사하기도 하고, 가끔은 소리를 내어 반가운 마음을 표현한다. 마음에 들지 않거나 싫어하는 행동에는 고개를 돌리거나 도망가는 행동으로 표현하기도 하고, 가끔은 소리를 내기도 하는데, 'ㅏ, ㅓ, ㅡ' 등 모음 중심의 소리를 낸다. 동이는 자신에게 말하는 단어와 문장을 이해할 수 있다. 예를 들어, 출석을 부를 때 자신의 이름을 알아듣고 오른손을 들어 대답할 수 있으며, 친구의 사진을 보고 친구를 찾아간다.
사회성 영역	동이는 유치원의 일상활동에 다른 친구들과 함께 참여할 수 있으며, 교사가 만들어 준 개인 일과표에 따라 자신이 해야 할 일과 다음에 해야 할 일을 알고 수행한다. 동이는 어른보다는 또래의 사회적 행동에 적절히 반응한다. 예를 들어, 선생님이 어떤 활동을 해 보라고 하는 것보다 친구가 함께하자고 요청할 때 더 즐거워하며 기꺼이 그 활동에 참여한다. 놀이시간에는 혼자서 컴퓨터를 하거나 교구를 조작하거나 블록놀이를 하는 등 혼자 하는 일을 즐긴다. 동이는 친숙한 어른의 감정에 적절하게 반응하기 시작하였다. 예를 들어, 가끔 선생님이 애정 표현을 요구하면 선생님에게 다가가서 하이파이브나 뽀뽀를 해 주기도 한다. 어떠한 상황을 거부하기 위해서는 울음을 터뜨리는 것으로 자신의 의사를 표현한다.

③ 시각적으로 요약하기

AEPS 검사 결과에 대한 시각적 요약은 2가지 형태로 작성될 수 있다. 하나는 각 영역별로 사정을 시행할 때마다 표시하여 유아의 진보를 시각적으로 확인해 볼 수 있도록 하는 것이다. 또 다른 하나는 유아 진보 기록을 사용하는 것이다. 유아가 달성한 각 항목에 대하여 매 사정 평가 시기마다 다른 형태(예: 빗금, 색깔)로 표시하여 시각적으로 요약할 수 있다.

사례 **동이의 사정 결과 해석-시각적으로 요약하기**

동이의 사정 결과에 대한 시각적 요약은 그래프와 진보 기록의 화살표에 표시하여 제시되었다. 이 가운데 그래프 요약의 예는 다음과 같다.

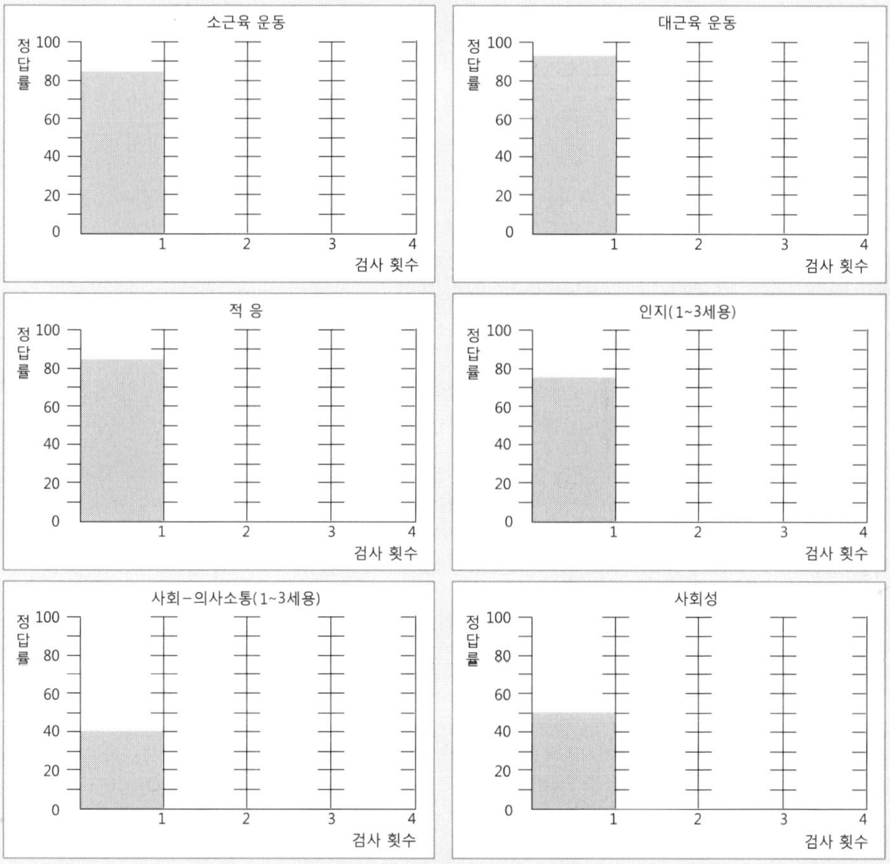

동이의 AEPS 결과의 시각적 요약

※ 유아의 행동이 계속해서 개선되는지 알아보기 위해 각 검사 횟수(1~4회)의 정답률을 프로파일화한다.

(7) 7단계: 사정 결과를 활용하여 개별화 교육 계획 작성하기

① AEPS 결과 해석을 통해 장 · 단기 교육 목표를 설정한다

사정 결과의 해석을 통해 가능한 장 · 단기 교육 목표를 설정한다. AEPS 유아관찰기록지 가운데 2점은 이미 획득한 기술이고, 1점은 이제 시작하는 기술, 0점은 아직

수행하지 못한 기술을 의미한다. 장기 목표는 일반적으로 장애유아가 일 년 안에 습득하거나 또는 숙달하는 것을 목표로 하고, 다양한 환경에 걸쳐 수행함으로써 유아의 독립성과 기능성을 촉진하는 목표가 적절하다. 단기 목표는 장기 목표에 대한 선수기능, 즉 장기 목표가 달성되기 위한 중간 단계라고 볼 수 있다. 이에 따라 AEPS의 사정 관찰 기록과 가족 보고서 및 관련 자료를 토대로 한 결과로부터 이제 시작하는 기술을 포함해 일 년 내에 달성할 장기 목표를 설정하고, 이와 관련된 단기 목표를 설정한다.

사례 **동이의 장·단기 교육 목표 설정하기**

AEPS 결과 해석을 통한 장·단기 교육 목표의 설정

잠재적인 교육 목표를 모두 설정한다. 동이의 예는 다음과 같다. 일단은 교실에서 동이를 위해 다룰 수 있는 수준보다도 더 많은 교육 목표를 작성하였고, 이 목표들은 다음 단계에서 우선순위화함으로써 실제적인 교육 목표를 작성할 것이다. 동이의 목표 목록은 다음과 같다.

- 일관성 있는 유사 단어 사용하기
- 상황적 단서 없이 물건, 사람, 사건 찾기
- 어른 및 또래와 의사소통적 상호작용을 자발적으로 시작하고 유지하기
- 자주 사용하지 않는 단어 모방하기
- 간단한 동요 따라 하기
- 이름 쓰기
- 다양한 촉감의 음식 먹기
- 다양한 형태의 단추를 열거나 풀기
- 친숙한 어른의 애정 표현에 반응하기
- 또래와의 상호작용을 자발적으로 시작하고 유지하기

② 장·단기 교육 목표로서 중재할 목표를 우선순위화한다

장애유아는 여러 또는 주요한 발달 영역에서 자주 손상을 보이고, 필요하다고 여겨지는 교육 목표를 수행하는 것이 상황적으로 불가능하고, 중재자 및 양육자의 시행을 오히려 방해할 수 있다. 따라서 다음과 같은 기준에 의거하여 최우선적으로 다루어야 할 4~5개 이하의 교육 목표를 설정한다.

- 양육자와 중재자가 가장 우선시한 교육 목표를 선택한다.
- 여러 가능한 교육 목표 가운데, 중재를 통해 유아의 행동 목록이 크게 향상될 것 같고, 유아의 일반 교육과정 및 일상활동에 포함될 수 있으며, 유아의 현재 수행 능력 수준과 일치되는 교육 목표를 선택한다.

사례 **동이의 교육 목표의 우선순위화**

중재할 목표의 우선순위화를 통해 선정된 교육 목표

동이의 목표는 양육자와 중재자가 선택한 가장 높은 우선순위, 즉 여러 가능한 교육 목표 가운데 중재 없이 발달하기 어려울 것 같고, 중재를 통해 유아의 행동 목록이 크게 향상될 것 같으며, 유아의 일반 교육과정 및 일상활동에 포함될 수 있고, 유아의 현재 수행 능력 수준과 일치되는 조건에 부합하도록 선택되었다. 선택된 총 3개의 교육 목표는 다음과 같다.

1. 일관적으로 유사 단어 사용하기
2. 친숙한 어른과 의사소통적 상호작용을 자발적으로 시작하고 유지하기
3. 또래와의 상호작용을 자발적으로 시작하고 유지하기

③ 최종적으로 선택한 목표를 유아에게 적절하도록 개별적인 수정을 한다

정보를 수집하고, 요약하고, 기술(교육 목표)을 선택하고, 우선순위화한 후에, 최종 선정된 교육 목표를 개별화하는 작업을 수행한다.

- 1단계: 선택된 최종 항목에 대한 IEP 교육 목표 지침(AEPS의 부록 B)을 참고하여 해당 교육 목표를 선정한다(AEPS 부록에 있는 IEP 교육 지침은 그 항목이 유아의 IEP 교육 목표에 적절하도록 구성되어 교사가 용이하게 IEP 교육 목표를 작성하도록 돕는다).
- 2단계: 다음 단계는 AEPS 교육 목표 지침에서 추출한 교육 목표를 유아 개인의 필요에 맞도록 수정한다. 다음에 제시되는 ABC 단계를 활용하면 도움을 받을 수 있다. 즉, 우선순위에 의해 선정된 목표를 유아의 발달과 상황에 적절하게 ABC의 형태로 수정한다.

수정 방식: ABC 형식

※ A는 선행조건(antecedents), B는 행동(behavior), C는 준거(criteria)의 약자임

- 선행조건(A): 유아의 행동이 발생하는 상황(예: 대집단 시간에, 집 혹은 유치원에서, 그림 보드판을 보고), 즉 유아가 행동을 수행하기 전에 발생하는 그 무엇(예: 질문을 하면, 모델을 보여 주면, 도움을 제공하면, 자료를 제공하면, 지시를 하면)
- 행동(B): 관찰 및 측정이 가능한 행동(예: 본다, 말한다, 가르친다, 명명한다)
- 준거(C): 유아가 그 기술을 얼마만큼 잘할지와 관련된 수행의 정도를 의미[예: 정확도(예: 정확하게 반응한 후, 5번 중 4번 달성), 기간(예: 20분 동안, 10분 이내에 혹은 요청한 지 1분 안에)]

장애유아 개별화 교육을 위한 평가도구로서 AEPS가 갖는 이점

√ AEPS 검사는 기능적 기술과 능력을 측정한다. 기능적 기술과 능력에 초점이 맞추어진 항목이어서 이 항목을 이용함으로써 적절한 중재 목표 선정을 가능하게 한다.

√ AEPS 검사는 종합적이다. 발달의 주요 영역인 소근육, 대근육, 적응, 인지, 사회-의사소통 및 사회성 영역을 포함하고 있다.

√ 사정 및 평가는 친숙하고도 일상적인 환경에서 유아를 관찰함으로써 한다.

√ 적용 시 융통성이 있다. 문항의 제시 형태, 진술된 준거를 적용 및 수정할 수 있도록 허락한다. 예를 들면, 청각 지체가 있는 유아는 수화를 사용할 수 있고, 운동 지체가 있는 유아는 '스스로 먹기(self-feeding)'와 같은 문항 평가 시에 보조공학의 도움을 허락한다. 이와 같은 융통성은 검사 결과가 유아를 규준 참조의 표준화된 수행 능력과 비교하는 것이 아니라, 주로 유아 개인의 적절한 중재 목표를 만들어 내고, 다음의 진보를 모니터하기 때문에 유용하다.

√ AEPS 검사의 문항은 주로 표준화된 검사에서 단일한 특정한 반응을 찾는 것과 달리 개념적 또는 광범위한 반응 유형을 반영하는 데 중점을 두고 있다. 예를 들어, 문항은 못박이 퍼즐에 못을 박기가 아닌 도달하여 잡기 능력을 요구한다.

√ AEPS 검사는 연계된 교육과정이 있다.

√ 유아의 평가 양식과 연계된 가족 사정 및 평가 양식(가족 보고서)이 있다. 이를 통해 양육자의 참여를 의미 있게 이끌어 낸다.

√ 개별화 교육 계획(IEP)의 교육 목표로 사용할 수 있는 '교육 목표'가 부록으로 구성되어 사용자가 정확하고 유용한 교육 목표를 작성할 수 있도록 한다(Bricker, 2002; 이영철 외 공역, 2008).

사례 **동이의 교육 목표와 ABC 방식의 적용**

- 교육 목표 1: 일관적으로 유사 단어 사용하기(AEPS 문항)
  - 장기 목표: 동이가 2주 동안 매일 5회씩 일상활동(예: 자유선택 활동, 소집단 · 대집단 활동)에서 자음과 모음을 조합하여 유사 단어를 사용한다.
  - 단기 목표: 동이가 2주 동안 일상활동(예: 자유놀이 활동, 소집단 · 대집단 활동)에서 어떤 소리나 단어든지 하나씩 끊어서 발성한다.

- 교육 목표 2: 친숙한 어른과 의사소통적 상호작용을 자발적으로 시작하고 유지하기(AEPS 문항)
  - 장기 목표: 동이가 친숙한 어른을 만났을 때마다 의사소통적 상호작용을 자발적으로 시작하고 유지한다.
  - 단기 목표: 동이가 친숙한 어른을 만났을 때, 몸짓, 손짓, 음성, 말, 요구 또는 함께 참여함으로써 친숙한 어른에게 1분 안에 반응한다.

- 교육 목표 3: 또래와의 상호작용을 자발적으로 시작하고 유지하기(AEPS 문항)
  - 장기 목표: 동이가 유치원에서 매일 3회 이상 몸짓, 손짓, 음성, 말로써 또래와의 의사소통을 자발적으로 시작하고 유지한다.
  - 단기 목표: 동이가 유치원에서 또래의 사회적 상호작용에 5회 중 4회를 적절하게 반응한다(예: 또래가 "안녕" 하고 말하면 동이도 "안녕" 하고 말하거나 손을 흔든다. 또래가 집에 가면서 손을 흔들면 같이 흔들어 준다).

제6장

일일활동에 통합하여 교육하기

앞 장에서는 장애유아의 교육 목표 선정방법에 대해 살펴보았다. 가장 중요한 것은 장애유아의 교육 목표가 가능한 한 일과 안에서 자주 통합될 수 있도록 이끄는 것이다. 이 장에서는 선정된 장애유아의 교육 목표를 일상의 다양한 활동들에 포함시키기 위한 과정과 그 전략에 대해 살펴보고자 한다.

1 교육과정에 통합하기

장애유아를 일반적인 교육과정에 참여시키기 위해서는 개별화 교육이 필요하다. 개별화 교육을 계획하기 위한 진행과정은 장애유아의 전반적인 발달 상황을 파악하고, 장애유아가 유아교육기관에 입학하여 한 달 정도 적응 기간을 가진 후에 AEPS의 6개 영역을 검사하고 분석하여 장 · 단기 목표를 설정한다.

AEPS의 6개 영역을 검사하여 장애유아의 강점과 흥미 및 요구 영역을 분석하여 기술하고, 이를 바탕으로 장애유아의 개별화 교육의 장 · 단기 목표를 수립한다. 장애유아의 개별화 교육 프로그램 진행과정을 3단계로 살펴보면 다음과 같다.

1) 1단계: 장애유아의 개별화 교육 프로그램의 목표 확인

먼저 개별화 교육 프로그램(Individualized Education Program: IEP)의 장·단기 교육 목표('제5장' 참조)를 확인한다. IEP의 장기 목표는 연간 계획으로 작성되며, 일반적으로 연 2회(1, 2학기) 시행된다.

(1) IEP

IEP에 포함되는 내용은 모두 3가지 영역으로 구성된다. 첫 번째 영역은 유아의 배경 정보로 부모의 인적 사항, 연락처 등을 포함한다.

두 번째 영역은 유아의 현재 수행 능력을 포함한다. '제5장'의 AEPS 사정과 가족 보고서를 통해 획득된 장애유아의 강점(AEPS 검사 시 2점에 해당되는 내용을 기록)과 요구 영역(AEPS 검사 시 1점에 해당되는 내용을 기록. 기술방법: 요구되는 행동의 시작점으로 서술), 흥미 분야가 포함된다.

세 번째 영역은 IEP의 연간 장기 목표와 이에 따른 단기 목표를 포함한다. IEP에 포함되지 않은 영역은 제외할 수 있다. 예를 들어, 다음의 예시와 같이 동이는 소근육과 대근육 영역에서 일반적인 발달을 능가하므로, 개별화 교육 계획은 이를 제외한 4개 영역에서 작성되었다.

IEP(예)

I. 유아의 배경 정보		
이름 : 임동이	성별 : 남	생년월일 : 2005. 10. 23
부모 : 임지석 · 김영현	주소 : (생략)	
나이 : 만 4세	전화(직장) : (생략)	
학교 : 총신대학교 부속유치원	전화(집) : (생략)	
IEP 회의 날짜 : 2010. 5. 3	IEP 점검일 : 2010. 7. 19	
언어 : 한국어	통역: 예 ◯ / 아니요 ___	점자: 예 ◯ / 아니요 ___
보조공학: 예 ◯ / 아니요 ___	언어/의사소통 보조: 예 ◯ / 아니요 ___	

II. 현재 수행 능력	강점	• 우유를 적정량 따라서 마시고 스스로 정리할 수 있다. • 음식을 입에 넣고 다물고 씹으며 음식을 삼킨 후에 다음 음식을 집는다. • 집게를 이용해 음식을 집을 수 있으며, 다양한 용기에 음료수를 따를 수 있고, 요구르트를 마시기 위해 빨대의 껍질을 벗겨 요구르트에 꽂을 수 있다. 스스로 바나나의 껍질 및 사탕 껍질을 벗길 수 있다. • 촉각적 자극과 시각적 사건을 지향한다. 예를 들면, 과학 영역에서 관찰할 수 있도록 제시된 삶은 달걀과 날달걀을 손으로 만져 보거나, 입체동화에 끝까지 시선을 둔다.

		• 물건을 색깔, 모양, 기능에 따라 분류할 수 있다. • 그림으로 상황을 보여 주고 어디를 가야 할지 로고를 찾아보도록 하면 소방서, 우체국, 병원 등을 찾을 수 있다. • 교사의 몸짓 언어를 잘 이해하고 지시에 따를 수 있다. 관심 있는 사람이나 사건에 집중한다. • 놀이 이름표에 있는 친구의 얼굴을 보고 그 친구가 어디에 있는지 손가락으로 가리킨다. 음식을 먹기 싫을 경우 손을 내밀며 "안 먹어."라고 말하고 교사가 제시하는 활동을 하기 싫을 경우 고개를 젓는다. • 다른 친구와 함께 블록을 쌓고 블록 주위에서 장난을 치며 웃는다. 교사가 도와주면 친구와 장난감을 바꿀 수 있다. • 갖고 싶은 장난감을 친구가 가져가려고 하면 가져가지 못하도록 화를 내거나 다른 곳으로 이동한다. • 좋아하는 것과 싫어하는 것을 옹알이로 표현하고, 하고 싶은 것을 스스로 선택하여 놀이한다.
	요구 영역	• 교사가 먹여 주는 다양한 종류의 음식을 조금씩 맛보기 시작한다. • 음식을 준비하는 것을 스스로 하기 시작한다. • 끈 형태의 묶는 것을 풀기 시작한다. • 이름을 부르면 세 번째 정도에 소리가 나는 쪽을 바라본다. • 교사가 모르는 단어를 말할 경우, 입 모양을 따라서 흉내 내기 시작한다. • 기분이 좋을 때, 화가 났을 때, 하고 싶은 것이 있을 때, 톤이 다른 옹알이를 통해 의사를 표현한다. • 교사가 먼저 인사하고 인사할 것을 권하면 인사하는 행동을 취하면서 "안녕하……."라고 말한다. • 말을 하면서 몸짓으로 보여 주면 이해하고 반응을 보인다. • '가' '먹어' '안 돼' '싫어' '할 거야' 등을 손짓으로 표시할 수 있으며, '안 먹어'는 발화가 가능하다. • 손으로 자신이나 다른 친구를 가리키면서 물건의 소유, 누가 해야 할 일인지 등 2어문의 의미를 표현할 수 있다. • 자발적으로 협동활동을 시작한다. • 일상적인 지시에 관련된 몸짓을 이해하고 적절하게 행동한다. • 유치원 내의 규칙 중 지킬 수 있는 것이 있다. 예를 들면, 줄을 서야 하는 경우 자신의 위치를 지킬 수 있다.
	흥미	• 친구들의 이름표를 보고 해당 친구에게 줄 수 있다. • 친구를 좋아한다. 특히, 좋아하는 친구 옆에 앉으려고 하거나 장난을 치며 친구가 함께 하기를 기다린다. • 호기심이 많아 새로운 활동(놀이) 참여에 적극적이다. • 소근육 활동 놀이를 좋아하며 능숙하게 할 수 있다. • 야외활동, 자전거 타기 등 대근육 활동을 좋아하며 적절하게 움직일 수 있다. • 도구 및 놀이시설을 활용하여 안전하게 놀이할 수 있다. • 교사가 자신을 보며 말을 하면 입 모양을 모방하여 흉내 낸다. • 자신이 알고 있는 노랫말의 부분을 발화하여 음의 높낮이의 차이를 두어 노래를 부른다.
학부모 요구 사항		• 간단한 동요 듣기 • 2어문 사용하기 • 형용사와 동사를 이해하고 사용하기 • 자신의 개인 정보 알기

III. IEP의 목표						
필요 영역	적응, 인지, 사회-의사소통, 사회성					
영 역	요 소	장기 목표	단기 목표	시작일	종료일	평 가
소근육 (3~6세)			발달 목표에 도달함			
대근육 (3~6세)			발달 목표에 도달함			
적응 (3~6세)	A. 음식 먹기	1. 적절한 식기를 사용해서 음식을 흘리지 않거나 조금만 흘리고 다양한 음식을 먹고 마시기	1.3. 다양한 촉감의 음식 먹기			
		2. 음식을 준비하여 제공하기				
인지 (1~3세)	A. 감각자극	1. 청각적 · 시각적 · 촉각적 사건 지향하기	1.1. 청각적 사건 지향하기 1.4. 청각적 · 시각적 · 촉각적 자극에 반응하기			
	D. 모방	2. 자주 사용하지 않는 단어 모방하기	2.1. 자주 사용하지 않는 말소리 모방하기 2.2. 자주 사용하는 단어 모방하기			
	F. 물체와의 상호작용	1. 놀이에 가상적 물건 사용하기	1.1. 물건을 표상활동에 사용하기			
	G. 초기 개념	3. 환경적인 상징(사인, 로고, 상표명)을 인식하여 표현하기	3.1. 그림에서 친숙한 사람, 행동, 물건, 사건을 명명하기			
사회-의사 소통 (1~3세)	A. 언어적 · 의사소통적 상호작용	1. 사람이 말하는 쪽으로 돌아보기	1.1. 사물과 이에 대해 말하고 있는 사람 쪽으로 돌아보기 1.2. 소리가 나는 물체 쪽으로 돌아보기			
		3. 옹알이로 음성적 상호작용에 참여하기	3.1. 쿠잉(초기 옹알이)으로 음성적 상호작용에 참여하기			

<table>
<tr><td rowspan="2"></td><td>B. 단어로 전환하기</td><td>1. 사람의 주의 집중을 얻고, 물건, 사람, 사건에 대해 언급하기</td><td>1.1. 말이나 몸짓으로 간단한 질문에 반응하기
1.3. 말이나 몸짓으로 사람과 인사하기</td><td rowspan="2"></td><td rowspan="2"></td><td rowspan="2"></td></tr>
<tr><td>C. 단어와 문장의 이해</td><td>2. 상황적인 단서 없이 두 단계 지시 수행하기</td><td>2.1. 상황적인 단서를 사용하여 두 단계 지시 수행하기
2.2. 상황적인 단서 없이 한 단계 지시 수행하기
2.3. 상황적인 단서를 사용하여 한 단계 지시 수행하기</td></tr>
<tr><td rowspan="7">사회성
(3~6세)</td><td rowspan="2">A. 다른 사람과의 상호작용</td><td>1. 놀이 상대로 다른 사람과 상호작용하기</td><td>1.3. 다른 사람과 교대로 상호작용하기
1.4. 친숙한 사람에게 먼저 인사하기</td><td rowspan="2"></td><td rowspan="2"></td><td rowspan="2"></td></tr>
<tr><td>2. 자발적으로 협동활동 시작하기</td><td>2.1. 다른 사람과의 협동활동에 참여하기
2.2. 다른 사람과의 협동활동 유지하기
2.3. 물건을 나누어 쓰거나 바꾸어 사용하기</td></tr>
<tr><td>B. 참여</td><td>2. 소집단 활동 동안 보고, 듣고 참여하기</td><td>2.1. 소집단 활동 동안 물체를 가지고 적절하게 상호작용하기
2.2. 소집단 활동 동안 지시에 적절하게 반응하기</td><td rowspan="5"></td><td rowspan="5"></td><td rowspan="5"></td></tr>
<tr><td rowspan="2">C. 환경과의 상호작용</td><td>1. 사회적으로 적절한 방식으로 신체적 욕구 충족하기</td><td>1.1. 불편하거나 아프거나 피곤하거나 다쳤을 때 신체적 욕구 충족하기</td></tr>
<tr><td>2. 집과 교실 밖에서 상황에 맞는 규칙에 따르기</td><td>2.2. 집과 교실의 정해진 규칙 따르기</td></tr>
<tr><td>D. 자신과 다른 사람에 대해 표현하기</td><td>2. 자신의 행동, 생각, 감정이 다른 사람에게 어떠한 영향을 미치는지에 대한 이해를 표현하기</td><td>2.2. 자신의 정서와 감정 표현하기</td></tr>
</table>

2) 2단계: 1학기 개별화 교육 계획안 수립

연간 개별화 교육 계획은 다시 학기별 교육 계획으로 구성된다. 이 단계에서는 장기 교육 목표를 학기별 단기 교육 목표로 구성한다. 학기별 교육 목표는 다음 표에서 보는 바와 같이 연간 교육 계획의 가장 하위 단기 목표가 학기별 계획안에 제시된다.

설정된 목표를 매주 단위로 평가하며 매월 전체 평가를 통하여 발달이 이루어졌는지 평가한다. 목표가 달성되지 않았을 경우 다음 달로 연장하여 연속적으로 교육 계획을 수립해 나간다. 설정된 목표가 달성되었으면, 그다음 단계의 목표를 향해 나아간다.

(1) 월별 개별화 교육 계획안

월별 개별화 교육 계획안의 예시는 다음과 같다.

월별 개별화 교육 계획

영 역	요 소	장기 목표	단기 목표	평 가
적응	A. 음식 먹기	1. 적절한 식기를 사용해서 음식을 흘리지 않거나 조금만 흘리고, 다양한 음식을 먹고 마시기	1.3. 다양한 촉감의 음식 먹기	다음 달로 연장
인지	A. 감각자극	1. 청각적·시각적·촉각적 사건 지향하기	1.4. 청각적·시각적·촉각적 자극에 반응하기	달성(1.4)
	D. 모방	2. 자주 사용하지 않는 단어 모방하기	2.2. 자주 사용하는 단어 모방하기	달성
사회-의사소통	A. 언어적·의사소통적 상호작용	1. 사람이 말하는 쪽으로 돌아보기	1.2. 소리가 나는 물체 쪽으로 돌아보기	달성(1.2)
	B. 단어로 전환하기	1. 사람의 주의 집중을 얻고, 물건, 사람, 사건에 대해 언급하기	1.3. 몸짓이나 말로 사람과 인사하기	달성(1.3)

<table>
<tr><td rowspan="2">사회성</td><td>A. 다른 사람과의 상호작용</td><td>1. 놀이 상대와 상호작용하기</td><td>1.4. 친숙한 사람에게 먼저 인사하기</td><td>다음 달로 연장</td></tr>
<tr><td>D. 자신과 다른 사람에 대해 표현하기</td><td>2. 자신의 행동, 생각, 감정이 다른 사람에게 어떻게 영향을 미치는지에 대한 이해를 표현하기</td><td>2.2. 자신의 정서와 감정 표현하기</td><td>다음 달로 연장</td></tr>
</table>

(2) 주별 교육 내용에 개별화 교육 계획 적용하기

단기 교육 목표를 일과에 포함시켜 장애유아가 통합된 환경에서 교육 목표를 달성할 기회를 가능한 한 많이 갖도록 하는 것이 매우 중요하다. 이와 같은 기회를 유치원 일과 내에서 미리 계획함으로써 의도적으로 교육의 기회를 증진시킨다.

장애유아의 개별화 교육 계획 활동 내용을 주별 교육 내용에 적용한 계획표를 살펴보면 다음과 같다.

주별 교육에 개별화 교육 계획 적용하기(예)

영역	요소 \ 활동	등원	이야기 나누기	자유 선택 활동	정리 시간	게임	신체 표현	새 노래	동극	동화	동시	악기 연주	실외 놀이	물놀이	모래 놀이	점심 식사	귀가	비고
적응	음식 먹기															○		
인지	감각자극							○	○	○	○	○	○	○	○			
	모방		○	○		○	○											
	물체와의 상호작용			○		○							○	○	○			
	초기 개념			○														
사회-의사소통	언어적·의사소통적 상호작용	○		○									○	○	○	○	○	
	단어로 전환하기		○	○				○	○	○								
	단어와 문장의 이해	○	○	○						○							○	
사회성	다른 사람과의 상호작용	○		○	○								○	○		○	○	
	참여		○	○		○	○	○	○	○	○	○	○	○	○			

3) 3단계 : 일일 교육 계획안에 개별화 교육 계획 적용하기

일일 교육 계획안에 장애유아의 개별화 교육 계획 활동을 적용하여 장애유아 통합교육이 일과 속에서 이루어지도록 계획한다. 일일 교육 계획안에 활동 계획이 적용된 예시는 다음의 표와 같다. 예를 들어, 동이의 '적응 목표 1.3. 다양한 촉감의 음식 먹기'는 점심시간에 양배추김치와 잡채를 맛보도록 개별화 교육 계획을 짠다.

일일 교육 계획안에 개별화 교육 계획 적용하기(예)

일일 교육 계획

담 임	원 감	원 장

[4월 둘째 주]

생활 주제	봄	주 제	봄의 식물과 동물	소주제	봄을 알리는 나비와 벌
목 표	• 봄을 알리는 곤충인 나비와 벌의 특징에 관심을 가진다. • 다양한 봄의 곤충들의 생김새와 움직임을 통합적으로 표현해 본다. –(지민) 봄을 알리는 곤충의 이름을 안다. –(동이) 봄을 알리는 곤충의 움직임에 관심을 가진다. –(우주) 봄을 알리는 곤충(벌, 나비 등) 중 한 가지의 이름을 안다.				

활동 계획				
시간 및 활동 명	활동 목표 (생활 영역)	활동 내용	준비물	평 가
~9:00 A팀 등원	• 바르게 인사하는 태도를 기른다. • 옷을 바르게 정리할 수 있다(건강, 사회).	• 유아의 건강과 기분 점검 및 인사 나누기 동이) 교사와 친구에게 말로 인사하기(사회-의사소통-B-1-1.3)	손 세정액, 바구니, 옷걸이	• 날씨가 추워 유아들이 옷을 여러 겹 입고 등원함. 정리하는 데 시간이 많이 소요됨
9:00~9:30 A팀 소그룹 활동	• 벌의 생김새에 관심을 가진다. • 다양한 조형 재료에 관심을 갖고 만들기를 할 수 있다(건강, 표현).	〈조형 : 벌 마라카스 만들기〉 • 모래를 넣은 요구르트 병에 검정색 마스킹 테이프를 둘러 붙여 배 무늬를 만든 후, 눈알, 빵끈(더듬이, 침), 코팅된 셀로판지(날개)를 붙여 완성하기 지민) 조형활동에 필요한 재료 요청을 위해 문장으로 말하기 동이) 벌 마라카스를 흔들어 봄으로써 소리 탐색하기(인지-A-1-1.4) 우주) 요구르트 병을 두를 수 있도록 요구르트 병 잡아 주기	요구르트 병, 눈알, 빵끈, 네임펜, 본드, 면봉, 셀로판지 코팅한 것, 모래	• 모래를 넣는 모습에 유아들이 관심을 보이며 흥미롭게 활동함 지민) 모래를 달라는 표현으로 "모래, 모래."라고만 외쳐 교사가 "모래 주세요."라고 말할 것을 촉구함. 문장으로 말한 후에 모래를 가까이에 둠 동이) 소리 나는 것에 관심을 가지며 완성한 악기를 스스로 계속 흔듦 우주) 요구르트 병을 잡아 주니 끝까지 활동을 마무리함

9:30~9:50 B팀 등원 및 간식	• 바르게 인사하는 태도를 기른다. • 우유를 컵에 따르는 조절 능력을 기른다(건강).	• 손 씻기 → 우유 마시기	종이 타월, 우유, 컵, 주전자, 행주	
9:50~10:05 인사 나누기	• 날짜와 날씨를 탐구한다. • 바른 자세로 인사하고 기도하는 태도를 기른다(사회, 탐구).	• 인사 나누기 → 날씨와 날짜 알아보기 → 이름 부르기	이름 카드, 날짜판	• 옷을 정리하는 데 오랜 시간이 걸려 모이는 시간이 늦어짐. 이름은 부르지 못하고 인원수만 확인함
10:05~ 10:25 이야기 나누기	• 봄을 알리는 곤충인 나비와 벌의 특징에 대해 관심을 가진다(언어, 탐구).	〈나비와 벌〉 • 나비와 벌의 생태와 관련된 비디오를 보고, 내용을 회상하며 이야기 나누기 지민) 영상을 보며 교사의 언어적 촉구에 따라 나비와 벌을 발성해 보기 동이) 나비와 벌의 움직임에 관심을 가지고 영상 보기(사회-의사소통-A-1-1.2) 우주) 영상을 보며, "이것이 무엇이니?"라는 교사의 질문에 또래 유아의 도움을 받아 "벌"이라고 대답하기	VTR, 비디오 테이프	• 영상을 통해 나비와 벌에 흥미를 보인 유아들이 적극적으로 이야기 나누기에 참여함 지민) 받침 발음이 어려움에도 교사의 촉구에 거부하지 않고 따라 함 동이) 영상을 집중하여 보며 뒤에 있는 교사에게 흥미로운 부분을 알려 주기도 함 우주) 유아들이 영상을 보고 흥분하며 "벌"이라고 외침. 교사의 질문에 흥분된 목소리로 "벌"이라고 대답함
10:25~ 11:10 새 활동 소개·계획 및 자유선택 활동	• 자신이 하고 싶은 놀이를 계획하고 활동할 수 있다. • 새로운 활동의 놀이방법을 이해할 수 있다. • 놀이 영역에서의 약속을 지킬 수 있다. • 다양한 흥미 영역에 자발적으로 참여할 수 있다(건강, 사회, 표현, 언어, 탐구).	〈언어: 네가 나비니?(다섯 수레)〉	도서	• 그림이 세밀하여 유아들의 관심을 끌기 좋았음
		〈수·조작: 벌집 채우기〉 • 벌집 모양판을 나누어 갖고, 주사위를 던져 나오는 수만큼 벌로 벌집 채우기 지민) 교사의 언어적 도움으로 친구에게 "같이 놀자."라고 말하기	벌집 모양판, 벌, 주사위	지민) 교사의 격려로 "같이 놀자."라고 말함. 놀이가 진행되는 상황에서 질문하여 친구들이 주의 깊게 듣지 않음. 교사가 주의를 환기시켜 대화 분위기를 조성함
		〈음률: 림스키 코르사코프 '왕벌의 비행'(음악 감상)〉	음악 CD, 라벨, 헤드셋	• 유아들이 빠른 리듬에 흥미를 보임
		〈역할: 나비와 벌이 꽃향기를 찾아가요〉 • 나비, 꽃 역할을 정하고 놀이하기 동이) 교사의 언어적 촉구로 친구와 함께 역할 정하기(사회성-D-2-2.2)	나비 옷, 더듬이 머리띠, 꽃막대	동이) 다른 유아들보다 먼저 더듬이를 사용하고 많이 가지고 있음. 다른 유아가 먼저 와서 달라고 이야기하자 싫다고 거부함. 교사와 함께 나누어 사용하는 것에 대해 이야기를 나눔
		〈쌓기: 봄동산 꾸미기〉 • 꽃, 나비, 벌 모형을 이용해 봄동산 만들어 놀이하기 우주) 꽃, 나비, 벌의 색을 관찰하며, 다양한 색의 이름 말해 보기	꽃, 나비, 벌 모형	우주) 자신이 만들어 놓은 길에 나비와 꽃을 두자는 말에 동의함. 교사가 "나비야, 나와라."라고 말해 보자고 하자 크게 외침. 꽃과 나비의 색을 관찰하지는 못함.

11:10~ 11:20 정리정돈	• 장난감을 정리함으로써 일대일 대응과 분류 능력을 기른다(건강).	• 신호가 울리면 장난감을 제자리에 정리하기 • 화장실에 다녀온 후에 손 씻기 • 놀이 평가하기	신호악기	• 유아들이 정리정돈에 적극적으로 참여하여 정리를 빨리 마칠 수 있었음
11:20~ 11:50 신체	• 나비의 움직임에 관심을 가진다. • 나비의 움직임을 신체로 표현할 수 있다(사회, 표현, 탐구).	〈신체 표현: 나비가 되어 보세요〉 나비 동영상을 감상하고, 음악에 맞추어 나비가 되어 표현하기 지민) 동영상을 감상하고, 동영상에 나오는 나비를 또래를 모방하여 표현하기 동이) 나비가 움직이는 장면을 관찰한 후에, 몸으로 표현하기 (인지-A-1-1.4) 우주) 나비의 색깔을 이야기하기	나비, 꽃 머리띠, 신호악기, CD(봄의 소리 왈츠), 카세트, 방석	우주) 나비 영상이 나올 때 일시정지를 시키고 다른 유아들과 함께 색깔을 찾아봄. 나비 색깔에 대해 물어보니 '노랑'이라고 답함 지민) 처음에는 나비의 모습과 관계없이 돌아다녔으나 나비의 모습과 친구들의 모습을 기억하도록 언어적 지원을 한 후에 다시 활동함 동이) 영상에 집중을 잘하며, 몸으로 표현하기에 잘 참여함
11:50~ 12:50 점심식사 및 휴식	• 올바른 식습관을 기른다. • 음식의 소중함을 알고 감사하는 마음으로 맛있게 먹는 태도를 기른다(건강, 사회).	〈메뉴: 잡곡밥, 감자국, 잡채, 참나물무침, 양배추김치〉 • 손을 씻고 배식을 받아, 감사기도를 드린 후에 점심 식사하기, 식사 후 소금물로 가글하기 지민) 교사의 언어적 촉구로 숟가락과 젓가락 바르게 잡기 동이) 교사의 신체적 도움으로 작은 조각의 양배추김치 맛보기(적응-A-1-1.3) 우주) 다양한 촉감의 음식 먹기	식판, 수저, 소금물, 양치 컵 등	지민) 숟가락을 주먹 쥐듯 잡음. 교사의 언어적 지원이 있으면 2회 정도 바르게 쥠 동이) 양배추김치를 잘라서 맛봄. 뱉어 내거나 힘들어하지 않고 삼킴 우주) 반찬은 먹지 않고 밥만 먹고 있어 교사가 반찬을 먹어 보자는 언어적 지원을 함. 그제야 반찬을 먹기 시작함
12:50~ 13:05 동화	• 바른 자세로 동화를 듣는 태도를 기른다(사회, 언어).	〈나무와 나비 애벌레〉 • 동화 듣기 • 그림만 보며 내용 회상하기	그림동화	• 제목만 보고도 어떤 내용일지 추측해 보는 유아도 있었음 • 내용에 집중하며 동화를 끝까지 감상함
13:05~ 13:20 일과 평가 및 귀가지도	• 하루 일과를 회상하고 느낌을 표현할 수 있다(언어, 사회, 표현).	• 일과 평가하기 • 인사 나누기	개인 사물	• 오늘 가장 즐거웠던 활동으로 신체 표현을 많이 이야기함 • 대체로 즐거웠다는 평가를 하며 기분 좋게 귀가함
13:20~ 13:30 A팀 귀가	• 안전하게 차량에 탑승하는 태도를 기른다(건강, 사회).	• 옷을 입은 후에 차량에 탑승하기		• 겉옷을 많이 가져온 유아들이 옷을 두고 가지 않도록 교사가 많이 도와줌 • 차량 귀가 유아들은 시간에 맞춰 안정적으로 탑승하여 귀가함

13:30~ 13:50 B팀 소그룹 활동	• 벌의 생김새에 관심을 가진다. • 마라카스를 만들어 노래를 부르며 연주할 수 있다(건강, 표현).	〈조형 : 벌 마라카스 만들기〉 • 쌀을 넣은 요구르트 병에 검정색 마스킹 테이프를 둘러 붙여 배 무늬를 만든 후에 눈알, 빵끈(더듬이, 침), 코팅된 셀로판지(날개)를 붙여 완성한 후, 마라카스를 이용해 연주하기	요구르트 병, 눈알, 빵끈, 네임펜, 본드, 면봉, 셀로판지 코팅한 것, 쌀	
13:50~ B팀 귀가	• 안전하게 차량에 탑승하는 태도를 기른다(건강, 사회).	• 옷을 입은 후에 차량에 탑승하기		옷 입는 준비를 조금 빨리 마치고 차량 탑승 시간보다 일찍 나가 유치원 앞마당을 한 바퀴 돌아봄
평 가	• 유아들이 활동 주제에 많은 관심을 보이며, 자신의 선 경험에 대해 많이 이야기하였음 • 준비한 활동에도 적극적으로 참여하여 벌과 나비의 모양과 움직임에 대해 관찰하고 즐길 수 있었음 • 전체적으로 활기찬 분위기였으며 별다른 사고 없이 하루를 마무리함			
교육자원	유치원 지도서 1 총론, 유치원 교구 · 교재 목록, 영유아를 위한 사정 · 평가 및 프로그램 체계			

* 지민, 동이, 우주 : 장애유아의 가명임.
* (지민) (동이) (우주) 장애유아 통합교육의 수정된 교육 목표, 장애유아 개별화 교육 계획
* (사회－의사소통   C   1   1.3)
영역   요소   단기 목표   단기 목표

2 일일활동에 통합하기

교육과정이 시행되는 일일활동 내에서 장애유아를 고려하여 교사가 시행해야 하는 수정 및 지원방법을 등원, 자유선택 활동, 정리정돈, 대 · 소집단 활동, 간식 및 급식, 실외 활동, 귀가 등으로 나누어 주요 활동에 대하여 살펴본다.

1) 등 원

등원은 유아가 유아교육기관에 도착하는 순간을 의미한다. 유아는 가정이나 부모와 떨어져 교육기관에서 또래와 교사를 만나게 된다. 교사는 유아를 맞이하여 인사를 나눈 후에 유아가 자신의 신발을 정리하고, 실내화로 갈아 신고, 교실로 들어가 겉옷과 가방 등을 정리하도록 안내한다. 이러한 일상적인 행동은 기본 생활 습관을 익힐 수 있는 중요한 과정이므로 개별적으로 지도하여 습관이 될 수 있도록 한다.

또한 교사는 등원시간에 다음과 같이 장애유아의 발달을 지원하는 중요한 기회를 제공할 수 있다.

(1) 유아와 눈높이를 맞추어 인사하기

교사와의 인사하기가 익숙해지면, 교사와 손 잡기, 고개 숙이기, 손바닥 마주치기 등 다양한 방법으로 친밀감을 표현한다.

(2) 개인 사물함 사용하기

교사는 장애유아를 데리고 유아의 이름과 사진이 붙은 개인 사물함으로 가서 자신의 자리를 알려 준다. 매일 등원하여 자신의 사물함에 신발과 가방, 겉옷 등을 정리할 수 있도록 지속적으로 연습과 지원을 함으로써 기본 생활이 습관화되도록 지도한다.

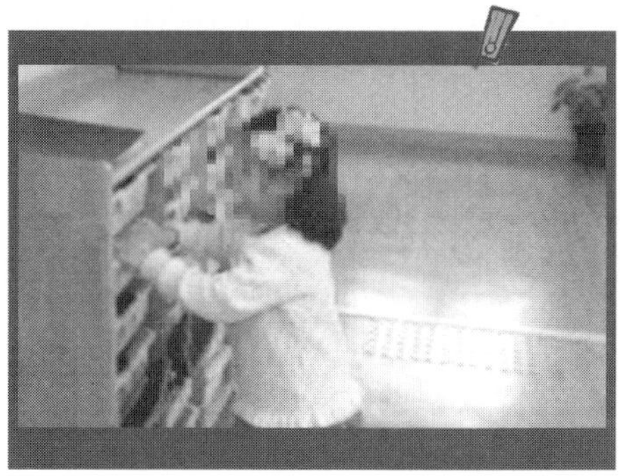

(3) 부모와 헤어지는 것을 돕기

학기 초 등원할 때는 부모가 강제로 장애유아를 떼어 놓으면 분리불안을 느낄 수 있으므로 점진적인 방법으로 부모와 헤어지도록 한다. 예를 들어, 장애유아가 울며 부모와 떨어지지 않을 때는 기관에 한동안 함께 있으면서 심리적으로 안정감을 갖도록 한다. 부모가 가정으로 돌아갈

경우에는 몰래 가 버리는 것이 아니라, 다시 만날 것이라는 사실을 분명하게 이야기해

주고 유아가 보는 데서 가도록 한다. 그리고 "엄마는 ○○를 다시 데리러 올 거야."라고 반복하여 분명하게 이야기해 주어 유아가 신뢰감과 안정감을 가질 수 있도록 한다.

2) 자유선택 활동

자유선택 활동시간은 준비된 각 홍미 영역에서 유아가 자발적으로 놀이를 선택하여 지식을 구성해 가는 시간이다. 이 시간에는 유아의 발달에 적합한 교구가 각 홍미 영역에 맞게 제시되어야 한다. 교사는 자유선택 활동시간에 장애유아의 능력과 선호도에 따라 선택할 수 있는 교재 및 교구의 제시와 개별적인 상호작용이 이루어지도록 지원한다.

(1) 흥미 영역의 놀이 지원하기

장애유아는 교사의 지원 없이는 활동에 주의를 기울이고 또래들과 상호작용하며 놀이하기가 어렵다. 장애유아가 어떤 놀이를 해야 할지 모르는 경우, 교사는 장애유아와 함께 각 영역에 배치된 놀이도구를 천천히 탐색한 후에 어떤 놀이를 할지 결정하도록 한다. 선택한 놀이도구가 퍼즐이라면 많은 조각 수를 장애유아가 스스로 모두 맞추는 것은 어려울 수 있으므로, 16조각 중 13조각은 미리 맞추어 놓고, 3조각만 장애유아가 맞추게끔 하여 성취감을 느끼도록 한다.

(2) 다른 놀이활동으로의 전이 지원하기

교사가 장애유아에게 필요한 활동에 참여해 보도록 제안하고, 그 활동을 한 후에 장애유아가 선호하는 놀이를 하도록 한다. 즉, 그날의 새로운 활동을 한 번씩 경험하

도록 한 후 그 외의 시간은 유아 스스로 선호하는 활동을 선택하여 할 수 있도록 한다.

(3) 장난감 사용법 지도하기

장애유아들은 장난감을 잘 가지고 놀 줄 모르기 때문에 교사는 특별한 기술을 직접적으로 가르친다. 즉, 장애유아에게 블록을 어떻게 가지고 노는지를 직접 시범 보이면서 가르치는 것이 많은 도움이 된다.

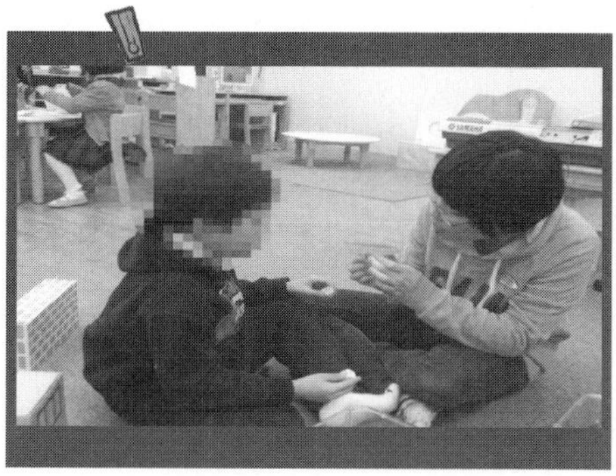

(4) 또래 협동놀이에 참여하도록 지원하기

장애유아가 혼자 놀이하는 광경을 자주 목격하게 된다. 따라서 교사는 장애유아가 또래와 지속적으로 상호작용하도록 지원하는 것이 중요하다. 교사는 협동놀이를 하고 있는 또래 집단에 장애유아를 동참시키거나 교사와 장애유아의 놀이에 또래의 참여를 유도한다. 또래와의 놀이 속에서 "같이 놀자." "빌려 줘." "고마워."와 같은 언어적 상호작용 모델링을 보여 주고, 장애유아가 모방함으로써 점차 주도적으로 상호작용을 시도하도록 지도한다.

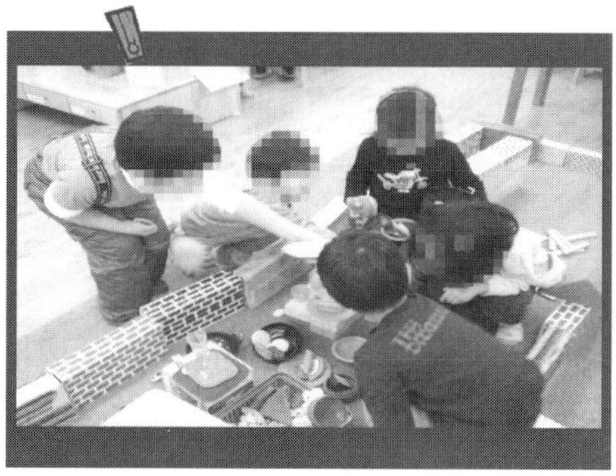

[또래와의 상호작용 증진시키기]

- 1단계: 한 명의 또래와 상호작용 시작하기
- 2단계: 병행놀이로 시작하기
- 3단계: 장애유아가 이미 참여하고 있는 활동에 또래를 참여시키기
- 4단계: 상호작용이나 협동을 필요로 하는 단순한 활동(예: 공 잡기, 공 던지기)을 선택하기

3) 정리정돈

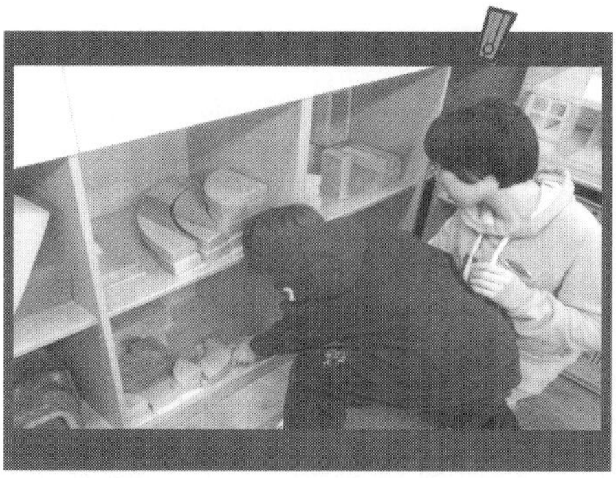

정리정돈은 현재 하고 있는 활동을 마친 후에 또는 자유선택 활동이 끝난 후에 실시한다. 정리정돈은 유아별로 하는 것과 유아가 모두 함께하는 것으로 나눌 수 있다. 정리시간임에도 활동을 계속하려 하거나 스스로 정리하지 못하는 장애유아에게 도움을 줄 수 있는 방법을 제시한다.

- 음악이나 악기 소리 등 청각적 신호를 사용하여 정리하는 시간임을 분명히 인식하도록 한다. 신호를 주기 전에 미리 장애유아에게 곧 정리하는 시간임을 명확히 이야기함으로써 다음 활동을 준비할 수 있는 시간을 준다.
- 장난감을 모두 정리하지 못할 경우에는 장애유아에게 장난감의 일부만이라도 스스로 정리하는 경험을 갖도록 하는 것이 중요하다. 자발적으로 정리하는 양을 점차 늘려 가며 스스로 모두 정리했을 때 교사는 아동을 적극적으로 칭찬하고 격려한다.
- 물건을 정돈할 공간에 실물 사진이나 그림을 붙여 놓는다. 각 활동 영역에 준비되어 있는 소품을 똑같은 모양으로 그리거나 사진을 찍어 코팅하여 붙여 놓음으로써 장애유아가 각 장난감을 일대일로 대응하며 정리할 수 있도록 한다.

4) 대 · 소 집단활동

대집단 활동은 장애유아에게 중요한 활동이 될 수 있으나, 특수한 문제가 발생될 소지가 있다. 행동 문제를 가진 많은 유아들의 경우 대그룹 활동에의 참여가 특히 어렵다는 것을 발견할 것이다. 그러나 대 · 소집단 활동시간은 장애유아가 학습활동을 즐길 수 있는 시간을 증가시킬 수 있다.

[이야기 나누기]

- 이야기 나누기 시간은 함께 모이는 시간임을 분명히 인식하게 하고 자리에 앉

도록 한다. 이때 대집단 활동시간을 너무 길게 실시하지 말아야 한다. 처음에는 아주 짧은 시간만 참여하도록 격려하고 점차 시간을 늘려 가도록 한다. 장애유아도 이야기 나누기에 참여할 수 있도록 간단한 질문에 답하게 하거나 유아가 선호하는 어휘를 사용하여 주의를 이끌어 준다.

[출석 부르기]

- 출석을 부르는 시간에 장애유아가 자신의 이름을 불렀을 때 대답을 못하는 경우, 보조교사가 장애유아의 손을 들어 대신 "예"라고 대답해 주면서 자신의 이름을 불렀음을 인식하도록 지도한다. 또는 친구들이 대신 대답해 주어 자신을 불렀음을 인식하는 것도 하나의 방법이 될 수 있다. 이 방법이 익숙해지면 장애유아가 스스로 대답할 수 있도록 지도한다.

[문학활동]

- 문학활동 시간은 장애유아가 참여함으로써 언어적 · 신체적 표현 능력을 기를 수 있는 좋은 활동시간이다. 동화를 들려주는 시간에는 등장인물의 언어 표현에 있어서 의성어와 의태어를 강조해서 읽어 주어 장애유아가 집중할 수 있도록 한다. 동극활동 시간에는 또래와의 활발한 상호작용을 할 수 있는 시간이므로, 장애유아가 역할 선택을 하지 못할 경우 교사가 유도하여 참여시킬 수 있다. 예를 들어, '커다란 무'라는 동극을 할 때 대사가 없는 '무' 역할을 장애유아에게 맡겨 또래와의 상호작용을 증진시킨다.

[집단게임 활동]

- 집단게임 활동시간은 장애유아가 즐겁게 참여할 수 있는 시간이다. 이때 교사의 세심한 지원에 따라 신체 조절 및 게임 규칙의 이해를 통하여 상호작용 능력을 향상시키고, 성취감을 맛보게 할 수 있다. 집단게임이나 단체게임과 같이 또래와 함께하고, 개별적으로 승패가 드러나지 않는 게임을 선정한다. 일대일 게임의 경우 장애유아와 함께 참여하는 유아의 수준을 고려해야 하며, 사전에 게임방법을 시범적으로 보여 주어 경험의 기회를 준다. 자신의 팀이 장애유아로 인하여 불이익을 받았다는 인상을 주지 않도록 교사는 팀의 구성원을 적절히 배치한다.

[착석하기]

- 대집단 활동이 진행되는 동안 장애유아가 계속 앉아 있기 힘들어하면 약속된 장소로 나와 있다가 다시 들어가 활동에 참여하도록 한다. 앉아 있기 힘들어하여 바닥에 눕거나 늘어지는 경우 보조교사 등 교사의 무릎 위에 앉힌다. 주의가 산만할 때는 신체적(예: 어깨 두드리기, 살짝 건드리기) 혹은 언어적(예: 이름 불러 주기, 진행 내용을 간단히 설명해 주기)으로 촉진한다.

5) 간식 및 급식

간식 및 급식 시간은 성장기 및 발달기에 있는 모든 유아들의 심신의 발달을 도모하기 위해서 식생활에 대한 올바른 지식과 식습관을 길러 줄 수 있는 시간이다. 장애유아에게도 올바른 식습관과 또래와의 자연스러운 상호작용을 통해 사회성 발달의 기회를 제공할 수 있다.

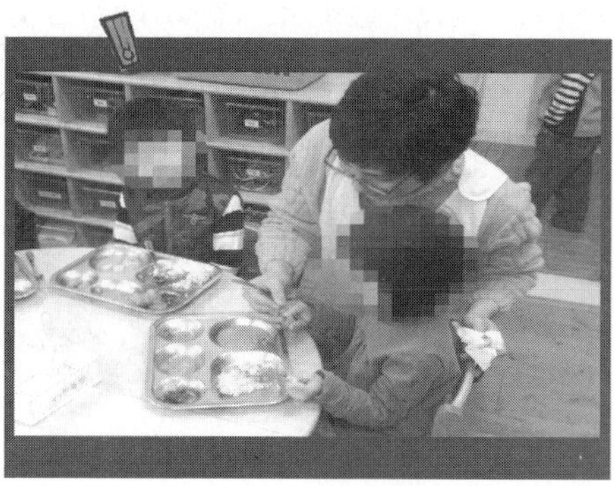

• 장애유아가 식사기술을 익힐 수 있도록 숟가락 및 포크 사용법을 알려 준다. 장애유아에게 식사기술을 가르칠 때는 하나의 행동기술을 작은 단위로 나누어 지도한다(예: 포크 사용하기 – 포크 움켜쥐기 → 엄지와 검지 사이에 포크를 놓고 바르게 잡기 → 포크로 음식물 찍기 → 포크로 찍은 음식물을 입으로 가져가기).

• 식사 시 필요한 규칙이 있음을 알려 준다. 음식을 받기 위해 줄을 서서 순서를 기다리도록 하고, 기다리는 동안 자리를 이탈하지 않도록 지도한다. 음식을 더 먹고 싶을 경우에는 "더 주세요."라고 언어 표현을 할 수 있도록 한다. 음식을 먹지 않으려고 할 경우에는 처음에는 맛보기부터 실시하여 점차 양을 늘려 가며 편식을 교정하도록 한다. 또한 편식하는 음식을 먹도록 하기 위해 가장 좋아하는 음식을 강화물로 정하여 강화하는 방법도 사용할 수 있다.

• 간식 및 점심 도우미 역할을 할 수 있는 기회를 제공한다. 장애유아도 간식이나 점심 준비를 위한 행주로 책상 닦기, 냅킨 갖다 놓기 등의 활동에 참여시켜 학급의 한 구성원으로서의 역할을 수행하도록 한다.

6) 실외 활동

실외 활동은 유아들이 마음껏 뛰어놀 수 있는 신체활동뿐 아니라 다양한 영역의 활동으로 유아들의 발달을 도울 수 있다. 다만 실외 환경이므로 유아들의 안전을 위해 교사는 안전 지도에 만전을 기하여야 한다.

- 안전을 위해 장애유아와 함께할 유아를 선정한다. 장애유아는 트인 공간에서 활동할 때 갑작스럽게 이탈하려는 행동을 보일 수 있다. 만일 보조교사가 없을 경우에는 장애유아를 잘 돌봐 줄 수 있는 또래를 선정한다.
- 약속한 신호음을 사전에 알려 준다. 실외의 넓은 공간에서 모이는 신호가 무엇인지 사전에 장애유아에게 알려 주어 인지하도록 한다. 교사는 넓은 공간에서 모이는 신호를 정확히 알 수 있는 특정 신호음(예: 호루라기, 탬버린)을 사용한다.

- 자조기술을 지도한다. 실외 활동을 준비하기 위해 겉옷 입고 벗기, 신발 신고 벗기 등의 기본 생활 습관이 자발적으로 길러질 수 있도록 교사는 세부적인 목표를 세워 지도한다(예: 겉옷 입기 – 장애유아가 자신의 옷 찾아 오기 → 교사가 목 부분을 잡아 주고 장애유아는 팔을 집어넣기 → 교사가 위 단추를 한 개 끼워 주고 장애유아는 그다음 단추를 끼우기).

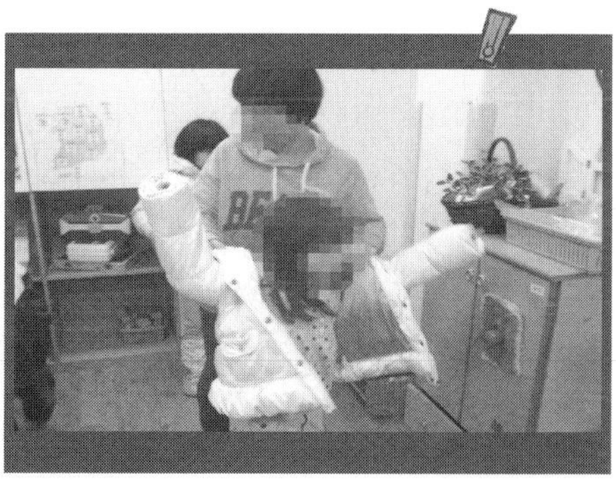

7) 귀 가

귀가는 유아가 유아교육기관의 일과를 마무리하는 시간으로 '시작'과 '끝'이라는 시간적 개념을 인식하고, 자신의 활동을 회상하고 평가하는 시간이다. 장애유아에게 활동에 대한 회상이나 마치는 시간에 대한 인식을 도울 수 있다.

- 귀가할 때는 장애유아 자신의 소지품과 옷, 신발 등을 넣어 둔 개인 사물함을 찾아가서 자신의 물건을 챙겨 갈 수 있도록 지도한다.
- 귀가하기 전 평가시간에는 하루 일과의 그림이나 일과 계획표를 보며 재미있었던 놀이에 대해 질문하거나, 맛있게 먹었던 간식 또는 급식 등 쉽게 생각날 수 있는 질문을 하여 회상하고 표현할 수 있도록 한다.
- 귀가 지도를 부모가 직접 할 경우에는 부모에게 장애유아의 유아교육기관에서의 생활에 대해 자세히 이야기해 주어 기관에서의 생활에 대한 이해를 도모하고, 가정에서도 일관성 있는 방법으로 지도하도록 한다. 차량을 이용할 경우에는 일일수첩 등을 활용하여 부모와 의견을 교환할 수 있도록 한다.

3 다양한 교육 전략

장애유아가 학급에서 진행되는 교육과정에 최대한 참여하고, 이를 통해 학습을 수행하도록 도와주기 위해서는 다양한 교육 전략이 필요하다. 교육 전략이 적절하게 적용되기 위해서 고려해야 할 주요한 원칙은 다음과 같다(조윤경, 김수진, 2008).

- 개별화의 원칙으로, 장애유아의 현재 수준에 근거하여 개별적인 접근이 이루어져야 한다.

• 자발성의 원칙으로, 지나친 간섭이 아닌 장애유아의 자발적이고 적극적인 참여를 유도하는 지시적인 학습방법을 사용한다.
• 자립화의 원칙으로, 교육의 궁극적인 목표인 장애유아의 개인적 · 사회적 · 경제 · 직업적 자립이 이루어지도록 스스로 학습하도록 이끈다.
• 다양화의 원칙으로, 하나의 기술을 교육하는 데 있어 다양한 상황에서 여러 번 기술을 연습할 기회를 갖는 교육적인 목적을 가지고 진행한다.

〈표 6-1〉 다양한 교육 전략

교육과정 수정	정 의	전 략
환경적 지원	참여와 학습을 촉진하기 위해서 물리적 · 사회적 · 시간적 환경을 수정함	• 물리적 환경의 변경 • 사회적 환경의 변경 • 시간적 환경의 변경
교재 수정	가능한 한 독립적인 참여를 촉진하기 위하여 교재를 수정함	• 교재나 교구를 최적의 위치에 배치 • 반응 수정 • 교재를 크게 또는 밝게 제작
활동의 단순화	수행 단계의 수를 줄이거나 수행 단계를 작게 나눔으로써 복잡한 과제를 간단하게 함	• 작은 단계로 세분화 • 수행 단계의 수 줄이기 및 변경 • 성공하는 단계에서 종료
선호도 활용	주어진 기회를 통해서 학습 혜택을 누리지 못하는 경우, 유아의 선호도를 판별해서 활동에 통합시킴	• 좋아하는 장난감 갖고 있기 • 좋아하는 활동의 활용 • 좋아하는 사람의 활용
적응 도구의 사용	특수한 도구나 설비를 제공하여 참여도 높이기	• 도구, 설비, 보조 매체 • 특수 장비 • 특수 도구 활용
교사의 지원	유아의 참여와 학습 지원을 위한 성인의 중재	• 시범 보이기 • 유아의 놀이에 참여 • 칭찬과 격려
또래의 지원	중요한 목표 행동의 학습을 도와주도록 또래를 활용함	• 시범 보이기 • 도우미 활용 • 칭찬과 격려
눈에 보이지 않는 지원	하나의 활동 중에 자연적으로 발생하는 사건을 의도적으로 구성함	• 참여의 가능성을 높이는 일련의 차례 설정 • 교육과정 영역에서의 일련의 활동

학습 준비기술	실제 활동 내용을 배우기 위해 갖추어야 할 기술	• 주의 집중 훈련(의자에 앉기, 교사 바라보기, 고정되거나 움직이는 표적에 주목하기 등) • 지시 따르기(단순한 행동, 복합적인 행동, 연속되는 행동이 요구되는 지시에 따르기 등) • 시각적 자극과 청각적 자극 변별하기 • 언어발달 • 근육 협응 능력의 발달 • 자조기술 • 집단 상황에서 또래와 상호작용하기
긍정적 행동 지원	문제행동의 이유를 이해하고 문제행동이 왜 발생하는지에 대한 가설에 따라 적합한 중재를 고안하는 문제해결 접근방법	• 문제행동의 우선순위를 정하고 정의하기 • 문제행동의 발생 진단하기 • 특정 사건과 문제행동 간의 관계 파악하기 • 긍정적 행동 지원 계획 개발하기 • 계획을 실행하고 평가하고 수정하기 • 계획에 따른 관심 제공하기 • 선호하는 활동 제공하기
행동이 나타나기 직전의 사건 중재	유아의 문제행동이 발생하기 전에 문제를 중재하는 방법	• 과제의 난이도 조절 및 선택의 기회 제공(유아의 선호도와 흥미 활용하기)하기 • 기능적이고 의미 있는 활동을 제공하기 • 과제의 분량 수정, 과제 수행양식의 수정, 예측 가능성 증진, 교육방법 수정
대체기술 교육	유아에게 원하는 물건이나 활동을 요구하도록 가르치는 방법	• 도움 요청하기

출처: 박재욱, 강대옥(2005). pp. 123-124.

제7장 장애유아 가족 지원

장애유아 통합교육에 있어서 그 가족을 포함하고 지원하는 것은 성공적인 통합교육의 일환으로 중요한 영역임은 주지의 사실이다. 이 장에서는 장애유아 가족 지원의 개념과 원리 등의 일반적 이해 및 AEPS 평가도구를 활용한 가족 참여에 대한 실제와 다양한 가족 지원 프로그램에 대해 살펴본다.

1 장애유아 가족 지원에 대한 일반적 이해

1) 장애유아 가족 지원에 대한 개념과 원리

일반적으로 가족 지원(family support)이라고 하면, 가족의 각 구성원과 가족 전체의 기능을 원활히 하고 향상시키기 위해 가족 구성원들의 심리적 · 육체적 스트레스를 줄이고, 필요한 자원을 제공하는 모든 복지 서비스를 일컫는다. 또한 양육의 일차적인 책임이 있는 가족이 그 기능을 다함으로써 문제 발생을 예방하고, 유아를 포함한 가족 전체의 복지를 증진시키기 위해 국가나 사회가 가족을 지원하는 것을 일컫는다(전귀연, 김수경, 2005; 신현정, 2009). 그러나 장애아 측면에서 볼 때 가족 지원은 정상화(normalization) 이념에 바탕을 둔 것으로 개인이 가족과 함께 지역사회 안에서 살아가는 것은 극히 자연스러운 일이며, 그것은 장애를 가진 사람들도 마찬가지라는 생각에서 출발하여 가족이 유아의 장애를 이해하고 유아와 가족이 상호 융화되는 것과 관련한 모든 활동을 지원함으로써 궁극적으로 가족체계를 강화하고 유지하도록 하는 것이다.

그리하여 가족 지원에 대한 관점을 다음과 같이 3가지 측면에서 설명하기도 한다(오혜경, 정소영, 2003). 첫째로, 가족에 의한 지원으로서 장애가 있는 사람을 가족이 물리적, 정신적으로 지탱하고 있는 경우다. 즉, 가족의 욕구를 가족 구성원 스스로가 해결해 나가는 방식으로 가족이 지원 활용의 주가 된다. 둘째로, 가족에 대한 지원으로서 장애유아 가족이 원하는 것에 대한 직접적인 지원을 말한다. 장애유아 가족의 여러 가지 정황을 조사하여 가족의 관심사와 해결되기를 원하는 우선적인 욕구가 무엇인지를 파악하여 가족에 초점을 두고 지원체계의 활용이 이루어진다. 셋째로, 가족과 함께하는 지원으로서 가족과 함께 사회가 지역 자원을 활용하여 생활을 지원하는 가족과 지역사회 간의 긴밀한 협조체계가 요구되는 지원이다.

이러한 가족 지원의 개념은 개별화 가족 지원 계획(Individualized Family Support Plan: IFSP)이 적용될 것을 강조하고 있다(Zigler & Black, 1989).

개별화 가족 지원 계획은 유아 관련 사항과 함께 가족의 욕구에 관한 사정 평가서에는 특별히 가족이 갖고 있는 장점, 현재까지 가족에게 제공된 서비스 내용, 개입 계획 수립, 가족 지원, 사례관리자 등의 내용이 포함되어 있다.

또한 가족 지원 개념에 대한 최근의 경향은 가족에게 힘 실어 주기, 강화하기, 촉진하기, 가족 능력 지원 및 가족 역량 강화하기와 같은 용어로 설명하고 있다. 따라서 가족 지원 프로그램은 부모와 가족이 주도적인 노력을 해야 하는 것에 중점을 두고, 개인 및 가정의 기능을 강화하고, 개인과 가족 구성원 및 가족 전체의 성장과 발달을 향상시키는 방법으로 가족에 대한 지원과 이를 강화하기 위해 고안된 것이며, 가족과 구성원들이 보다 유능해지도록 중재하는 것으로 설명하고 있다(Dunst, Trivette, & Tompson, 1991).

[그림 7-1]은 Dunst와 Trivette(1994)가 가족 지원의 원리를 도식화하여 설명한 것이다.

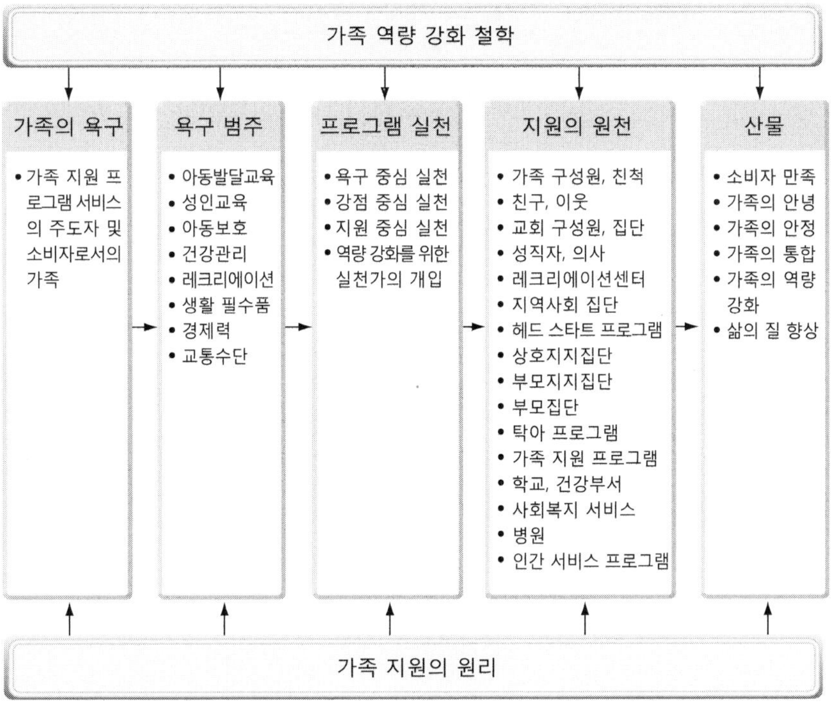

[그림 7-1] 가족 지원 프로그램의 구성요소와 모델

출처: Dunst & Trivette(1994). p. 42.

[그림 7-1]은 가족의 역량 강화 철학과 가족 지원의 원리를 기반으로 해서 가족 지원의 원리는 가족의 욕구, 욕구 범주, 프로그램 실천, 지원의 원천, 산물 등 5가지 요소로 구성되어 있음을 설명하고 있다. 결국 가족 지원이란 교사나 전문가의 판단에 의한 욕구가 아닌 가족의 욕구를 중심으로 사정하고, 가족의 가치와 강점을 최대화해서 가족의 통합성과 역량을 강화시키는 것이라 할 수 있다. 그러나 실제로 이러한 가족 중심적 접근 방식을 실천 현장에 적용하는 것은 전문적 또는 재정적 자원뿐만 아니라 가족들의 이해 부족 등으로 인해 쉬운 일이 아니다.

2) 가족 지원 유형과 모델

가족 지원의 유형은 개입 대상이 누구인지, 또는 어떠한 방식으로 지원하느냐에 따라 그 유형을 전문가 중심 모델, 가족 협력 모델, 가족 초점 모델, 가족 중심 모델로 구분하고 있다. 이들 4가지 유형의 특징은 다음과 같이 설명된다(오혜경, 정소영, 2003).

첫째, 전문가 중심 모델로서 가족의 욕구가 전문가의 관점에서 일치하지 않을지라도 전문가의 관점에서 가족이 가진 욕구를 결정하는 역할을 한다. 즉, 전문가의 원조를 필요로 하는 결함, 병리적 문제, 문제해결 능력의 부족 등으로 진단 · 간주하여 가족기능에 대한 전문적인 평가에 초점을 둔다. 둘째, 가족 협력 모델로서 가족을 재활 전문가의 협력자로 인식하여, 전문가는 가족의 이익을 위해 교육과 보호 및 도움이 필요함을 전제로 한다. 셋째, 가족 초점 모델은 가족의 기능 향상을 위해 필요한 것이 무엇인가에 대해 가족과 전문가가 서로 협력하여 결정한다. 넷째, 가족 중심 모델은 전적으로 가족의 요구에 따라 가족 지원의 필요와 서비스 및 자원의 제공이 결정된다. 이상의 유형을 정리하면 〈표 7-1〉과 같다.

〈표 7-1〉 가족 지원 유형

구 분	가족에 대한 사정	가족 지원의 개입과 관리자의 역할
전문가 중심 모델	• 전문가 관점에서 가족이 가진 욕구를 결정함 • 전문가는 그 가족을 전문가의 원조를 필요로 하는 결함이나 병리적인 문제가 있는 것으로 이해함 • 가족의 문제해결을 위해 전문가 개입의 필요성을 강조함 • 가족기능에 대한 전문적인 평가를 요함	• 가족 지원은 개입 프로그램 담당 직원이 실시함 • 사례관리자가 가족의 서비스를 동원하며 조정함
가족 협력 모델	• 가족을 전문가의 협력자로 인식함 • 가족의 삶을 변화시키는 데 전문가의 교육과 보호가 전제되어야 한다고 봄	• 가족 지원은 아동의 발달을 목적으로 한 서비스에 초점을 둠 • 사례관리는 전문가에 의해 실시되며, 가족은 관리자의 관리를 받음
가족 초점 모델	• 가족의 기능 향상을 위해 가족과 전문가는 서로 협력하여 결정함 • 전문가의 조언과 지도의 필요성을 중시함 • 전문가는 전문적인 관계망을 이용하도록 격려함 • 평가활동은 아동의 발달에 관한 것으로 가족과 전문가 간에 상호 협력적으로 이루어짐	• 가족이 사례관리 전문가가 제공하는 서비스를 이용하도록 함
가족 중심 모델	• 가족의 강점과 잠재력 사정 • 가족의 의사결정을 중시함 • 가족은 원조의 대상이며 동시에 원조에 활용되는 도구임 • 개입의 우선적인 목적은 가족의 능력을 강화시키는 것임	• 가족의 관심과 요구가 평가과정을 주도함 • 가족 지원은 가족의 선택적인 결정에 의해 이루어짐 • 사례관리자의 역할이 가족의 요구에 의해 결정됨

3) 가족 지원 프로그램의 현황

여기서 소개되는 가족 지원 프로그램은 저소득층 가정, 빈곤가정의 가족과 그 자녀들을 돕기 위한 민간 및 기관 또는 정부 차원에서 이루어지고 있는 가족 지원 형태의 프로그램이다. 이는 비장애유아 가정을 중심으로 이루어지고 있으나 장애유아 가정도 그 대상이 되는 프로그램이다. 또한 국외에서 실시되고 있는 프로그램에 대해서도 살펴본다.

(1) 국내의 가족 지원 프로그램

① 삼성 영유아 포괄적 보육 서비스 프로그램

이 프로그램은 저소득층의 빈곤 탈출과 빈곤아동의 문제 및 예방을 위한 것으로서 영유아 · 여성 · 지역사회 복지를 목적으로 시작되었다. 대상은 어린이집에 다니는 저소득층 영유아와 그 가족이며, 간호사, 사회복지사 등 전문 인력을 통해 영유아의 보육과 교육, 부모교육 및 지원, 지역사회와의 연계를 통한 사회복지 서비스 등 통합된 다양한 방식으로 제공되고 있다(삼성아동교육문화센터, 2007). 이는 그 내용이 일종의 헤드 스타트 프로그램의 총괄적 프로그램과 같다. 즉, 아동 지원, 가족 지원, 지역사회 연계 서비스 등 3가지 영역에서 전개되고 있다.

영유아의 성장 및 발달과 관련된 교육과 보육의 전반적인 서비스 및 그 가족을 위한 전반적인 삶의 영역을 포괄적으로 돕고 있으므로, 가족 문제와 자녀 양육을 위한 상담, 가정방문, 위기개입 서비스 등의 가정 지원은 장애 영유아의 지원과 함께 이루어지고 있다.

② 위스타트 프로그램

위스타트(We Start) 운동이란, 우리 사회의 구성원 모두가 나서서 가난한 가정의 아이들에게 복지와 교육의 기회를 공평하게 제공함으로써 가난의 대물림을 끊고 삶의 새 출발을 돕자는 운동이다(http://www.westart.or.kr). 이 운동은 민간단체의 협력에 의해 시작되어 저소득층 가정의 아이들에게 복지와 교육을 핵심으로 공정한 삶의 출발을 제공하여, 근본적 자활 의지를 길러 주자는 취지하에 2004년에 시작되었다. 이 운동본부에서는 위스타트 마을 만들기, 공부방 및 보육시설 활성화 사업을 전개하며, 지역별 그리고 연령대별 특성에 맞는 종합적이고 포괄적인 서비스를 제공하고자 했다. 위스타트 마을로 선정되면 사회복지사, 간호사, 보육교사 등을 파견하여 저소득층의 0~12세 아동의 건강과 건전한 발달을 돕도록 한다. 즉, 집중적인 사례관리, 건강 지원, 보육과 교육을 지원하는 통합적인 서비스를 제공하였다. 그리하여 이 운동은 가족이 스스로 문제를 해결할 수 있는 역량을 강화하는 데 중점을 두었다(오정수, 정익중, 2008). 또한 이 운동의 5대 사업은 위스타트 마을 만들기, 교육 출발선 만들기, 건강 지킴이, 후견인 맺기, 희망의 집 꾸미기다(위스타트 마을 사업 표준안, http://www.westart.or.kr).

③ 드림 스타트

드림 스타트(Dream Start)는 국가가 취약 지역 아동의 공평한 양육 여건과 출발 기회를 보장하기 위해서 지역 특성에 따른 서비스를 통해 빈곤의 대물림을 차단하고 공평한 양육 여건을 보장하려는 프로그램이다. 그 대상은 기초수급 가정 및 차상위 계층 가정의 1~만 12세 아동과 임신부로서 보건, 복지, 보육과 교육 부문의 맞춤형 통합 서비스를 제공한다. 그 내용은 영아발달을 위한 가정방문과 유아를 위한 기관 방문, 보육센터 프로그램(부모교육, 교사교육, 주말 가족 프로그램, 학교 준비 프로그램) 등이 있다(http://www.dreamstart.kr).

④ 장애아 및 가족기능 강화 프로그램

현재 우리나라의 장애아를 위한 가족 지원 프로그램은 종합복지관, 장애아복지관 및 여러 종류의 치료기관에서 그들의 직접적인 욕구를 위해 교육 및 치료를 담당하고 있으며, 거기에 따르는 재정적인 부담을 국가적인 차원에서 돕고 있는 실정이다. 즉, 유치원이나 어린이집에 등록한 후에 관할 교육청이나 구청에 지원금을 요청하면 등록금과 개인별 치료비를 지원해 준다.

(2) 국외의 가족 지원 프로그램

① 헤드 스타트 및 부가 프로그램

헤드 스타트(Head Start) 프로그램은 국가적 차원에서 영유아기 개입 및 가족을 위한 총괄적 프로그램으로서 미국의 보건인적자원부(The Department of Health and Human Service: DHHS) 산하 아동·가족 국내의 헤드 스타트 국에서 지원한다. 헤드 스타트는 1965년 조기교육과 보상교육 차원에서 실시된 프로그램으로서 가족, 특히 부모는 자녀의 발달에 영향을 미치는 기본 요인이므로 각 유아와 가정의 독특한 경험과 요구에 따른 교육, 건강, 영양, 사회적 서비스 및 부모 참여 등 부모와 자녀 2세대를 동시에 돕는 포괄적인 가족 지원 서비스다(김미경, 2001).

헤드 스타트 프로그램의 구성요소 중 가족 지원과 관련된 영역은 사회적 서비스와 부모 참여를 통해 그들의 가족을 지원하며, 장애유아를 위한 가족 지원 프로그램을 병행하고 있다.

② 포타지 프로젝트

포타지 프로젝트(The Portage Guide to Early Education: PGEE)는 장애 자녀를 가정에서 직접 가르칠 수 있도록 Shears와 그의 동료들(1974)에 의하여 고안된 대표적인 프로그램으로서 장애아와 그 가족, 특히 부모를 훈련해서 자녀를 돕는 프로그램이다.

자녀의 신생아 때부터 6세까지의 행동장애, 정서장애, 신체장애, 정신지체 및 문화 실조 유아들의 효율적인 학습과 지도방법, 보상방법, 행동 관찰법 등을 가르쳐 훈련시키는 것이다. 보다 구체적인 학습 내용은 영아기 자극, 언어발달, 인지발달, 사회화, 자조 능력 발달, 운동 능력 발달로 구성되어 있다.

교사는 장애유아의 가정에 방문하여 이러한 내용에 대해 유아를 사정 및 평가한다. 즉, 장애유아의 문제 확인 및 선별과정(유아의 행동 수준 평가 및 교육 프로그램 계획 과정), 가정에서의 교육활동 과정으로 진행된다(정갑순, 2006 재인용).

③ 미국 대학에서 개발된 프로그램

- 노스캐롤라이나 대학 프로그램

Woodside(1975)에 의해 노스캐롤라이나 대학에서 개발된 부모 및 가족 지원 프로그램으로서 대학이 지역사회와 연계하여 장애를 가진 유아의 부모교육에 역점을 두고 운영되고 있다. 즉, 부모는 주 1회 자녀의 유아교육 교실을 방문하여 한 시간 동안 행동수정 기법이나 사회복지사, 특수교사, 건강 및 보건사로부터 가족복지를 향상시키기 위한 도움을 받는다(강문희, 1990 재인용). 이는 일종의 가족 역량강화 모델로서의 훈련이 실시되는 것이다.

• 남가주 대학 프로그램

Bolen(1973)에 의해서 개발된 남가주 대학 프로그램은 중도 장애유아를 기관 중심 상황에서 도울 수 있도록 그 부모들을 교육 및 훈련시키는 가족 지원 프로그램이다. 주된 교육 내용은 교육과정 개발, 교육방법 훈련, 일상교육 프로그램에 관한 훈련과 정보 제공 등이다(정갑순, 2006 재인용).

• 워싱턴 대학 프로그램

Hayden(1975)에 의해 워싱턴 대학에서 개발된 부모 및 가족 지원 프로그램으로서 정신지체 영아들을 대상으로 실시되었다. 장애영아에게 지적 · 정서적 · 감각적 · 신체적 · 사회적 자극을 주는 방법을 부모에게 훈련시켜서 자녀를 지도하도록 고안한 프로그램이다(정갑순, 2006 재인용).

• 장애아 정밀 조기교육 프로그램

장애아 정밀 조기교육 프로그램(Precise Early Education for Children with Handicap: PEECH)은 일리노이 대학의 Karnes와 Johnson(1989)에 의해 개발된 프로그램으로서 친숙기, 교육기, 지지기, 확장기, 유지기 등 5개 영역에 걸쳐서 장애유아를 돕기 위한 일종의 가족 지원 프로그램이다. 이러한 프로그램을 통해 개별화 교육을 가능하게 하며, 효율적인 부모교육으로서 부모는 자녀의 발달에 직접적인 영향을 줄 수 있다. 이 밖에도 미국 전역의 대학에서 장애유아를 둔 가족 지원 프로그램은 다양하다.

조기 장애 영유아 중재에서 가족 지원은 1970년대 이후부터 장애아와 부모 그리고 가족을 위한 프로그램의 성공에 결정적인 요소로 부각되고 있으며(Odom & Mchean,

1996), 그 결과 부모 참여를 포함한 가족 지원은 정책 결정의 새로운 분야로 부상하였다. 또한 1990년대부터는 단순히 부모의 역할에만 초점을 맞추기보다는 조부모, 형제자매나 가까운 친지들까지로 확대할 필요성을 갖고 '가족'이라는 용어가 부모를 대치하고 있다(Turnbull & Turnbull, 1997). 이처럼 중재의 효과는 장애유아뿐 아니라 가족 구성원들 모두에게 영향을 미치고 있음을 재인식하게 됨에 따라 더욱 강조되고 있다(정갑순, 2006).

2 AEPS 평가도구를 활용한 가족 중심적 실제

1) AEPS의 가족 보고서

성공적인 장애유아 통합교육을 위한 양육자 및 가족의 참여는 유아의 사정, 목적 개발, 중재 및 평가활동에 매우 중요하다. 이러한 활동의 범위에 더 많이 포함되고 참여하면 할수록 유아와 가족 모두를 위한 더욱더 향상된 가족 지원의 결과를 예상할 수 있다.

이 절에서는 양육자의 참여를 보장하고 격려하는 데 사용될 수 있는 구체적인 AEPS 자료에 대해 살펴본다(이영철 외 공역, 2008: 309-357). 가족 보고서는 1~3세용과 3~6세용까지 AEPS 검사와 같이 두 수준으로 나누어져 있다. 먼저 1부는 유아의 일상활동, 가족활동 그리고 지역사회 활동과 관련해 양육자에게 도움이 되는 정보를 유도하기 위한 일련의 개방형 문항으로 구성되어 있다. 그리고 2부는 AEPS 검사의 발달 영역 문항과 같이 부모가 쉽게 할 수 있는 일련의 사정 문항으로 구성되어 있다.

(1) 가족 보고서 1부

가족 보고서 1부는 2가지 목적을 가지고 있다. 첫 번째 목적은 일상, 가족 및 지역사회 활동에서 유아의 참여를 설명하고, 중재의 우선순위를 선택하는 양육자를 돕기 위한 것이다. 두 번째 목적은 가정과 지역사회에서 유아가 어떻게 기능하는지에 대한 정보를 전문가 팀에 제공하는 것이다. 이러한 정보의 내용은 적절하고 기능적인 중재 목적 및 목표 또는 결과를 개발할 수 있도록 도와야 한다.

또한 가족 보고서 1부는 3가지 특성을 가지고 있다. 첫 번째로, 양육자는 유아가 참여하는 가족 및 지역사회 활동뿐 아니라 일과 동안 일어나는 다양한 양육활동과 일상활동에 유아의 참여에 대한 간단한 반응을 제공해 주도록 요구받는다. 가족 보고서 1부는 유아를 위한 가족의 요구를 효과적으로 우선순위화하도록 돕는다.

두 번째로, 양육자의 입장에서 정보를 획득하는 데 초점을 맞추게 해 준다. 양육자들은 매일 가족 및 지역사회 활동에서 유아의 참여에 대해 질문을 받으며, 어떤 활동을 일반적으로 잘하는지 그리고 무엇에서 그들이 어려움을 경험하는지 확인하도록 요구받는다. 그러한 정보는 그들이 중재 목표를 선택하고, 중재 전략을 계획해 감에 따라 전문가 팀원과 양육자 모두에게 유용하게 된다.

세 번째로, 융통성을 들 수 있다. 양육자는 혼자서 이 내용을 작성할 수도 있다. 가족들은 모든 영역에 답할 수도 있고, 그들이 적절하다고 생각하는 단지 몇 가지 영역에만 답할 수도 있다. 이 내용은 양육자로부터 중요한 정보를 유도해 내기 위해 체계적인 지침을 제공하는 인터뷰 도구로서도 사용될 수 있다.

① 내용과 조직

이 내용에 포함된 문항의 범위는 대략 3개월에서 6세 사이의 유아를 가진 가족이 사용하도록 고안되었다

② 실 시

이 내용은 인터뷰 양식으로, 양육자와 다른 팀 구성원이 함께 완성할 수도 있고, 양육자가 혼자서 또는 이 두 방법을 연합하여 완성할 수도 있다. 이 내용을 가족과 언제 사용하든지, IFSP/IEP의 개발에 앞서 완성함으로써 그리고 연중에 다시 하더라도 그것은 매우 유용하다.

양육자에게 가족 보고서 1부의 목적을 설명하고, 모든 문항을 작성하도록 한다. 단 작성이 가능하지 않은 문항이 있을 수도 있음을 설명해 준다.

③ 정보 사용하기

가족 보고서가 완성되면, 그때는 이 정보를 IFSP/IEP의 개발에 앞서 사정 결과의

요약에 통합할 수 있다. 그 예로 수면에 대해 살펴본다.

잠자기

1. 아이의 일상적인 잠자기 활동은 무엇입니까(시간, 활동)?

2. 아이의 낮잠 잘 때의 습관은 무엇입니까(시간, 활동)?

3. 아이가 낮잠 자는 시간 혹은 잠자는 시간을 좋아하는 이유는 무엇입니까?

4. 아이가 낮잠 자는 시간 혹은 잠자는 시간을 싫어하는 이유는 무엇입니까?

- 검토 일자: • 변화 기록:
- 검토 일자: • 변화 기록:
- 검토 일자: • 변화 기록:

IFSP/IEP를 개발하는 동안 가족 보고서 1부를 사용해 수집한 정보는 유아와 가족의 기능에 대한 중요한 통찰을 제공해 준다. 이 내용은 목적과 목표 또는 결과를 선택하는 데 중요한 정보를 제공할 수 있다. 또한 유아와 가족 모두를 위한 우선적인 목표를 가족 구성원이 선택할 수 있도록 도울 수 있다.

(2) 가족 보고서 2부

가족 보고서 2부를 사용하여 유아의 능력에 대한 통찰을 얻도록 양육자를 지원하고, IFSP/IEP의 개발에 참여하도록 도울 수 있다. 가족 보고서 2부의 내용은 사정 및 평가 과정을 알아가는 데 도움을 줄 수 있고, 가족에게 전문가의 역할을 분명하게 해준다.

가족 보고서 2부는 발달의 주요한 영역에 걸쳐 유아의 현재 기술, 능력 및 행동 특성에 대해 부모로부터 정보를 획득하기 위해 개발된 문항이다. 1~3세와 3~6세 유아를 위한 가족 보고서 2부는 AEPS 검사와 연계하여 사용할 수 있도록 고안되었다. 2부에 있는 각 발달 영역의 사정 문항들은 AEPS 검사의 목적 또는 목표와 직접적으로 연계된다. AEPS 검사와 가족 보고서 2부에 있는 문항 간의 관련성의 예를 〈표 7-2〉에 제시하였다.

〈표 7-2〉 AEPS 검사 문항과 가족 보고서 문항의 연관성(1~3세)

AEPS 검사 문항	가족 보고서 문항
• 영역: 소근육 운동 • 요소: B-소근육 운동기술의 기능적 사용 • 문항: 목적 1-수평으로 양 손목을 돌린다.	• 영역: 소근육 운동 • 6: 유아는 물건을 가지고 놀 때 양 손목을 돌릴 수 있습니까? 예를 들면, 유아는 병뚜껑을 닫거나 장난감 태엽을 감기 위해 손목을 돌린다(B 1).
• 영역: 인지 • 요소: E-문제해결 • 문항: 목적 4-일상적인 문제를 해결한다.	• 영역: 인지 • 12: 유아는 문제를 해결하기 위해 다른 방법을 시도합니까? 예를 들면, 열기 어려운 용기에서 무언가를 꺼낼 때, 용기의 뚜껑을 탕탕 치거나 당신의 도움을 요구한다(E 4).

가족 보고서 2부는 몇 가지 중요한 특성을 가지고 있다. 첫째로, 각 가족 보고서 문항은 전문가용 AEPS 자료와 직접적으로 연관되어 있다.

둘째로, 이 내용은 영유아를 위한 기능적인 기술을 측정한다. 즉, 유아의 사회적 및 물리적 환경의 요구에 따라서 해결하고 적응하는 데 유아의 능력을 향상시키는 기술만을 포함한다. 기능적인 기술에 초점을 맞추는 것은 모든 문항이 적절한 중재 목표가 되는 잠재력을 가지고 있다는 것을 보장한다. 사정 정보는 유아의 IFSP/IEP를 개발하는 것을 돕고, 중재 팀이 목표로 하는 다음 프로그램의 내용을 계획하는 데 사용될 수 있다.

셋째로, 2부의 종합적인 면으로 초기 사정도구와 유아의 계속되는 진보를 모니터하는 것에 있다. 소근육 운동, 대근육 운동, 적응, 인지, 사회-의사소통 및 사회적 행동의 주요한 발달 영역이 가족 보고서에 포함되어 있다. 이러한 정보의 범위가 유아의 목록에 대한 종합적인 견해를 제공해 준다.

넷째로, 가족 보고서의 내용을 완성함으로써 양육자가 매일의 활동에서 유아의 행동을 관찰하도록 격려한다. 유아의 행동을 관찰하면서 IFSP/IEP의 목적 또는 최대한의 잠재적인 결과를 선택하도록 가족을 도울 수 있고, 유아의 특성에 가장 잘 맞는 중재 전략을 선택하는 데 양육자를 도울 수 있으며, 그것은 가족의 활동과 양립된다.

마지막으로, 가족 보고서의 긍정적인 방향성이다. 가족 보고서는 문제, 약점 또는 욕구 지향적이 아니라, 오히려 유아의 현재 행동 목록을 부모에게 보여 주고, 미래의 행동 목표에 대해서도 안내해 준다.

(3) 적극적인 가족 참여의 당위성

첫째, 양육자는 전문가보다 유아의 행동을 더 자주 관찰할 기회를 가진다. 양육자와 다른 가족 구성원들은 유아의 현재 발달 상태와 과거 배경에 대해 중요한 정보를 가지고 있다.

둘째, 정확한 사정과 평가는 유아를 잘 알고 있는 다양한 개인들로부터 정보를 수집하는 데 달려 있다. 유아에 대한 가족의 기대는 매우 중요하며, 사정과 평가 정보를 얻을 때 항상 포함해야 한다. 양육자들은 간과하기 쉬운 일상활동 속에서 그들을 위한 특정한 관심 영역을 확인할 수 있다.

셋째, 양육자와 전문가의 관찰은 일치와 불일치의 관점을 결정하기 위해 비교될 수 있다. 일치된 관점은 IFSP/IEP 목적의 개발을 위한 우선순위로 제공될 수 있다. 불일치하는 관점은 부가적인 정보가 더 필요함을 의미한다.

넷째, 양육자를 사정 · 평가 과정에 참여하도록 요구함으로써 프로그램 전문가는 양육자가 유아의 중재 프로그램에 중요한 공헌자가 될 수 있다는 메시지를 전달할 수 있다.

마지막으로, 양육자를 포함시키키기 위해 형식적인 절차를 사용하는 것은 IFSP/IEP 과정에 양육자가 더 많이 참여하게 하고, 계속되는 유아의 진보를 모니터링하도록 도울 수 있다.

2) AEPS 가족 보고서의 단계별 이용

여기서는 유아의 사정, 목적 개발, 중재 및 평가활동을 통하여 가족 참여를 보장하는 것을 돕는 다섯 단계를 설명한다. 다음에 제시되는 가족 참여에 대한 다섯 단계는 일단 유아가 서비스를 받는 것이 적합하다고 결정되면 시작하기 위한 지침으로서 제공된다. 가족의 가치, 필요 및 상황의 다양성으로부터 형성된 가족의 개별성이 이러한 단계를 통해 계획에 잘 반영될 것을 요구한다.

(1) 1단계: 소개 모임

소개 모임은 과정의 첫 단계이며, 가족에게 프로그램의 철학, 목적, 서비스의 범위 및 적절한 자원을 설명하는 데 사용된다. 이 모임에서 가족 구성원들은 유아의 사정, 목적 개발, 중재 및 평가활동에 어떻게 포함되는지에 대한 것뿐만 아니라, 그들의 관심과 흥미에 대해 논의하도록 격려되어야 한다.

가족을 포함하는 1단계는 절차와 프로그램 준비를 부모와 가족에게 설명하면서 자연스럽게 받아들이게 하는 소개 모임이다. 이 모임의 장면은 가족에게 편안하며 편리함을 갖도록 해야 한다. 프로그램 정보에 대한 욕구는 가족마다 다양하다. 어떤 가족에게는 간단한 인터뷰로 충분한 반면에 또 다른 가족에게는 정보를 수집하고 질문에 대한 답을 얻는 데 상당한 시간이 필요할 수도 있다. 프로그램 대표자(원장)는 프로그램에 대해 잘 알고 있어야 하며, 인터뷰 및 정보를 나누는 데 있어서 기술을 가지고 있어야 한다.

소개 모임은, 첫째 가족에게 프로그램에 대한 정보와 명료성을 제공하고, 둘째 어떻게 프로그램 사정이 완성될 것인지를 결정하는 2가지 목적을 가지고 있다. 또 비밀을 유지하기 위한 절차가 논의되어야 하며, 필요한 프로그램의 형태가 완성되어야 한다. 서비스의 범위와 프로그램 자료뿐만 아니라 프로그램의 철학과 목적도 가족에게 설명되어야 한다.

가족은 다양한 프로그램 서비스와 자료를 고려할 준비가 되어야 하며, 그렇지 않으면 그들의 결정을 고려할 더 많은 시간이 필요할 것이다. 인쇄된 지원 자료가 도움이 될 수 있으나, 가족이 편안하게 다룰 수 있는 것 이상의 많은 정보를 제공하는 것은 피해야 한다.

이 모임 동안 가족이 그들의 관심을 설명하고, 그들이 중요하다고 믿는 사정 영역을 결정하며, 어떤 사정 정보를 수집해야 하는지 결정하는 데 도움을 주는 것이 중요하다. 사정과정에 가족을 포함시키는 것은 프로그램에서 의사결정자와 파트너로서 그들의 역할을 확립하는 데 도움을 준다. 어떤 가족들은 독립적으로 가족 보고서를 완성하려 하지만, 또 다른 가족들은 모임을 하는 동안 정보를 제공하는 것을 선호할 수 있다. 또 어떤 가족들은 유아의 사정에 참여하기를 원하지만, 또 다른 가족들은 지켜보며 코멘트를 제공하는 것을 원할 수 있다. 그리고 어떤 가족들은 전문가 팀이 사정을 완성하도록 선택할 수 있는 반면에 또 다른 가족들은 모든 선택은 부모가 하는 것으로 받아들일 수 있다. 가족이 선호하는 형식을 알아보는 가장 좋은 방법은 직접 물어보는 것이다.

(2) 2단계: AEPS 검사와 가족 보고서의 완성

가족이 사정활동에 참여할 의지를 보인다면, 이 단계에서 가족 보고서를 완성하도록 요구한다. 동시에 전문가 팀은 AEPS 검사를 완성한다. 이 단계에서는 팀 구성원의 피드백을 기초로 하여 부가적인 정보를 요구할 수도 있다.

(3) 3단계: IFSP/IEP 개발과 중재 계획 회의

사정자료가 수집된 후에 양육자를 포함한 팀은 결과를 요약하고, IFSP/IEP 결과 또는 목적 및 목표 개발을 위해 만난다. IFSP/IEP 결과 또는 목적 및 목표들이 우선순위화되면 중재와 평가 계획이 사용된다. 이 단계 끝에 이르게 되면 서명을 하고 IFSP/IEP 서류의 복사본이 배부된다. 이 단계는 한 번 이상의 회의를 필요로 한다.

IFSP/IEP 개발과 중재 계획 회의는 유아의 프로그램 사정(팀이 포함시키기 위해 선택하는 AEPS 검사와 부가적인 사정 정보)과 가족의 사정자료(가족 보고서)가 완성될 때 하도록 계획된다. 회의에 앞서서 사정 정보는 요약되어야 하며, 중재를 위한 가능한 우선순위가 가족과 전문가에 의해 확인되어야 한다. 이 회의의 목적은, ① IFSP/IEP 결과 또는 목적을 위한 우선순위 확인하기, ② 중재활동 고안하기, ③ 각 결과에 대한 수용할 만한 평가 계획 결정하기, ④ IFSP/IEP 서류 만들기다.

이 회의에 대한 절차는 가족 간에 다양할 수 있지만, 각 회의는 다음 요소를 포함해야 한다.

- 계획과정의 설명과 성취해야 할 과제
- 이용 가능한 사정 정보의 요약
- 사정 정보를 업데이트하고, 변경시키고, 첨가하거나 삭제할 기회
- 가족의 우선순위의 확인
- 목적 또는 결과 진술을 위한 중재활동과 평가 계획의 개발
- 회의 요약 및 IFSP/IEP를 결정하기 위한 의견 조율

회의는 이용 가능한 사정 정보의 요약과 유아의 능력에 대한 요약으로 시작할 수 있다. 가족은 그들이 편안한 방법으로 정보를 제시하도록 격려되어야 한다. 가족이 강점과 흥미를 확인하도록 하는 것 역시 중요하다. 가족의 정보와 그들에게 제시된 다른 정보에 기초하여 가족 구성원들이 우선순위를 정해야 한다. 이러한 우선순위로부터 결과 진술과 목적 및 목표가 개발된다. 우선순위화되어 선정된 목표를 위해서는 중재활동과 평가 계획이 각각 개발되어야 한다.

중재와 평가 계획의 개발을 돕기 위해, 일련의 탐구(개방형) 및 확인(폐쇄형) 질문을 하는 것이 유익할 수 있다. 이러한 질문은 단지 지침으로서만 사용되어야 한다. 일부 목적 또는 결과 진술을 위한 중재 및 평가 계획이 바로 세워질 수 있으며, 선택이나 대안적인 전략을 만들어 낼 것을 요구하지는 않는다. 때로 가족의 관점을 우선적으로 물어보는 것이 유용하다. 그러고 나서 가족의 반응을 고려한 후에, 다른 참여자가 정보나 제안을 첨가할 수 있다.

AEPS IFSP/IEP 계획의 지침(예)

정보 확인하기

<table>
<tr><td colspan="2">유아 이름: 김태호 생년월일: 1999. 5. 1</td></tr>
<tr><td colspan="2">IFSP/IEP 일자: 2001. 6. 6 시간: (오후) 4:30 장소: 김태호 유아의 집</td></tr>
<tr><td colspan="2">참석한 가족 구성원/전문가/기관 대표자: 최순자(할머니), 강성일(교실 중재자), 김지선(의사소통 전문가), 이현아(서비스 조정자)</td></tr>
<tr><th colspan="2">강점 및 자료</th></tr>
<tr><td>유아의 강점과 자료
(최근의 진보 또는 변화, 좋아하는 활동, 특별한 자질 포함)</td><td>가정의 강점과 자료
(이용 가능한 자료, 특별한 자질, 능력, 지원 포함)</td></tr>
<tr><td>2어문을 사용하기 시작함</td><td>보험에 가입되어 있음</td></tr>
<tr><td>책 보는 것을 좋아함</td><td>유아 보호 양호</td></tr>
<tr><td>서클활동과 물놀이 활동을 좋아함</td><td></td></tr>
<tr><td></td><td></td></tr>
<tr><td></td><td></td></tr>
<tr><td></td><td></td></tr>
<tr><td></td><td></td></tr>
<tr><th colspan="2">목적 및 우선순위</th></tr>
<tr><td>유아의 목적</td><td>가족의 우선순위</td></tr>
<tr><td>1. 친구와 좀 더 놀기</td><td>1. 서비스에 대해 더 알기를 원함</td></tr>
<tr><td>2. 보다 긴 문장 사용하기</td><td>2. 언어훈련에 대한 정보를 원함</td></tr>
<tr><td>3.</td><td>3. 교사가 태호와 어떻게 노는지 알기를 원함</td></tr>
<tr><td>4.</td><td>4.</td></tr>
<tr><td>5.</td><td>5.</td></tr>
<tr><th colspan="2">특기 사항</th></tr>
<tr><td colspan="2">• 최순자 할머니는 태호의 진보를 매주마다 기록할 것이다.
• 이현아는 3주 안에 다음 회의를 계획한다.</td></tr>
</table>

(4) 4단계: 중재

3단계에 사용된 중재 계획을 활용하여, 이 단계에서는 그러한 계획의 실행에 초점을 맞춘다. 전문가 스태프, 유아교육기관 직원과 양육자들은 활동을 계획하거나 목표로 하는 목적을 달성하도록 유아에게 기회를 제공한다.

(5) 5단계: 계속적인 평가

계속적인 평가 또는 사정은 IFSP/IEP에 구체화된 대로 수행되어야 한다. 유아 진보 기록은 가족이 유아의 진보를 모니터하는 것을 돕도록 사용될 수 있다. 결과 진술과 중재활동은 진보 또는 평가 정보에 기초해서 필요한 대로 다시 작성된다. 일 년에 걸친 AEPS 검사와 가족 보고서의 반복된 실시는 부가적인 평가 정보를 제공할 수 있다.

AEPS 가족 보고서(예)

가족 보고서는 유치원과 가정과의 연계교육뿐만 아니라 개별화 교육을 진행하는 데 있어서 많은 도움이 되고 있습니다. 2010년도에 학부모님이 작성해 주신 가족 보고서 1, 2의 내용을 검토하시고 변화된 내용은 파란색으로 기록해서 유치원으로 보내 주시기 바랍니다.

◈ 유아명: 임 동 이

◈ 장애 유형: 청각장애

◈ 유아의 생년월일: 2005년 10월 16일 (㉧ / 음)

◈ 보고서 작성자(관계): 김 영 현(모)

◈ 유아의 강점, 흥미, 가족의 특별한 요구 사항

구 분	내 용	비 고
강 점	신체활동 놀이를 좋아하며 그림 그리기나 조형활동에 적극적임	
흥 미	공룡, 로봇으로 관심 영역이 변화되었으며, 한글에 관심이 많이 생겨 보고 쓰기나 읽기에 흥미를 보임	
가족의 특별한 요구 사항	• 유치원 내 또래와 언어적 상호작용 방법을 배울 수 있기를 희망합니다. • 인공와우 수술 이후 언어발달이 이루어지고 있으므로 유치원에서 보다 많은 언어 자극을 받았으면 합니다.	

AEPS 가족 보고서 1부

- 지시: 시작하기 위해 각 문항을 검토하고 당신의 유아와 가족에게 중요한 것들에 대해 대답하라. 1부의 정보는 유아의 IFSP/IEP와 다음의 중재 계획 개발에 도움이 된다. 양식은 유아와 가족의 우선순위에 대한 변화를 모니터하도록 일 년에 네 번 사용할 수 있게 고안되었다. 이 양식에는 매일 가정과 지역사회 활동에 유아가 참여하는 활동에 대한 많은 질문이 포함되어 있다.

[일상활동]

- 음식 먹기

1. 아이가 어디서, 언제, 누구와 주로 아침, 점심, 저녁을 먹습니까?
   가정에서 부모와 함께(점심은 유치원)
2. 아이가 어떤 종류의 음식을 먹습니까?
   밥, 반찬(고기, 생선류, 두부, 달걀, 김, 어묵 등), 빵, 국수 등 면 종류
3. 아이가 식사시간을 좋아하는 이유는 무엇입니까?
   국수 등 면 종류를 굉장히 좋아함
4. 아이가 식사시간을 싫어하는 이유는 무엇입니까?
   야채 먹기를 싫어하며, 새로운 음식을 먹어 보라고 하면 거부함

- 검토 일자: 2010. 9. 2
- 변화 기록: 먹는 음식의 종류가 늘어났으며(다양한 종류의 고기, 김치, 국, 우엉 등의 야채), 새로운 음식을 스스로 먹어 보겠다는 의사를 나타내기도 함. 과일을 먹기 시작함(수박, 포도)
- 검토 일자: ____________
- 변화 기록: ____________

- 잠자기

1. 아이의 일상적인 잠자기 활동은 무엇입니까(시간, 활동)?
   10시경, 자신의 이부자리에서 인형 안고 잠들기
2. 아이의 낮잠 잘 때의 습관은 무엇입니까(시간, 활동)? 3~4시경
3. 아이가 낮잠 자는 시간 또는 잠자는 시간을 좋아하는 이유는 무엇입니까?
   자신이 좋아하는 인형을 안고 아빠와 함께 잠자기를 좋아함
4. 아이가 낮잠 자는 시간 또는 잠자는 시간을 싫어하는 이유는 무엇입니까?
   잠이 오지 않을 때 일찍 자기를 권유하면 싫어하고 계속 놀고 싶어 함

- 검토 일자: 2010. 4. 20
- 변화 기록: 낮잠을 거의 자지 않음(수, 금 2:00~2:30, 언어치료실로 이동 시 차 안에서 30분 정도 낮잠을 자며 다른 낮잠은 자지 않음)
- 검토 일자: 2010. 9. 2
- 변화 기록: 낮잠 시간이 없어진 대신 밤 9시경이면 일찍 자며 인형 없이 스스로 잠자리에 들게 되었음

- 옷 입고 벗기

1. 아이가 스스로 할 수 있는 옷 입고 벗는 기술은 무엇입니까?
   외투 입기(지퍼 · 단추 처리)를 제외하면 대부분의 옷은 혼자 입을 수 있음
2. 아이가 옷을 입고 벗을 때 당신은 어떻게 도와줍니까?
   아이가 도움을 요청하기 전에는 도와주지 않음
3. 아이가 옷을 입고 벗는 것을 좋아하는 이유는 무엇입니까?
   성취감(자신이 혼자 입었다는 것에 대한)
4. 아이가 옷을 입고 벗는 것을 싫어하는 이유는 무엇입니까?
   아이의 의도대로 되지 않을 때

- 검토 일자: 2010. 4. 20
- 변화 기록: 외투 입기도 혼자서 할 수 있게 되었으며 지퍼 · 단추 처리도 가능함
- 검토 일자:
- 변화 기록:

- 목욕하기/샤워하기

1. 아이가 혼자서 할 수 있는 목욕 및 샤워 활동은 무엇입니까?
   세수하고 손 씻기
2. 아이가 목욕과 샤워를 하는 동안 어떤 종류의 도움을 필요로 합니까?
   비누칠 후 헹굼은 도움이 필요함
3. 아이가 목욕과 샤워를 하는 것을 좋아하는 이유는 무엇입니까?
   어려서부터 목욕을 굉장히 좋아함. 욕조에 몸을 담그고 물놀이하는 것을 즐김
4. 아이가 목욕과 샤워를 하는 것을 싫어하는 이유는 무엇입니까?
   머리 감기를 싫어함(비누가 눈에 들어가면 정말 싫어함)

- 검토 일자: 2010. 4. 20
- 변화 기록: 샴푸캡 사용 후 머리 감기도 잘하게 되었으며, 목욕 시 스스로 머리를 감는 시도를 해 보기도 함
- 검토 일자: 2010. 9. 2
- 변화 기록: 목욕 시 혼자 비누칠을 하고 헹굴 수 있으며, 수건으로 닦고 옷까지 입게 되었음(헹굼은 깔끔하게 잘하지는 못하여 부모의 도움이 부분적으로 필요함)

• 대소변 가리기
1. 아이의 배변훈련을 위한 일정한 스케줄이 있습니까?
대소변 의사가 있을 때
2. 아이에게 사용하고 있는 대소변 훈련방법은 무엇입니까?
3. 대소변 가리기에 문제가 없다면 그 이유는 무엇입니까?
억지로 변기에 앉히지 않았고(야단치지 않음), 대소변 가리기에 성공했을 때 칭찬을 많이 해 줌
4. 대소변 가리기에 문제가 있다면 그 이유는 무엇입니까?

- 검토 일자: ______
- 변화 기록: ______
- 검토 일자: ______
- 변화 기록: ______

• 상호작용과 놀이
1. 아이가 좋아하는 물건과 장난감은 무엇입니까?
자동차와 기차
2. 아이가 좋아하는 놀이활동은 무엇입니까?
신체활동과 미술
3. 아이가 다른 아이들과 함께 놀거나 상호작용하는 것을 좋아하는 이유는 무엇입니까?
또래와의 상호작용(모방, 장난치기) 자체를 즐거워함
4. 아이가 다른 아이들과 함께 놀거나 상호작용하는 것을 힘들어하는 이유는 무엇입니까?
언어발달 지체 때문에

- 검토 일자: 2010. 4. 20
- 변화 기록: 자동차에 대한 흥미가 줄어들고 최근 공룡에 대한 관심이 많아졌음. 로봇도 흥미로워함
- 검토 일자: 2010. 9. 2
- 변화 기록: 부모에게 역할놀이를 요구하기도 하며, 자신이 관심 있는 사물을 조형활동으로 자주 표현함. 놀이터 장면에서 게임 규칙을 이해하지 못해 상호작용에 어려움이 있었음

• 다른 사람과의 의사소통
1. 아이가 다른 사람과 어떻게 의사소통합니까?
표정과 몸짓
2. 다른 사람이 아이의 말을 이해합니까?
아이의 말을 거의 이해하지 못하며, 아이의 표정이나 몸짓은 부분적으로 이해함
3. 아이의 말하기와 듣기가 문제가 되지 않는 이유는 무엇입니까?
4. 아이의 말하기와 듣기가 무엇 때문에 문제가 됩니까? 난청

- 검토 일자: 2010. 4. 20
- 변화 기록: 의사소통 시 단어를 부분적으로 사용하는 것이 가능해짐
- 검토 일자: 2010. 9. 2
- 변화 기록: 다른 사람과 의사소통 시 단어를 사용하는 빈도가 늘었으나 아이의 말을 잘 이해하지는 못함

- 가족활동

1. 아이와 함께하는 가족활동에는 무엇이 있습니까(예: 가족 나들이, 게임, 공예품 만들기)?
2. 아이가 가족활동에 어떻게 참여합니까?
   부모와 함께
3. 아이가 가족과 어떤 활동에 참여하는 것을 좋아합니까?
   가족 나들이
4. 아이가 가족활동에 참여하는 것을 좋아하는 이유는 무엇입니까?
   새로운 것을 보고 배움
5. 아이가 가족활동에 참여하는 것을 싫어하는 이유는 무엇입니까?
6. 아이가 보다 충분히 가족활동에 참여하기 위해 배워야 할 기술은 무엇입니까?
   의사소통 기술

- 검토 일자: 2010. 9. 2
- 변화 기록: 가족활동 참여가 늘었으나 공연, 체험학습 등 관람 시 질서 있게 자신의 순서를 기다리는 것에 어려움을 보임
- 검토 일자: ______
- 변화 기록: ______

- 지역사회 활동

1. 아이가 참여하는 지역사회 활동에는 무엇이 있습니까(예: 교회 가기, 퍼레이드 참관, 지역사회 레크리에이션 활동에 참여하기)? 참여하지 않음
2. 아이가 이러한 활동에 어떻게 참여합니까?
3. 아이가 참여하기를 원하는 다른 지역사회 활동이 있습니까?
4. 아이가 지역사회 활동에 참여하는 것을 좋아하는 이유는 무엇입니까?
5. 아이가 지역사회 활동에 참여하는 것이 무엇 때문에 어렵습니까?
   현재 청력 재활에 몰두하느라 마음의 여유가 없음
6. 아이가 보다 충분히 지역사회 활동에 참여하기 위해 배워야 할 기술은 무엇입니까?
   의사소통 기술

- 검토 일자: 2010. 4. 20
- 변화 기록: 1월부터 소리샘복지관에 주 2회 통합지원 교육에 참여하고 있으며, 또래와의 상호작용을 즐거워함
- 검토 일자: ____________
- 변화 기록: ____________________________________

AEPS 가족 보고서 2부

여기의 질문들은 소근육 운동, 대근육 운동, 적응, 인지, 사회－의사소통, 사회성을 포함하는 6개의 발달 영역으로 나누어져 있습니다. 질문을 읽어 보신 후에, 유아가 수행하는 기술을 관찰하여 첫 번째 평가란에 기록해 주시기 바랍니다.

각 영역별로 체크하는 평가란(　　)에는 평가 날짜를 반드시 기록해 주시고, 형광펜으로 체크되어 있는 첫 번째 칸에만 기록해 주시면 됩니다. 기록에 대한 자세한 설명은 다음과 같습니다.

－유아가 질문에 진술된 행동이나 기술을 수행하거나 또는 유아가 질문에 진술된 행동이나 기술을 이미 전에 수행할 수 있었으면 'Y'로 기록합니다.
－유아가 질문에 진술된 행동 또는 기술을 일관적으로 수행하지 못하고, 부분적으로 수행하거나 수행하는 데 도움을 필요로 하면 'S'로 기록합니다.
－유아가 질문에 진술된 행동 또는 기술을 수행하지 못하면 'N'으로 기록합니다.
－만약 부모님이 그 문항을 관찰할 수 없으면 그때는 네모 칸 안에 '?'로 기록합니다.

각 발달 영역의 끝에는 유아가 다음에 배워야 할 가장 중요한 행동 또는 기술을 나타내도록 공간이 제공되어 있으니, 가족이 생각하는 각 발달 영역에서 유아에 대한 우선순위를 적어 주시기 바랍니다.

• 소근육 운동 영역

소근육 운동기술은 손의 사용을 포함한다. 이러한 기술은 물건 다루기, 가위 사용하기, 필기구 쓰기, 모양 그리기, 글씨 쓰기 및 아이의 이름 쓰기를 포함한다.

1. 아이가 두 손을 사용하여 조그만 물건을 건드리거나 놀이하거나 또는 움직이기 위해 각 손을 따로 사용하면서 두 손을 사용합니까? (A 1)

날짜 4.20	9.2		
Y			

2. 아이는 원과 타원형 같은 형태를 잘라 내기 위해 가위를 사용하여 선을 따라 자릅니까? (A 2)

Y			

3. 아이는 단지 세 손가락을 이용하여 연필 또는 크레용을 잡습니까? (B 1)

Y			

4. 아이는 그림을 그리거나 형태를 그리거나 또는 글자를 닮은 것을 그립니까? (B 2)

Y			

5. 아이는 도움 없이 자기 이름을 씁니까? 글자는 정확한 순서로 쓰여야 하나 글자의 방향은 틀릴 수 있다.

Y			

• 당신의 아이가 배우기 원하는 소근육 운동기술은 무엇입니까?

____

____

• 대근육 운동 영역

대근육 운동기술은 아이를 둘러싸고 있는 환경 속에서 움직이고 참여하는 것을 포함한다. 이 기술은 달리고, 걷고, 뛰어오르고(점프), 공으로 놀고, 발을 번갈아 가며 뛰기 및 자전거 타는 것을 포함한다.

1. 아이가 부딪힘 없이 큰 장난감과 가구 및 사람들 주위를 달립니까? (A 1)

날짜 4.20	9.2		
Y			

2. 아이는 난간이나 벽을 잡지 않고, 양발을 교대로 하여 계단을 오르내립니까? (A 2)

Y			

3. 아이는 팔을 앞으로 뻗으면서 발을 모아 앞으로 점프합니까? (B 1)

Y			

4. 아이는 공을 잡거나 찹니까?
   • 참조 사항 : a부터 d까지 항목별로 'Y' 'S' 'N'을 쓰시오.

Y			

__Y__ a. 아이는 두 손으로 공을 잡습니까? (B 2.1)
__Y__ b. 아이는 넘어지지 않고 한 발로 공을 찹니까? (B 2.2)
__Y__ c. 아이는 50cm 안에 있는 표적 위로나 아래로 공을 던집니까? (B 2.3)
__Y__ d. 아이는 50cm 안에 있는 표적으로 공을 굴립니까? (B 2.4)

5. 아이는 적어도 4.5m를 발을 번갈아 가며 점프(스키핑)합니까? (B 3)

Y			

6. 아이는 적어도 6m를 보조바퀴가 없는 두발자전거를 타고 조종합니까? (B 4)

Y			

• 당신의 아이가 배우기 원하는 대근육 운동기술은 무엇입니까?
두발자전거 타기 및 발 번갈아 점프하기

• 적응 영역

적응기술은 자기 스스로를 돌볼 수 있는 것을 포함한다. 이 기술은 먹기, 마시기, 음식을 준비하고 제공하기, 혼자서 화장실 사용하기, 개인적인 청결 유지하기, 옷 입기와 옷 벗기를 포함한다.

1. 아이는 적절하게 먹고 마십니까? (A 1)
   • 참조 사항: a부터 d까지 항목별로 'Y' 'S' 'N'을 쓰시오.

날짜 4.20	9.2		
Y			

_Y_ a. 아이는 적절한 양의 음식을 입에 넣고, 입을 오므린 채 씹고, 입에 있는 음식을 삼킨 후에 다음 음식을 뜹니까? (A 1.1)

_Y_ b. 아이는 컵으로 음료수를 마시고 흘리는 것 없이 컵을 테이블에 다시 내려놓습니까? (A 1.2)

_Y_ c. 아이는 다양한 촉감의 음식을 먹고 마십니까? 예를 들면, 아이는 바나나와 같은 부드러운 음식을 먹고, 우유 같은 음료수를 마시며, 익히지 않은 야채 같은 딱딱한 음식을 먹습니까? (A 1.3)

_Y_ d. 아이는 포크, 숟가락과 같은 식기도구를 사용하여 다양한 종류의 음식을 먹고 마십니까? (A 1.4)

2. 아이가 사과, 고기 또는 딱딱한 과자를 깨물고 씹습니까? (A 2)
   • 참조 사항: a부터 d까지 항목별로 'Y' 'S' 'N'을 쓰시오.

S			

_Y_ a. 아이는 음식을 먹기 전에 껍질과 포장지를 제거합니까? 예를 들어, 아이는 바나나의 껍질을 벗기고 사탕 포장을 제거합니까? (A 2.1).

_Y_ b. 아이는 빵 또는 크래커 위에 크림치즈나 땅콩버터와 같은 부드러운 음식을 펴기 위해 버터나이프를 사용합니까? (A 2.2)

__Y__ c. 아이는 컵에 주스를 따르는 것과 같이 한 용기에서 다른 용기로 음료수를 따릅니까? (A 2.3)

__N__ d. 아이는 유제품, 고기, 과일 같은 다양한 종류의 음식을 먹습니까? (A 2.4) (S 9.2)

3. 아이는 도움 없이 화장실을 사용합니까? 예를 들면, 화장실에 가서 옷을 내리고, 휴지를 사용하고, 물을 내리고, 옷을 올리고, 손을 씻고, 화장실에 오가는 동안 실수하지 않고, 옷이 마른 채로 있는다. (B 1)

Y			

4. 아이는 개인적인 청결 상태를 유지합니까? (B 2)
   • 참조 사항: a부터 e까지 항목별로 'Y' 'S' 'N'을 쓰시오.

Y			

__Y__ a. 아이는 휴지를 사용하여 코를 풀거나 닦습니까? (B 2.1)

__Y__ b. 아이는 이를 닦기 위해 칫솔질을 합니까? 예를 들면, 아이는 칫솔 위에 치약을 짜고, 이를 닦고, 입을 헹군다. (B 2.2)

__S__ c. 아이는 옷을 벗고, 욕조에 들어가 샤워를 하고, 몸을 깨끗이 하기 위해 비누를 사용하고, 수건을 가져다가 몸을 닦고, 수건을 수건걸이에 다시 겁니까? (B 2.3)

__Y__ d. 아이는 머리를 빗기 위해 솔이나 빗을 사용합니까? (B 2.4)

__Y__ e. 아이는 얼굴을 씻고 닦습니까? 예를 들면, 아이는 물을 틀고 잠그고, 비누를 사용하고, 수건을 사용하여 닦고, 수건을 수건걸이에 건다. (B 2.5)

5. 아이는 다양한 형태의 단추(지퍼 포함)를 엽니까? (C 1)

Y			

6. 아이는 다른 이의 도움 없이 낮 동안 날씨에 맞는 옷을 입기 위해 옷을 정확하게 선택하고, 단지 몇 마디만 상기시켜 주면 스스로 옷을 입습니까? 예를 들면, 아이는 잠잘 때 잠옷을, 외출할 때 코트를 입는다. (C 2)
   • 참조 사항: a부터 e까지 항목별로 'Y' 'S' 'N'을 쓰시오.

Y			

__Y__ a. 아이는 양발에 긴 바지를 끼우고 그것을 허리까지 당겨 올립니까? (C 2.1)

__Y__ b. 아이는 앞트임 옷(예: 블라우스, 셔츠, 코트)을 입습니까? (C 2.2)

__Y__ c. 아이는 머리부터 넣어서 입는 옷(예: 티셔츠, 원피스, 스웨터)을 입습니까? (C 2.3)

__Y__ d. 아이는 양발에 신발을 신습니까? (C 2.4)

__Y__ e. 아이는 팬티, 반바지 또는 치마를 입습니까? (C 2.5)

7. 아이는 옷을 입을 때 단추, 똑딱단추, 벨크로를 채웁니까? (C 3)

S	Y		

• 당신의 아이가 배우기 원하는 적응기술은 무엇입니까?
다양한 종류의 음식과 친숙해지기, 다양한 종류의 음식 맛보기, 다양한 종류의 음식 섭취 양 늘리기(2010. 9. 2)

• 인지 영역

인지기술은 정신적 과정과 추리력을 포함한다. 이러한 기술은 문제해결, 셈하기, 회상, 모방, 범주화와 읽기 전 기술을 포함한다.

1. 아이는 소리, 물건 또는 다른 사람과 접촉할 때 주의를 집중합니까?
   • 참조 사항: a부터 d까지 항목별로 'Y' 'S' 'N'을 쓰시오.

날짜 4.20	9.2		
Y			

__Y__ a. 아이는 소리 또는 잡음이 나는 쪽을 봅니까? (A 1.1)

__Y__ b. 아이는 물건, 장난감 또는 사람을 봅니까? 예를 들면, 아이가 모빌이나 친숙한 사람을 바라본다. (A 1.2)

__Y__ c. 아이는 물건이 닿을 때 반응합니까? 예를 들면, 거친 감각의 물건이나 털이 복슬복슬한 장난감이 닿으면 손으로 끌어당긴다. (A 1.3)

__Y__ d. 아이는 무엇을 보고, 듣고, 만질 때 반응합니까? (A 1.4)

2. 아이는 물건, 장난감, 사람이 시야에서 사라질 때까지 바라봅니까? 예를 들면, 장난감을 숨길 때, 시야에서 사라질 때까지 장난감을 보거나 일단 사람이 방을 떠나면 쳐다보기를 멈춘다. (B 1)

Y			

3. 물건이나 장난감을 한 장소에서 다른 장소로 옮길 때, 아이는 즉시 옮긴 장소로 가서 그 물건을 찾아냅니까? 예를 들면, 당신이 과자를 냅킨 밑에 감췄다가 아이가 보고 있을 때 컵 밑에 과자를 숨기면, 아이는 컵 밑의 과자를 찾아낸다. (B 2)

Y			

4. 아이가 물건이나 장난감을 평상시에 놓았던 곳에서 찾을 수 없으면, 그것을 찾기 위해 다른 곳을 살펴봅니까? 예를 들면, 장난감이 장난감 상자에 없거나 코트가 옷걸이에 없을 때 아이가 다른 곳을 찾는다. (B 3)

Y			

5. 아이가 어떻게 하는지 보여 주면 기계로 작동하는 장난감을 작동시키기 위해 손잡이를 돌리거나 실을 잡아당깁니까(예: 누르면 안의 내용물이 튀어나오는 장난감, 장난감 라디오 틀기)? (C 1)

Y			

6. 당신과 아이가 게임(예: 까꿍놀이, 동작 따라 하기)을 하며 놀고 있을 때, 아이가 계속 놀고 싶다고 당신에게 표현하기 위해 게임의 몸짓을 만들 수 있습니까? 예를 들면, '까꿍놀이'를 계속하기 위해 눈 가리는 동작을 해 보인다. (C 2)

Y			

7. 당신이 아이에게 새로운 행동을 할 때, 아이도 똑같은 몸짓을 모방할 수 있습니까? 예를 들면, 당신이 자신의 머리를 두드리면, 아이도 자신의 머리를 두드린다. (D 1)

Y			

8. 당신이 아이에게 새로운 말을 하면, 아이도 당신이 한 말을 모방하기 위해 시도합니까? (D 2)

Y			

9. 당신이 아이에게 어떤 물건을 줄 때, 아이는 이미 가지고 놀던 물건과 장난감을 보유하는 방법을 알고 있습니까? 예를 들면, 아이가 다른 장난감을 건네받았을 때, 한 손에 몇 개의 물건을 잡거나, 무릎 양다리 사이에 끼워 놓거나, 용기 또는 주머니에 물건을 넣는다. (E 1)

Y			

10. 아이가 손이 닿지 않는 곳에 있는 물건이나 장난감을 잡기 위해 다른 물건을 사용합니까? 예를 들면, 과자를 내리기 위해 의자를 사용하거나, 침대 밑으로 굴러 들어간 공을 꺼내기 위해 막대기를 사용한다. (E 2)

Y			

11. 아이가 인형 유모차, 손수레(카트)처럼 타는 장난감 또는 미는 장난감을 가지고 놀 때, 방 안에 있는 가구나 장난감과 같은 물건을 피하여 장난감을 움직입니까? 예를 들면, 인형 유모차를 소파를 피하여 밀고 간다. (E 3)

Y			

12. 아이가 문제를 해결하기 위해 다른 방법을 시도합니까? 예를 들면, 열기 어려운 용기 속의 물건을 꺼내려 할 때, 용기를 마루 위에 탁탁 때리거나 당신의 도움을 구한다. (E 4)

Y			

13. 아이는 물건이 없을 때, 가상적으로 물건을 사용합니까? 예를 들면, 아이가 한 손을 귀에 대고 전화기에 말하는 것처럼 하거나, 빈 그릇을 놓고 음식을 먹는 흉내를 내거나, 자신이 마치 로켓인 것처럼 우주로 날아가는 것을 흉내 낸다. (F 1)

Y			

14. 아이가 범주별로(예: 음식물, 옷, 동물) 3개 혹은 그 이상의 비슷한 물건을 같은 데 모읍니까? 예를 들면, 솜을 넣은 동물 인형을 모두 침대 위에, 접시와 그릇을 테이블 위에, 옷을 서랍 속에 넣는다. (G 1)

Y			

15. 아이가 둘 혹은 그 이상의 사람 또는 물건에 물건을 한 개씩 주거나 위치시킵니까? 예를 들면, 가족 구성원 각각에게 과자를 한 개씩 주거나, 식탁 위의 각각의 밥 그릇 옆에 숟가락을 한 개씩 놓는다. (G 2)

Y			

16. 아이가 집이나 지역사회, 이웃의 친숙한 물건의 사인이나 상징을 인식합니까? 예를 들면, '맥도날드' 같이 좋아하는 음식의 상표 또는 좋아하는 식당 또는 가게, '돼지 삼형제' 같이 좋아하는 책 이름, 정류장 또는 거리 이름 같이 친숙한 사인 등을 인식한다. (G 3)

Y			

17. 아이가 이야기책에 관심을 보입니까? (G 4)
    - 참조 사항: a부터 c까지 항목별로 'Y' 'S' 'N'을 쓰시오.

N			

_N_ a. 아이가 이야기책의 그림을 보며 당신에게 이야기를 합니까? (G 4.1)
_N_ b. 아이가 이야기책의 그림에 대해 당신과 함께 이야기합니까? (G 4.2)
_S_ c. 아이는 전체 이야기를 다 읽을 때까지 앉아서 듣습니까? (G 4.3)

18. 아이가 반대말을 듣고 이해하고 말합니까? 아이가 알고 있는 단어에 동그라미를 치세요. (G 5)

S	S		

큰/작은	더운/추운	젖은/마른	검은/흰	짧은/긴
위/아래	빠른/느린	꼭대기/밑바닥	안/밖	꽉 찬/빈
멈추다/가다	밝은/어두운	낮/밤	켜다/끄다	

19. 아이는 간단한 동요를 반복해서 부릅니까? (G 6)

N			

- 당신의 아이가 배우기 원하는 인지기술은 무엇입니까?
  - 반대말 개념 이해하기와 간단한 동요 듣기
  - 간단한 동요 따라 부르기

• 사회-의사소통 영역

사회-의사소통 기술은 다른 사람과 의사소통하는 것을 포함한다. 이 기술은 듣기, 말하기와 이해를 포함한다.

1. 아이는 근처에서 이야기하는 사람을 돌아봅니까? 예를 들면, 아이가 근처에서 놀고 있을 때, 당신이 말하면 당신을 본다. (A 1)

날짜 4.20	9.2		
S			

2. 아이는 당신이 보는 같은 방향으로 돌아봅니까? 예를 들면, 함께 놀고 있을 때 당신이 창밖을 바라보면 아이도 마찬가지로 창밖을 내다본다. (A 2)

Y			

3. 아이가 옹알이로 다른 사람과 적어도 2개 이상의 음성 교환을 합니까? 예를 들면, "안녕, 아기야!"라고 당신이 말하면, 아이는 "바—바."라고 말한다. 또 당신이 "무엇을 줄까?"라고 말하면, 아이는 "바—바—바."라고 말한다. (A 3)

S	Y		

4. 아이가 당신의 주의 집중을 끈 후에 물건, 사람, 사건을 가리킵니까? 예를 들면, 당신의 팔을 당기고 나서 공을 가리키거나, 당신을 보거나, 고양이를 본다. (B 1)

Y			

5. 아이가 일관성 있게 적어도 10개의 단어 또는 비슷한 소리를 사용합니까? 예를 들면, 아이가 개를 보고 "고"라고 말하거나, 주스를 달라고 하면서 "주"라고 말한다. (B 2)

Y			

6. 아이가 도움 없이 당신의 이름을 부른 후에 적어도 20개의 친숙한 물건 또는 사람을 찾습니까? 사람 또는 물건은 아이 바로 앞에 없어야 하나, 아이에게 친숙한 물건이어야 하고 찾기 쉬워야 합니다. 예를 들면, "멍멍이 어디 있니?"라고 말하면 아이는 창문으로 가서 개집을 가리킨다. (C 1)

S			

7. 아이는 보이지 않거나 닿을 수 없는 물건에 대해 두 단계의 지시를 수행합니까? 예를 들면, 아이의 인형이 같은 방에 없을 때, 당신이 아이에게 "가서 인형을 찾아서 의자 위에 올려놓아요."라고 말하면 아이가 인형을 가져다가 의자 위에 놓는다.

N	S		

8. 아이는 다른 종류의 단어를 사용합니까? (D 1)
   - 참조 사항: a부터 e까지 항목별로 'Y' 'S' 'N'을 쓰시오.

N	S		

__N__ a. 아이는 적어도 5개의 형용사(예: 빨간, 큰, 뜨거운)를 사용합니까? 예를 들면, 빨간 공을 보고 '빨간' 또는 난로를 보고 '뜨거운'이라고 말한다. (D 1.1)

__N__ b. 아이는 적어도 5개의 동사(예: 가다, 원하다, 달리다, 먹다, 앉다)를 사용합니까? 예를 들면, 아이가 당신에게 상자를 건네주면서 "열어 주세요."라고 말하거나 문 쪽으로 걸어가면서 "간다"라고 말한다. (D 1.2)

__N__ c. 아이는 적어도 2개의 대명사(예: 나에게, 나의, 그것, 그)를 사용합니까? 예를 들면, 아이가 거울을 보면서 "나"라고 말하거나, 장난감을 가지고서 "내 것"이라고 말한다. (D 1.3)

__N__ d. 아이는 그가 보는 사물에 대해 적어도 15개는 정확하게 명명합니까? 예를 들면, 고양이를 보면서 "고양이"라고 말하거나 공을 보고서 "공"이라고 말한다. (D 1.4)

__N__ e. 아이는 적어도 3개의 적절한 이름(예: 엄마, 아빠, 삼촌, 아저씨)을 사용합니까? 예를 들면, 아이가 엄마를 보면서 "엄마"라고 말한다. (D 1.5)

9. 아이는 2개의 단어를 붙여서 사용합니까? (D 2)
   • 참조 사항: a부터 f까지 항목별로 'Y' 'S' 'N'을 쓰시오.

N	S		

__N__ a. 아이는 사람, 행위와 물건에 대해 말하기 위해 2어문을 사용합니까? 예를 들면, 아이가 "엄마가 간다."(사람과 행위), "공을 굴린다."(대상과 행위), "아버지의 트럭."(사람과 물건)이라고 말한다. (D 2.1)

__N__ b. 아이는 물건과 물건을 소유한 사람을 나타내기 위해 2어문을 사용합니까? 예를 들면, 아이가 차를 가리키며 "엄마의 차."라고 말하고, 친구로부터 책을 받아 들고는 "나의 책"이라고 말한다. (D 2.2)

__N__ c. 아이는 물건 또는 사람의 위치를 말하기 위해 2어문을 사용합니까? 예를 들면, 엄마를 가리키며 "엄마 저기." 또는 컵을 잡고 "컵 안에."라고 말한다. (D 2.3)

__N__ d. 아이는 사람, 사건, 물건을 수식하는 2어문을 사용합니까? 예를 들면, 프라이팬을 가리키며 "뜨거운 프라이팬." 또는 공을 들고 "빨간 공."이라고 말한다. (D 2.4)

__N__ e. 아이는 무언가를 좀 더 하거나 다시 한 번 더 주기를 원할 때 2어문을 사용합니까? 예를 들면, 컵을 들고 "주스 더."라고 말하거나, 그네를 밀어 주기를 원하면 "한 번 더."라고 말한다. (D 2.5)

__N__ f. 아이는 무언가를 원하지 않을 때, 없을 때, 사라졌을 때를 말하기 위해 2어문을 사용합니까? 예를 들면, 주스를 다 마시고 "다 먹었어." 또는 태엽을 감는 장난감을 주면서 "안 가."라고 말한다. (D 2.6)

10. 아이는 세 단어를 붙여서 사용합니까?
   • 참조 사항: a부터 d까지 항목별로 'Y' 'S' 'N'을 쓰시오.

N			

__N__ a. 아이는 부정어(예: 아니, 안 해, 할 수 없어)를 포함한 2어문 또는 그 이상을 사용합니까? (D 3.1)

__N__ b. 아이는 의문사(예: 무엇, 어디, 누구)나 끝을 올리는 목소리를 사용하여 3어문 질문을 합니까? 예를 들면, "내 코트 어디?" 또는 "우리 점심 먹어?"라고 질문한다. (D 3.2)

N c. 아이는 물건을 놓는 장소나 물건을 찾는 장소를 말하기 위해 3어문을 사용합니까? 예를 들면, "아기 속에 넣어." 또는 "공 이리 굴려."라고 말한다. (D 3.3)

N d. 아이는 사람, 행위, 물건에 대해 말하기 위해 3어문을 사용합니까? 예를 들면, "사람이 공 굴린다." "아기 병으로 마신다." 또는 "엄마 차 운전."이라고 말한다. (D 3.4)

- 당신의 아이가 배우기 원하는 사회-의사소통 기술은 무엇입니까?
  - 형용사와 동사를 이해하고 사용하기, 2어문 사용하기
  - 형용사와 동사의 이해 폭 넓히기, 대명사 사용하기

- 사회성 영역

사회성 기술은 신체적으로 필요한 것을 충족시켜 줄 뿐만 아니라 타인과의 상호작용과 참여를 포함한다. 이 기술은 타인과 놀이하고, 갈등 해결하기, 집단활동에 참여하기, 규칙 따르기, 좋아하는 것 표현하기, 감정 확인하기 및 개인적인 정보를 아는 것을 포함한다.

1. 아이는 다른 아이들과 놉니까? (A 1)

날짜 4.20	9.2		
Y			

2. 아이가 자발적으로 활동을 시작하고 친구들에게 같이 놀자고 합니까? 예를 들면, 친구들에게 "이리 와, 같이 집 짓자."라고 말하고 나서 친구들에게 역할을 준다. (A 2)

N			

3. 아이가 갈등을 멈추기 위한 방법을 찾습니까? (A 3)
   - 참조 사항: a부터 c까지 항목별로 'Y' 'S' 'N'을 쓰시오.

N			

N a. 아이가 친구와 갈등 상황을 해결하는 방안을 찾기 위해 시도합니까? 예를 들면, 아이가 친구와 함께 놀지 못할 때, "내가 먼저 공으로 놀고, 다음에 네 차례야."라고 말한다. (A 3.1)

N b. 아이가 친구와 문제가 생겼을 때 어른에게 말합니까? (A 3.2)

N c. 아이가 자신의 장난감을 도로 찾기 위해 주장하거나 "저건 내 거야!"라고 말한다. (A 3.3)

4. 아이가 장난감으로 놀기 시작해서 말하지 않아도 그 활동을 끝냅니까? 예를 들면, 아이가 퍼즐을 꺼내 와서 그것을 맞추어 본 후에 치운다. (B 1)

Y			

5. 아이가 어른이 감독하는 소집단 활동에 참여합니까? (B 2)

Y			

6. 아이가 어른이 감독하는 대집단 활동에 참여합니까? (B 3)

Y			

7. 아이가 자신의 신체적 욕구를 충족시킵니까? (C 1)
   • 참조 사항: a부터 c까지 항목별로 'Y' 'S' 'N'을 쓰시오.

Y			

Y a. 아이가 불편할 때, 아플 때, 다쳤을 때 또는 지쳤을 때 도움을 요청합니까? (C 1.1)

Y b. 아이가 자신의 신체적 욕구를 처리합니까? 예를 들면, 아이는 손을 씻거나 또는 젖은 옷을 벗는다. (C 1.2)

Y c. 아이가 배고프거나 목마를 때, 음식이나 음료수를 요구하여 먹습니까? (C 1.3)

8. 아이는 자신의 가정 또는 학교 밖의 장소에서 규칙을 따릅니까? 예를 들면, 아이는 버스를 타는 동안 의자에 앉아서 기다리거나 또는 식료품 가게에서 음식을 만지지 말라는 지시를 따른다. (C 2)

Y			

9. 아이는 자신이 좋아하거나 좋아하지 않는 것에 대해 말합니까? 예를 들면, 아이는 "나는 초콜릿 과자를 좋아해요." 또는 "나는 축구 하는 것을 싫어해요."라고 말한다. (D 1)

N			

10. 아이는 자신의 행동이 타인에게 어떻게 영향을 미치는지 이해합니까? 예를 들면, 다른 아이를 밀고 난 뒤에, "미안해"라고 말하거나 혼자 있는 아이와 놀기를 선택한다. (D 2)
   • 참조 사항 : a와 b에 항목별로 'Y' 'S' 'N'을 쓰시오.

S			

S a. 아이는 다른 아이들이 다칠 때, 슬퍼할 때, 화낼 때 또는 행복해할 때, 다른 아이의 감정을 정확하게 알아냅니까? (D 2.1)

Y b. 아이는 자신이 다쳤을 때, 슬플 때, 화날 때 또는 행복할 때, 자신의 감정을 정확히 압니까? (D 2.2)

11. 아이는 자신 또는 타인에 대한 개인적인 정보를 압니까? (D 3)
   • 참조 사항: a부터 f까지 항목별로 'Y' 'S' 'N'을 쓰시오.

N			

N a. 아이는 번지, 거리 및 동을 포함한 자신의 주소를 압니까? (D 3.1)

N b. 아이는 자신의 전화번호를 압니까? (D 3.2)

N c. 아이는 자신의 생년월일을 압니까? (D 3.3)

__N__ d. 아이는 형제자매의 이름과 자신의 성과 이름을 압니까? (D 3.4)
__S__ e. 아이는 자신과 다른 아이가 소년인지 소녀인지 압니까? (D 3.5)
__N__ f. 아이는 자신의 이름과 나이를 압니까? (D 3.6)

• 당신의 아이가 배우기 원하는 사회성 기술은 무엇입니까?
자신의 개인 정보 알기

• 중재 우선순위

* 아이를 위한 가장 중요한 중재 우선순위를 써 주십시오. 4.20 (일자)
1. 형용사와 동사를 이해하고 사용하기
2. 2어문 사용하기 및 말할 수 있는 단어 수 늘리기, 간단한 동요 모방하기
3. 자신의 개인 정보 알기
4. 다양한 종류의 음식 맛보기

* 아이를 위한 가장 중요한 중재 우선순위를 써 주십시오. 9.2 (일자)
1. 형용사와 동사의 이해 폭 넓히고, 대명사 사용하기
2. 간단한 동요 따라 부르기
3. 자신의 개인 정보 알기
4. 다양한 종류의 음식 섭취 양 늘리기

* 아이를 위한 가장 중요한 중재 우선순위를 써 주십시오.______(일자)
1. ______
2. ______
3. ______
4. ______

3 원내의 다양한 가족 지원 프로그램

보다 효율적인 장애유아 통합교육을 위해서 가족 참여의 당위성은 재론의 여지가 없다. 가정과 유아교육기관, 즉 가족과 전문적인 프로그램 진행을 담당하고 있는 유치원이나 어린이집과의 협력을 통해 질 높은 교육을 수행하게 되기 때문이다. 다음은 유아교육기관에서 시행할 수 있는 다양한 가족 지원 프로그램의 예다.

1) 면담 프로그램

(1) 입학 전 면담

장애유아가 유치원에 입학하기 전후로 유아의 발달 상황과 필요한 도움을 파악하기 위하여 장애유아와 학부모, 원장교사, 원감교사, 담임교사, 전문가들이 참여하여 이루어지는 면담으로 주로 1학기 초에 각 장애유아별로 이루어지고 있다.

(2) 장애유아 가족을 위한 원장의 학부모 정기면담

한 학기에 1회 정도 장애유아 가족을 위한 원장의 학부모 면담이 이루어진다. 정기면담 이외에도 필요하면 수시로 면담이 이루어질 수 있다.

- 목적
  - 각 학기별로 장애유아 학부모와 원장이 면담함으로써 유치원과 가정과의 연계교육이 이루어지도록 한다.
  - 특별한 요구가 있을 때 개별면담으로 유아들의 유치원 생활에 대한 전반적인 상황과 지도 방안에 대한 협의가 이루어진다.
- 내용: 유치원에서 생활하면서 나타나는 장애유아의 문제행동, 급식 상황, 또래 관계와의 상호작용, 일상생활 적응 내용 등을 다룬다.
- 방법
  - 각 학기별로 정기면담을 실시한다.
  - 특별한 요구가 있을 때는 수시면담을 실시한다.
  - 일반 유아의 부모와 같은 정기 학부모 면담 시기에 실시한다.
  - 한 달 전에 면담 일시를 공고하여 부모가 참여 가능한 시간을 활용한다.
  - 원장선생님이 학부모와 협의한 후에 교사회의에서 함께 토의한다.
  - 면담자료로는 면담일지, 교사의 면담일지, 타 치료기관의 기록 등이 있다.

학기별 장애유아 학부모와 정기면담 시 원장은 면담일지에 각 사항을 기록하면서 학부모와 면담을 진행한다. 면담일지가 작성된 예시는 다음과 같다.

면담일지

<table>
<tr><td>면담 일시</td><td>2010년 6월 29일 (수요일)</td><td>원아 이름</td><td>김혁우</td></tr>
<tr><td rowspan="2">면담자</td><td rowspan="2">○○○ 원장선생님</td><td>반 명</td><td>하늘반</td></tr>
<tr><td>피면담자</td><td>부모님</td></tr>
<tr><td>면담자료</td><td colspan="3">관찰자료 = 약속 없이 면담함</td></tr>
<tr><td>면담 내용</td><td colspan="3">1. 도서 영역에서 찬웅이와의 상호작용을 참관실에서 지켜보던 부모님(관찰 기록 참조)이 너무 속상하셔서 아이를 데리고 가야겠다고 하여 원감 선생님으로부터 연락을 받음. 부모와 원장실에서 면담함
2. 부모가 아이를 데리고 가겠다는 것은 유치원에 대한 불만이 아니라 다른 아이들에게 방해가 되는 것을 원하지 않아서였으며, 아버지는 자녀의 행동에 충격을 받았음
• 혁우의 공격적 행동, 부족한 사회적 기술을 어떻게 도울 것인지를 협의함
• 우리의 목표는 혁우가 신체적, 지적으로 잘 성장할 수 있도록 하는 것임에 동의하고, 이를 달성하기 위한 구체적 방안을 상의함(가정과 유치원에서의 역할)
3. 하늘반-에듀케어반에서 관찰 기록을 기초로 하여 공격적 행동 전 상황을 찾고 있음을 알려 줌
• 각 반(하늘반, 열매반)에서는 화가 날 때 때리고 차는 행동을 예견하고, 이에 대비하기 위해 감정조절(To) 기법 사용하기 등을 활용하고 있음을 알림
• 교사의 타임아웃 기술에 잘 응하지 않는다고 함
4. 좀 더 인내를 갖고 유치원과 가정에서 노력할 것</td></tr>
<tr><td>소 견</td><td colspan="3"></td></tr>
</table>

원장은 면담 전에 미리 교사가 기록해 놓은 면담일지를 참고한다. 교사의 면담일지의 예시는 다음과 같다.

면담일지

<table>
<tr><th colspan="3">일시
내용</th><th>1학기(20**. 6. 13)</th><th>2학기(20**. 11. 13)</th></tr>
<tr><td colspan="3">면담자</td><td>***, *** 교사</td><td>***, *** 교사</td></tr>
<tr><td colspan="3">피면담자</td><td>조창석의 (어머니, 아버지)</td><td>조창석의 (어머니, 아버지)</td></tr>
<tr><td colspan="3">면담자료</td><td>나의 유치원 생활 포트폴리오, 유아 작품 포트폴리오, AEPS 검사자료, IEP, 학습준비도, 사회성 구조도 검사, 창의성 검사</td><td>나의 유치원 생활 포트폴리오, 유아 작품 포트폴리오, AEPS 검사자료, IEP, 학습준비도, 사회성 구조도 검사, 창의성 검사</td></tr>
<tr><td rowspan="4">면담 내용</td><td>가정</td><td colspan="3">유아의 유치원 생활 적응 모습에 대해 알고 싶습니다.</td></tr>
<tr><td rowspan="3">유치원</td><td>〈1학기〉
자유
선택
활동</td><td>• 놀이 시 여러 영역을 돌아다니는 모습이 나타남
• 근래에는 역할놀이, 블록 중 자동차놀이, 인형놀이에 관심을 보이며, 뽀로로 등에 대한 관심이 줄어들었음
• 또래와 한 공간에서 놀이할 수 있으나 연합놀이, 즉 언어적 상호작용, 교구의 교환 등은 이루어지지 못함
• 종종 다른 유아들이 요구하는 말에 반응할 수 있음</td><td>• 교사의 처치 및 건의사항</td></tr>
<tr><td>대집단
활동</td><td>• 유아가 대그룹 활동에 모여 앉기 위해서는 교사의 도움이 필요하며 경우에 따라 언어적 격려만으로 모이는 경우가 있으나 대부분은 교사가 함께 앉혀 주는 것이 필요함
• 활동 시 크게 혼잣말을 하는 경우가 있음
• 실외 활동 시 이탈을 보임. 현장학습 등에서 한 공간에 머무르지 못함
• 대집단 활동 시 교사의 도움 없이 활동에 참여하지 못함. 일대일로 교사가 착석을 지도해야 참여할 수 있음
• 실외 활동 시 그룹 이탈이 나타나며 교사가 제지하려 할 경우 달려서 도망감
• 교사가 부르면 쳐다보나 행동을 수정하지는 않음.
• 교사에게 뽀뽀, 가슴 만지기, 뒤에서 안기, 뺨 만지기 등의 행동이 나타나면서 착석이 더 어려워졌음</td><td rowspan="2">• 유아가 보이고 있는 감각 이상행동을 수정할 수 있는 개별화 프로그램이 필요한 상황임(대체물, 즉 실리콘 공, 담요, 새들백 등을 활용하여 다른 사람과의 신체 접촉을 줄여 유아가 사회적 관계를 맺는 것을 도와줌)
• 유아가 가정에서의 학습이 너무 많은 것 같음. 신체적인 에너지를 발산할 수 있는 기회를 제공할 것</td></tr>
<tr><td>간식 및
급식</td><td>• 스스로 먹으려고 시도하나 교사가 숟가락 쥐는 법 및 흘리지 않고 먹도록 꾸준히 상호작용을 해주어야 수정이 가능함
• 김치에 대한 편식이 줄어들었음
• 식사 시 착석하여 먹을 수 있음
• 교사의 개별적인 식사 지도가 이루어지고 있으며, 특히 유아가 음식을 씹지 않고 삼켜 이 부분에 대한 지도가 이루어지고 있음</td></tr>
</table>

		기본 생활 습관	• 스스로 신변 처리가 가능한 편이며, 스스로 옷 입기, 걷기 등이 가능함. 단, 유아가 바로 활동하지는 못하여 교사가 다음 활동에 대해 꾸준히 상호작용하는 것이 필요함 • 손 씻기와 용변 처리가 스스로 가능함 • 스스로 인사하도록 계속 격려가 이루어지고 있으며, 교사가 눈맞춤으로 이야기하고 인사하면 따라서 할 수 있음 • 스스로 정리하기는 어려우나 교사가 도우면 함께 정리함 • 교실 정리에는 교사의 지원에도 반응하지 않는 경우가 많으며, 활동에 참여하지 않음 • 교사와의 상호작용 시 담임교사와는 신체 접촉을 시도하여 다른 이야기 등에 집중하지 못함. • 언어 지시를 이해할 수 있으나 따르려고 하지 않거나 지속이 어려움 • 또래의 장난감이나 작품을 망가뜨리는 행동이 자주 나타나고 있어 유아들 간의 갈등 요소가 되고 있음	
		교사 의견	현재 교실에서 유아에게 꾸준히 지도되고 있는 착석에 대한 지도가 가정에서도 함께 이루어져야겠음. 유아가 가정에서 하는 것 이상의 엄격한 태도를 보이지 않으면 이야기를 들으려 하지 않음. 가정에서 벌이나 체벌보다는 유아에게 반복적으로 행동을 지도하여 학습하도록 할 것. 유아의 학습 활동이 너무 많은 것 같음. 조절하는 것에 대해 가정에서 고려해 볼 것. 유치원에서 협조를 요청하는 학습 준비나 준비물 등에 좀 더 적극적인 협조를 요함.	

* 장애유아 부모의 요청에 의한 개별적 면담은 수시로 이루어질 수 있다.

(3) 월별 참관 후 연령별 집단면담 프로그램

• 목적: 학부모의 유치원 참관으로 자녀의 유치원 생활의 이해를 도모하며 관찰한 내용을 토대로 상담한다.

• 내용: 월 1회 마지막 주 금요일은 참관 후에 원장님과 연령별로 집단면담이 이루어진다. 모든 유아의 학부모가 참관할 수 있으며, 집단면담을 할 학부모의 참관 시간은 오전 10시부터 오후 1시까지다. 장애유아 학부모도 참관 후에

연령별 집단면담에 참여하게 된다.

• 방법

- 매월 마지막 주 금요일은 집단면담일을 가정통신문에 공지한다.
- 참관하는 학부모에게 수업참관 관찰기록지를 제공하여, 참관하면서 관찰한 내용을 체크하도록 한다.
- 집단면담 시작 전에 학부모가 기록한 수업참관 관찰기록지를 원장에게 제출한다.
- 원장은 학부모가 기록한 수업참관 관찰기록지를 토대로 면담을 한다.
- 수업참관 관찰기록지 및 면담일지는 집단면담이 끝난 후에 교사에게 제공하여 유아를 지도하는 데 도움이 되도록 한다.
- 이때 장애유아 학부모만 별도로 면담을 요청할 경우 별도의 면담이 이루어질 수도 있다.

수업참관 관찰기록지의 예는 다음과 같다.

수업참관 관찰기록지

20**년 *월 *일

( )반 이름: 기록자:	○	△	×
유아의 하루 동안의 활동을 관찰하고 해당란에 ○표 해 주세요(표시 구분: 잘함 ○/ 보통 △/ 못함 ×).			
1. 유아와 교사와의 상호작용은 어떠한가?			
1) 교사의 신호와 지시에 잘 따른다.			
2) 교사의 말을 잘 알아듣는다.			
3) 질문에 정확한 답을 한다.			
4) 교사의 지시를 알고, 활동에 관한 계획 및 결정을 할 줄 안다.			
5) 자기의 생각과 느낌을 표현할 줄 안다(자기주장).			
6) 교사의 관심을 끌려고 한다.			
7) 수업시간에 교사의 말에 관심을 기울인다.			

* 유아와 교사와의 상호작용: 각 항목이 유아발달에 적절하지 않은 경우, 관찰한 부분을 이곳에 서술해 주십시오.			
2. 유아와 다른 유아와의 상호작용은 어떠한가?			
1) 친구들과 잘 어울려 논다.			
2) 규칙을 잘 지킨다(차례, 약속, 양보 등).			
3) 친구들과 자료를 나눈다(종이, 크레파스, 풀 등).			
4) 친구들과 협력하여 그룹활동에 참여한다.			
5) 친구의 실수나 곤란에 동정심을 갖고, 사과할 줄도 안다.			
6) 모든 활동에 의욕적이다.			
7) 자기의 잘못을 인정할 줄 안다.			
8) 혼자서만 논다.			
3. 유아의 교구와의 상호작용은 어떠한가?			
1) 교구에 흥미를 갖고 골고루 다룬다.			
2) 활동에 참석하여 침착하게 끝까지 잘해 나가고 있다.			
3) 교구 사용이 다 끝난 다음에 제대로 정돈을 잘하고 있다.			
4. 오늘의 일과(교육과정, 환경, 설비 등)에 대한 소견: 5. 유치원 생활에 대한 종합적인 소감: 6. 유치원에 대한 건의 사항:			

(4) 전화 수시면담 프로그램

- 목적: 유아가 유치원이나 가정에서 생활하면서 부모와 원장, 교사 간에 연계된 교육을 실시한다.

• 내용: 가정에서 유치원으로, 유치원에서 가정으로 각 상황에 따라 전화로 이루어지는 면담으로 필요에 따라 수시로 이루어지며, 교사는 면담 내용을 기록하여 참고자료로 활용할 수 있다.

• 방법
- 수업 후에 교사나 학부모가 유아에 대한 일을 전화로 상담할 때 비정기 면담일지에 기록한다.
- 비정기 면담일지에는 일시, 시간, 상담자, 피상담자, 면담 내용을 구체적으로 기록하여 원장의 결재를 받는다.

비정기 면담일지의 예시는 다음과 같다.

비정기 면담일지

날 짜	발신자	수신자	면담 내용
4/7 15:00	담임 ○○○	최선일 어머니	• 담임: 소풍 시 선일이를 도와줄 동반 가족이 필요함을 알림. 이탈행동으로 도움이 필요한 상황(높은 곳에 올라감. 그룹에서 이탈함. 스스로 식사가 어려움 등)을 알림 • 어머니: 실습교사의 도움을 받을 수 있는지 질문함 • 담임: 실습교사가 선일이만을 돕기에는 어려움이 있음을 알림 • 어머니: 가족 중 아버지가 함께 소풍에 참여하여 돕기로 함
4/14 17:30	최선일 할머니	담임 ○○○	• 할머니: 유아가 실외 활동 시 고리끈을 끼우고 활동하는 것을 하지 않도록 요청함 • 담임: 사전에 어머니에게 활동 사실을 알리고 동의한 상황임을 알림. 할머니, 어머니, 아버지, 원장선생님, 원감선생님이 함께 협의하기로 하고 면담일을 정하기로 함
4/15 15:00	담임 ○○○	최선일 어머니	• 담임: 면담일을 5월 11일로 공지하고 면담 시 협의하고 싶은 내용, 학부모에게 듣고 싶은 내용을 전달하여 상호 간에 자료를 준비할 수 있도록 이야기함

2) 토요학교 또는 주간학교 프로그램

이 모임은 주로 유아들의 교육 및 치료기관에서의 계획이 없는 날인 토요일을 모임의 날로 정하여 부모와 자녀가 함께하는 여러 가지 활동을 실시하는 것이다. 토요학교는 유치원보다는 어린이집이나 교회 사회복지부에서 장애유아와 그 가족들을 위해 많이 실시되고 있다. 여기서는 토요학교나 주중에 유아교육기관에서 주간학교로 진행되는 가족 지원활동을 살펴본다.

(1) 즐거운 몸 운동

토요일이나 주 중에 하루를 정해 오후 시간에 장애유아와 그 부모가 함께하는 활동이다. 날씨가 좋은 날이면 야외에서, 그렇지 않으면 실내에서 가족이 함께 장애유아와 즐거운 신체적 놀이를 한다. 장애유아들은 게임의 규칙이나 질서를 지키는 일이 쉽지 않기 때문에 간단하면서도 신나게, 그리고 지루하지 않게 계획되어야 한다. 이때 그룹을 이탈하거나 규칙을 지키지 못하는 상황을 대비하여 준비 및 진행하는 것이 무엇보다 중요하다. 함께 더불어 즐거운 시간을 갖는다는 것에 의미를 두고 좀 더 자유로운 가운데서 질서를 배우도록 도울 수 있다. 부모들도 마음껏 즐길 수 있도록 준비해야 한다.

(2) 엄마와 함께하는 조형활동 워크숍

가정에서 어머니와 장애유아와의 상호작용을 높이기 위해 함께 놀이하는 방법을 알려 주고 놀이교구를 만들면서 즐길 수 있는 시간을 갖도록 한다.

어버이의 날, 스승의 날, 어린이 날, 추석, 설날 그리고 크리스마스 등 특별한 날과 관련하여 카드 만들기, 꽃 만들기, 목걸이 만들기, 크리스마스트리를 위한 종이접기 등을 계획하여 실시할 수 있다. 이때 어머니와 유아와의 상호작용에 초점을 맞추고, 멋진 작품이 나오는 것에 집중하지 않도록 한다. 이러한 활동을 가정에서도 다양하게 응용하도록 돕는다. 가정에서 함께할 수 있는 자료를 준비하여 가져가도록 배려한다.

(3) 다양한 악기놀이와 소리놀이

가정에서 쉽게 접할 수 있는 주방기구, 특히 부딪쳐서 소리가 나는 스테인리스 냄비나 알루미늄 등 쇠나 철로 된 주방기구(예: 숟가락, 냄비, 냄비 뚜껑, 스테인리스 그릇)를 준비한다. 유치원에서 준비할 수도 있고, 부모와 유아가 사용할 수 있도록 가정에서 두세 개 정도를 가지고 오도록 할 수 있다. 이것을 타악기로 사용한다. 어머니와 마주 보고 앉아서 '한 박자, 두 박자…….'에 맞추어 양손에 잡은 타악기를 마주 쳐서 소리를 내어 본다. 처음에는 두 손에 잡은 자신의 타악기를 쳐 보고, 어머니의 오른손에 잡은 것과 유아의 오른손에 잡은 것을 서로 부딪쳐서 소리를 낸다. 다음에는 손을 바꾸어 왼손의 것끼리 서로 부딪쳐서 소리를 낸다. 스테인리스나 양은 등 쇠로 된 물건들이 부딪쳐서 만들어 낸 소리를 탐색해 본다.

이러한 활동에 익숙해지면 원에 있는 나무 블록 등 교구를 타악기로 사용해 본다. 그리고 마지막에는 캐스터네츠, 트라이앵글, 탬버린 등 많이 사용되고 있는 타악기를 다루어 보도록 한다. 이때도 지시에 따르고 박자에 맞춰서 치는 것이 어려우므로 어머니와 마주 보고 먼저 어머니의 지시에 따르며 쳐 보도록 한 후에, 전체가 음악에 맞추어 악기별로 쳐 보도록 한다.

(4) 부모님과 함께 음식 만들기

토요학교나 주간학교의 유아교육 프로그램에서 부모님과 함께 음식 만들기를 하도록 준비한다. 처음에는 손쉽게 할 수 있는 샌드위치, 과일 또는 야채샐러드를 할 수 있고, 좀 더 손놀림이 필요한 김밥 만들기, 송편 만들기, 만두 등을 준비할 수 있다.

이 시간의 준비 사항은 음식 재료, 조리 순서표, 조리도구와 앞치마, 머릿수건 등 음식의 종류에 따라 달라질 수 있다. 여기서 중요한 것은 부모님이 유아와 눈을 맞추며 다정하게 상호작용하는 것이다. 음식을 만들어 먹는 것은 그 활동의 결과로서 자연스럽게 이어진다. 따라서 부모와 자녀의 친밀도를 높이는 것이 무엇보다 중요하다. 물론 자녀는 일의 순서나 지시에 잘 따를 수 없을 것이다. 그러나 차차 잘 협응할 수 있음을 명심하도록 한다.

아버지와 함께 식빵 피자 만들기, 떡볶이 만들기 등을 할 수도 있다. 부모는 그날의 요리 주제와 관련한 재료, 순서표에 따라 하나씩 구체적으로 음식 만들기를 진행해 나가도록 가족 수에 알맞게 재료와 준비물을 넉넉하게 준비한다.

(5) 수족관 방문과 박물관 견학

동네 수족관이나 여러 사람이 관람할 수 있는 큰 수족관 또는 박물관을 방문해 보도록 계획한다. 그곳에서 무엇을 볼 것인지 함께 정하고, 물고기에 이름도 지어 주고, 물고기 밥을 주는 것도 잘 살펴보도록 한다. 토요학교나 주중학교에서 야외나 유치원 밖으로 나갈 때는 특별한 계획과 배려가 필요하다. 사람이 많이 모이는 곳에서 유아를 잃어버리는 일이 생기지 않게 하기 위해 많은 도우미를 필요로 하며, 아주 면밀하게 시간과 활동 계획을 부모에게 안내해서 차질이 생기지 않도록 계획해야 한다.

프로그램 담당자는 특별히 부모가 더 피곤하고 신경 쓰는 일이 생길 것을 대비하여 고려해야 할 것이다. 이 프로그램은 부모를 위한 것이라기보다는 장애유아를 위한 것이기는 하지만, 유아교육기관이나 지역센터에 후원 및 보조를 의뢰하여 도우미를 지원받아 부모는 뒤에서 따라가면서 여유 있게 휴식을 갖거나 유아가 팀으로부터 이탈할 때 돕는 역할만 맡도록 계획한다.

(6) 장애아 가족치료 레크리에이션

다양한 신체활동 프로그램을 통한 전문화된 치료 레크리에이션이다. 전문가를 초청하여 프로그램을 실시할 수도 있으나 유아교육기관에서 프로그램 리더를 양성하여 실시할 수도 있다. 인원은 부모(어머니 또는 아버지) 10명, 장애유아 10명 이하가 적당하다.

(7) 우리 가족, 건강 베이킹

장애유아와 비장애 형제자매 간의 관계 강화와 정서 함양을 위한 쿠키 또는 케이크 만들기를 실시한다. 쿠키나 케이크 만들기는 재료나 기구 및 도구가 다양하게 준비되어야 하므로 집단의 규모를 잘 고려해야 한다. 유아와 부모, 형제 등 세 가족 또는 네 가족 이상은 관리가 어려울 수 있으므로 유치원의 형편과 사정에 따라 결정한다. 특히, 장애유아의 형제가 함께하는 것이 중요하다. 장애유아의 형제는 가정 안에서 흔히 소외되기 마련이다. 이처럼 장애유아에 대한 배려나 치료로 인해 나머지 형제들이 소외될 수 있으므로 형제에 대한 배려와 아량을 널리 고려해야 한다. 또한 형제에 대한 고마움, 섭섭함, 속상함 등을 자연스럽게 표현하고 승화시킬 수 있는 프로그램을 제공하는 것이 중요하다.

(8) 아빠와 함께하는 기차 여행

장애유아나 비장애유아 등 모든 유아들은 아버지와 함께할 수 있는 시간이 많지 않아 유아들은 늘 이에 대해 갈증을 갖고 있다. 아버지는 직장에서 낮 동안 일하고 저녁에 귀가한 후에는 유아와만 놀아 줄 수 있는 것이 아니다. 그래서 아침 일찍 기차를 타고 당일에 돌아올 수 있는 기차 여행을 계획할 수 있다. 기차 안에서 아버지와 함께할 수 있는, 아버지와만 상호작용할 수 있어서 아버지를 온전히 차지할 수 있는 시간을 갖는 것은 유아와 아버지 모두에게 중요하다. 그러므로 아버지와 함께할 수 있는 다양한 프로그램을 구성하여 실시하도록 한다.

(9) 교구 대여 프로그램

유치원에서 장애유아가 가장 즐겨 활용하는 교구를 가정에 대여함으로써 가정에서도 유아들이 자신의 흥미와 관심 있는 놀이를 지속할 수 있도록 지원하는 프로그램이다. 주 1회 교구를 가정으로 대여하며, 교구 활용방법 및 유의점을 상세하게 기록하여 가족들이 수월하게 교구를 활용하여 장애유아들과 적극적으로 상호작용할 수 있도록 지원한다.

3) 장애유아 IEP 중심 활동 내용을 가족과 교류하기

유치원 하루 일과 중에서 계획 및 실행되었던 IEP 내용을 토대로 장애유아의 행동을 관찰하여 객관적으로 진술한 양식을 매주 가정으로 배부한다. 가정에서는 배부된 행동관찰지를 통해 유아의 유치원 생활을 쉽게 이해하고, 가정과 특수교육기관에서는 같은 교육 목표를 가지고 장애유아를 일관성 있게 지도한다.

다음은 장애유아의 IEP에 따른 행동관찰지를 가정과 교류한 예다.

행동관찰지

일 시	IEP 활동 내용	교사 의견
금	• 개미 사진을 보고 지문으로 개미 그리기 • 기도하고 우유 마시기 • 총신동산에서 개미를 찾고(사진 제시) 개미의 움직임 표현하기 • 교사와 함께 『개미의 생활』 책 보기 • 개미집을 조작하며 익히기 • 알에서부터 개미가 되기까지의 과정 알기 • 동물원 사진을 보며 동물원 만들기 • 이야기 나누기 시간에 착석하기 • 교사의 도움을 받아 3번 밥 먹기 • 의자에 착석해서 동화 듣기	• 병원 검진으로 화, 수, 목 3일간을 결석하고 오랜만에 유치원에 등원함. 병원 검진으로 피곤하고 오랜만에 유치원에 와서 낯설었는지 유치원에 들어오지 않고 어머니에게 안겨서 울음. 어머니께서 교실까지 함께 들어오신 후 먼저 가심. 1분 이상 울어서 교사가 동이를 안고 등을 쓰다듬어 줌. 이에 교사에게 안겨서 조금씩 울음을 그침 • 지문으로 개미 그리기 활동을 함. 교사의 시범을 유심히 본 후에 개미의 몸통을 먹물로 그리고 사인펜을 이용해서 개미의 다리를 그림. 다른 아이들이 활동에 집중하는 시간(약 3~4분)보다 3분 이상 집중함 • 총신동산에서 개미 찾기를 함. 교사가 동이에게 개미 사진을 보여 주고 찾아보자는 표시를 함. 처음에는 찾으려고 했다가 친구들과 잡기놀이를 하는 데 더 관심을 보이고 개미 찾기를 하지 않음 • 교사와 함께 『개미의 생활』이라는 책을 읽음. 책을 보면서 소그룹 활동 때 했던 개미 지문 찍기 활동을 표상하듯 엄지손가락을 찍는 시늉을 함 • 개미집을 관찰하는 교구를 매우 좋아함. 개미집의 여러 방을 탐색하고 교구를 조작해 봄 • 알에서부터 개미가 되기까지의 과정에 관심을 갖고 그림자 교구로 활동함 • 동물원 만들기에는 관심을 보이지 않아서 활동을 하지 못함 • 피코에 대한 관심을 보여서 교사가 피코로 개미를 그려 주고 동이에게 개미를 그려 보라고 하자 개미와 매우 비슷하게 그림 • 개미의 종류에 대한 PPT 자료에 많은 관심을 보이고 착석해 있음 • 동이가 병원 검진으로 피곤해하고 스트레스를 받았던 것 같아 밥을 억지로 먹이지 않음. 교사가 밥그릇을 정리하자 박수를 치며 좋아함 • 양치 후 조은찬, 김현진과 잡기놀이를 하며 장난을 침. 교사가 그만하라고 이야기했지만 친구들과 매우 즐겁게 놀이함 • 동화 듣기 시간에 지루해하며 의자로 장난을 침
부모 의견	• 와우관 수술을 위한 여러 가지 검사로 아이가 정신적으로 충격을 받지 않았을까 걱정입니다. 특이 행동이나 표현이 없는지 관찰 부탁 드립니다. • 의사 표현이 어려워 지도가 힘드실 것 같습니다. 노고에 감사 드립니다.	

○○대학교 부속유치원

제13부

장애유아 통합교육의 실제편

❑ AEPS를 활용한 장애유아 통합교육 프로그램

❑ AEPS를 활용한 장애유아 통합교육 프로그램

제3부에서는 장애유아 통합교육의 실제를 다룬다. 이 부분은 총신대학교 부속유치원에서 시행한 장애유아 통합교육의 실제를 포함하며, 여기서는 3명의 장애유아가 일관성 있게 예시로 제시되고 있다. 유아교육기관에서의 장애유아 통합교육 실천에 도움이 되는 자료로 활용할 수 있도록 가능한 한 시간의 흐름에 따라 실제를 제시했다.

총신대학교 부속유치원에서 시행한 장애유아 통합교육의 실제에 나오는 유아들의 특징을 간단하게 요약해 보면 다음과 같다.

장애유아의 행동 특징

유아명	지민	동이	우주
장애명	표현언어장애	청각장애, 음식 거부	전반적 발달장애
특징	지민이는 만 5세의 남자 유아로 가족은 아버지, 어머니, 누나, 지민이 이렇게 4명이다. 장애유아인 지민이는 제왕절개로 태어났으며, 출생 시 요도 하혈이 있어 19개월에 수술을 하였다. 31개월 무렵 연세대 구강외과에서 언어검사를 하였고, 2007년 표현언어장애 진단을 받았다. 지민이의 영아기 시절 주 양육자는 어머니였다.	동이는 만 4세의 남자 유아로 가족은 아버지, 어머니, 남동생, 동이 이렇게 4명이다. 생후 6개월경에 조부가 유아를 떨어뜨려 장애를 갖게 되었으며, 2008년 8월에 청각에 이상이 있음을 알게 되었고, 서울대학교 병원 소아이비인후과의 진단으로 청각장애 2급(양측 고도난청) 진단을 받고, 2009년 5월 인공와우 수술을 받았다. 동이의 영아기 시절 주 양육자는 조모였으며, 12개월에 걸음을 떼기 시작하였다. 젖을 뗀 시기는 24개월이었고, 생후 14~18개월경 초어를 산출하였다. 동이는 인지적으로 발달이 잘 되어 있으며 친구들을 좋아하고 친구들에게도 인기가 많다.	우주는 만 4세의 유아로 가족은 어머니, 아버지, 친할머니, 우주 이렇게 4명이다. 우주는 연세대학교 병원 소아정신과에서 전반적 발달장애 진단을 받았다. 어머니와 아버지는 맞벌이로 주 양육자는 친할머니다. 우주는 다른 사람과 가까이 있는 것을 좋아하며, 우는 친구를 바라보며 "○○가 울어."라고 반응을 보인다. 또 친숙한 친구에게 먼저 다가가 인사할 수 있다. 자신의 소유를 주장할 수 있으며, 자발적으로 물건을 선택하고, 좋아하는 활동을 시작한다.
교수 목표	• 소근육 –곡선 · 직선 형태 자르기 –이름 쓰기 • 대근육 –공을 튕기고, 잡고, 차고, 던지기 • 적응 –적절한 식기를 사용해서, 흘리지 않거나 조금만 흘리고 다양한 음식을 먹고 마시기 –모든 화장실 기능 수행하기 –다양한 촉감의 음식 먹기	• 적응 –적절한 식기를 사용해서, 흘리지 않거나 조금만 흘리고 다양한 음식을 먹고 마시기 –다양한 촉감의 음식 먹기 –음식 준비하고 제공하기 • 인지 –청각적 · 시각적 · 촉각적 사건 지향하기 –자주 사용하지 않는 단어 모방하기 –놀이에 가상적 물건 사용하기	• 소근육 –두 손을 사용하여 물체를 조작하고, 각 손은 다른 움직임을 수행하기 –형태대로 자르기 –세 손가락으로 잡고 쓰기 • 대근육 –앞으로 점프하여 뛰기 –한 발로 균형 잡기 –공을 튕기고, 잡고, 차고, 던지기 –발을 번갈아 가면서 뛰기(스키핑)

	–씻고 단장하기 –옷을 적절히 선택하고 지정된 시간에 옷 입기 • 인지 –질적 개념과 양적 개념에 대한 이해 나타내기 –일상적으로 주어지지 않는 3개 이상의 지시에 따르기 –공간과 시간 관계 개념에 대한 이해 나타내기 –물건, 사건, 사람에 대한 추론을 요하는 질문에 적절히 대답하고 진술하기 –규칙이 있는 게임에 참여하기 • 사회–의사소통 –예상하는 결과의 표현을 위해서 단어, 구, 문장 사용하기 –화자와 청자의 역할 교대로 하기 –대화 규칙 사용하기 • 사회성 –자발적으로 협동활동 시작하기 –효과적인 전략의 선택으로 갈등 해결하기 –놀이 상대로 다른 사람과 상호작용하기 –대집단 활동 동안 보고, 듣고, 참여하기 –자신과 다른 사람의 정서와 감정에 대해 표현하기	–환경적인 상징(사인, 로고, 상표명)을 인식하여 표현하기 –그림에서 친숙한 사람, 행동, 물건, 사건을 명명하기 –책 읽어 주는 시간에 이야기의 처음부터 끝까지 앉아서 집중하기 –일반적인 반대개념 표현하기 • 사회–의사소통 –사람이 말하는 쪽으로 돌아보기 –옹알이로 음성적 상호작용에 참여하기 –사람의 주의 집중을 얻고 물건, 사람, 사건에 대해 언급하기 –상황적인 단서 없이 두 단계 지시 수행하기 • 사회성 –놀이 상대로 다른 사람과 상호작용하기 –자발적으로 협동활동 시작하기 –대집단 활동 동안 보고, 듣고, 참여하기 –자신의 정서와 감정 표현하기 –자신과 다른 사람에 대한 정보 말하기	• 적응 –적절한 식기를 사용해서, 흘리지 않거나 조금만 흘리고 다양한 음식을 먹고 마시기 –음식 준비하고 제공하기 –씻고 단장하기 –다양한 형태의 단추를 열거나 풀기 –옷을 적절히 선택하고 지정된 시간에 옷 입기 • 인지 –색, 모양, 크기에 대한 이해 나타내기 –공간과 시간 관계 개념에 대한 이해 나타내기 –특정 준거에 따라 물체, 사람, 사건을 그룹 짓기 –문제해결 방안 평가하기 • 사회–의사소통 –어문 2개 사용하기 –어문 3개 사용하기 • 사회성 –놀이 상대로 다른 사람과 상호작용하기 –소집단 활동 동안 보고, 듣고, 참여하기 –대집단 활동 동안 보고, 듣고, 참여하기 –사회적으로 적절한 방식으로 신체적 욕구 충족하기 –집과 교실 밖에서 상황에 맞는 규칙 따르기

제3부는 다음과 같이 구성되어 있다.

교육과정 실제편의 구성

1. 교육과정 중심 도구의 작성: AEPS의 예시
이 부분에서는 AEPS 교육과정 중심 도구를 활용하여 작성된 장애유아 '동이'의 결과를 다루고 있다. 동이의 신상 관련 자료와 교수 목표는 앞의 장애유아들의 특징을 참고하기 바란다.

⇩

2. 개별화 교육 계획안의 작성
앞서 제시되었던 AEPS 결과를 활용하여 작성된 동이의 개별화 교육 계획안을 제시하였다. 장애유아의 개별화 교육 계획안을 작성할 시 단순하게 교육과정 중심 도구만을 온전히 사용하지는 않으나, 이 책에서는 교육과정 중심의 평가 결과가 어떻게 개별화 교육 계획으로 연계되는가를 나타내기 위한 예시로서 활용할 수 있다.

⇩

3. 주간 교육 계획안의 활용
총신대학교 부속유치원의 장애유아 통합교육을 위한 주간 교육 계획안이다. 3명의 장애유아가 통합되어 있는 예시로 소집단 · 대집단 활동, 자유선택 활동, 점심식사, 바깥놀이 활동이 포함되었으며, 총 10개의 주간 교육 계획안을 제시하였다.

⇩

4. 일일 교육 계획안의 활용
총신대학교 부속유치원의 3명의 장애유아가 통합되어 있는 장애유아 통합교육을 위한 일일 교육 계획안의 예다. 일일 활동을 계획할 때 동적인 활동과 정적인 활동, 실내 활동과 실외 활동, 개별 활동과 소집단 · 대집단 활동, 유아 주도 활동과 교사 주도 활동 등이 균형 있게 이루어지도록 하며, 장애유아를 포함한 모든 유아들에게 적절하도록 계획하고, 평가를 통해 목표의 수정과 조정이 필요한지를 포함한다. 총 10개의 일일 교육 계획안을 제시하였다.

⇩

5. 단위 활동 계획안의 활용
총신대학교 부속유치원의 장애유아 통합교육을 위한 단위 활동 계획안이다. 활동 계획에서는 일반 유아와 장애유아를 위한 활동 목표를 제시하는 것 외에도, 장애유아의 개별화 교육 목표가 포함되어 활동이 수행될 수 있도록 하는 기회를 사전에 계획하도록 구성되어 있다. 총 30개의 단위 활동 계획안을 제시하였다.

1 교육과정 중심 도구의 작성 : AEPS의 예시

다음은 동이의 사례에서 작성된 AEPS 양식이다. AEPS 평가도구를 사용하여 6개 영역(소근육 영역, 대근육 영역, 적응 영역, 인지 영역, 사회-의사소통 영역, 사회성 영역)을 작성하였다. 1차는 2009년 9월로 만 3세에, 2차와 3차는 각각 6개월 간격으로 시행되었다. 각 영역과 문항은 동이가 유치원 환경에서 유아들과 활동할 때 담임교사, 부담임교사 그리고 특수교사와 함께 관찰을 위주로 시행한 결과다. 자연적 환경에서 관찰이 어려운 경우는 직접 검사를 시행하였고, 직접 검사 또한 일과와 통합하여 시행하였다. 각 영역에 대한 직접 검사 시행방법은 영역의 마지막 장의 특기 사항에 작성하였다. 이 결과를 바탕으로 동이의 현 수준을 파악하고, 적절한 교육 목표를 작성하였다.

대근육 운동 영역

S = 채점 약어	N = 참조
2 = 일관성 있게 준거 수행	A = 도움이 제공되었을 때
1 = 일관성 없이 준거 수행	B = 행동이 방해되었을 때
0 = 준거를 수행하지 못함	D = 직접 검사
	M = 수정 변형 1점
	Q = 수행 능력의 질
	R = 보고

이름: 임동이

	IFSP/IEP	2009. 9 ~*.* S	N	2010. 4 ~*.* S	N	2010. 9 ~*.* S	N	S	N
A. 균형과 운동성									
1. 장애물 피하며 달리기		2		2		2			
1.1 달리기		2		2		2			
2. 양발을 교대로 계단 오르내리기		1		2		2			
2.1 계단 오르내리기		1		2		2			
B. 놀이기술									
1. 앞으로 점프하여 뛰기		2		2		2			
1.1 제자리에서 점프하기		2	D	2		2			
1.2 발 구름판에서 점프하기		2	D	2	D	2			
1.3 한 발로 균형 잡기		2	D	2		2			
2. 공을 튕기고, 잡고, 차고, 던지기		1		2		2			
2.1 공 튕기기		1		2	D	2			
2.2 공 잡기		2		2	D	2			
2.3 공 차기		2		2	D	2			
2.4 공 던지기		2		2	D	2			
3. 발을 번갈아 가면서 뛰기(스키핑하기)		2	D	2		2			
3.1 한 발로 뛰기(홉핑하기)		2	D	2		2			
4. 두발자전거를 타고 조정하기		1		1		1			
4.1 보조바퀴가 있는 두발자전거를 타고 조종하기		1	M	1	M	1	M		

특정한 검사 기간 동안 S 칼럼에 쓰인 모든 2점짜리와 1점짜리를 더함으로써 영역에 대한 원점수가 계산될 수 있다. 영역 퍼센트 점수를 계산하기 위해서 영역 원점수를 다 맞았을 때 영역 원점수로 나누고, 100을 곱한다.

결과				
검사 일자	2009. 9	2010. 4	2010. 9	
영역별 원점수	28	32	32	
다 맞았을 때 영역 원점수	34	34	34	34
영역 퍼센트 점수	82%	94.1%	94.1%	

대근육 운동 영역

- 검사자: ***
- 특기 사항:
- 일자: 2009. 9

4.1 유치원에 있는 세발자전거를 이용함

- 검사자: ***
- 특기 사항:
- 일자: 2010. 4

B. 놀이기술

1.2. 15cm 정도 높이의 계단에서 두 발로 뛰어 내려오도록 하면 뛸 수 있음

2.1. 직경 15cm의 공을 3~4회 튕길 수 있음

2.2. 직경 15cm의 공을 팔이 닿는 범위 내로 던져 주면 잡을 수 있음. 멀리 던져 주면 던지는 방향으로 움직임

2.3~4. 직경 15cm의 공을 던지거나 차서 목표물을 맞추어 쓰러뜨릴 수 있음

4.1. 두발자전거 대신 유치원에 있는 세발자전거를 이용함

- 검사자: ***
- 특기 사항:
- 일자: 2010. 9

B. 놀이기술

2.1. 유치원에 있는 직경 15cm의 공으로 시도함. 공을 튕기려고 시도하고 힘껏 공을 던지지만 크기가 조금 작고 방향 조절이 어려워 두 번 이상 튕기지는 못함

소근육 운동 영역

S = 채점 약어	N = 참조
2 = 일관성 있게 준거 수행	A = 도움이 제공되었을 때
1 = 일관성 없이 준거 수행	B = 행동이 방해되었을 때
0 = 준거를 수행하지 못함	D = 직접 검사
	M = 수정 변형 1점
	Q = 수행 능력의 질
	R = 보고

이름: 임동이

	IFSP/IEP	2009. 9		2010. 4. 23		2010. 8. 30			
		S	N	S	N	S	N	S	N
A. 좌우 운동 협응 능력 2									
1. 두 손을 사용하여 물체를 조작하고, 각 손은 다른 움직임을 수행하기		2		2		2			
1.1. 한 손으로 물체를 잡고 다른 쪽 손으로 조작하기		2		2		2			
2. 곡선 형태 자르기		2		2	D	2			
2.1. 직선 형태		2		2	D	2			
2.2. 종이를 둘로 자르기		2		2	D	2			
B. 쓰기 출현									
1. 세 손가락으로 잡고 쓰기		2		2		2			
1.1. 쓰기 도구를 잡을 때 세 손가락으로 잡기		2		2		2			
2. 글자와 유사한 형태로 쓰기		1		2		2			
2.1. 표상적인 형태 그리기		1		2		2			
2.2. 복잡한 형태 보고 그리기		2		2		2			
2.3. 단순한 형태 보고 그리기		2		2		2			
3. 이름 쓰기		0		2		2			
3.1. 3개의 글자 쓰기		0		2	D	2			
3.2. 이름 보고 쓰기		0		2	D	2			
3.3. 3개의 글자 보고 쓰기		0		2	D	2			

특정한 검사 기간 동안 S 칼럼에 쓰인 모든 2점짜리와 1점짜리를 더함으로써 영역에 대한 원점수가 계산될 수 있다. 영역 퍼센트 점수를 계산하기 위해서 영역 원점수를 다 맞았을 때 영역 원점수로 나누고, 100을 곱한다.

결 과				
검사 일자	2009. 9	2010. 4. 23	2010. 8. 30	
영역별 원점수	20	30	30	
다 맞았을 때 영역 원점수	34	34	34	34
영역 퍼센트 점수	66%	100%	100%	

소근육 운동 영역

• 검사자: ***

• 특기 사항:

• 일자: 2009. 9

■ 그림 형태는 또래 수준으로 나타나나 글자에 대한 관심은 거의 나타나지 않음

■ 부모님은 동이가 자신의 이름을 쓰기를 원하심(가족 보고서)

• 검사자: ***

• 특기 사항:

• 일자: 2010. 4

A. 좌우 운동 협응 능력

2. 종이에 색연필로 그려진 부분을 따라 자르도록 하면 도움을 받지 않고 곡선 및 직선으로 자를 수 있음

B. 쓰기 출현

3. 1. 쓸 수 있는 글자에 대해 물어보았더니 친구의 이름을 씀
'ㅊ'을 뒤집거나 'ㅠ' 'ㅛ'를 혼동하여 쓰는 경우가 있음

3. 2. 당일 아침 이름을 쓸 때 자음을 뒤집어쓰고 다 쓰지 않았으나 직접 검사 시에는 이름 세 자를 모두 정확히 씀

3. 3. 명찰에 쓰여 있는 글자를 짚어 쓰도록 하면 보고 똑같이 쓸 수 있음

• 검사자: ***

• 특기 사항:

• 일자: 2010. 8

적응 영역

S = 채점 약어	N = 참조
2 = 일관성 있게 준거 수행	A = 도움이 제공되었을 때
1 = 일관성 없이 준거 수행	B = 행동이 방해되었을 때
0 = 준거를 수행하지 못함	D = 직접 검사
	M = 수정 변형 1점
	Q = 수행 능력의 질
	R = 보고

이름: 임동이

		2009. 9 ~*.*		2010. 4 ~*.*		2010. 9 ~*.*			
	IFSP/IEP	S	N	S	N	S	N	S	N
A. 음식 먹기									
1. 적절한 식기를 사용해서, 흘리지 않거나 조금만 흘리고 다양한 음식을 먹고 마시기		1		1		2			
1.1. 적당한 양의 음식을 입에 넣고, 입을 다물고, 음식을 씹으며, 입에 있는 음식을 삼킨 후에 다음 음식을 뜨기		1		2		2			
1.2. 적절한 양의 음료수를 마시고 컵을 다시 탁자 위에 내려놓기		2		2		2			
1.3. 다양한 촉감의 음식 먹기		0		1		2			
1.4. 다양한 종류의 음식을 선택하고 먹기		0		0		2			
1.5. 식기를 사용하여 먹기		2		2		2			
2. 음식을 준비하고 제공하기		1		1		2			
2.1. 먹을 음식 준비하기		1		2		2			
2.2. 나이프를 사용하여 음식 펴 바르기		0		2		2			
2.3. 다양한 용기에 음료수 따르기		2		2		2			
2.4. 식기를 이용하여 음식 제공하기		2		2		2			
B. 개인위생									
1. 모든 화장실 기능 수행하기		1		1		2			
1.1. 화장실 휴지를 사용하고, 물 내리고, 손 씻기		1		1		2			
1.2. 변기 사용하기		2		2		2			
1.3. 화장실(변기)을 사용할 필요성 나타내기		2		2		2			
2. 씻고 단장하기		1		1		1			
2.1. 휴지 사용하여 코 닦기		1		2		2			
2.2. 이 닦기		2	R	2	R	2	R		
2.3. 몸 씻고 닦기		1	R	1	R	1	R		
2.4. 머리 빗기		2	R	2	R	2	R		
2.5. 얼굴 씻고 닦기		2	R	2	R	2	R		

C. 옷 입기와 옷 벗기									
1. 다양한 형태의 단추를 열거나 풀기		1		1		1			
1.1. 단추, 똑딱단추, 벨크로 풀기		2		2		2			
1.2. 끈 형태로 묶인 것 풀기		1		1		1			
1.3. 지퍼 열기		2		2		2			
2. 옷을 적절히 선택하고 지정된 시간에 옷 입기		2		2		2			
2.1. 긴 바지 입기		2	R	2	R	2	R		
2.2. 앞트임 옷 입기		2	R	2		2			
2.3. 머리에서부터 뒤집어 입는 옷 입기		2	R	2		2			
2.4. 구두 신기		2		2		2			
2.5. 속옷, 반바지, 스커트 입기		2		2		2			
3. 다양한 형태의 단추를 묶고, 채우고, 잠그기		1		1		1			
3.1. 끈 형태로 잠그는 것 묶기		0		0		0			
3.2. 단추, 똑딱단추, 벨크로 채우기		2		2		2			
3.3. 지퍼 잠그기		1		2		2			

특정한 검사 기간 동안 S 칼럼에 쓰인 모든 2점짜리와 1점짜리를 더함으로써 영역에 대한 원점수가 계산될 수 있다. 영역 퍼센트 점수를 계산하기 위해서 영역 원점수를 다 맞았을 때 영역 원점수로 나누고, 100을 곱한다.

결과					
	검사 일자	2009. 9	2010. 4	2010. 9	
	영역별 원점수	70	52	59	
	다 맞았을 때 영역 원점수	116	116	116	116
	영역 퍼센트 점수	62%	80%	84.5%	

인지 영역

S = 채점 약어	N = 참조
2 = 일관성 있게 준거 수행	A = 도움이 제공되었을 때
1 = 일관성 없이 준거 수행	B = 행동이 방해되었을 때
0 = 준거를 수행하지 못함	D = 직접 검사
	M = 수정 변형 1점
	Q = 수행 능력의 질
	R = 보고

이름: 임동이

		2009. 9 ~*.*		2010. 4 ~*.*		2010. 9 ~*.*			
	IFSP/IEP	S	N	S	N	S	N	S	N
A. 감각자극									
1. 청각적 · 시각적 · 촉각적 사건 지향하기		1		1		1			
1.1. 청각적 사건 지향하기		0		1		1			
1.2. 시각적 사건 지향하기		2		2		2			
1.3. 촉각적 사건 지향하기		2		2		2			
1.4. 청각적 · 시각적 · 촉각적 자극에 반응하기		1		1		1			
B. 대상 영속성									
1. 물건과 사람이 시야에서 사라질 때까지 시각적으로 추적하기		2		2		2			
1.1. 수평, 수직, 원으로 움직이는 물건을 시각적으로 추적하기		2		2		2			
1.2. 물건과 사람에게 초점 맞추기		2		2		2			
2. 물건을 연속적으로 두 번 숨겼을 때 숨긴 물건과 사람 찾기		2		2		2			
2.1. 유아가 보는 동안에 숨긴 물건과 사람 찾기		2		2		2			
2.2. 유아가 보는 동안에 조금 보이게 숨긴 물건과 사람 찾기		2		2		2			
2.3. 유아의 시야에서 물건을 숨기거나 사람이 숨을 때 반응하기		2		2		2			
3. 일상적인 위치에 놓여 있지 않은 물건을 지속적으로 찾기		2		2		2			
3.1. 일상적인 장소에 있는 물건 찾기		2		2		2			
4. 일상적인 문제해결하기		1		2		2			
4.1. 일상적인 문제해결을 시도하기 위해 한 가지 이상의 전략 사용하기		1		2		2			
C. 인과관계									
1. 기계로 움직이는 장난감을 정확하게 작동하기		2		2		2			
1.1. 간단한 장난감을 정확하게 작동하기		2		2		2			
1.2. 어떤 방법으로든 간단한 장난감이나 기계로 움직이는 장난감을 작동하기		2		2		2			
1.3. 간단한 장난감이나 기계로 움직이는 장난감에 관심 표하기		2		2		2			
2. 게임과 활동을 계속하기 위해 게임과 활동의 상호작용 부분 재현하기		2		2		2			
2.1 . 친숙한 게임이나 활동을 계속하기 위한 욕구 표현하기		2		2		2			
D. 모방하기									
1. 흔히 사용하지 않는 운동활동 모방하기		2		2		2			
1.1. 흔히 사용하는 운동 모방하기		2		2		2			
2. 자주 사용하지 않는 단어 모방하기		0		1		1			

2.1. 자주 사용하지 않는 말소리 모방하기		0		1		1			
2.2. 자주 사용하는 단어 모방하기		0		1		2			
E. 문제해결									
1. 새로운 물건을 획득했을 때 그 물건을 보유하기		1		2		2			
1.1. 두 번째 물건을 획득하였을 때 첫 번째 물건 보유하기		1		2		2			
1.2. 물건 보유하기		2		2		2			
2. 물건을 획득하기 위해 다른 물건 이용하기		2		2		2			
2.1. 물건을 획득하기 위해 다른 물건의 부분이나 물건을 지지하고 있는 부분 이용하기		2		2		2			
3. 장애물 주변을 돌아다니기		2		2		2			
3.1. 물건을 획득하기 위하여 장애물을 움직이거나 장애물 주변을 돌아서 가기		2		2		2			
3.2. 장애물 주위를 돌아서 위치 변경하기		2		2		2			
5. 일반적인 반대개념 표현하기		0		0		1			
5.1. 4쌍 이상의 반대개념 사용하기		0		1	D/M	1			
5.2. 2쌍 이상의 반대개념 사용하기		0		1	D/M	2	D		
6. 간단한 동요 따라 하기		0		1		1			
6.1. 친숙한 동요의 단어 채우기		0		1		1			
6.2. 친숙한 어른과 함께 동요 부르기		0		1		2			
F. 물체와의 상호작용									
1. 놀이에 가상적 물건 사용하기		1		1		1			
1.1. 물건을 표상활동에 사용하기		1		1		1			
1.2. 물건을 기능적으로 맞게 적절한 활동에 사용하기		2		2		2			
1.3. 여러 가지 물건을 간단한 운동활동에 사용하기		2		2		2			
1.4. 물건을 감각적으로 시험해 보기		1		2		2			
G. 초기 개념									
1. 관련 물건을 범주화하기		1		2		2			
1.1. 기능적으로 관련된 물건 그룹 짓기		1		2	D	2			
1.2. 크기, 형태, 색깔에 따라 물건 그룹 짓기		1		2	D	2			
1.3. 그림과 물건 짝짓기		2		2	D	2			
2. 일대일 대응을 기능적으로 표현하기		1		2		2			
2.1. 하나라는 개념 표현하기		1	M	2		2			
3. 환경적인 상징(사인, 로고, 상표명) 인식하여 표현하기		0		1		2			
3.1. 그림에서 친숙한 사람, 행동, 물건, 사건을 명명하기		0		1	D	2	D		
4. 읽기자료에 대한 기능적 사용을 표현하기		0		1		1			
4.1. 그림책을 보면서 친숙한 내용을 말로 채우거나 완성하기		0		0		0			
4.2. 그림책을 보는 동안 질문하거나 내용에 대해 언급하기		0		0		0			
4.3. 책 읽어 주는 시간에 이야기의 처음부터 끝까지 앉아서 집중하기		0		1		2			

특정한 검사 기간 동안 S 칼럼에 쓰인 모든 2점짜리와 1점짜리를 더함으로써 영역에 대한 원점수가 계산될 수 있다. 영역 퍼센트 점수를 계산하기 위해서 영역 원점수를 다 맞았을 때 영역 원점수로 나누고, 100을 곱한다.

결 과	검사 일자	2009. 9	2010. 4	2010. 9	
	영역별 원점수	15	50	60	
	다 맞았을 때 영역 원점수	92	92	92	92
	영역 퍼센트 점수	62%	80%	84.5%	

인지 영역

- 검사자: ***
- 특기 사항:
- 일자: 2009. 9

G. 초기 개념

2.1. 언어적으로 '한 개'를 들을 수 없어서 손가락으로 대상을 가리키며 '한 개를 가져오라.'는 몸짓 언어를 사용함

- 검사자: ***
- 특기 사항:
- 일자: 2010. 4

G. 초기 개념

1.1.2. 여러 가지 장난감을 섞어 놓고 기능, 형태, 크기, 색깔에 따라 분류하도록 시범을 보여 주면 나머지를 분류할 수 있음

1.3. 트라이앵글, 주사기, 청진기 등의 그림을 보여 주고 장난감을 찾아오도록 하면 알맞은 것을 찾아옴

3. 그림으로 상황을 보여 주고 어디를 가야 할지 로고를 찾아보면 소방서, 우체국, 병원을 찾을 수 있음. 경찰서 로고를 잘 이해하지 못함

3.1. 그림책에서 자동차, 공룡 등을 찾도록 하면 손으로 가리킬 수 있음. 교실에서 이름표를 가리키며 등원하지 않은 아이에 대해 물어보거나 이름표 주인을 찾을 수 있지만 소리 내어 명명하지 않음

5. 반대개념의 예를 보여 주고, 특정 장난감의 속성과 반대가 되는 것을 찾아보도록 하면 찾을 수 있음

사회－의사소통 영역

S = 채점 약어	N = 참조
2 = 일관성 있게 준거 수행	A = 도움이 제공되었을 때
1 = 일관성 없이 준거 수행	B = 행동이 방해되었을 때
0 = 준거를 수행하지 못함	D = 직접 검사
	M = 수정 변형 1점
	Q = 수행 능력의 질
	R = 보고

이름: 임동이

	IFSP/IEP	2009. 9 ~*.* S	N	2010. 4 ~*.* S	N	2010. 9 ~*.* S	N	S	N
A. 언어 전(prelinguistic) 의사소통적 상호작용									
1. 사람이 말하는 쪽으로 돌아보기		0		1		1			
1.1. 사물과 이에 대해 말하고 있는 사람 쪽으로 돌아보기		0		1		1			
1.2. 소리가 나는 물체 쪽으로 돌아보기		0		1		1			
2. 공동의 관심거리를 만들기 위해 사람의 응시 따라가기		2		2		2			
2.1. 공동의 관심거리를 만들기 위해 사람이 가리키는 몸짓에 따라가기		2		2		2			
2.2. 물건 쪽을 쳐다보기		2		2		2			
3. 옹알이로 음성적 상호작용에 참여하기		0		1		2			
3.1. 쿠잉(초기 옹알이)으로 음성적 상호작용에 참여하기		0		1		2			
B. 단어로 전환하기									
1. 사람의 주의 집중을 얻고, 물건, 사람, 사건에 대해 언급하기		1		1		1			
1.1. 말이나 몸짓으로 간단한 질문에 반응하기		1		1	M	1			
1.2. 물건, 사람, 사건 가리키기		1		2		2			
1.3. 몸짓이나 말로 사람과 인사하기		1		1		2			
1.4. 몸짓이나 말로 물건이나 사람을 거절하거나 반대하기		1		2		2			
2. 일관적으로 유사 단어 사용하기		1		2		2			
2.1. 일관된 자음－모음 결합 사용하기		1		2		2			
2.2. 불특정한 자음－모음 결합이나 뜻을 알 수 없는 말(jargon) 사용하기		1		2		2			
2.3. 감정을 표현하기 위해 소리 내어 말하기		1		2		2			
2.4. 개음절(open syllables)을 소리 내어 말하기		1		2		2			
C. 단어와 문장의 이해									
1. 상황적인 단서 없이 물건, 사람, 사건 찾기		0		2		2			
1.1. 익숙하지 않은 그림에서 일상적인 물건, 사람, 사건 찾기		0		2		2			
1.2. 익숙한 그림에서 일상적인 물건, 사람, 사건 찾기		0		2		2			
1.3. 상황적인 단서를 사용하여 일상적인 물건, 사람, 사건 찾기		0		2		2			
1.4. 자기 이름 인식하기		0		2		2			
1.5. 익숙한 소리를 듣고 안정 찾기		0		2		2			

2. 상황적인 단서 없이 두 단계 지시 수행하기		0		1		1			
2.1. 상황적인 단서를 사용하여 두 단계 지시 수행하기		0		1	M	1			
2.2. 상황적인 단서 없이 한 단계 지시 수행하기		0		1	M	1	M		
2.3. 상황적인 단서를 사용하여 한 단계 지시 수행하기		0		1	M	2			
D. 사회-의사소통적 신호, 단어, 문장 표현하기									
1. 50개의 한 단어 사용하기		0		0		1			
1.1. 5개의 형용사 사용하기		0		0		1			
1.2. 5개의 행위 단어 사용하기		0		1	M/D	1			
1.3. 2개의 대명사 사용하기		0		1	M/D	1			
1.4. 15개의 물건이나 사건의 명칭 사용하기		0		0		2			
1.5. 3개의 적절한 이름 사용하기		0		2					
2. 2어문 사용하기		0		0		1			
2.1. 행위자-행위, 행위자-대상을 표현하기 위해 2어문 사용하기		0		1	M	1			
2.2. 소유를 표현하기 위해 2어문 사용하기		0		0		1			
2.3. 장소를 표현하기 위해 2어문 사용하기		0		0		0			
2.4. 물건, 사람, 사건을 묘사하기 위해 2어문 사용하기		0		0		0			
2.5. 반복을 표현하기 위해 2어문 사용하기		0		0		0			
2.6. 부정을 표현하기 위해 2어문 사용하기		0		1		1			
3. 3어문 사용하기		0		0		0			
3.1. 부정을 나타내는 3어문 사용하기		0		0		0			
3.2. 질문하기		0		0		1	M		
3.3. 대상-장소-행위를 나타내는 3어문 사용하기		0		0		0			
3.4. 행위자-대상-행위를 나타내는 3어문 사용하기		0		0		0			

특정한 검사 기간 동안 S 칼럼에 쓰인 모든 2점짜리와 1점짜리를 더함으로써 영역에 대한 원점수가 계산될 수 있다. 영역 퍼센트 점수를 계산하기 위해서 영역 원점수를 다 맞았을 때 영역 원점수로 나누고, 100을 곱한다.

결과					
	검사 일자	2009. 9	2010. 4	2010. 9	
	영역별 원점수	15	50	60	
	다 맞았을 때 영역 원점수	92	92	92	92
	영역 퍼센트 점수	16%	54.3%	65.2%	

사회성 영역

S = 채점 약어	N = 참조
2 = 일관성 있게 준거 수행	A = 도움이 제공되었을 때
1 = 일관성 없이 준거 수행	B = 행동이 방해되었을 때
0 = 준거를 수행하지 못함	D = 직접 검사
	M = 수정 변형 1점
	Q = 수행 능력의 질
	R = 보고

이름: 임동이	IFSP/IEP	2009. 9 ~*.*		2010. 4 ~*.*		2010. 9 ~*.*			
		S	N	S	N	S	N	S	N
A. 다른 사람들과의 상호작용									
1. 놀이 상대로 다른 사람과 상호작용하기		1		1		1			
1.1. 어려움에 처해 있거나 도움이 필요한 사람에게 반응하기		2		2		2			
1.2. 다른 사람과 가까이 하고 이를 유지하기(근접성)		2		2		2			
1.3. 다른 사람과 교대로 상호작용하기		1		1	A	1			
1.4. 친숙한 사람에게 먼저 인사하기		1		1		2			
1.5. 다른 사람이 보인 애정적인 호의에 반응하기		2		2		2			
2. 자발적으로 협동활동 시작하기		1		1		1			
2.1. 다른 사람과의 협동활동에 참여하기		1		1		1			
2.2. 다른 사람과의 협동활동을 유지하기		1		1		1			
2.3. 물건을 나누어 쓰거나 바꾸어 사용하기		0		1		1	A		
3. 효과적인 전략의 선택으로 갈등 해결하기		1		1		1			
3.1. 갈등 해결을 위해 협상하기		0		0		1			
3.2. 갈등 해결을 위한 간단한 전략 사용하기		0		0		0	M		
3.3. 소유(권)를 주장하거나 방어하기		1		2		2			
B. 참 여									
1. 연령에 적합한 활동을 자발적으로 시작하고 마치기		1		2		2			
1.1. 활동 종료 요구에 반응하기		1		2		2			
1.2. 활동 시작 요구에 반응하기		2		2		2			
2. 소집단 활동 동안 보고, 듣고, 참여하기		1		1		1			
2.1. 소집단 활동 동안 물체를 가지고 적절하게 상호작용하기		1		1		1			
2.2. 소집단 활동 동안 지시에 적절하게 반응하기		1		1		1			
2.3. 소집단 활동 동안 적절한 물건, 사람, 사건 보기		2		2		2			
2.4. 소집단 활동 동안 집단과 함께하기		2		2		2			
3. 대집단 활동 동안 보고, 듣고, 참여하기		1		1		1			
3.1. 대집단 활동 동안 물체를 가지고 적절하게 상호작용하기(게임)		1		1		1			
3.2. 대집단 활동 동안 지시에 적절하게 반응하기		1		1		1			
3.3. 대집단 활동 동안 적절한 물건, 사람, 사건 보기		1		1		1			
3.4. 대집단 활동 동안 집단과 함께하기		2		2		2			

C. 환경과의 상호작용									
1. 사회적으로 적절한 방식으로 신체적 욕구 충족하기		1		1		1			
1.1. 불편하고, 아프고, 다치고, 피곤할 때, 신체적 욕구 충족하기		1		1		2			
1.2. 관찰 가능한 신체적 욕구 충족하기		2		2		2			
1.3. 배고픔이나 갈증과 같은 신체적 욕구 충족하기		1		2		2			
2. 집과 교실 밖에서 상황에 맞는 규칙에 따르기		1		1		1			
2.1. 어른의 허락 구하기		0		0		0			
2.2. 집과 교실의 정해진 규칙에 따르기		1		1		1			
D. 자신과 다른 사람에 대해 표현하기									
1. 개인적으로 좋아하는 것과 싫어하는 것에 대해 의사소통하기		1		2		2			
1.1. 자발적으로 좋아하는 활동 시작하기		2		2		2			
1.2. 활동이나 물건 선택하기		1		2		2			
2. 자신의 행동, 생각, 감정이 다른 사람에게 어떻게 영향을 미치는지에 대한 이해를 표현하기		0		1		1			
2.1. 다른 사람의 정서나 감정에 대해 표현하기		0		0		1			
2.2. 자신의 정서나 감정을 표현하기		0		1	M	1	M		
3. 자신과 다른 사람에 대한 정보 말하기		0		0		1			
3.1. 주소 말하기		0		0		0			
3.2. 전화번호 말하기		0		0		0			
3.3. 생일 말하기		0		0		0			
3.4. 형제자매의 이름이나 자신의 성과 이름 말하기		0		0		1			
3.5. 자신과 다른 사람의 생일 말하기		0		0		1			
3.6. 이름과 나이 말하기				1		2			

특정한 검사 기간 동안 S 칼럼에 쓰인 모든 2점짜리와 1점짜리를 더함으로써 영역에 대한 원점수가 계산될 수 있다. 영역 퍼센트 점수를 계산하기 위해서 영역 원점수를 다 맞았을 때 영역 원점수로 나누고, 100을 곱한다.

결 과					
	검사 일자	2009. 9	2010. 4	2010. 9	
	영역별 원점수	42	52	59	
	다 맞았을 때 영역 원점수	94	94	94	94
	영역 퍼센트 점수	44%	55.3%	62.7%	

사회성 영역

• 검사자: ***

• 특기 사항:

• 일자: 2009. 9

A. 다른 사람들과의 상호작용

3.3. 언어적인 반응은 어려움을 보이며, 비언어적인 반응(물건 꼭 잡고 있기 등)을 보임. 소리 지르기

• 검사자: ***

• 특기 사항:

• 일자: 2010. 9

A. 다른 사람들과의 상호작용

1.3. 교사가 다른 유아가 할 차례임을 알려 주면 다음 순서의 유아가 할 수 있게 그 자리에서 비켜 줌

D. 자신과 다른 사람에 대해 표현하기

2.2. 유아가 아직 정확한 말로 표현하기에는 어려움이 있으나 표정과 '아'의 목소리 톤으로 기분을 표현함

2 개별화 교육 계획안의 작성

다음은 동이의 학기별 개별화 교육 계획안이다. 학기별 개별화 교육 계획안은 앞서 작성된 AEPS 평가 결과와 가족의 흥미와 요구를 반영하여 작성되었다. 현재 수행 능력에는 동이의 강점, 요구 영역, 흥미의 내용이 포함된다. 강점은 AEPS 영역별 검사에서 2점으로, 동이가 스스로 수행한 내용과 관찰 내용을 토대로 하였다. 요구 영역은 AEPS 영역별 검사에서 1점과 0점이 섞여 있는 영역을 중심으로 동이가 교사와 또래 유아의 도움을 받아 수행할 수 있는 내용과 관찰 내용을 토대로 하였다. 흥미 영역은 동이가 가정(가족 보고서 혹은 부모 면담 이용)과 유치원에서 흥미를 보이는 부분을 기술한 내용이다. 이와 같은 요구 사항들은 이후 각 영역별로 연간 혹은 학기별 교수 목표로 작성되었다.

1) 1학기 개별화 교육 계획안

<table>
<tr><td>성 명</td><td colspan="2">임동이</td><td>장애명</td><td>청각장애 2급
원에서의 음식 거부</td><td>실시 기간</td><td>3~7월</td></tr>
<tr><td>현재
수행
능력</td><td>강점</td><td colspan="5">• 적정량의 우유를 따라서 스스로 마시고 정리할 수 있다.
• 음식을 입에 넣고, 입을 다물고 씹으며, 입에 있는 음식을 삼킨 후에 다음 음식을 뜬다.
• 집게를 이용해 음식을 집을 수 있으며 다양한 용기에 음료수를 따를 수 있고, 요구르트를 마시기 위해 빨대의 껍질을 벗겨 요구르트에 꽂을 수 있다. 스스로 바나나의 껍질 및 사탕 껍질을 벗길 수 있다.
• 촉각적 자극과 시각적 사건을 지향한다. 예를 들면, 과학 영역에서 관찰할 수 있도록 제시된 삶은 달걀과 날달걀을 손으로 만져 보고, 움직임이 있는 동화(융판, OHP, 입체동화, 테이블 동화 등)에 끝까지 시선을 둔다.
• 물건을 색깔, 모양, 기능에 따라 분류할 수 있다.
• 그림으로 상황을 보여 주고 어디를 가야 할지 로고를 찾도록 하면 소방서, 우체국, 병원 등을 찾을 수 있다.
• 교사의 몸짓 언어를 잘 이해하고, 지시에 따를 수 있다. 관심 있는 사람이나 사건에 집중한다.
• 놀이 이름표에 있는 친구의 얼굴을 보고 그 친구가 어디에 있는지 손가락으로 가리킨다. 음식을 먹기 싫을 경우 손을 저으며 "안 먹어."라고 말하고, 교사가 제시하는 활동을 하기 싫을 경우 고개를 젓는다.</td></tr>
</table>

		• 다른 친구와 함께 블록을 쌓고 블록 주위에서 장난을 치며 웃는다. 교사가 도와주면 친구와 장난감을 바꿀 수 있다. • 갖고 싶은 장난감을 친구가 가져가려고 하면 가져가지 못하도록 화를 내거나 다른 곳으로 이동한다. • 좋아하는 것과 싫어하는 것을 옹알이로 표현하고, 하고 싶은 것을 스스로 선택하여 놀이한다.
	요구 영역	• 교사가 먹여 주는 다양한 종류의 음식을 조금씩 맛보기 시작한다. • 음식을 준비하는 것을 스스로 하기 시작한다. • 끈 형태로 묶인 것을 풀기 시작한다. • 이름을 부르면 세 번째쯤에 소리가 나는 쪽을 바라본다. • 교사가 모르는 단어를 말할 경우 입 모양을 따라서 흉내 내기 시작한다. • 기분이 좋을 때, 화가 났을 때, 하고 싶은 것이 있을 때, 톤이 다른 옹알이를 통해 의사를 표현한다. • 교사가 먼저 인사하고 인사할 것을 권하면 인사하는 행동을 취하면서 "안녕하……."라고 말한다. • 말을 하면서 몸짓으로 보여 주면 이해하고 반응을 보인다. • '가' '먹어' '안 돼' '싫어' '할 거야' 등을 손짓으로 표현할 수 있으며, '안 먹어'는 발화가 가능하다. • 손으로 자기를 가리키거나 다른 친구를 가리키면서 물건의 소유, 누가 해야 할 일인지 등의 의미를 2어문으로 표현할 수 있다. • 자발적으로 협동활동을 시작한다. • 일상적인 지시에 관련된 몸짓을 이해하고 적절하게 행동할 수 있다. • 유치원 내의 규칙 중 지킬 수 있는 것이 있다. 예를 들면, 줄을 서야 하는 경우 자신의 위치를 지킬 수 있다.
	흥미	• 친구들의 이름표를 보고 해당 친구에게 줄 수 있다. • 친구를 좋아한다. 특히 좋아하는 친구 옆에 앉으려고 하거나 장난을 치며 친구가 함께하기를 기다린다. • 호기심이 많아 새로운 활동(놀이)의 참여에 적극적이다. • 소근육 활동 놀이를 좋아하며 능숙하게 활용할 수 있다. • 야외 활동, 자전거 타기 등 대근육 활동을 좋아하며 적절하게 움직일 수 있다. • 도구 및 놀이시설을 활용하여 안전하게 놀이할 수 있다. • 교사가 자신을 보며 말을 하면 입 모양을 모방하여 흉내 낸다. • 노래의 경우 자신이 알고 있는 노랫말 부분을 발화하여 음의 높낮이의 차이를 두어 발성한다.
학부모 요구 사항	–간단한 동요 듣기 –형용사와 동사를 이해하고 사용하기 –어문 2개 사용하기 –자신의 개인 정보 알기	

<table>
<tr><th>영 역</th><th>요 소</th><th>장기 목표</th><th>단기 목표</th></tr>
<tr><td>소근육
(3~6세)</td><td colspan="3">소근육 발달은 일반 발달을 보이므로 개별화 교육 계획안에 포함하지 않음</td></tr>
<tr><td>대근육
(3~6세)</td><td colspan="3">대근육 발달은 일반 발달을 보이므로 개별화 교육 계획안에 포함하지 않음</td></tr>
<tr><td rowspan="2">적응
(3~6세)</td><td rowspan="2">A. 음식 먹기</td><td>1. 적절한 식기를 사용해서, 흘리지 않거나 조금만 흘리고 다양한 음식을 먹고 마시기</td><td>1.3. 다양한 촉감의 음식 먹기</td></tr>
<tr><td>2. 음식을 준비하고 제공하기</td><td></td></tr>
<tr><td rowspan="4">인지
(1~3세)</td><td>A. 감각자극</td><td>1. 청각적 · 시각적 · 촉각적 사건 지향하기</td><td>1.1. 청각적 사건 지향하기
1.4. 청각적 · 시각적 · 촉각적 자극에 반응하기</td></tr>
<tr><td>D. 모방</td><td>2. 자주 사용하지 않는 단어 모방하기</td><td>2.1. 자주 사용하지 않는 말소리 모방하기
2.2. 자주 사용하는 단어 모방하기</td></tr>
<tr><td>F. 물체와의 상호작용</td><td>1. 놀이에 가상적 물건 사용하기</td><td>1.1. 물건을 표상활동에 사용하기</td></tr>
<tr><td>G. 초기 개념</td><td>3. 환경적인 상징(사인, 로고, 상표명 등)을 인식하여 표현하기</td><td>3.1. 그림에서 친숙한 사람, 행동, 물건, 사건을 명명하기</td></tr>
<tr><td rowspan="4">사회-의사소통
(1~3세)</td><td rowspan="2">A. 언어적 · 의사소통적 상호작용</td><td>1. 사람이 말하는 쪽으로 돌아보기</td><td>1.1. 사물과 이에 대해 말하고 있는 사람 쪽으로 돌아보기
1.2. 소리가 나는 물체 쪽으로 돌아보기</td></tr>
<tr><td>3. 옹알이로 음성적 상호작용에 참여하기</td><td>3.1. 쿠잉(초기 옹알이)으로 음성적 상호작용에 참여하기</td></tr>
<tr><td>B. 단어로 전환하기</td><td>1. 사람의 주의 집중을 얻고 물건, 사람, 사건에 대해 언급하기</td><td>1.1. 말이나 몸짓으로 간단한 질문에 반응하기
1.3. 말이나 몸짓으로 사람과 인사하기</td></tr>
<tr><td>C. 단어와 문장의 이해</td><td>2. 상황적인 단서 없이 두 단계 지시 수행하기</td><td>2.1. 상황적인 단서를 사용하여 두 단계 지시 수행하기
2.2. 상황적인 단서 없이 한 단계 지시 수행하기
2.3. 상황적인 단서를 사용하여 한 단계 지시 수행하기</td></tr>
</table>

사회성 (3~6세)	A. 다른 사람들과의 상호작용	1. 놀이 상대로 다른 사람과 상호작용하기	1.3. 다른 사람과 교대로 상호작용하기 1.4. 친숙한 사람에게 먼저 인사하기
		2. 자발적으로 협동활동 시작하기	2.1. 다른 사람과의 협동활동에 참여하기 2.2. 다른 사람과의 협동활동을 유지하기 2.3. 물건을 나누어 쓰거나 바꾸어 사용하기
	B. 참여	2. 소집단 활동 동안 보고, 듣고, 참여하기	2.1. 소집단 활동 동안 물체를 가지고 적절하게 상호작용하기 2.2. 소집단 활동 동안 지시에 적절하게 반응하기
	C. 환경과의 상호작용	1. 사회적으로 적절한 방식으로 신체적 욕구 충족하기	1.1. 불편하고, 아프고, 다치고, 피곤할 때 신체적 욕구 충족하기
		2. 집과 교실 밖에서 상황에 맞는 규칙에 따르기	2.2. 집과 교실의 정해진 규칙 따르기
	D. 자신과 다른 사람에 대해 표현하기	2. 자신의 행동, 생각, 감정이 다른 사람에게 어떻게 영향을 미치는지에 대한 이해를 표현하기	2.2. 자신의 정서와 감정을 표현하기

2) 2학기 개별화 교육 계획안

성 명		임동이	장애명	청각장애 2급	실시 기간	8월~다음 해 2월
현재 수행 능력	강점	• 끈 형태로 묶인 것을 풀 수 있다. • 유치원 내의 대부분의 규칙을 이해하고 지킬 수 있다. • 2가지 음식을 함께 먹는다. • 적정량의 우유를 따라서 스스로 마시고 정리할 수 있다. • 음식을 입에 넣고, 입을 다물고 씹으며, 입에 있는 음식을 삼킨 후에 다음 음식을 뜬다. • 집게를 이용해 음식을 집을 수 있으며, 다양한 용기에 음료수를 따를 수 있고, 요구르트를 마시기 위해 빨대의 껍질을 벗겨 요구르트에 꽂을 수 있다. 스스로 바나나의 껍질과 사탕 껍질을 벗길 수 있다. • 촉각적 자극과 시각적 사건을 지향한다. 예를 들면, 과학 영역에서 관찰할 수 있도록 제시된 삶은 달걀과 날달걀을 손으로 만져 보고, 움직임이 있는 동화에 끝까지 시선을 둔다. • 교사가 제공하는 다양한 종류의 음식을 맛볼 수 있다. • 물건을 색깔, 모양, 기능에 따라 분류할 수 있다.				

		• 그림으로 상황을 보여 주고 어디를 가야 할지 로고를 찾도록 하면 소방서, 우체국, 병원 등을 찾을 수 있다. • 교사의 몸짓 언어를 잘 이해하고 지시에 따를 수 있다. 관심 있는 사람이나 사건에 집중한다. • 친구의 이름을 비슷하게 발성할 수 있다. • '가' '먹어' '안 돼' '싫어' '할 거야' '안 먹어'는 발화가 가능하다. • 다른 친구와 함께 블록을 쌓고 블록 주위에서 장난을 치며 웃는다. 교사가 도와주지 않아도 친구와 장난감을 바꿀 수 있다. • 좋아하는 것과 싫어하는 것을 옹알이로 표현하고, 하고 싶은 것을 스스로 선택하여 놀이한다.
	요구 영역	• 교사가 먹여 주는 다양한 종류의 음식을 조금씩 맛보기 시작한다. • 음식을 준비하는 것을 스스로 하기 시작한다. • 이름을 부르면 두 번째쯤에 소리가 나는 쪽을 바라본다. • 교사가 모르는 단어를 말할 경우, 입 모양을 따라서 흉내 내기 시작한다. • 기분이 좋을 때, 화가 났을 때, 하고 싶은 것이 있을 때, 톤이 다른 옹알이를 통해 의사를 표현한다. • 교사가 먼저 인사하고 인사할 것을 권하면 인사하는 행동을 취하면서 "안녕하……."라고 말한다. • 말을 하면서 몸짓으로 보여 주면 이해하고 반응을 보인다. • 손으로 자신이나 다른 친구를 가리키면서 물건의 소유, 누가 해야 할 일인지 등을 2어문을 사용하여 의미를 표현할 수 있다. • 자발적으로 협동활동을 시작한다. • 일상적인 지시에 관련된 몸짓을 이해하고 적절하게 행동할 수 있다.
	흥미	• 친숙한 사람에게 몸짓으로 인사한다. • 책에 대한 관심을 보여 도서관 놀이에 적극적으로 참여한다. • 친구를 좋아한다. 특히 좋아하는 친구 옆에 앉으려고 하거나 장난을 치며 친구가 함께하기를 기다린다. • 호기심이 많아 새로운 활동(놀이)의 참여에 적극적이다. • 소근육 활동 놀이를 좋아하며 능숙하게 활용할 수 있다. • 야외 활동, 자전거 타기 등 대근육 활동을 좋아하며 적절하게 움직일 수 있다. • 도구 및 놀이시설을 활용하여 안전하게 놀이할 수 있다. • 교사가 자신을 보며 말을 하면 입 모양을 모방하여 흉내 낸다. • 노래의 경우 자신이 알고 있는 노랫말 부분을 발화하여 음의 높낮이의 차이를 두어 노래를 부른다.
학부모 요구 사항	-간단한 동요 듣기 -형용사와 동사를 이해하고 사용하기 -어문 2개 사용하기 -자신의 개인 정보 알기	

영 역	요 소	장기 목표	단기 목표
소근육 (3~6세)	소근육 발달은 일반 발달을 보이므로 개별화 교육 계획안에 포함하지 않음		
대근육 (3~6세)	대근육 발달은 일반 발달을 보이므로 개별화 교육 계획안에 포함하지 않음		
적응 (3~6세)	A. 음식 먹기	1. 적절한 식기를 사용해서, 흘리지 않거나 조금만 흘리고 다양한 음식을 먹고 마시기	1.3. 다양한 촉감의 음식 먹기
		2. 음식을 준비하고 제공하기	
인지 (1~3세)	A. 감각자극	1. 청각적 · 시각적 · 촉각적 사건 지향하기	1.1. 청각적 사건 지향하기
	F. 물체와의 상호작용	1. 놀이에 가상적 물건 사용하기	1.1. 물건을 표상활동에 사용하기
	G. 초기 개념	4. 읽기자료에 대한 기능적 사용을 표현하기	4.3. 책 읽어 주는 시간에 이야기의 처음부터 끝까지 앉아서 집중하기
		5. 일반적인 반대개념 표현하기	5.1. 4쌍 이상의 반대개념 사용하기 5.2. 2쌍 이상의 반대개념 사용하기
사회-의사소통 (1~3세)	A. 언어적 · 의사소통적 상호작용	1. 사람이 말하는 쪽으로 돌아보기	1.1. 사물과 이에 대해 말하고 있는 사람 쪽으로 돌아보기
		3. 옹알이로 음성적 상호작용에 참여하기	3.1. 쿠잉(초기 옹알이)으로 음성적 상호작용에 참여하기
	B. 단어로 전환하기	1. 사람의 주의 집중을 얻고 물건, 사람, 사건에 대해 언급하기	1.1. 말이나 몸짓으로 간단한 질문에 반응하기 1.3. 말이나 몸짓으로 사람과 인사하기
	C. 단어와 문장의 이해	2. 상황적인 단서 없이 두 단계 지시 수행하기	2.1. 상황적인 단서를 사용하여 두 단계 지시 수행하기
	D. 사회-의사소통적 신호, 단어, 문장 표현하기	1. 50개의 한 단어 사용하기	1.2. 5개의 행위 단어 사용하기 1.3. 2개의 대명사 사용하기

사회성 (3~6세)	A. 다른 사람들과의 상호작용	2. 자발적으로 협동활동 시작하기	2.1. 다른 사람과의 협동활동에 참여하기 2.2. 다른 사람과의 협동활동을 유지하기 2.3. 물건을 나누어 쓰거나 바꾸어 사용하기
	B. 참여	3. 대집단 활동 동안 보고, 듣고, 참여하기	3.1. 대집단 활동 동안 물체를 가지고 적절하게 상호작용하기 3.2. 대집단 활동 동안 지시에 적절하게 반응하기 3.3. 대집단 활동 동안 적절한 물건, 사람, 사건을 보기
	D. 자신과 다른 사람에 대해 표현하기	2. 자신의 행동, 생각, 감정이 다른 사람에게 어떻게 영향을 미치는지에 대한 이해를 표현하기	2.2. 자신의 정서와 감정을 표현하기
		3. 자신과 다른 사람에 대한 정보 말하기	3.6. 이름과 나이 말하기

3 주간 교육 계획안의 활용

AEPS의 6개 영역(소근육 영역, 대근육 영역, 적응 영역, 인지 영역, 사회-의사소통 영역, 사회성 영역)을 사정 · 평가하여 장 · 단기 목적 및 목표를 산출하고, 장애유아의 1 · 2학기 개별화 교육 계획안, 월간 교육 계획안을 작성한다. 6개 영역의 단기 목표에서 국가 수준의 교육과정인 5개 영역(건강, 사회, 표현, 언어, 탐구)과 관련된 항목을 선정하여 일과 적용 계획안과 통합된 주간 교육 계획안, 일일 교육 계획안, 단위 활동 계획안을 작성한다. 단, 동이의 소 · 대근육 발달은 일반 발달을 보이므로 개별화 교육 계획안에 포함하지 않았다.

동이의 일과 적용 계획안과 통합된 주간 교육 계획안, 일일 교육 계획안, 단위 활동 계획안을 살펴보면 다음과 같다.

1) 일과 적용 계획안

일과 적용 계획안은 유치원 일과에서 장애유아의 교수 목표를 구체적으로 실행하기 위한 계획이다. 이를 위해 먼저 유치원의 일과를 파악하였고, 항상 발생하는 일과 안에서 장애유아의 교수 목표의 적용 가능성을 미리 계획하였다.

다음은 본 유치원의 일과와 동이의 교수 목표를 적용한 예시다. 표에서와 같이 본 유치원의 일과는 등원, 자유선택 활동, 정리시간, 점심식사, 요일별 대 · 소집단 활동(요일별 선택되는 활동이 다름), 바깥놀이 활동, 귀가로 구분된다. 먼저 이 일과를 가로줄에 삽입하였고, 동이의 단기 교수 목표(앞서 작성된 개별화 교육 계획의 단기 목표)를 영역별로 세로 줄에 기입하였다. 그리고 먼저 각 교수 목표가 일과 안에서 적용될 기회가 있는지를 ○로 파악하였고, 다음으로는 어떠한 기회가 있는지를 구체적으로 작성하였다.

일과 적용 기회 파악을 위한 계획(예)

영역 \ 요소	활동	등원	자유 선택 활동	정리 시간	점심 식사	대 · 소집단 활동								바깥놀이 활동			귀가
영역	요소					이야기 나누기	게임	신체 표현	새 노래	동극	동화	동시	악기 연주	실외 놀이	물놀이	모래 놀이	
적응	음식 먹기	○	○		○												
인지	감각자극		○	○		○	○	○	○	○	○	○	○		○	○	○
	모방		○	○	○	○	○		○	○		○	○				○
	물체와의 상호작용		○					○								○	
	초기 개념		○	○		○				○			○				
사회 – 의사소통	언어적 · 의사소통적 상호작용	○	○			○	○	○	○	○			○				○
	단어로 전환하기	○	○		○	○				○							○
	단어와 문장의 이해	○	○	○	○	○		○		○							○
사회성	다른 사람들과의 상호작용	○	○	○			○	○					○	○			○
	참여		○			○	○	○	○	○		○	○	○			
	환경과의 상호작용		○	○	○		○	○		○			○	○	○	○	
	자신과 다른 사람에 대해 표현 하기	○	○	○			○	○	○	○	○	○	○	○			○

일과에서의 교수 목표(예)

영역	요소 \ 활동	등원	자유선택 활동	정리시간	점심식사	대·소집단 활동		
						이야기 나누기	게임	신체 표현
적응	음식 먹기	다양한 촉감의 간식 먹기	장난감으로 다양한 음식에 관심 갖기		여러 가지 촉감의 음식 맛보기			
인지	감각자극		소리 나는 장난감에 반응하기	정리 신호음에 반응하기		교사, 또래 유아의 소리에 반응하기	게임의 시작과 끝을 알리는 소리에 반응하기	음악 소리에 관심 가지기
인지	모방		함께 놀이하는 친구의 이름 모방하기	내가 놀이한 장난감의 이름을 모방하여 발성하기	반찬 이름을 모방하여 발성하기	주제별로 진행되는 새로운 한 단어 모방하기	친구의 응원 소리 모방하기	
인지	물체와의 상호작용		역할놀이 장난감을 표상활동에 사용하기					스카프, 줄 등을 표상활동에 사용하기
인지	초기 개념		교통표지판, 병원 표시물 인식하고 놀이에 활용하기	정리시간을 알리는 시계 표시를 인식하고 정리하기		이야기 나누기 자료에서 친숙한 사물 명명하기		
사회–의사소통	언어적·의사소통적 상호작용	말하는 사람 쪽으로 돌아보기	친구들이 말하는 쪽으로 돌아보기			소리 나는 쪽으로 돌아보기	쿠잉으로 친구들과 함께 응원에 참여하기	신체 표현을 하며 친구들과 소리 내어 상호작용하기
사회–의사소통	단어로 전환하기	친구와 손을 흔들며 인사하기	친구들이나 교사의 간단한 질문에 말이나 몸짓으로 반응하기		음식에 대한 느낌을 몸짓으로 나타내기	교사의 질문에 몸짓으로 간단하게 대답하기		
사회–의사소통	단어와 문장의 이해	"인사하자"라는 교사의 몸짓을 보고 인사하기	놀이하는 친구를 보고 한 단계 지시 수행하기	정리시간을 알리는 악기를 보고 정리시간 임을 알기	교사가 "반찬 먹자." 라고 말하면 반찬 한 개 먹기	이야기 나누기 그림자료를 보고 한 단계 지시 수행하기		친구들의 동작을 보고 비슷한 동작 표현하기
사회성	다른 사람들과의 상호작용	친구를 만나면 먼저 인사하기	친구와 교대로 상호작용하며 놀이하기	정리시간임을 알고 친구와 함께 정리하기			친구와 함께 교대로 응원하기	친구와 함께 교대로 신체 표현하기
사회성	참여		교구를 활용해서 놀이하기			이야기 나누기 자료를 보며 관심 갖기	게임의 시작을 알고 "출발"에 반응하기	신체 표현 동작의 변화에 관심 갖고 반응하기
사회성	환경과의 상호작용		놀이시간 규칙 따르기	정리방법을 알고 정리 방법에 따라 정리하기	밥을 먹은 후에 적절한 휴식 취하기		게임 규칙 알기	신체활동 방법 알기
사회성	자신과 다른 사람에 대해 표현하기	유치원에 등원할 때 기분 표현하기	놀이에 대한 느낌 표현하기	정리 후에 느낌 표현하기			게임 후 느낀 점을 동작으로 표현하기	신체활동 후에 느낀 점을 동작으로 표현하기

					바깥놀이 활동			귀가
새 노래	동극	동화	동시	악기 연주	실외놀이	물놀이	모래놀이	
반복되는 음절에 관심 가지기	등장인물의 의성어에 관심 가지기	동화 그림 주시하기	동시에 반복되는 음율에 관심 가지기	리듬악기 소리에 반응 보이기		물의 촉감에 반응하기	모래의 촉감에 반응하기	인사 노래를 음절로 표현하기
노랫말 부분 모방하기	반복되는 단어나 짧은 문장 모방하기		동시에 자주 사용되는 단어 모방하기	자주 사용되는 악기 이름 모방하기				친구의 이름을 발성하며 인사하기
							모래를 이용해서 표상활동 즐기기	
	동극 주인공 명명하기			악보에 그려진 악기와 악기를 대응하여 연주하기				
쿠잉으로 노랫말 따라 하기	쿠잉으로 상호작용하며 동극에 참여하기			악기 연주 후에 느낌을 쿠잉으로 표현하기				교사에게 소리 내어 인사하기
	동극을 시작할 때 몸짓으로 친구들에게 인사하기							몸짓이나 말로 친구와 선생님과 인사하기
	교사의 동작을 보지 않고 역할 수행하기							상황적인 단서 없이 인사하기
				친구와 함께 악기 연주 하기	친구와 차례대로 놀이기구 타기			친구와 함께 교사에게 인사하기
노랫말 자료에 적절하게 상호작용하기	교사의 지시에 따라 동극이 끝나면 인사하기		동시자료 움직여 보기	탬버린, 리듬막대 등 리듬악기를 연주방법에 따라 연주해 보기	실외 놀이의 시작과 끝을 알고 반응하기			
	동극을 마치고 인사 하는 것 알기			악기 연주의 순서를 알고 참여하기	실외 놀이 중 다칠 때 교사에게 표현하기	물놀이 전에 인공와우 빼기	모래가 인공와우에 닿지 않게 놀이하기	
노래를 부르며 감정 표현하기	동극 주인공의 정서를 소리나 단어로 표현하기	동화의 등장인물에 대한 감정을 표현하기	동시에 대한 느낌을 표현하기	악기 연주를 하며 감정 표현하기	놀이기구를 이용하며 감정 표현하기			유치원에서 지낸 느낌을 표현하기

2) 주간 교육 계획안에의 적용

장애유아의 교수 목표는 일반적인 유치원 일과 안에서 통합된다. 유아교육기관의 주간 교육 계획안은 그 학급에 재원하는 장애유아를 포함한 모든 유아들의 주별 활동 계획이다. 주간 교육 계획안의 작성 시 학급에 재원하고 있는 장애유아의 요구를 고려하여 작성하였다.

총신대학교 부속유치원의 주간 교육 계획안의 각 요소에 대한 간략한 설명은 다음과 같다.

- **생활 주제**: 연간 계획 시 작성하였던 월별 주제를 의미한다.
- **주제**: 생활 주제에 따른 주별 주제를 의미한다.
- **교육과정 관련 영역**: 교육과정 관련 영역은 생활 영역으로 구성되어 있으며, 구체적으로 건강 · 사회 · 표현 · 언어 · 탐구 영역으로 구분된다. 각 영역은 교육부 교육과정 관련 요소(교육과학기술부, 2008)의 내용과 연계되어 있다.
- **장애유아 통합교육 관련 요소**: AEPS에 의해 작성된 장애유아의 월별 교육 계획안의 6개 요소의 내용을 교육과정 5개 영역에 따라 포함시켰다.
- **대 · 소 집단활동**: 포함된 대 · 소 집단활동은 이야기 나누기, 동화 · 동극 · 동시, 음률, 신체(신체활동, 신체 표현), 게임, 예배, 요리다. 이 활동들은 주제에 따라 요일별로 균형 있게 제시되었다.
- **실내 자유선택 활동**: 자유선택 활동은 언어, 수 조작, 과학, 조형, 음률, 컴퓨터, 역할, 쌓기로 구성되어 있다. 이 활동들은 주제에 따라 균형 있게 제시되었다.
- **바깥놀이 활동**: 모래놀이, 물놀이, 산책, 자전거 타기 등과 같은 활동들이 포함된다.
- **환경구성**: 주제와 관련된 환경을 배치함으로써 교육의 효과를 극대화한다.
- **간식 및 급식**: 매일의 메뉴를 제시하였다.
- **기본 생활 습관**: 유치원 생활에서의 기본적 생활 습관을 촉진하기 위한 목표와 전략을 제시하였다.
- **안전교육**: 안전한 유치원 생활을 위해 필요한 사항들을 포함하고 있다. 예컨대, 교통안전, 성교육, 화재 관련 안전과 관련된 사항들이다.

• **환경보전 교육**: 환경을 보전하기 위해 유치원에서 실행할 수 있는 목표와 전략을 제시한다. 예컨대, 토양오염, 수질오염, 동식물에게 관심 갖고 보살피기 등의 내용이 포함된다.

다음은 월별 주간 교육 계획안의 예시다. 월별 주간 교육 계획안에는 생활 주제, 주제, 소주제 및 이에 따른 단위 활동명이 제시되었으며, 활동별로 일련번호를 기록하여 '일일 교육 계획안'의 활용과 '단위 활동 계획안'의 활용에서 찾아볼 수 있도록 하였다. 각 월별로 주간 교육 계획안의 목차는 다음과 같다.

월별 주간 교육 계획안

날 짜	생활 주제	주 제	소주제	활동명
3월 둘째 주	유치원	안전한 유치원 생활	화장실과 복도에서 지켜야 할 약속	① 선생님과 인사해요 ② 손을 씻어요 ③ 줄을 섭니다
4월 둘째 주	봄	봄이 왔어요	봄을 알리는 나비와 벌	④ 나비가 되어 보세요 ⑤ 벌 마라카스 만들기 ⑥ 봄동산 꾸미기
5월 둘째 주	나와 가족	나	내 몸은 소중해요	⑦ 좋아요! 싫어요! ⑧ 우유 마시기 ⑨ 소중한 내 몸
6월 둘째 주	우리 동네	더불어 살아요	시장, 마트	⑩ 우유 배달하기 ⑪ 지갑 만들기 ⑫ 가게놀이
7월 첫째 주	여름	여름이 되었어요	시원한 여름	⑬ 여름 낮 ⑭ 바람의 세기 비교하기 ⑮ 냉장고 안에는 무엇이 들어 있을까
9월 첫째 주	교통기관	편리한 교통기관	땅에서 다니는 교통기관 2(레일 위를 달리는 것)	⑯ 전철역 놀이하기 ⑰ 레일 위를 달리는 교통기관 ⑱ 기차 여행

10월 셋째 주	가을	아름다운 가을	가을 열매(과일, 채소)	⑲ 가을 과일 샐러드 ⑳ 밤과 도토리 접어 꾸미기 ㉑ 다양한 촉감의 음식 먹기
11월 첫째 주	기계와 도구	우리 생활에 사용되는 기계와 도구	소식을 알려 주는 기계와 도구	㉒ 실전화기 놀이 ㉓ 내가 좋아하는 텔레비전 프로그램 ㉔ 음악이 나오는 라디오 채널 찾기
12월 셋째 주	성탄	아기 예수님의 생일을 축하해요	예수님께서 이 땅에 오셨어요	㉕ 예수님이 태어나셨어요 ㉖ 크리스마스트리 꾸미기 ㉗ 마구간 만들기
2월 둘째 주	눈과 얼음	우리 주변의 눈과 얼음	눈과 얼음의 특징	㉘ 눈 결정체로 모빌 만들기 ㉙ 겨울 풍경 꾸미기 ㉚ 유니트 블록으로 이글루 쌓기

주간 교육 계획

담 임	원 감	원 장

[3월 둘째 주]

생활 주제	유치원	주 제	안전한 유치원 생활
목 표	• 유치원에서 즐겁게 지내기 위해서는 지켜야 할 약속이 있음을 안다. • 유치원에서의 위험한 상황을 알고 안전하게 놀이하는 태도를 가진다. • 건강한 몸을 소중히 여기며 안전하게 놀이할 수 있다.		

교육과정 관련 영역	교과부 교육과정 관련 요소	장애유아 통합교육 관련 요소
건 강	• 건강하게 생활하기 –즐겁게 생활하기(공통) • 안전하게 생활하기 –안전하게 놀이하기(공통)	지민, 동이, 우주) 유치원에서 지켜야 할 약속 알기
사 회	• 이웃과 더불어 생활하기 –다른 사람을 이해하고 존중하기(공통) –질서와 규칙 지키기(공통)	지민, 동이, 우주) 유치원 생활에서 안정감 갖기 지민, 동이, 우주) 유치원에서 지켜야 할 약속 알기
표 현	• 예술적 표현 즐기기 –음악으로 표현하기(Ⅰ)	
언 어	• 말하기 –생각과 느낌 말하기(Ⅰ) • 듣기 –바른 태도로 듣기(공통)	지민, 동이, 우주) 기본 생활 습관과 관련된 교사의 지시를 듣고 관심 갖기
탐 구	• 탐구하는 태도 기르기 –사물과 현상에 지속적인 관심 가지기(Ⅰ)	지민, 동이, 우주) 교실과 주변 환경 탐색하기

요 일		월	화	수	목	금
소주제 / 흥미 영역		간식, 점심을 먹을 때 지켜야 할 약속	화장실, 복도에서 지켜야 할 약속	차를 타고 내릴 때 지켜야 할 약속	놀이터에서 지켜야 할 약속	강당, 유희실에서 지켜야 할 약속
대·소 집단 활동	이야기 나누기	* 간식, 점심을 먹을 때 지켜야 할 약속	* 화장실, 복도에서 지켜야 할 약속	* 차를 타고 내릴 때 지켜야 할 약속	* 놀이터에서 지켜야 할 약속	* 강당, 유희실에서 지켜야 할 약속
	동화·동극·동시		③ 줄을 섭니다 (동시)		안 돼, 데이비드 (그림)	욱이의 약속 (OHP)
	음률	감사해요 (새 노래)				
	신체					그대로 멈춰라(신체활동)
	게임					
	예배			하나님은 예배를 기뻐하세요 (사 43:21)		
	요리					

<table>
<tr><td rowspan="8">실내 자유 선택 활동</td><td>언어</td><td>간식 메뉴
알아보기</td><td>화장실에 있는
여러 가지 물건들</td><td></td><td>앗! 위험해요
(놀이터)</td><td></td></tr>
<tr><td>수 · 조작</td><td>순가락과 포크를
놓아 보세요</td><td>한 줄 서기</td><td>교통안전(퍼즐)</td><td>바느질하기
(미끄럼틀)</td><td>유치원에는
무엇이 있을까?</td></tr>
<tr><td>과학</td><td></td><td></td><td></td><td></td><td>클립 줄 세우기
(자석놀이)</td></tr>
<tr><td>조형</td><td></td><td>종이 타월
염색하기</td><td></td><td></td><td>자유화 그리기</td></tr>
<tr><td>음률</td><td></td><td></td><td>Edward Elgar의
'사랑의 인사'
(음악 감상)</td><td></td><td></td></tr>
<tr><td>컴퓨터</td><td></td><td></td><td>왕범이의
안전생활 CD로
동화 듣기</td><td></td><td></td></tr>
<tr><td>역할</td><td>간식 상 차리기</td><td></td><td></td><td>유치원 차
운전하기</td><td></td></tr>
<tr><td>쌓기</td><td></td><td></td><td></td><td>유치원 버스
만들기</td><td></td></tr>
<tr><td colspan="2">바깥놀이 활동</td><td colspan="5">바깥놀이 놀이시설 탐색하기</td></tr>
<tr><td colspan="2">환경구성</td><td colspan="5">부모님의 응원 편지 게시 / 흥미 영역 구성</td></tr>
<tr><td colspan="2">간 식</td><td>우유</td><td>우유</td><td>우유</td><td>우유</td><td>우유</td></tr>
<tr><td colspan="2">급 식</td><td>삼색 샌드위치
(달걀, 햄, 감자,
마요네즈), 주스</td><td>브로콜리
크림수프, 모닝빵</td><td>야채전, 요구르트</td><td>삶은 고구마,
바나나,
보리차</td><td>떡볶이(버섯,
당근, 양파,
쇠고기), 보리차</td></tr>
<tr><td colspan="3">기본 생활 습관</td><td colspan="2">안전교육</td><td colspan="2">환경보전 교육</td></tr>
<tr><td colspan="3">① 선생님과 인사해요
② 손을 씻어요</td><td colspan="2">줄 서서 차례 지키기</td><td colspan="2">유치원 물건 아껴 쓰기</td></tr>
<tr><td colspan="2">교육자원</td><td colspan="5">유치원 교구 · 교재 목록, 영유아를 위한 사정 · 평가 및 프로그램 체계</td></tr>
</table>

* 소그룹 활동(시차제 활동): 지민—표현언어장애, 동이—청각장애, 우주—전반적 발달장애

주간 교육 계획

담 임	원 감	원 장

[4월 둘째 주]

<table>
<tr><td>생활 주제</td><td>봄</td><td>주 제</td><td>봄이 왔어요</td></tr>
<tr><td>목 표</td><td colspan="3">• 계절의 변화에 관심을 갖고 봄의 아름다움을 느낀다.
• 봄에 볼 수 있는 꽃과 봄철 식물의 변화를 탐구하는 능력을 기른다.
• 봄을 알리는 동물들의 종류와 특성을 탐구한다.</td></tr>
<tr><td>교육과정 관련 영역</td><td>교과부 교육과정 관련 요소</td><td colspan="2">장애유아 통합교육 관련 요소</td></tr>
<tr><td rowspan="3">건 강</td><td rowspan="3">• 나의 몸 움직이기
–바깥에서 신체활동하기(공통)
• 건강하게 생활하기
–바른 식생활하기(공통)</td><td colspan="2">지민) –직선 형태 자르기
–공 잡기
–식기 사용하여 음식 먹기</td></tr>
<tr><td colspan="2">동이) –다양한 촉감의 음식 먹기</td></tr>
<tr><td colspan="2">우주) –두 손을 사용하여 물체를 조작하고, 각 손은 다른 움직임을 수행하기
–식기 사용하여 음식 먹기</td></tr>
<tr><td rowspan="3">사 회</td><td rowspan="3">• 이웃과 더불어 생활하기
–두레의 소중함을 알고 협력하기(I)</td><td colspan="2">지민) –다른 사람과 교대로 상호작용하기
–소집단 활동 동안 지시에 적절하게 반응하기</td></tr>
<tr><td colspan="2">동이) –친숙한 사람에게 먼저 인사하기
–불편하고, 아프고, 다치고, 피곤할 때 신체적 욕구 충족하기
–소집단 활동 동안 지시에 적절하게 반응하기</td></tr>
<tr><td colspan="2">우주) –지퍼 열기
–다른 사람이 보인 애정적인 호의에 반응하기</td></tr>
<tr><td rowspan="2">표 현</td><td rowspan="2">• 자연과 생활에서 아름다움 찾아보기
–소리 · 움직임 · 조형물에 관심 가지기(공통)</td><td colspan="2">동이) –자신의 감정 표현하기</td></tr>
<tr><td colspan="2">우주) –한 발로 균형 잡기</td></tr>
<tr><td rowspan="3">언 어</td><td rowspan="3">• 듣기
–이야기 듣고 이해하기(공통)
• 말하기
–생각과 느낌 말하기(I)</td><td colspan="2">지민) –다른 사람에게 요구하고 명령하기 위해 단어, 구, 문장 사용하기</td></tr>
<tr><td colspan="2">동이) –자주 사용하는 단어 모방하기
–소리가 나는 물체 쪽으로 돌아보기</td></tr>
<tr><td colspan="2">우주) –반복을 표현하기 위해 어문 2개 사용하기</td></tr>
<tr><td rowspan="3">탐 구</td><td rowspan="3">• 과학적 기초 능력 기르기
–생명체와 자연환경 소중하게 여기기(I)
–간단한 도구와 기계 활용하기(공통)</td><td colspan="2">지민) –10개의 다른 질적 개념에 대한 이해 나타내기</td></tr>
<tr><td colspan="2">동이) –청각적 · 시각적 · 촉각적 자극에 반응하기</td></tr>
<tr><td colspan="2">우주) –8개의 다른 색깔에 대한 이해 나타내기</td></tr>
</table>

요 일		월	화	수	목	금
흥미 영역 \ 소주제		나무에 피는 봄꽃	들에 피는 봄꽃	봄을 알리는 나비와 벌	모종 심기 / 봄철 식물의 변화	봄을 알리는 개구리
대·소 집단활동	이야기 나누기	개나리, 진달래, 목련, 벚꽃에 대해 알아보아요	민들레, 제비꽃에 대해 알아보아요 / 교통안전 교육	나비와 벌	모종 심는 방법	개구리에 대해 알아보아요 / 주인공 소개
	동화·동극·동시	약속(동시)		나무와 나비 애벌레(그림)		봄을 기다리는 개구리(그림)
	음률		즐거운 봄 (새 노래)			
	신체		* 봄꽃 찾기 (필드트립)	④ 나비가 되어 보세요		
	게임	봄꽃 붙이고 돌아오기				개구리 뛰뛰어 먹이 먹고 돌아오기
	예배				좋은 땅이 좋은 열매를 맺어요 (마 13:8)	
	요리					
실내 자유 선택 활동	언어	할아버지의 벚꽃 산(도서)	꽃씨 보고 꽃 이름 찾기	네가 나비니?(도서)	* 아름다운 책동산 활동 소개하기	* 개구리의 성장 책 만들기 / 개구리가 알을 낳았어(도서)
	수·조작	봄꽃 패턴 만들기	꽃잎 수만큼 나비 붙이기	벌집 채우기	꽃 심기 게임	
	과학	봄꽃(개나리, 진달래, 목련) 관찰하기	씨앗 관찰하기–어떤 꽃이 필까?		부엽토, 흙, 모래 관찰하기 / 모종 심기	수경 재배(양파)
	조형	* 꽃 모빌 만들기		⑤ 벌 마라카스 만들기	상추 모종 그림 그리기	
	음률		Johann Strauss의 '봄의 소리 왈츠'(음악 감상)	림스키 코르사코프의 '왕벌의 비행' (음악 감상)		내가 만든 마라카스 연주하며 노래 부르기
	컴퓨터	아름다운 봄꽃 사진 보기				
	역할			나비와 벌이 꽃향기를 찾아가요		개구리 되어 보기
	쌓기			⑥ 봄동산 꾸미기 (꽃, 나비, 벌 제공)		개구리 연못 꾸미기
바깥놀이 활동		종합놀이기구 이용해 놀이하기 / 봄꽃 찾기(필드트립)				
환경구성		유아 작품 게시(꽃 모빌, 벌 모빌), 나비 표본 제시				
간 식		우유	우유	우유	우유	우유
급 식		잡곡밥, 콩나물국, 닭안심살볶음, 김구이, 김치	잡곡밥, 냉잇국, 영양달걀찜, 야채어묵조림, 깍두기	잡곡밥, 감자국, 잡채, 참나물무침, 깍두기	잡곡밥, 황태무국, 야채전, 견과류 넣은 콩자반, 김치	쇠고기덮밥, 된장국, 무생채, 딸기
기본 생활 습관		안전교육		환경보전 교육		
외출 후 손 씻기		보행 안전규칙 지키기		모종 심고 가꾸기		
교육자원		유치원 지도서 1 총론, 유치원 교구·교재 목록, 영유아를 위한 사정·평가 및 프로그램 체계				

* 소그룹 활동(시차제 활동): 지민–표현언어장애, 동이–청각장애, 우주–전반적 발달장애

주간 교육 계획

담 임	원 감	원 장

[5월 둘째 주]

생활 주제	나와 가족	주 제	나
목 표	• 뼈, 뇌와 소화기관의 구조와 하는 일을 안다. • 오감과 감정을 통하여 다양하게 느끼고 적절한 방법으로 표현할 수 있다. • 나의 몸의 소중함을 알고 안전하게 생활하는 방법을 실천할 수 있다.		

교육과정 관련 영역	교과부 교육과정 관련 요소	장애유아 통합교육 관련 요소
건 강	• 건강하게 생활하기 —즐겁게 생활하기(공통) • 안전하게 생활하기 —나와 다른 사람의 몸 소중히 하기(공통)	지민) —직선 형태 자르기 —공 잡기 —식기 사용하여 음식 먹기
		동이) —다양한 촉감의 음식 먹기 —불편하고, 아프고, 다치고, 피곤할 때 신체적 욕구 충족하기
		우주) —두 손을 사용하여 물체를 조작하고, 각 손은 다른 움직임을 수행하기 —식기 사용하여 음식 먹기
사 회	• 나를 알고 사랑하기 —나를 소중하게 여기기(공통)	지민) —다른 사람과 교대로 상호작용하기
		동이) —친숙한 사람에게 먼저 인사하기
		우주) —지퍼 열기 —다른 사람이 보인 애정적인 호의에 반응하기
표 현	• 예술적 표현 즐기기 —통합적으로 표현하기(공통)	동이) —자신의 감정 표현하기
		우주) —한 발로 균형 잡기
언 어	• 듣기 —이야기 듣고 이해하기(공통) • 말하기 —생각과 느낌 말하기(I)	지민) —타인에게 요구하고 명령하기 위해 단어, 구, 문장 사용하기
		동이) —자주 사용하는 단어 모방하기 —소리가 나는 물체 쪽으로 돌아보기 —소집단 활동 동안 지시에 적절하게 반응하기
		우주) —반복을 표현하기 위해 어문 2개 사용하기
탐 구	• 과학적 기초 능력 기르기 —생명체와 자연환경 소중하게 여기기(I)	지민) —10개의 다른 질적 개념에 대한 이해 나타내기
		동이) —청각적 · 시각적 · 촉각적 자극에 반응하기
		우주) —8개의 다른 색깔에 대한 이해 나타내기

요일		월	화	수	목	금
흥미 영역 \ 소주제		나의 몸속－뼈	나의 몸속－뇌	나의 몸속－소화기관	나는 느낄 수 있어요－오감, 감정	내 몸은 소중해요
대·소 집단 활동	이야기 나누기	내 몸속에 여러 가지 뼈가 있어요	뇌가 하는 일	음식을 먹으면?	내가 느낄 수 있는 것	⑨ 소중한 내 몸(성교육)
	동화·동극·동시	우리 몸의 구멍(OHP)	난 느껴요(동시)		소피가 화나면(OHP)	
	음률			웃음(새 노래)		안 돼요 하지 마세요(새 노래)
	신체	통통통				* 자전거 타기
	게임		뇌의 명령			
	예배			예수님처럼 자라가요(눅 2:52)		
	요리					김가루 주먹밥 만들기
실내 자유 선택 활동	언어			음식이 소화되기까지	다양한 얼굴 표정 찾기(NIE) / 소피가 화나면(도서)	내 몸, 네 몸
	수·조작	뼈 구성하기	뇌가 하는 일	소화기관(퍼즐)		⑦ 좋아요! 싫어요!
	과학	관절인형 관찰하기 / X－ray 관찰하기(라이트테이블)	올챙이 관찰하기	인체 모형	오감 상자	남자와 여자의 신체 구조 살펴보기
	조형	우리 몸에 뼈가 없다면(상상화)	엄마의 눈동자에는 무엇이 보이나요?(우뇌발달놀이)		* Edvard Munch의 '절규' (명화 감상)	
	음률				Fritz Kreisler의 '사랑의 기쁨'(음악 감상)	
	컴퓨터					
	역할				여러 가지 표정 짓기	
	쌓기	카프라로 우리 몸의 뼈 만들기				
바깥놀이 활동		종합놀이기구를 활용한 운동놀이 / 자전거 타기 / 총신동산에서 놀이하기(필드트립)				
환경구성		유아 작품 게시 / 허준 박물관 안내 사진 게시				
간식		우유	우유	우유	우유	⑧ 우유
급식		잡곡밥, 콩나물국, 돈육양배추볶음, 김구이, 물김치	잡곡밥, 달걀장국, 멸치볶음, 시금치무침, 깍두기	잡곡밥, 팽이버섯미소국, 오징어볶음, 마늘쫑조림, 양배추김치	비빔밥, 달래간장 팽이버섯장국, 사과	잡곡밥, 닭곰탕, 오이무생채, 양념장

기본 생활 습관	안전교육	환경보전 교육
화난 감정을 말로 표현하기	원하지 않는 행동을 요구받았을 때 "안 돼요, 싫어요."라고 소리치고 사람들이 많은 곳으로 도망가기	냅킨 아껴 쓰기

교육자원	유치원 지도서 1 총론, 유치원 교구·교재 목록, 영유아를 위한 사정·평가 및 프로그램 체계

* 소그룹 활동(시차제 활동): 지민－표현언어장애, 동이－청각장애, 우주－전반적 발달장애

주간 교육 계획

담 임	원 감	원 장

[6월 둘째 주]

생활 주제	우리 동네	주 제	더불어 살아요
목 표	• 우리에게 도움을 주는 기관들의 종류와 역할을 안다. • 다양한 극놀이를 통해 각 기관의 이용방법을 알 수 있다. • 서로 도와서 더불어 살아가는 이웃이 있음을 알고 이웃을 소중히 여기는 태도를 기른다.		

교육과정 관련 영역	교과부 교육과정 관련 요소	장애유아 통합교육 관련 요소
건 강	• 나의 몸 움직이기 –바깥에서 신체활동하기(공통) • 안전하게 생활하기 –위험한 상황을 알고 대처하기(공통)	지민) –다양한 종류의 음식을 선택하고 먹기
		동이) –다양한 촉감의 음식 먹기
		우주) –직선 형태 자르기 –적당한 양의 음식을 입에 넣고, 입을 다물고 음식을 씹으며 입에 있는 음식을 삼킨 후에 다음 음식을 뜨기
사 회	• 사회현상에 관심 가지기 –주변 지역에 관심 가지기(II)	지민) –다른 사람과 교대로 상호작용하기 –어려움에 처해 있거나 도움이 필요한 사람에게 반응하기
		동이) –상황적인 단서를 사용하여 한 단계 지시 수행하기 –다른 사람과 교대로 상호작용하기 –집과 교실의 정해진 규칙 따르기
		우주) –화장실을 사용하고, 물 내리고, 손 씻기 –다른 사람이 보인 애정적인 호의에 반응하기
표 현	• 생활에서 아름다움 찾아보기 –소리 · 움직임 · 조형물에 관심 가지기(공통) • 예술적 표현 즐기기 –통합적으로 표현하기(공통)	동이) –자신의 감정 표현하기
		우주) –한 발로 균형 잡기
언 어	• 듣기 –바른 태도로 듣기(I) • 말하기 –바른 태도로 말하기(공통)	지민) –다른 사람에게 요구하고 명령하기 위해 단어, 구, 문장 사용하기
		동이) –자주 사용하지 않는 말소리 모방하기 –그림에서 친숙한 사람, 행동, 물건, 사건을 명명하기
		우주) –반복을 표현하기 위해 어문 2개 사용하기
탐 구	• 과학적 기초 능력 기르기 –간단한 도구와 기계 활용하기(I) • 수학적 기초 능력 기르기 –수 감각 기르기(공통)	지민) –10개의 다른 질적 개념에 대한 이해 나타내기
		동이) –소집단 활동 동안 물체를 가지고 적절하게 상호작용하기
		우주) –8개의 다른 색깔에 대한 이해 나타내기

요일		월	화	수	목	금
소주제 / 흥미 영역		경찰서	시장, 마트	미용실	은행	교회
대·소 집단 활동	이야기 나누기	경찰서에서 하는 일	시장과 마트의 같은 점과 다른 점	미용실에서 하는 일	은행에서 하는 일	교회에 대해 알아보아요
	동화·동극·동시	경찰이 된 까마귀(그림) / *실종예방교육—애니메이션 '로봇 끼오' 시청하기			선한 사마리아인 이야기(그림)	
	음률		가게놀이 (새 노래)			
	신체					* 총신교회 둘러보기
	게임		⑩ 우유 배달하기		세금 내고 돌아오기	
	예배	이웃을 도와준 도르가(행 9:36)				
	요리			바나나 롤빵 만들기		
실내 자유 선택 활동	언어	여러 가지 직업 (손가락 인형)			기쁨 찾은 금빛 동전(도서)	
	수·조작		가게 물건 찾기	직업에 맞는 물건 찾아보기	은행의 종류와 마크	끈 끼우기(교회)
	과학				지폐 관찰하기	
	조형		⑪ 지갑 만들기	* 내 얼굴에 맞는 헤어스타일은? (NIE)	저금통 만들기	
	음률					시편 23편 성가곡 (음악 감상)
	컴퓨터	어린이 경찰청 사이트 방문하기		주니어 네이버—헤어스타일 바꾸기		
	역할 / 쌓기	경찰놀이	⑫ 가게놀이	미용실 놀이	은행놀이	교회학교 놀이
바깥놀이 활동		모래로 우리 동네 만들기 / 물놀이 / 종합놀이기구를 활용한 운동놀이				
환경구성		유아 작품 게시				
간식		우유	우유	우유	우유	우유
급식		잡곡밥, 황태무국, 돼지고기장조림, 얼갈이된장무침, 양배추김치	어린이비빔밥(버섯, 쇠고기, 당근, 호박, 콩나물), 실파달걀국, 요구르트, 김치	잡곡밥, 콩나물국, 불고기, 양배추쌈/양념장, 깍두기	야채죽, 김가루, 물김치, 과일샐러드	잡곡밥, 미역된장국, 오징어볶음, 달걀말이, 무생채무침

기본 생활 습관	안전교육	환경보전 교육
공공장소에서 지켜야 할 약속 알고 지키기	실종 예방 3단계 구호 알기—멈추기 → 생각하기 → 도와주세요	길가에 버려진 쓰레기 줍기

교육자원	유치원 지도서 1 총론, 유치원 교구·교재 목록, 영유아를 위한 사정·평가 및 프로그램 체계

* 소그룹 활동(시차제 활동): 지민—표현언어장애, 동이—청각장애, 우주—전반적 발달장애

주간 교육 계획

담 임	원 감	원 장

[7월 첫째 주]

생활 주제	여름	주 제	여름이 되었어요
목 표	• 날씨와 자연환경의 변화에 관심을 가진다. • 여름을 건강하고 안전하게 보낼 수 있는 방법에 대해 알고 실천하는 태도를 기른다.		

교육과정 관련 영역	교과부 교육과정 관련 요소	장애유아 통합교육 관련 요소
건 강	• 안전하게 생활하기 –안전하게 놀이하기(공통) • 건강하게 생활하기 –질병 예방하기(I)	지민) –공 잡기 –다양한 종류의 음식을 선택하고 먹기
		동이) –다양한 촉감의 음식 먹기
		우주) –적당한 양의 음식을 입에 넣고, 입을 다물고 음식을 씹으며 입에 있는 음식을 삼킨 후에 다음 음식을 뜨기
사 회	• 사회현상에 관심 가지기 –주변 지역에 관심 가지기(II)	지민) –어려움에 처해 있거나 도움이 필요한 사람에게 반응하기
		동이) –다른 사람과 교대로 상호작용하기 –집과 교실의 정해진 규칙 따르기
		우주) –다른 사람이 보인 애정적인 호의에 반응하기 –단추, 똑딱단추, 벨크로 풀기
표 현	• 자연과 생활에서 아름다움 찾아보기 –예술적 요소 찾아보기(공통)	동이) –자신의 감정 표현하기
		우주) –한 발로 균형 잡기
언 어	• 말하기 –생각과 느낌 말하기(공통)	지민) –타인에게 요구하고 명령하기 위해 단어, 구, 문장 사용하기
		동이) –그림에서 친숙한 사람, 행동, 물건, 사건을 명명하기 –상황적인 단서를 사용하여 한 단계 지시 수행하기
		우주) –반복을 표현하기 위해 어문 2개 사용하기 –쓰기 도구를 잡을 때 세 손가락으로 잡기
탐 구	• 과학적 기초 능력 기르기 –자연현상에 대해 알아보기(I) • 탐구하는 태도 기르기 –탐구과정 즐기기(I)	지민) –10개의 다른 질적 개념에 대한 이해 나타내기
		동이) –소집단 활동 동안 물체를 가지고 적절하게 상호작용하기
		우주) –8개의 다른 색깔에 대한 이해 나타내기

요일		월	화	수	목	금
소주제 / 흥미 영역		나는 여름이 좋아요	여름철 날씨	안전한 여름	시원한 여름	즐거운 여름
대·소 집단 활동	이야기 나누기	나의 여름 이야기	여름철 날씨의 특징	안전한 여름을 보내는 방법	시원한 여름을 보내는 방법	즐거운 여름을 보내는 방법 / 주인공 소개
	동화·동극·동시	해 아저씨와 바다 아저씨(컴퓨터 동화)		도서관 놀이	⑬ 여름 낮(동시)	
	음률		비가 온다 뚝뚝(새 노래)			즐거운 여름(새 노래)
	신체	종합놀이기구 / 물놀이	빗방울 되어 보기(신체 표현)	종합놀이기구 / 물놀이 / * 올바른 365 손 씻기		모래성 쌓기
	게임				그림자밟기	
	예배			안전하게 홍해바다를 건넜어요(출 14:21)		
	요리					
실내 자유 선택 활동	언어	심심해서 그랬어(도서)			⑮ 냉장고 안에는 무엇이 들어 있을까 (NIE)	
	수·조작	여름 과일 끈 꿰기	날씨를 만들어 보세요	파리 잡기	* 아이스크림 선 따라 그리기(소근육 검사)	게의 숨바꼭질
	과학			곰팡이 실험	⑭ 바람의 세기 비교하기	
	조형	* 스테인드글라스	* 우산 모빌 만들기			* 부채 만들기
	음률	Franz Peter Schubert의 '숭어' (음악 감상)			비가 온다 뚝뚝(악기 연주)	
	컴퓨터		기상청 홈페이지 방문하기	'어린이 네마'—여름철 안전 동영상 보기		
	역할		기상캐스터 되어 보기	예방주사를 맞아요		여행 가방 챙기기
	쌓기					여행을 떠나요
바깥놀이 활동		종합놀이기구를 활용한 운동놀이 / 물놀이—물의 특성 알아보기 / 모래놀이—모래성 쌓기				
환경구성		여름철의 특징 사진 게시 / 우산 모빌, 스테인드글라스 게시				
간식		우유	우유	우유	우유	우유
급식		오곡잡곡밥, 순두부국, 멸치감자조림, 호박나물, 김치	오곡잡곡밥, 팽이버섯미소된장국, 오징어야채볶음, 김구이, 무생채	넝쿨콩밥, 미역된장국, 닭강정, 가지나물, 깍두기, 수박	오곡잡곡밥, 오이냉국, 돈육불고기, 고구마줄기볶음, 김치	잡곡밥, 육개장(쇠고기, 토란대, 숙주나물, 고비, 무), 김치, 수박

기본 생활 습관	안전교육	환경보전 교육
차가운 음식과 물 적당히 먹기	비 오는 날에 밝은색 옷 입기	쓰레기 분리수거하기
교육자원	유치원 지도서 1 총론, 유치원 교구·교재 목록, 영유아를 위한 사정·평가 및 프로그램 체계	

* 소그룹 활동(시차제 활동): 지민—표현언어장애, 동이—청각장애, 우주—전반적 발달장애

주간 교육 계획

담 임	원 감	원 장

[9월 첫째 주]

생활 주제	교통기관	주 제	편리한 교통기관
목 표	• 자연법칙을 발견하고 이를 이용하여 교통기관을 만들었음을 안다. • 우리가 이용하는 육상 교통기관의 종류와 특징 및 움직임의 원리를 안다. • 교통기관을 안전하게 이용하는 방법을 알고 안전규칙을 지킨다.		

교육과정 관련 영역	교과부 교육과정 관련 요소	장애유아 통합교육 관련 요소
건 강	• 안전하게 생활하기 –안전하게 놀이하기(공통)	지민) –곡선 형태 자르기 –공 잡기 –다양한 종류의 음식을 선택하고 먹기
		동이) –다양한 촉감의 음식 먹기
		우주) –직선 형태 자르기 –쓰기 도구를 잡을 때 세 손가락으로 잡기
사 회	• 이웃과 더불어 생활하기 –다른 사람을 이해하고 존중하기(II) • 사회현상에 관심 가지기 –주변 지역에 관심 가지기(I)	지민) –물건을 나누어 쓰거나 바꾸어 사용하기
		동이) –물건을 나누어 쓰거나 바꾸어 사용하기
		우주) –몸 씻고 닦기
표 현	• 예술적 표현 즐기기 –통합적으로 표현하기(공통) • 감상하기 –예술적 표현 존중하기(II)	시빈) –다른 사람의 감정에 대해 표현하기
		동이) –물건을 표상활동에 사용하기
		우주) –한 발로 균형 잡기
언 어	• 듣기 –바른 태도로 듣기(공통) • 말하기 –생각과 느낌 말하기(공통)	지민) –자신 혹은 다른 사람의 감정을 명명하기 위해 단어, 구, 문장 사용하기
		동이) –상황적 단서 없이 두 단계 지시 수행하기 –청각적 사건 지향하기
		우주) –장소를 표현하기 위해 어문 2개 사용하기
탐 구	• 탐구하는 태도 기르기 –사물과 현상에 지속적인 관심 가지기(I)	지민) –10개의 다른 질적 개념에 대한 이해 나타내기
		동이) –대집단 활동 동안 적절한 물건, 사람, 사건 보기
		우주) –8개의 다른 색깔에 대한 이해 나타내기

요일		월	화	수	목	금
소주제 / 흥미 영역		내가 이용해 본 교통기관	땅에서 다니는 교통기관 1 (바퀴가 있는 것)	땅에서 다니는 교통기관 2 (레일 위를 달리는 것)	물에서 다니는 교통기관	하늘을 나는 교통기관
대·소 집단 활동	이야기 나누기	내가 이용해 본 교통기관	바퀴를 이용해 움직이는 교통기관	⑰ 레일 위를 달리는 교통기관	물에서 다니는 교통기관	하늘을 나는 교통기관 / 주인공 소개
	동화 · 동극 · 동시		타세요(동시)	전철 타고 가는 날	검피 아저씨의 뱃놀이(융판)	
	음률	우리들은 작은 선교사(새 노래)	간다 간다 (악기 연주)	더 빠른 것 더 느린 것(새 노래)		
	신체			⑱ 기차 여행 (신체 표현)		하늘을 나는 비행기
	게임	기차놀이				
	예배				물고기 배 속의 요나(욘 1:3-4)	
	요리					
실내 자유 선택 활동	언어	교통기관의 종류 (기억력 게임)	내 발에 바퀴가 달려 있다면?	'기차' 끝말잇기	배는 어떻게 물 위에 뜰까요? (도서)	비행기는 어떻게 하늘을 날까요? (도서)
	수 · 조작	내가 이용해 본 교통기관 수 그래프 만들기	도로 차선 (바느질)			비행기 조립하기 / 열기구에 사람 태우기
	과학		어떤 길에서 빨리 달릴까? (실험)		배는 어떻게 물 위에 뜰까? (실험) / 배 띄우기	
	조형		바퀴 무늬 찍기 / 도로 그리기	패스카드, 역 간판 만들기	배 만들기	비행장 만들기
	음률	여러 가지 교통기관 음향 듣기		작자 미상 '기차 여행' (음악 감상)		
	컴퓨터	교통기관 색칠하기 (소프트웨어)				
	역할			⑯ 전철역 놀이하기		
	쌓기		도로놀이	기차, 기찻길 블록		비행기, 비행장 세트
바깥놀이 활동		자전거 타기 / 종합놀이기구를 활용한 운동놀이 / 총신동산에서 가을 느끼기(필드트립)				
환경구성		유아 작품(입체, 평면) 게시 / 교통기관의 종류 사진 게시				
간 식		우유	우유	우유	우유	우유
급 식		잡곡밥, 콩나물국, 닭안심살볶음, 김구이, 김치	잡곡밥, 냉잇국, 영양달걀찜, 야채어묵조림, 깍두기	잡곡밥, 감자국, 잡채, 참나물무침, 깍두기	잡곡밥, 황태무국, 야채전, 견과류 넣은 콩자반, 김치	쇠고기덮밥, 된장국, 무생채, 딸기
기본 생활 습관			안전교육		환경보전 교육	
올바른 손 씻기 6단계 익히기			지하철 안전하게 이용하기		종이 타월 한 장씩 사용하기	
교육자원		유치원 지도서 1 총론, 유치원 교구 · 교재 목록, 영유아를 위한 사정 · 평가 및 프로그램 체계				

* 소그룹 활동(시차제 활동): 지민-표현언어장애, 동이-청각장애, 우주-전반적 발달장애

주간 교육 계획

담 임	원 감	원 장

[10월 셋째 주]

생활 주제	가을	주 제	아름다운 가을
목 표	• 자연의 법칙에 따라 계절이 변화함을 알고 가을의 특징에 관심을 가진다. • 가을 날씨에 따른 사람들의 생활 모습의 변화를 알 수 있다. • 가을철 자연계의 변화(날씨, 단풍, 낙엽, 꽃, 곤충, 열매 등)에 대해 관심을 가진다.		

교육과정 관련 영역	교과부 교육과정 관련 요소	장애유아 통합교육 관련 요소
건 강	• 건강하게 생활하기 –질병 예방하기(공통)	지민) –곡선 형태 자르기 –다양한 종류의 음식을 선택하고 먹기
		동이) –다양한 촉감의 음식 먹기
		우주) –한 발로 균형 잡기 –단추, 똑딱단추, 벨크로 풀기
사 회	• 이웃과 더불어 생활하기 –질서와 규칙 지키기(공통)	지민) –물건을 나누어 쓰거나 바꾸어 사용하기
		동이) –다른 사람과의 협동활동 유지하기 –대집단 활동 동안 지시에 적절하게 반응하기
		우주) –물건을 나누어 쓰거나 바꾸어 사용하기
표 현	• 예술적 표현 즐기기 –통합적으로 표현하기(공통)	지민) –다른 사람의 감정에 대해 표현하기
		동이) –자신의 정서와 감정 표현하기
		우주) –단순한 형태 보고 그리기
언 어	• 듣기 –이야기 듣고 이해하기(공통) • 말하기 –생각과 느낌 말하기(Ⅰ)	지민) –명료화를 위해 질문하기 –현재진행형 사용하기
		동이) –청각적 사건 지향하기 –책 읽어 주는 시간에 이야기의 처음부터 끝까지 앉아서 집중하기
		우주) –장소를 표현하기 위해 어문 2개 사용하기
탐 구	• 과학적 기초 능력 기르기 –자연현상에 대해 알아보기(Ⅰ)	지민) –7개의 다른 시간적 관계 개념에 대한 이해 나타내기
		우주) –8개의 다른 색깔에 대한 이해 나타내기

요일		월	화	수	목	금
흥미 영역 \ 소주제		가을철 사람들의 생활	가을철 식물의 변화	가을 꽃	가을 곤충	가을 열매 (과일, 채소)
대·소 집단활동	이야기 나누기	가을 날씨와 생활	단풍이 들고 낙엽이 떨어지는 이유	가을에 피는 꽃	가을철 곤충	가을철 열매 / 주인공 소개
	동화·동극·동시	가을바람(융판)	단풍잎의 가을밤(PPT)		가을의 소리(동시)	우진이의 사과파이(융판)
	음률	몰래 들어와서는 (새 노래)		몰래 들어와서는 (악기 연주)		
	신체				가을 곤충의 뛰뛰기	
	게임		단풍, 은행나무 완성하기			
	예배			좋은 땅, 좋은 열매 (마 13:8)		
	요리					⑲ 가을 과일 샐러드
실내 자유 선택 활동	언어	가을 관련 기억력 게임	낙엽을 밟으면 어떤 소리가 날까?			동시 '가을의 소리' 개작하기
	수·조작	아름다운 가을 풍경(퍼즐)	나뭇잎의 색깔 변화 알기	가을 꽃 패턴		⑳ * 밤과 도토리 접어 꾸미기
	과학	나뭇잎 맥 관찰하기 (프로타주)		국화차 마시기		가을 과일 속 관찰하기
	조형	* 크레파스 녹여 단풍잎 만들기		* 국화 모빌 만들기	잠자리 (스테인드글라스)	
	음률		가을 곤충 소리 듣고 알아맞히기		Antonio Lucio Vivaldi의 '사계' 중 '가을' (음악 감상)	
	컴퓨터		'가을'을 검색해 가을 풍경 감상하기			
	역할		가을철 옷차림하기	가을 소풍을 떠나요(돗자리, 도시락, 물병, 가방 제공)		
	쌓기		블록으로 나뭇잎 만들기		가을 동산 꾸미기	
바깥놀이 활동		종합놀이기구를 활용한 운동놀이 / 가을 느끼기(필드트립)				
환경구성		가을철 날씨의 특징 게시				
간 식		우유	우유	우유	우유	우유
급 식		잡곡밥, 닭무국, 맛살미나리무침, 김구이, 김치	잡곡밥, 오이냉국, 오징어볶음, 청포묵무침, 깍두기	잡곡밥, 두부호박된장국, 달걀야채말이, 멸치볶음, 깍두기	잡곡밥, 근대국, 새우마늘쫑조림, 돼지불고기, 김치	㉑ 흰밥, 닭곰탕, 깍두기, 과일샐러드

기본 생활 습관	안전교육	환경보전 교육
가을철에 맞는 옷차림하기	가을철 기후의 특징을 알고 불조심하기	단풍이 든 나뭇잎 따지 않기
교육자원	유치원 지도서 1 총론, 유치원 교구·교재 목록, 영유아를 위한 사정· 평가 및 프로그램 체계	

* 소그룹 활동(시차제 활동): 지민－표현언어장애, 동이－청각장애, 우주－전반적 발달장애

주간 교육 계획

담 임	원 감	원 장

[11월 첫째 주]

<table>
<tr><td>생활 주제</td><td>기계와 도구</td><td>주 제</td><td>우리 생활에 사용되는 기계와 도구</td></tr>
<tr><td>목 표</td><td colspan="3">• 일상생활에서 사용되는 다양한 기계와 도구에 대해 관심을 갖고 움직임의 원리를 안다.
• 기계와 도구의 바른 사용방법을 알고 안전하게 사용할 수 있다.</td></tr>
<tr><td>교육과정 관련 영역</td><td>교과부 교육과정 관련 요소</td><td colspan="2">장애유아 통합교육 관련 요소</td></tr>
<tr><td rowspan="3">건 강</td><td rowspan="3">• 건강하게 생활하기
–안전하게 생활하기(공통)</td><td colspan="2">지민) –곡선 형태 자르기
–다양한 종류의 음식을 선택하고 먹기</td></tr>
<tr><td colspan="2">동이) –다양한 촉감의 음식 먹기</td></tr>
<tr><td colspan="2">우주) –곡선 형태 자르기
–한 발로 균형 잡기</td></tr>
<tr><td rowspan="3">사 회</td><td rowspan="3">• 이웃과 더불어 생활하기
–두레의 소중함을 알고 협력하기(Ⅰ)
• 사회현상에 관심 가지기
–주변 지역에 관심 가지기(Ⅱ)</td><td colspan="2">지민) –다른 사람과의 협동활동 유지하기</td></tr>
<tr><td colspan="2">동이) –상황적 단서 없이 두 단계 지시 수행하기
–다른 사람과의 협동활동 유지하기</td></tr>
<tr><td colspan="2">우주) –물건을 나누어 쓰거나 바꾸어 사용하기</td></tr>
<tr><td rowspan="3">표 현</td><td rowspan="3">• 예술적 표현 즐기기
–통합적으로 표현하기(공통)</td><td colspan="2">지민) –가장된 물체, 사건, 사람을 기술하기 위해 단어, 구, 문장 사용하기</td></tr>
<tr><td colspan="2">동이) –자신의 감정 표현하기</td></tr>
<tr><td colspan="2">우주) –단순한 형태 보고 그리기</td></tr>
<tr><td rowspan="3">언 어</td><td rowspan="3">• 듣기
–이야기 듣고 이해하기(공통)
• 말하기
–생각과 느낌 말하기(Ⅰ)
–낱말과 문장으로 말하기(Ⅰ)</td><td colspan="2">지민) –현재진행형 사용하기</td></tr>
<tr><td colspan="2">동이) –말이나 몸짓으로 간단한 질문에 반응하기</td></tr>
<tr><td colspan="2">우주) –장소를 표현하기 위해 어문 2개 사용하기</td></tr>
<tr><td rowspan="3">탐 구</td><td rowspan="3">• 탐구하는 태도 기르기
–사물과 현상에 지속적인 관심 가지기(Ⅰ)
• 과학적 기초 능력 기르기
–간단한 도구와 기계 활용하기(Ⅰ, 공통)</td><td colspan="2">지민) –7개의 다른 시간적 관계 개념에 대한 이해 나타내기</td></tr>
<tr><td colspan="2">동이) –대집단 활동 동안 지시에 적절하게 반응하기</td></tr>
<tr><td colspan="2">우주) –12개의 다른 공간적 관계 개념에 대한 이해 나타내기</td></tr>
</table>

요 일		월	화	수	목	금
소주제 / 흥미 영역		기계와 도구란 무엇일까?	내가 사용할 수 있는 기계와 도구	깨끗하게 하는 기계와 도구	주방에서 사용하는 기계와 도구	소식을 알려 주는 기계와 도구
대·소 집단 활동	이야기 나누기	기계와 도구의 의미	내가 사용할 수 있는 기계와 도구	깨끗하게 하는 기계와 도구	주방에서 사용하는 기계와 도구 / 주인공 소개	소식을 알려 주는 기계와 도구 (라디오, 전화, 컴퓨터, 텔레비전)
	동화 · 동극 · 동시	목수 아저씨 (그림)	하늘을 나는 가위(그림)	빨래집게(동시)	소나와 나무국자(OHP)	
	음률			빙글빙글 세탁기(새 노래)		무엇이라 부를까?(새 노래)
	신체	* 훌라후프 돌리기				
	게임	도구 사용하여 공 굴리기				
	예배			하나님이 주신 지혜로 발명되었어요 (창 4:20-22)		
	요리				피자빵 만들기	
실내 자유 선택 활동	언어	기계와 도구 (수수께끼 카드)	고무 달린 연필은?		기계와 도구(실물 카드)	
	수 · 조작		젓가락과 숟가락으로 곡식 옮기기	종이 손톱 자르기		㉓ 내가 좋아하는 텔레비전 프로그램 (수 그래프)
	과학		컴퓨터 부품 관찰하기	여러 가지 기계와 도구 관찰하기		㉒ 실전화기 놀이
	조형	실 그림 그리기		칫솔 그림 그리기		
	음률					㉔ 음악이 나오는 라디오 채널 찾기
	컴퓨터		컴퓨터의 종류 검색하기			* 유치원 홈페이지에 글 올리기
	역할		깨끗하게 하는 기계와 도구를 이용해 청소하기 (청소기, 빗자루, 쓰레받기, 앞치마, 머릿수건 등)			
	쌓기		구슬 길 만들기		공구놀이	
바깥놀이 활동		총신동산에서 놀이하기(필드트립) / 종합놀이기구를 활용한 운동놀이 / 자전거 타기				
환경구성		기계와 도구 사진자료, 유아 작품 게시				
간 식		우유	우유	우유	우유	우유
급 식		오곡밥, 호박팽이버섯 된장국, 달걀찜, 파래무침, 깍두기	오곡밥, 비지찌개, 멸치볶음, 동치미, 요구르트	쇠고기야채덮밥, 콩나물국, 김치	카레라이스, 달걀국, 깍두기	오곡밥, 시금치새우국, 오징어볶음, 김구이, 김치

기본 생활 습관	안전교육	환경보전 교육
그림도구 뚜껑 닫기	기계와 도구의 사용법 알고 안전하게 사용하기	사용하지 않는 전깃불 끄기
교육자원	유치원 지도서 1 총론, 유치원 교구 · 교재 목록, 영유아를 위한 사정 · 평가 및 프로그램 체계	

* 소그룹 활동(시차제 활동): 지민—표현언어장애, 동이—청각장애, 우주—전반적 발달장애

주간 교육 계획

담 임	원 감	원 장

[12월 셋째 주]

생활 주제	성탄	주 제	아기 예수님의 생일을 축하해요
목 표	• 예수님께서 우리를 구원하기 위해 이 땅에 오셨음을 안다. • 아기 예수님의 탄생을 기뻐하며 다양한 활동을 통해 예수님의 탄생을 축하할 수 있다. • 다양한 표현 능력으로 예수님의 탄생을 알릴 수 있다.		

교육과정 관련 영역	교과부 교육과정 관련 요소	장애유아 통합교육 관련 요소
건 강	• 안전하게 생활하기 –나와 다른 사람의 몸 소중히 하기(공통)	지민) –곡선 형태 자르기 –적당한 양의 음식을 입에 넣고, 입을 다물고 음식을 씹으며 입에 있는 음식을 삼킨 후에 다음 음식을 뜨기
		동이) –다양한 촉감의 음식 먹기
		우주) –곡선 형태 자르기 –공 잡기 –이 닦기
사 회	• 이웃과 더불어 생활하기 –다른 사람을 이해하고 존중하기(II)	지민) –다른 사람과의 협동활동에 참여하기 –생일 말하기
		동이) –대집단 활동 동안 물체를 가지고 적절하게 상호작용하기
		우주) –물건을 나누어 쓰거나 바꾸어 사용하기
표 현	• 예술적 표현 즐기기 –통합적으로 표현하기(공통)	지민) –가장된 물체, 사건, 사람을 기술하기 위해 단어, 구, 문장 사용하기
		동이) –자신의 감정 표현하기
		우주) –단순한 형태 보고 그리기
언 어	• 말하기 –생각과 느낌 말하기(II) –바른 태도로 말하기(I)	지민) –미래 시제 사용하기
		동이) –청각적 사건 지향하기 –쿠잉(초기 옹알이)으로 음성적 상호작용에 참여하기
		우주) –장소를 표현하기 위해 어문 2개 사용하기
탐 구	• 탐구하는 태도 기르기 –사물과 현상에 지속적인 관심 가지기(I)	지민) –7개의 다른 시간적 관계 개념에 대한 이해 나타내기
		동이) –2쌍 이상의 반대개념 사용하기
		우주) –기능에 따라 물건 그룹 짓기

요일		월	화	수	목	금
소주제 / 흥미 영역		예수님의 탄생 소식을 알려 주었어요	예수님께서 이 땅에 오셨어요	예수님께 경배하였어요	예수님의 탄생을 전해요	성탄 예배 / 즐거운 겨울방학
대·소 집단 활동	이야기 나누기	예수님의 탄생 소식을 알려 주었어요	㉕ 예수님이 태어나셨어요	예수님께 경배하였어요	예수님의 사랑을 전해요(이웃 돕기)	즐거운 겨울방학을 보내려면……
	동화·동극·동시				아 이상한 별(그림)	* 방학 맞이 교실 정리하기
	음률		예수님 메리 크리스마스(새 노래)	기쁨 가득한 날(새 노래)		
	신체				예수님 생일 축하 준비하기	별을 따라가요
	게임		별 옮기기		햇빛반과 달빛반 대항 별 옮기기	
	예배	천사가 기쁜 소식을 전해 주었어요(눅 2:8-14)				기쁘다 구주 오셨네(눅 2:14)
	요리					
실내 자유 선택 활동	언어		마구간에서 나신 예수님		착한 이웃 사마리아 사람(도서)	
	수·조작		성탄 초를 밝혀 주세요	트리를 꾸며요		
	과학	별 과학도감		성에 만들기		
	조형		㉖ * 크리스마스 트리 꾸미기	* 크리스마스 카드 그리기	* 겨울방학 책 표지 꾸미기	예수님께 드릴 선물 만들기
	음률		캐럴 감상하기			
	컴퓨터		컴퓨터 전문인 선교회 절기사이트 속 게임하기(성탄 장면 색칠하기, 퍼즐 맞추기, 틀린 그림 찾기)			
	역할	천사가 되어 예수님의 탄생 전하기	마리아와 요셉 되어 보기			
	쌓기		㉗ 마구간 만들기			구세군 자선냄비 만들기
바깥놀이 활동		종합놀이기구를 활용한 운동놀이 / 총신동산에서 놀이하기(필드트립)				
환경구성		유아 작품 게시 / 성탄 장식하기				
간식		우유	우유	우유	우유	우유
급식		잡곡밥, 조갯살배춧국, 견과류멸치볶음, 콩나물맛살무침, 김치	잡곡밥, 열무된장국, 생선커틀릿, 콘야채샐러드, 김치	잡곡밥, 사골국, 뿌리채소튀김(연근, 우엉, 감자, 당근 등), 김구이, 깍두기	잡곡밥, 육개장, 단호박찜, 깻잎나물, 김치	잡곡밥, 청국장, 낙지해물볶음, 콩자반, 양배추김치

기본 생활 습관	안전교육	환경보전 교육
겨울철에 맞는 옷차림하기	크리스마스트리의 전구 만지지 않기	실내 온도(20도) 유지하기

교육자원	유치원 지도서 1 총론, 유치원 교구·교재 목록, 영유아를 위한 사정·평가 및 프로그램 체계

* 소그룹 활동(시차제 활동): 지민-표현언어장애, 동이-청각장애, 우주-전반적 발달장애

주간 교육 계획

담 임	원 감	원 장

[2월 둘째 주]

<table>
<tr><th>생활 주제</th><td>눈과 얼음</td><th>주 제</th><td>우리 주변의 눈과 얼음</td></tr>
<tr><th>목 표</th><td colspan="3">• 주변에서 볼 수 있는 눈과 얼음에 대해 관심을 갖는다.
• 기온에 따른 물과 얼음의 변화를 알고 물리적 지식을 구성할 수 있다.
• 눈 결정체를 탐색함으로써 눈이 가진 아름다움을 찾아볼 수 있다.</td></tr>
<tr><th>교육과정 관련 영역</th><th colspan="2">교과부 교육과정 관련 요소</th><th>장애유아 통합교육 관련 요소</th></tr>
<tr><th rowspan="3">건 강</th><td colspan="2" rowspan="3">• 건강하게 생활하기
−질병 예방하기(II)
• 나의 몸 인식하기
−감각기관을 활용하기(II)</td><td>지민) −곡선 형태 자르기
−적당한 양의 음식을 입에 넣고, 입을 다물고 음식을 씹으며 입에 있는 음식을 삼킨 후에 다음 음식을 뜨기</td></tr>
<tr><td>동이) −다양한 촉감의 음식 먹기</td></tr>
<tr><td>우주) −곡선 형태 자르기
−휴지 사용하여 코 닦기</td></tr>
<tr><th rowspan="3">사 회</th><td colspan="2" rowspan="3">• 이웃과 더불어 생활하기
−질서와 규칙 지키기(공통)</td><td>지민) −갈등 해결을 위해 협상하기</td></tr>
<tr><td>동이) −대집단 활동 동안 물체를 가지고 적절하게 상호작용하기</td></tr>
<tr><td>우주) −소집단 활동 동안 적절한 물건, 사람, 사건 보기</td></tr>
<tr><th rowspan="3">표 현</th><td colspan="2" rowspan="3">• 예술적 표현 즐기기
−통합적으로 표현하기(공통)
• 감상하기
−아름다움 느끼기(공통)</td><td>지민) −의미 전달을 위해 목소리 다양화하기</td></tr>
<tr><td>동이) −자신의 감정 표현하기</td></tr>
<tr><td>우주) −복잡한 형태를 보고 그리기</td></tr>
<tr><th rowspan="3">언 어</th><td colspan="2" rowspan="3">• 듣기
−바른 태도로 듣기(II)
• 말하기
−바른 태도로 말하기(II)</td><td>지민) −수동 문형 사용하기</td></tr>
<tr><td>동이) −사물과 이에 대해 말하고 있는 사람 쪽으로 돌아보기
−쿠잉(초기 옹알이)으로 음성적 상호작용에 참여하기</td></tr>
<tr><td>우주) −장소를 표현하기 위해 어문 2개 사용하기</td></tr>
<tr><th rowspan="3">탐 구</th><td colspan="2" rowspan="3">• 탐구하는 태도 기르기
−사물과 현상에 지속적인 관심 가지기(II)
• 과학적 기초 능력 기르기
−자연현상에 대해 알아보기(II)</td><td>지민) −12개의 다른 공간적 관계 개념에 대한 이해 나타내기</td></tr>
<tr><td>동이) −2개의 대명사 사용하기
−2쌍의 반대개념 사용하기</td></tr>
<tr><td>우주) −기능에 따라 물건 그룹 짓기</td></tr>
</table>

요일		월	화	수	목	금
흥미 영역 \ 소주제		눈과 얼음의 특징	내가 본 눈과 얼음	눈과 얼음의 변화	눈의 여러 가지 모양	눈과 얼음 할 수 있는
대·소 집단활동	이야기 나누기	주변에서 볼 수 있는 눈과 얼음	내가 본 눈과 얼음	눈과 얼음의 변화	눈의 여러 가지 모양	눈과 얼음 할 수 있는
	동화·동극·동시	신나는 겨울(그림)	처음 본 눈(OHP)		눈눈눈(OHP)	
	음률		고드름(새 노래)			
	신체			눈과 얼음 되어 보기	눈송이 되어 보기	
	게임	고드름 따서 돌아오기				썰매 타 반환점 돌이
	예배			물이 변했어요 (요 2:9)		
	요리					
실내 자유 선택 활동	언어	함박눈이 내리면(도서)		눈송이(도서)		
	수·조작	㉙ 겨울 풍경 꾸미기			눈 결정체 모양 (바느질)	눈사람 구 굴리기
	과학			얼음낚시(실험)		
	조형	㉘ 눈 결정체로 모빌 만들기			내가 좋아하는 눈과 얼음 놀	
	음률		Pyotr Ilich Tchaikovsky의 '눈송이의 춤' 감상하기			
	컴퓨터		'눈 결정체' 컴퓨터로 검색해 보기			
	역할	얼음으로 만든 작품 되어 보기		스케이트, 썰매, 스키 도구 제공		
	쌓기	㉚ 유니트 블록으로 이글루 쌓기				
바깥놀이 활동		종합놀이기구를 활용한 운동놀이 / 눈싸움(필드트립)				
환경구성		유아 작품 게시 / 즐거웠던 우리반				
간식		우유	우유	우유	우유	우유
급식		잡곡밥, 시래기된장국, 돈육야채볶음, 파래부각, 김치	잡곡밥, 미역국, 닭강정, 머스터드소스, 무생채	자장밥, 달걀실파국, 단무지, 찐고구마	떡국, 깍두기	잡곡밥, 시래기된장 삼치구이 봄동나물,

기본 생활 습관	안전교육	환경보전 교육
전시장에 있는 공공 시설물을 조심히 다루기	눈길을 걸을 때 주머니에 손 넣지 않고 걷기	폭설이 내리는 이유에 대해 알 공기의 오염원에 관심 가지기

교육자원	유치원 지도서 1 총론, 유치원 교구·교재 목록, 영유아를 위한 사정·평가 및 프로그램 ᄎ

* 소그룹 활동(시차제 활동): 지민－표현언어장애, 동이－청각장애, 우주－전반적 발달장애

4 일일 교육 계획안의 활용

일일 교육 계획안은 유아를 위한 하루 동안의 교육활동 내용에 대한 계획이다. 이는 전체의 생활 주제와 주별 주제 안에서 유아의 발달과 흥미를 고려하여 놀이 중심의 통합적인 교육활동으로 구성된다. 일일 교육활동 운영은 동적인 활동과 정적인 활동, 실내 활동과 실외 활동, 개별 활동과 소집단 · 대집단 활동, 유아 주도 활동과 교사 주도 활동 등이 균형 있게 이루어지도록 하였다(교육과학기술부, 2008).

장애유아가 통합된 일일 교육 계획안은 일반 유아 교육과정의 일일 교육 계획안에 장애유아의 개별화 교육 계획안을 통합하여 작성하였다.

다음은 총신대학교 부속유치원의 장애유아 통합 일일 교육 계획안으로 앞서 제시되었던 주간 교육 계획안 가운데 하루씩을 선택하여 총 10개의 일일 교육 계획안을 제시하였다.

일일 교육 계획안에서 필기체로 쓰인 부분은 개별 장애유아를 위한 IEP를 의미한다. 또한 이해를 돕기 위해, 3월 적응 기간을 제외한 4월 이후부터는 일일 IEP 끝부분에 영역, 요소, 장기 목표, 단기 목표를 괄호 안(예: 인지-A-1-1.4)에 제시하였다. 일일 교육 계획 가운데 번호가 있는 부분의 활동들은 이 책의 '단위 활동 계획안을 활용한 적용'에 구체적으로 제시되어 있다.

담 임	원 감	원 장

일일 교육 계획

[3월 둘째 주]

생활 주제	유치원	주 제	안전한 유치원 생활	소주제	화장실과 복도에서 지켜야 할 약속
목 표	• 화장실과 복도에서 지켜야 할 약속을 알고, 지키는 태도를 기른다. 지민) 복도에서 줄을 서야 함을 알고 또래의 도움을 받아 줄을 설 수 있다. 동이) 복도에서 교사의 언어적 촉구에 의해 스스로 줄을 설 수 있다. 우주) 화장실에서 손을 씻는 방법에 대해 안다.				

활동 계획

시간 및 활동명	활동 목표(생활 영역)	활동 내용	준비물
~9:00 A팀 등원	• 바르게 인사하는 태도를 기른다. • 옷을 바르게 정리할 수 있다. (사회)	• 유아의 건강과 기분 점검하기, ① 선생님과 인사해요 지민) 교사와 눈을 마주치고 인사 나누기	손 세정액, 바구니, 옷걸이
9:00~9:30 A팀 소그룹 활동	• 화장실과 복도에서 지켜야 할 기본 생활 습관에 대해 알아본다. (건강, 사회)	〈이야기 나누기: 화장실과 복도에서 지켜야 할 약속〉 • 화장실과 복도에서 지켜야 할 약속에 대해 이야기를 나누고, 줄을 서서 복도를 걸어 보고, 화장실 이용해 보기 우주) 손 씻는 순서의 그림을 교사가 짚은 후, 언어적 촉구하기 동이) 화장실에 있는 물건을 보고 교사가 들려주는 발음 듣기 지민) 또래의 도움을 받아 줄 서기	화장실 사용방법, 손 씻는 순서 그림 카드
9:30~9:50 B팀 등원 및 간식	• 바르게 인사하는 태도를 기른다. • 우유를 컵에 따르는 조절 능력을 기른다. (건강)	• 손 씻기 → 우유 마시기 우주) ② 손을 씻어요: 손 씻는 카드를 보며, 교사의 언어적 촉구에 따라 손 씻기 동이) '우유'를 발성해 보고 스스로 우유 마시기	종이 타월, 우유, 컵, 주전자, 행주
9:50~10:05 인사 나누기	• 날짜와 날씨를 탐구한다. • 바른 자세로 인사하고 기도하는 태도를 기른다. (사회, 탐구)	• 인사 나누기 → 날씨와 날짜 알아보기 → 이름 부르기	이름 카드
10:05~10:40 새 활동 소개 · 계획 및 자유선택 활동	• 자신이 하고 싶은 놀이를 계획하고 활동할 수 있다. • 새로운 활동의 놀이방법을 이해할 수 있다. • 놀이 영역에서의 약속을 지킬 수 있다. • 다양한 흥미 영역에 자발적으로 참여할 수 있다. (건강, 사회, 표현, 언어, 탐구)	〈언어: 화장실에 있는 여러 가지 물건〉 • 화장실에 있는 여러 가지 물건들의 사진과 이름을 살펴보기 동이) 화장실에 있는 물건들 중 그림 카드를 보고 교사가 들려주는 발음 듣기	그림 카드 5장
		〈조작: 한 줄 서기〉 • 줄을 서야 하는 곳을 정해 사람들을 한 줄로 세우기 지민) 줄을 서야 하는 장소에 줄 세워 보기	줄을 서야 하는 곳의 그림, 사람 그림
		〈조형: 종이 타월 염색하기〉 • 종이 타월을 접고 물감을 묻힌 후에 펼쳐서 말리기	종이 타월, 팔레트, 물감, 건조대

10:40~10:55 정리정돈	• 장난감을 정리함으로써 일대일 대응과 분류 능력을 기른다. (탐구, 건강)	• 신호가 울리면 장난감을 제자리에 정리하기 • 화장실에 다녀온 후에 손 씻기 • 놀이 평가하기	신호악기
10:55~11:30 간식 및 휴식	• 올바른 식습관을 기른다. (건강)	〈메뉴: 브로콜리 크림수프, 모닝빵〉 • 손을 씻은 후에 간식 받기 → 메뉴 알아보고 감사기도 드리기 → 간식 먹기 → 정리하기 우주) 수프 맛보기 동이) 메뉴 이름을 듣고 '빵' 발성해 보기 지민) 교사의 신체적 도움으로 숟가락 바르게 쥐기	식판, 수저 등
11:30~11:40 동시	• 줄을 서야 하는 장소와 필요성에 대해 알 수 있다. (건강, 사회, 언어)	〈③ 동시: 줄을 섭니다〉 • 줄을 서야 하는 곳을 생각한 후에 동시 감상하기 동이) 복도는 줄을 서야 하는 곳임을 알고, 또래의 도움을 받아 줄 서기	그림이 포함된 동시판
11:40~11:50 일과 평가 및 귀가지도	• 하루 일과를 회상하고 느낌을 표현할 수 있다. (언어, 사회, 표현)	• 일과 평가하기 → 인사 나누기	개인 사물
11:50~12:00 A팀 귀가	• 안전하게 차량에 탑승하는 태도를 기른다. (건강, 사회)	• A팀이 먼저 옷을 입은 후에 차량에 탑승하기 지민) 친구의 손을 잡고 줄을 서서 이동하기 동이) 교사가 언어적 촉구를 제시하면 스스로 친구 뒤에 줄 서기	
12:00~12:20 B팀 소그룹 활동	• 화장실과 복도에서 지켜야 할 기본 생활 습관에 대해 알아보고 실천해 봄으로써 생활화할 수 있다. (건강, 사회)	〈이야기 나누기: 화장실과 복도에서 지켜야 할 약속〉 • 화장실과 복도에서 지켜야 할 약속에 대해 이야기를 나누고, 줄을 서서 복도를 걸어 보고, 화장실을 이용해 보기	그림 카드
12:20~12:30 B팀 귀가	• 안전하게 차량에 탑승하는 태도를 기른다. (건강, 사회)	• B팀이 옷을 입은 후에 차량에 탑승하기	
평 가			
교육자원	유치원 지도서 1 총론, 유치원 교구 · 교재 목록, 영유아를 위한 사정 · 평가 및 프로그램 체계		

※ 지민), 동이), 우주)—장애유아 통합교육의 수정된 교수 목표, 장애유아 개별화 교육 계획(IEP)

※ 학기 초 유아들의 적응 단계로서 단축 수업을 실시함

일일 교육 계획

담 임	원 감	원 장

[4월 둘째 주]

생활 주제	봄	주 제	봄이 왔어요	소주제	봄을 알리는 나비와 벌
목 표	• 봄을 알리는 곤충인 나비와 벌의 특징에 관심을 가진다. • 다양한 봄의 곤충들의 생김새와 움직임을 통합적으로 표현해 본다. 지민) 봄을 알리는 곤충의 이름을 안다. 동이) 봄을 알리는 곤충의 움직임에 관심을 가진다. 우주) 봄을 알리는 곤충(벌, 나비 등) 중 한 가지의 이름을 안다.				

활동 계획

시간 및 활동명	활동 목표(생활 영역)	활동 내용	준비물
~9:00 A팀 등원	• 바르게 인사하는 태도를 기른다. • 옷을 바르게 정리할 수 있다. (건강, 사회)	• 유아의 건강과 기분 점검하기, 인사 나누기	손 세정액, 바구니, 옷걸이
9:00~9:30 A팀 소그룹 활동	• 벌의 생김새에 관심을 가진다. • 다양한 조형 재료에 관심을 갖고 만들기를 할 수 있다. (건강, 표현)	〈⑤ 조형: 벌 마라카스 만들기〉 • 모래를 넣은 요구르트 병에 검정색 마스킹 테이프를 둘러 붙여 배 무늬를 만든 후에 눈알, 빵끈(더듬이, 침), 코팅된 셀로판지(날개)를 붙여 완성하기 지민) 조형활동에 필요한 재료를 요청하기 위해 문장으로 말하기 동이) 벌 마라카스를 흔들어 봄으로써 소리 탐색하기(인지-A-1-1.4) 우주) 요구르트 병을 두를 수 있도록 요구르트 병 잡아 주기	요구르트 병, 눈알, 빵끈, 네임펜, 본드, 면봉, 코팅된 셀로판지, 모래
9:30~9:50 B팀 등원 및 간식	• 바르게 인사하는 태도를 기른다. • 우유를 컵에 따르는 조절 능력을 기른다. (건강)	• 손 씻기 → 우유 마시기	종이 타월, 우유, 컵, 주전자, 행주
9:50~10:05 인사 나누기	• 날짜와 날씨를 탐구한다. • 바른 자세로 인사하고 기도하는 태도를 기른다. (사회, 탐구)	• 인사 나누기 → 날씨와 날짜 알아보기 → 이름 부르기	이름 카드, 날짜판
10:05~10:25 이야기 나누기	• 봄을 알리는 곤충인 나비와 벌의 특징에 대해 관심을 가진다. (언어, 탐구)	〈나비와 벌〉 • 나비와 벌의 생태와 관련된 비디오를 보고, 내용을 회상하며 이야기 나누기 지민) 영상을 보며 교사의 언어적 촉구에 따라 나비와 벌을 발성해 보기 동이) 나비와 벌의 움직임에 관심을 가지고 영상 보기(사회-의사소통-A-1-1.2) 우주) 영상을 보며, "이것이 무엇이니?"라는 교사의 질문에 또래 유아의 도움을 받아 "벌"이라고 대답하기	VTR, 비디오테이프

<table>
<tr><td rowspan="5">10:25～11:10
새 활동
소개·계획
및
자유선택
활동</td><td rowspan="5">• 자신이 하고 싶은 놀이를 계획하고 활동할 수 있다.
• 새로운 활동의 놀이방법을 이해할 수 있다.
• 놀이 영역에서의 약속을 지킬 수 있다.
• 다양한 흥미 영역에 자발적으로 참여할 수 있다.
(건강, 사회, 표현, 언어, 탐구)</td><td>〈언어: 네가 나비니? (다섯 수레)〉</td><td>도서</td></tr>
<tr><td>〈수·조작: 벌집 채우기〉
• 벌집 모양판을 나누어 갖고, 주사위를 던져 나오는 수만큼 벌로 벌집 채우기
지민) 교사의 언어적 도움으로 친구에게 "같이 놀자."라고 말하기</td><td>벌집 모양판, 벌, 주사위</td></tr>
<tr><td>〈음률: 림스키 코르사코프 '왕벌의 비행'(음악 감상)〉</td><td>음악 CD, 라벨헤드셋</td></tr>
<tr><td>〈역할: 나비와 벌이 꽃향기를 찾아가요〉
• 나비와 꽃의 역할을 정하고, 놀이하기
동이) 교사의 언어적 촉구로 친구와 함께 역할 정하기 (사회성-D-2-2.2)</td><td>나비 옷, 더듬이 머리띠, 꽃 막대</td></tr>
<tr><td>〈⑥ 쌓기: 봄동산 꾸미기〉
• 꽃, 나비, 벌 모형을 이용해 봄동산 만들어 놀이하기
우주) 꽃, 나비, 벌의 색을 관찰하며, 다양한 색의 이름 말해 보기</td><td>꽃, 나비, 벌 모형</td></tr>
<tr><td>11:10～11:20
정리정돈</td><td>• 장난감을 정리함으로써 일대일 대응과 분류 능력을 기른다. (건강)</td><td>• 신호가 울리면 장난감을 제자리에 정리하기
• 화장실에 다녀온 후에 손 씻기
• 놀이 평가하기</td><td>신호악기</td></tr>
<tr><td>11:20～11:50
신체 표현</td><td>• 나비의 움직임에 관심을 가진다.
• 나비의 움직임을 신체로 표현할 수 있다. (사회, 표현, 탐구)</td><td>〈④ 신체 표현: 나비가 되어 보세요〉
나비 동영상을 감상하고, 음악에 따라 나비가 되어 표현하기
지민) 동영상을 감상하고, 동영상에 나오는 나비를 또래를 모방하여 표현하기
동이) 나비가 움직이는 장면을 관찰한 후에 몸으로 표현하기(인지-A-1-1.4)
우주) 나비의 색깔 이야기하기</td><td>나비, 꽃 머리띠, 신호악기, 음악 CD(봄의 소리 왈츠), 카세트, 방석</td></tr>
<tr><td>11:50～12:50
점심 및 휴식</td><td>• 올바른 식습관을 기른다.
• 음식의 소중함을 알고 감사하는 마음으로 맛있게 먹는 태도를 기른다. (건강, 사회)</td><td>〈메뉴: 잡곡밥, 감자국, 잡채, 참나물무침, 깍두기〉
• 손을 씻고 배식을 받아, 감사기도를 드린 후에 점심식사하기, 식사 후 소금물로 가글하기
지민) 교사의 언어적 촉구로 숟가락과 젓가락 바르게 잡기
동이) 교사의 신체적 도움으로 작은 양배추 조각 맛보기 (적응-A-1-1.3)
우주) 교사의 언어적 촉구로 스스로 밥 먹기</td><td>식판, 수저, 소금물, 양치 컵 등</td></tr>
<tr><td>12:50～13:05
동화</td><td>• 바른 자세로 동화를 듣는 태도를 기른다. (사회, 언어)</td><td>〈나무와 나비 애벌레〉</td><td>그림동화</td></tr>
<tr><td>13:05～13:20
일과 평가 및 귀가지도</td><td>• 하루 일과를 회상하고 느낌을 표현할 수 있다. (언어, 사회, 표현)</td><td>• 일과 평가하기
• 인사 나누기</td><td>개인 사물</td></tr>
<tr><td>13:20～13:30
A팀 귀가</td><td>• 안전하게 차량에 탑승하는 태도를 기른다. (건강, 사회)</td><td>• A팀이 먼저 옷을 입은 후에 차량에 탑승하기</td><td></td></tr>
<tr><td>13:30～13:50
B팀 소그룹 활동</td><td>• 벌의 생김새에 관심을 가진다.
• 마라카스를 만들어 노래를 부르며 연주할 수 있다.
(건강, 표현)</td><td>〈조형: 벌 마라카스 만들기〉
• 쌀을 넣은 요구르트 병에 검정색 마스킹 테이프를 둘러 붙여 배 무늬를 만든 후에 눈알, 빵끈(더듬이, 침), 코팅된 셀로판지(날개)를 붙여 완성한 후에 마라카스를 이용해 연주하기</td><td>요구르트 병, 눈알, 빵끈, 네임펜, 본드, 면봉, 코팅된 셀로판지</td></tr>
<tr><td>13:50～
B팀 귀가</td><td>• 안전하게 차량에 탑승하는 태도를 기른다. (건강, 사회)</td><td>• B팀이 옷을 입은 후에 차량에 탑승하기</td><td></td></tr>
<tr><td>평 가</td><td colspan="3"></td></tr>
<tr><td>교육자원</td><td colspan="3">유치원 지도서 1 총론, 유치원 교구·교재 목록, 영유아를 위한 사정·평가 및 프로그램 체계</td></tr>
</table>

※ 지민), 동이), 우주)-장애유아 통합교육의 수정된 교수 목표, 장애유아 개별화 교육 계획(IEP)

일일 교육 계획

담 임	원 감	원 장

[5월 둘째 주]

생활 주제	나와 가족	주 제	나	소주제	내 몸은 소중해요
목 표	• 내 몸의 소중함을 알고 소중한 내 몸을 보호할 수 있는 방법을 실천할 수 있다. 지민) 내 몸을 보호하기 위해 교사의 언어를 모방하여 "싫어요"라고 말할 수 있다. 동이) 내 몸의 소중함을 알고 교사의 언어적 촉구에 따라 "싫어요"라고 말할 수 있다. 우주) 내 몸의 소중함을 안다.				

활동 계획

시간 및 활동명	활동 목표(생활 영역)	활동 내용	준비물
~9:00 A팀 등원	• 바르게 인사하는 태도를 기른다. (사회)	• 유아의 건강과 기분 점검하기, 인사 나누기, 옷 정리하기 동이) 친구에게 다가가 눈을 마주친 후에 손을 흔들어 인사하기 (사회성-A-1-1.4) 우주) 옷을 정리할 때, 교사가 신체적 도움을 제시하여 지퍼를 잡도록 한 후 "내려 보자."라고 언어적 촉구를 하면 스스로 지퍼 열기	손 세정액, 바구니, 옷걸이
9:00~9:30 A팀 소그룹 활동	• 총신동산에서 놀이하며 자연의 아름다움을 느낀다. • 자연에서의 놀이를 통해 즐거움을 느끼고 긴장감을 해소한다. (건강, 사회, 탐구)	〈총신동산에서 놀이하기(필드트립)〉 • 총신동산으로 이동하여 자유롭게 놀이하며 아름다운 자연을 탐색하기	약상자, 휴지, 신호악기
9:30~9:50 B팀 등원 및 간식	• 바르게 인사하는 태도를 기른다. • 우유를 컵에 따르는 조절 능력을 기른다. (건강)	• 손 씻기 → ⑧ 우유 마시기 우주) 한 손으로 컵을 잡고 한 손으로 우유의 손잡이를 잡고 우유 따르기, 우유의 손잡이는 교사가 함께 잡아 따르도록 신체적 도움 제시하기	종이 타월, 우유, 컵, 주전자, 행주
9:50~10:05 인사 나누기	• 날짜와 날씨를 탐구한다. • 바른 자세로 인사하고 기도하는 태도를 기른다. (사회, 탐구)	• 인사 나누기 → 날씨와 날짜 알아보기 → 이름 부르기	이름 카드
10:05~10:25 새 노래	• 노래를 통해 내 몸의 소중함을 알고, 보호하는 방법을 실천할 수 있다. • 리듬에 따라 노래를 부를 수 있다. (건강, 표현)	〈안 돼요 하지 마세요〉 • 노래 듣기 → 멜로디만 듣기 → 노래 부르기 → 나누어 부르기 → 몸동작으로 표현하며 부르기 지민) 반복되는 부분 "안 돼요" "하지 마"에서 교사의 언어적 촉구에 따라 소리로 표현하기 우주) 교사의 신체적 도움으로 "안 돼요" "하지 마"를 몸으로 표현하며, "안 돼"라고 교사의 입 모양을 모방하여 말하기	그림이 포함된 노랫말 자료
10:25~11:20 새 활동 소개 · 계획 및 자유선택 활동	• 자신이 하고 싶은 놀이를 계획하고 활동할 수 있다. • 새로운 활동의 놀이방법을 이해할 수 있다. • 놀이 영역에서의 약속을 지킬 수 있다. • 다양한 흥미 영역에 자발적으로 참여할 수 있다. (건강, 사회, 표현, 언어, 탐구)	〈언어: 내 몸, 네 몸〉 • 동화 내용을 읽어 보며 해당되는 몸의 각 부분의 그림을 붙여 보기 동이) 몸의 각 부분의 이름을 교사의 언어적 촉구에 따라 발성하기(인지-D-2-2.2)	'내 몸, 네 몸' 책 교구
		〈언어: 이상한 느낌이에요(새세대육영회)〉	도서
		〈⑦ 조작: 좋아요! 싫어요!〉 • 활동판을 나누어 갖고 주사위를 던져 나오는 그림에 따라 표정 붙이기 지민) 게임 시 도움이 필요할 때, 두 문장으로 도움 요청하기 동이) 싫은 느낌의 그림이 나왔을 때, 교사의 언어적 촉구로 "싫어요" "안 돼"라고 표현하기(인지-A-1-1.4) 우주) 두 손을 사용하여 게임판 조작하기	활동판 2, 웃는 표정의 그림, 상황 그림, 주사위
		〈과학: 남자와 여자의 신체구조 살펴보기〉 • 남자와 여자의 신체구조상의 차이를 그림으로 살펴보기	샘터 '나의 몸' 도서
		〈과학: 상추 가꾸기〉 • 1층 베란다로 이동하여 상추가 자란 길이만큼 리본 테이프를 잘라 붙이고, 자란 상추를 수확하기	관찰기록지, 리본 테이프, 가위, 투명테이프, 바구니

11:20~11:30 정리정돈	• 장난감을 정리함으로써 일대일 대응과 분류 능력을 기른다. (건강)	• 신호가 울리면 장난감을 제자리에 정리하기 • 화장실에 다녀온 후에 손 씻기 • 놀이 평가하기	신호악기
11:30~11:50 이야기 나누기	• 나의 몸이 소중함을 안다. • 내 몸의 소중한 부분 및 보호하는 방법을 알고 실천할 수 있다. (건강, 언어)	〈⑨ 소중한 내 몸〉 • 내 몸의 소중한 부분과 소중한 이유, 내 몸을 보호하는 방법에 대해 이야기하기 지민) 교사의 언어를 모방하여 "싫어요"라고 말하기 동이) 교사의 언어적 촉구에 따라 교사의 입 모양을 보며 "싫어요"라고 감정을 표현하기(인지-A-1-1.4) 우주) 교사가 "우주는 소중해."라고 말하면, "우주는 소중해."라고 따라 말하며, 안아 주기	애니메이션 '내 몸과 내 마음은 내 거예요', 남자, 여자의 몸 그림자료, 손인형
11:50~12:50 점심 및 휴식	• 올바른 식습관을 기른다. • 음식의 소중함을 알고 감사하는 마음으로 맛있게 먹는 태도를 기른다. (건강, 사회)	〈메뉴: 잡곡밥, 닭곰탕, 오이무생채, 양념장〉 • 손을 씻고 배식을 받아, 감사기도를 드린 후에 점심식사하기, 식사 후 소금물로 가글하기 지민) 젓가락과 숟가락을 바르게 사용하기 동이) 싫어하는 촉감의 음식을 교사가 숟가락 위에 올려 주고, 언어적 촉구를 제시하면 스스로 먹기(적응-A-1-1.3) 우주) 손을 사용하지 않고 숟가락과 젓가락 사용하기	식판, 수저, 소금물, 양치 컵 등
12:50~13:05 주인공 소개	• 바른 자세로 자신이 가지고 온 물건을 다른 사람에게 소개할 수 있다. • 다른 사람의 이야기를 경청하는 태도를 기른다. (사회, 표현, 언어)	〈주인공 소개〉 • 주인공 유아가 여러 가지 물건을 소개하기 지민) 소개하는 친구에게 교사의 언어를 모방하여 "이게 뭐야?"라고 질문하기 동이) 발표하는 친구가 말하는 물건의 이름을 귀 기울여 들은 후에 발성하기(사회-의사소통-A-1-1.2 / 인지-모방-2-2.2) 우주) 발표하는 친구가 소개하는 물건을 한 번 더 보고 싶을 때, 언어적 촉구로 "한 번 더."라고 말하기	주인공 유아가 가지고 온 이야깃거리
13:05~13:20 일과 평가 및 귀가지도	• 하루 일과를 회상하고 느낌을 표현할 수 있다. (언어, 사회, 표현)	• 일과 평가하기 → 인사 나누기	
13:20~13:30 A팀 귀가	• 안전하게 차량에 탑승하는 태도를 기른다. (건강, 사회)	• A팀이 먼저 옷을 입은 후에 차량에 탑승하기	책동산 책, 대출도서, 행동 관찰 파일, 덧신
13:30~13:50 B팀 소그룹 활동	• 총신동산에서 놀이하며 자연의 아름다움을 느낀다. • 자연에서의 놀이를 통해 즐거움을 느끼고 긴장감을 해소할 수 있다. (건강, 사회, 탐구)	〈총신동산에서 놀이하기(필드트립)〉 • 총신동산으로 이동하여 자유롭게 놀이하며 아름다운 자연을 탐색하기	약상자, 휴지, 신호악기
13:50~ B팀 귀가	• 안전하게 차량에 탑승하는 태도를 기른다. (건강, 사회)	• B팀이 옷을 입은 후에 차량에 탑승하기	
평 가			
교육자원	유치원 지도서 1 총론, 유치원 교구·교재 목록, 영유아를 위한 사정·평가 및 프로그램 체계		

※ 지민), 동이), 우주)-장애유아 통합교육의 수정된 교수 목표, 장애유아 개별화 교육 계획(IEP)

일일 교육 계획

담 임	원 감	원 장

[6월 둘째 주]

생활 주제	우리 동네	주 제	더불어 살아요	소주제	시장, 마트
목 표	• 시장과 마트의 특징을 살펴보며 같은 점과 다른 점을 비교해 볼 수 있다. • 가게놀이를 통하여 경제생활을 간접적으로 경험해 볼 수 있다. • 서로 도와서 더불어 살아가는 이웃이 있음을 안다. 지민) 가게놀이를 통해 상호작용하는 경험을 갖는다. 동이) 시장과 마트의 기능을 알고, 교사의 언어적 촉구로 익숙한 물건(시장과 마트에서 파는 물건)을 명명할 수 있다. 우주) 시장과 마트의 기능에 대해 안다.				

활동 계획

시간 및 활동명	활동 목표(생활 영역)	활동 내용	준비물
~9:00 A팀 등원	• 바르게 인사하는 태도를 기른다. (사회)	• 유아의 건강과 기분 점검하기, 인사 나누기, 책동산과 대출할 책 바구니에 담기 지민) 책동산을 가져오면 "지민이는 어떻게 했는지 볼까?"라고 말하여 활동한 부분을 스스로 가리키며 교사와 상호작용하기 동이) 교사의 언어적 촉구로 친구에게 다가가 눈을 마주친 후에 손 흔들어 인사하기(사회성-A-1-1.3)	손 세정액, 바구니
9:00~9:30 A팀 소그룹 활동	• 명화 속 시장 풍경에 대해 관심을 가진다. • 이웃에게 관심을 갖는다. (사회, 표현, 언어, 탐구)	〈명화 감상: 최자연 '시장 풍경'〉 • 그림 속의 소재(과일, 사람들의 모습)를 관찰하고, 그림 속의 정서와 느낌에 대해 생각하기, 그림의 제목을 유추해 보기 지민) 시장 풍경에 대한 또래 유아들의 느낌을 들어 보고, 교사가 질문하면 모방하여 이야기하기('시끄러운' '좋은' 등) 동이) 그림 속의 과일 이름(유아가 알고 있는 과일 이름과 모르는 과일을 모두 포함)을 교사의 입 모양을 따라 발성해 보기(인지-모방-2-2.1) 우주) 그림 속의 여러 가지 색깔을 교사의 언어적 촉구로 5가지 이상 표현하기	명화
9:30~9:50 B팀 등원 및 간식	• 바르게 인사하는 태도를 기른다. • 우유를 컵에 따르는 조절 능력을 기른다. (건강)	• 손 씻기 → 우유 마시기 동이) 우유가 가까이 있을 때, "우유를 가져오겠니?"라고 요청하여 수행하기(어려울 경우 손가락으로 우유를 가리키기) (사회-의사소통-C-2-2.3)	종이 타월, 우유, 컵, 주전자, 행주
9:50~10:05 인사 나누기	• 날짜와 날씨를 탐구한다. • 바른 자세로 인사하고 기도하는 태도를 기른다. (사회, 탐구)	• 인사 나누기 → 날씨와 날짜 알아보기 → 이름 부르기	이름 카드
10:05~10:25 이야기 나누기	• 시장과 마트의 특징을 살펴보며 같은 점과 다른 점을 비교해 본다. • 서로 도와서 더불어 살아가는 이웃이 있음을 안다. (사회, 언어, 탐구)	〈시장과 마트의 같은 점과 다른 점〉 • 시장과 마트를 다녀온 경험에 대해 이야기를 나누고, 시장과 마트의 특징, 같은 점과 다른 점에 대해 이야기하기 지민) 시장에 누구와 갔었는지를 교사가 질문하면 교사의 언어적 도움을 받아 한 단어 이상으로 대답하기 동이) 도입으로 '시장에 가면……'을 했을 때, 교사가 제시하는 카드의 그림을 보고 말하기(인지-G-3-3.1) 우주) 이야기가 끝난 후, "……을 살 수 있는 곳은 어디니?"라고 질문하면 교사를 모방하여 "시장, 마트."라고 대답하기	시장과 마트 PPT

10:25~11:10 새 활동 소개 · 계획 및 자유선택 활동	• 자신이 하고 싶은 놀이를 계획하고 활동할 수 있다. • 새로운 활동의 놀이방법을 이해할 수 있다. • 놀이 영역에서의 약속을 지킬 수 있다. • 다양한 흥미 영역에 자발적으로 참여할 수 있다. (건강, 사회, 표현, 언어, 탐구)	〈수: 가게 물건 찾기〉 • 각 가게에서 파는 물건을 분류하기	가게 그림, 물건 그림카드
		〈⑪ 조형: 지갑 만들기〉 • 조형 영역에 있는 여러 가지 재료를 활용해 지갑과 간판을 만들어 보기 우주) 교사가 지갑을 만드는 데 도움을 주면 "감사합니다"라고 인사하기	끈, 찍찍이, 본드, 테이프 등
		〈⑫ 역할, 쌓기: 가게놀이〉 • 블록을 이용해 구역을 구성해 가게를 만들고 물건을 진열하여 놀이하기 지민), 동이) 교사의 도움을 받아 역할을 맡아 놀이에 참여하기, 교사의 언어적 촉구에 따라 다른 사람과 상호작용하기(사회성-A-1-1.3/사회성-B-2-2.1)	가게 간판, 지갑, 돈 모형 등
11:10~11:20 정리정돈	• 장난감을 정리함으로써 일대일 대응과 분류 능력을 기른다. (건강)	• 신호가 울리면 장난감을 제자리에 정리하기 • 화장실에 다녀온 후에 손 씻기 • 놀이 평가하기	신호악기
11:20~11:50 게임	• 마트의 기능에 대해 안다. • 게임 시 지켜야 하는 약속에 대해 알고, 스스로 지킬 수 있다. (사회, 탐구)	〈⑩ 게임: 우유 배달하기〉 • 우유갑에 표시되어 있는 친구에게 우유를 배달하고 돌아오기 지민) 비밀상자에 교사와 함께 손을 넣어 본 후, 교사의 언어적 도움을 받아 "차가워"라고 말하기 동이) 우유갑에 표시되어 있는 친구를 교사가 손으로 가리키며 "○○에게 우유를 배달해 주겠니?"라고 이야기하면 스스로 우유 건네주기(사회-의사소통-C-2-2.3) 우주) 우유를 배달해 주는 친구에게 교사의 언어적 촉구로 "고마워"라고 말하기	마트 간판 이름표가 붙어 있는 우유갑 26개, 바구니 2개, 신호악기
11:50~12:40 점심 및 휴식	• 올바른 식습관을 기른다. • 음식의 소중함을 알고 감사하는 마음으로 맛있게 먹는 태도를 기른다. (건강, 사회)	〈메뉴: 어린이비빔밥, 실파달걀국, 요구르트, 김치〉 • 손을 씻고 배식을 받아, 감사기도를 드린 후에 점심식사하기, 식사 후 소금물로 가글하기 지민) 젓가락과 숟가락을 바르게 사용하기 동이) 싫어하는 촉감의 음식을 교사가 작게 잘라 주면 스스로 숟가락 위에 올려 먹기(적응-A-1-1.3) 우주) 숟가락으로 밥을 뜰 때, 적당한 양만큼 뜨기, 입안에 밥이 있는데 밥을 뜨려고 하면 언어적 촉구 제시하기	식판, 수저, 소금물, 양치컵 등
12:40~13:05 새 노래	• 물건을 사고팔 때 사용되는 말에 대해 관심을 가진다. (사회, 표현, 언어)	〈가게놀이〉 • 가게에서 사용되는 말에 따른 노랫말을 알아보며 노래 부르기	노랫말 그림자료
13:05~13:20 일과 평가 및 귀가지도	• 하루 일과를 회상하고 느낌을 표현할 수 있다. (언어, 사회, 표현)	• 일과 평가하기 → 인사 나누기	
13:20~13:30 A팀 귀가	• 안전하게 차량에 탑승하는 태도를 기른다. (건강, 사회)	• A팀이 먼저 옷을 입은 후에 차량에 탑승하기	덧신, 가방
13:30~13:50 B팀 소그룹 활동	• 명화 속 시장 풍경에 대해 관심을 가진다. • 이웃에게 관심을 갖는다. (사회, 표현, 언어, 탐구)	〈명화 감상: 최자연 '시장 풍경'〉 • 그림 속의 소재(과일, 사람들의 모습)를 관찰하고, 그림 속의 정서와 느낌에 대해 생각하기, 그림의 제목을 유추해 보기	명화
13:50~ B팀 귀가	• 안전하게 차량에 탑승하는 태도를 기른다. (건강, 사회)	• B팀이 옷을 입은 후에 차량에 탑승하기	
평 가			
교육자원	유치원 지도서 1 총론, 유치원 교구 · 교재 목록, 영유아를 위한 사정 · 평가 및 프로그램 체계		

※ 지민), 동이), 우주)–장애유아 통합교육의 수정된 교수 목표, 장애유아 개별화 교육 계획(IEP)

담 임	원 감	원 장

일일 교육 계획

[7월 첫째 주]

생활 주제	여름	주 제	여름이 되었어요	소주제	시원한 여름
목 표	• 여름철을 시원하게 보낼 수 있는 방법에 대해 알고 실천함으로써 건강한 여름을 보낼 수 있다. 지민) 여름을 시원하게 보낼 수 있는 방법 한 가지를 이야기할 수 있다. 동이) 여름을 시원하게 보낼 수 있는 방법을 알고, 몸으로 표현할 수 있다. 우주) 여름을 시원하게 보낼 수 있는 방법에 관심을 갖는다.				

활동 계획

시간 및 활동명	활동 목표(생활 영역)	활동 내용	준비물
~9:00 A팀 등원	• 바르게 인사하는 태도를 기른다. (사회)	• 현관에서 인사를 나누며 줄을 선 후, 교실에서 손 세정액으로 손 소독하기, 유아의 건강과 기분 점검하기	손 세정액, 바구니
9:00~9:30 A팀 소그룹 활동	• 선 따라 그리기 활동을 통해 눈과 손의 협응력을 기른다. • 유아의 소근육 발달 수준을 검사할 수 있다. (건강)	〈소근육 검사: 아이스크림 선 따라 그리기〉 • 원형과 직선의 점선을 따라 사인펜으로 그리기 • 색연필로 색칠하기 우주) 교사의 신체적 촉구로 세 손가락으로 사인펜을 잡고 직선 따라 그리기	아이스크림 그림 검사지, 색연필, 사인펜
9:30~9:50 B팀 등원 및 간식	• 바르게 인사하는 태도를 기른다. • 우유를 컵에 따르는 조절 능력을 기른다. (건강)	• 손 씻기 → 스스로 우유 따라 마시기 → 조용한 놀이하기 동이) 교사의 언어적 촉구로 우유의 양을 한 모금 늘려 마시기(적응-A-1-1.3) 우주) 교사의 언어적 촉구로 스스로 우유 컵을 책상으로 가져와 자리에 앉기	종이 타월, 우유, 컵, 주전자, 행주
9:50~10:05 인사 나누기	• 날짜와 날씨를 탐구한다. • 바른 자세로 인사하고, 기도하는 태도를 기른다. (사회, 탐구)	• 인사 나누기 → 날씨와 날짜 알아보기 → 이름 부르기 지민) 오늘 날씨가 어떤지에 대해 질문하면 교사의 언어적 도움을 받아 "더워요"라고 대답하기	이름 카드
10:05~10:25 이야기 나누기	• 여름철을 시원하게 보낼 수 있는 방법에 대해 안다. (건강, 언어, 탐구)	〈시원한 여름을 보내는 방법〉 • 여름을 시원하게 보낼 수 있는 방법에 대해 생각해 보고 실천할 수 있도록 하기 지민) 여름을 시원하게 보낼 수 있는 방법 한 가지 이상을 한 단어나 몸짓으로 표현하면 교사가 완성된 문장 들려주기 동이) 여름을 시원하게 보낼 수 있는 방법을 교사가 그림으로 제시하면 교사의 언어를 모방하여 한 단어로 발성해 보기(인지-D-2-2.1 / 인지-G-3-3.1) 우주) 여름을 시원하게 보낼 수 있는 방법으로 교사의 언어적 도움을 받아 '시원한 선풍기'의 어문 2개를 사용하여 표현하기	시원한 여름을 보내는 방법 PPT
10:25~11:10 새 활동 소개 · 계획 및 자유선택 활동	• 자신이 하고 싶은 놀이를 계획하고 활동할 수 있다. • 새로운 활동의 놀이방법을 이해할 수 있다. • 놀이 영역에서의 약속을 지킬 수 있다. • 다양한 흥미 영역에 자발적으로 참여할 수 있다. (건강, 사회, 표현, 언어, 탐구)	• 놀이 계획하기 → 놀이 계획표에 하고 싶은 놀이 표시하기 지민), 동이) 하고 싶은 놀이를 손가락으로 가리키면 교사의 언어적 촉구에 따라 계획하기(사회성-A-1-1.3) 우주) 교사의 신체적 촉구로 세 손가락으로 연필 잡기	연필, 지우개, 계획표
		〈⑮ 언어: 냉장고 안에는 무엇이 들어 있을까(NIE)〉 • 여러 가지 음식 그림을 오려 냉장고 안에 붙여 보기 지민) 냉장고 안에 들어가는 음식을 붙이고 질적 개념('차가운' '단' '딱딱한' 등)을 사용해서 음식 이름 말하기(예: 차가운 아이스크림) 동이) 냉장고 안에 들어가는 여러 가지 음식 그림을 스스로 찾은 후, 교사의 입 모양과 소리를 듣고 발성하기 (인지-D-2-2.1/ 인지-G-3-3.1)	냉장고 그림, 여러 가지 음식 그림

		〈⑭ 과학: 바람의 세기 비교하기〉 • 부채, 선풍기, 에어컨의 바람에 총채의 깃털이 닿게 하여 바람의 세기를 비교하기 우주) 교사의 신체적 도움으로 총채의 깃털과 팔을 바람에 닿게 하고 언어적 촉구로 세기 비교하기 동이) 친구와 함께 바람 세기를 비교해 가며 상호작용하기(사회성-B-2-2.1)	총채, 부채, 선풍기, 에어컨
		〈음률: 악기 연주 '비가 온다 뚝뚝'〉 • 악기 연주판을 보고 탬버린, 트라이앵글, 마라카스를 이용해 악기 연주해 보기 지민) 빗소리 '뚝뚝'의 부분에서 연주할 수 있도록 교사를 모방하여 연주하기	악기 연주판, 탬버린, 트라이앵글, 마라카스
11:10~11:20 정리정돈	• 장난감을 정리함으로써 일대일 대응과 분류 능력을 기른다. (건강)	• 신호가 울리면 장난감을 제자리에 정리하기 → 화장실을 다녀온 후에 손 씻기 → 놀이 평가하기 우주) 화장실에서 단추로 된 바지를 교사가 신체적 도움을 제시하여 단추를 구멍에 반 끼우고 후에 스스로 빼기	신호악기, 색연필, 계획표
11:20~11:50 게임	• 해와 그림자와의 관계에 관심을 가진다. • 게임을 통해 신체 조절 능력을 기른다. (건강, 탐구)	〈그림자밟기〉 • 신호가 울리면 달리면서 친구의 그림자를 밟으며 게임하기 • 줄을 서서 총신동산 사잇길로 이동하기 지민) 교사와 손을 잡고 게임에 3번 참여하여 이해한 후, 언어적 촉구로 스스로 게임에 참여하기 동이) 교사의 시범에 따라 활동 내용을 이해한 후, 게임에 참여해 자신의 느낌을 감정 그림판으로 표현하기(사회성-D-2-2.2) 우주) 한 발로 서서 균형 잡기	약상자, 신호악기, 휴지
11:50~12:50 점심 및 휴식	• 올바른 식습관을 기른다. • 음식의 소중함을 알고 감사하는 마음으로 맛있게 먹는 태도를 기른다. (건강, 사회)	〈메뉴: 오곡잡곡밥, 오이냉국, 돈육불고기, 고구마줄기볶음, 김치〉 • 손을 씻고 배식을 받아, 감사기도를 드린 후에 점심 식사하기, 식사 후에 소금물로 가글하기 지민) 음식의 양을 요청할 때 "더 주세요." "많이 주세요." 등의 적절한 표현 사용하기 동이) 미리 작게 잘라진 음식을 교사의 언어적 촉구로 스스로 먹기(적응-A-1-1.3) 우주) 교사의 언어적 촉구로 손 씻기 방법에 따라 손을 씻은 후, 종이 타월에 닦기	식판, 수저, 소금물, 양치 컵, 음악 파일, USB, 카세트 등
12:50~13:10 동시	• 동시를 통해 간결하고 아름다운 언어 표현력을 기른다. • 동시를 들으며 여름 풍경을 상상해 본다. (표현, 언어)	〈⑬ 동시: 여름 낮〉 • 동시 입체판으로 동시를 듣고, 동시에 따라 몸으로 표현하기, 다 함께, 부분으로 나누어 읊어 보기 지민) 플래시 카드를 보고 '덥다'의 개념을 이해하고, 몸으로 표현하기 동이) '아이, 더워' 부분을 발성하여 상호작용하기(사회성-A-1-1.3) 우주) 앞에 나와 동시판(벨크로)을 조작해 보기	동시 입체판
13:10~13:20 일과 평가 및 귀가지도	• 하루 일과를 회상하고 느낌을 표현할 수 있다. (언어, 사회, 표현)	• 일과 평가하기 → 인사 나누기	
13:20~13:30 A팀 귀가	• 안전하게 차량에 탑승하는 태도를 기른다. (건강, 사회)	• A팀이 먼저 옷을 입은 후에 차량에 탑승하기	덧신, 가방
13:30~13:50 B팀 소그룹 활동	• 선 따라 그리기 활동을 통해 눈과 손의 협응력을 기른다. • 유아의 소근육 발달 수준을 검사할 수 있다. (건강)	〈소근육 검사: 아이스크림 선 따라 그리기〉 • 원형과 직선의 점선을 따라 사인펜으로 그리기 • 색연필로 색칠하기	아이스크림 그림 검사지, 색연필, 사인펜
13:50~ B팀 귀가	• 안전하게 차량에 탑승하는 태도를 기른다. (건강, 사회)	• B팀이 교사와 개별적으로 인사를 나눈 뒤에 줄을 서서 차량에 탑승하기	
평 가			
교육자원	유치원 지도서 1 총론, 유치원 교구 · 교재 목록, 영유아를 위한 사정 · 평가 및 프로그램 체계		

※ 지민), 동이), 우주)-장애유아 통합교육의 수정된 교수 목표, 장애유아 개별화 교육 계획(IEP)

일일 교육 계획

담 임	원 감	원 장

[9월 첫째 주]

생활 주제	교통기관	주 제	편리한 교통기관	소주제	땅에서 다니는 교통기관 2 (레일 위를 달리는 것)
목 표	• 육상 교통기관 중 레일 위로 움직이는 교통기관의 종류와 특징 및 움직임의 원리를 안다. • 자연법칙을 발견하고 이를 이용하여 교통기관을 만들었음을 안다. 지민) 교통기관의 이름을 발성해 본다. 동이) 교사의 입 모양과 소리에 따라 교통기관의 이름을 발성해 본다. 우주) 장소 개념(안, 밖 등)을 사용해 본다.				

활동 계획

시간 및 활동명	활동 목표(생활 영역)	활동 내용	준비물
~9:00 A팀 등원	• 바르게 인사하는 태도를 기른다. • 옷을 바르게 정리할 수 있다. (건강, 사회)	• 유아의 건강과 기분 점검하기, 인사 나누기	손 세정액, 바구니, 옷걸이
9:00~9:30 A팀 소그룹 활동	• 여러 가지 교통기관의 종류와 특징, 빠르기를 비교할 수 있다. (표현, 탐구, 사회)	〈새 노래: 더 빠른 것 더 느린 것〉 • 기차와 자동차 소리, 동영상 감상하기 → 노래 듣기 → 노래 속의 교통기관 찾아보기 → 한 음절(가, 아, 어 등)로 부르기 → 다 함께 부르기 → 나누어서 부르기 → 레일 위로 다니는 교통기관으로 노랫말 바꾸어 불러 보기 지민) 기차나 자동차의 움직임을 살펴보며, '빠른' '느린'의 개념 이해하기 동이) 기차와 자동차 소리를 듣고 주의를 기울여 교사의 언어적 단서로 교통기관 알아맞히기 (인지-A-1-1.1)	기차와 자동차 동영상, 노래판
9:30~9:50 B팀 등원 및 간식	• 바르게 인사하는 태도를 기른다. • 우유를 컵에 따르는 조절 능력을 기른다. (건강)	• 손 씻기 → 우유 마시기 우주) 교사의 언어적 촉구로 손 씻기 방법에 따라 손을 씻은 후, 종이 타월에 닦기	종이 타월, 우유, 컵, 주전자, 행주
9:50~10:05 인사 나누기	• 날짜와 날씨를 탐구한다. • 바른 자세로 인사하고 기도하는 태도를 기른다. (사회, 탐구)	• 인사 나누기 → 날씨와 날짜 알아보기 → 이름 부르기	이름 카드, 날짜판
10:05~10:25 이야기 나누기	• 레일 위를 달리는 교통기관의 종류를 알고, 움직임의 원리에 관심을 가진다. (언어, 탐구)	〈⑰ 이야기 나누기: 레일 위를 달리는 교통기관〉 • 레일 위를 달리는 교통기관의 종류와 기차, 전철, KTX의 움직임의 원리 알아보기 지민) 교사의 언어적 촉구로 레일 위를 달리는 교통기관의 이름 이야기하기(시각적 단서 제시) 동이) 레일 위를 달리는 교통기관을 제시하면 교사의 입 모양과 소리에 따라 발성해 보기(사회성-B-3-3.3) 우주) '기차 안에' '기차 밖에' 등을 사용하여 장소 개념 표현하기	교통기관 그림 카드, 레일이 있는 블록, 기차 모형

10:25~11:10 새 활동 소개 · 계획 및 자유선택 활동	• 자신이 하고 싶은 놀이를 계획하고 활동할 수 있다. • 새로운 활동의 놀이방법을 이해할 수 있다. • 놀이 영역에서의 약속을 지킬 수 있다. • 다양한 흥미 영역에 자발적으로 참여할 수 있다. (건강, 사회, 표현, 언어, 탐구)	〈쌓기: 기차, 기찻길 블록〉	기차, 기찻길 블록
		〈언어: '기차' 끝말잇기〉 • 기차 칸에 해당하는 첫 글자로 시작하는 낱말을 찾아 글자 기차 완성하기 동이) 시작되는 단어를 교사의 언어적 촉구에 따라 수수께끼 형식으로 맞추고, 교사의 입 모양과 소리를 따라 발성하기(인지-A-1-1.1)	활동지, 연필
		〈음률: '기차 여행' (작자 미상)〉	음악 CD, 라벨 헤드셋
		〈조형: 패스카드, 역 간판 만들기〉 • 패스카드, 역 간판을 만들어 역할 영역에서 놀이하기 지민) 끝 부분이 둥그런 패스카드의 선을 그어 주어 곡선 형태 자르기 우주) 쓰기 도구를 교사의 언어적 촉구로 세 손가락으로 잡기	패스카드가 그려진 종이, 간판을 만들 종이
		〈⑯ 역할: 전철역 놀이하기〉 • 조형 영역에서 만든 역 간판, 패스카드를 이용하여 놀이하기 지민) 교사의 언어적 촉구로 또래 유아와 패스카드를 나누고, 바꾸어 사용하기 동이) 또래 유아의 두 단계 지시를 교사의 언어적 촉구로 수행하기(사회-의사소통-C-2-2.1) 우주) 장소를 표현하기 위해 어문 2개(예: '거기로 가세요.') 사용하기	역 간판, 패스카드, 책상, 전철 모형
11:10~11:20 정리정돈	• 장난감을 정리함으로써 일대일 대응과 분류 능력을 기른다. (건강)	• 신호가 울리면 장난감을 제자리에 정리하기 → 화장실에 다녀온 후에 손 씻기 → 놀이 평가하기	계획표
11:20~11:50 신체 표현	• 신체를 이용해 음악에 맞추어 기차의 움직임을 빠르고 느리게 표현할 수 있다. (표현)	〈⑱ 신체 표현: 기차 여행〉 • 음악을 감상하고, 기차 레일에 따라 기차를 타고, 음악에 맞추어 신체 표현하기 지민) 교사의 '느린, 빠른'의 지시에 따라 또래 유아의 도움을 받아 몸으로 표현하기 동이) 교사가 기차의 출발 소리와 멈춤 소리를 치면 2가지 다른 소리에 반응하기(인지-A-1-1.1) 우주) 기차의 레일을 표현하며, 한 발로 균형 잡기	훌라후프 5개, 기차 레일 테이핑, 기차역 표지판, 음악 CD, 카세트, 트라이앵글
11:50~12:50 점심 및 휴식	• 올바른 식습관을 기른다. • 음식의 소중함을 알고 감사하는 마음으로 맛있게 먹는 태도를 기른다. (건강, 사회)	〈메뉴: 잡곡밥, 감자국, 잡채, 참나물무침, 깍두기〉 • 손을 씻고 배식을 받아 감사기도를 드린 후에 점심식사하기, 식사 후 소금물로 가글하기 지민) 교사의 언어적 촉구로 다양한 음식을 선택하여 먹기 동이) 잘게 잘려진 음식을 미리 제공하고 교사의 언어적 촉구로 다양한 촉감의 음식 먹기(적응-A-1-1.3) 우주) 교사의 언어적 촉구로 손 씻기 방법에 따라 손을 씻은 후, 종이 타월에 닦기	식판, 수저, 소금물, 양치 컵 등
12:50~13:10 동화	• 바른 자세로 앉아 동화를 듣는다. • 동화의 등장인물, 사건 및 흐름을 이해한다. (언어)	〈전철 타고 가는 날〉	그림동화
13:10~13:20 일과 평가 및 귀가지도	• 하루 일과를 회상하고 느낌을 표현할 수 있다. (언어, 사회, 표현)	• 일과 평가하기 → 인사 나누기	개인 사물
13:20~13:30 A팀 귀가	• 안전하게 차량에 탑승하는 태도를 기른다. (건강, 사회)	• A팀이 먼저 옷을 입은 후에 차량에 탑승하기	
13:30~13:50 B팀 소그룹 활동	• 여러 가지 교통기관의 종류와 특징, 빠르기를 비교할 수 있다. (표현, 탐구, 사회)	〈새 노래: 더 빠른 것 더 느린 것〉 • 기차와 자동차 소리, 동영상 감상하기 → 노래 듣기 → 노래 속의 교통기관 찾아보기 → 한 음절로 부르기 → 다 함께 부르기 → 나누어서 부르기 → 레일 위로 다니는 교통기관으로 노랫말 바꾸어 불러 보기	기차와 자동차 동영상, 노래판
13:50~ B팀 귀가	• 안전하게 차량에 탑승하는 태도를 기른다. (건강, 사회)	• B팀이 옷을 입은 후에 차량에 탑승하기	
평 가			
교육 자원	유치원 지도서 1 총론, 유치원 교구 · 교재 목록, 영유아를 위한 사정 · 평가 및 프로그램 체계		

※ 지민), 동이), 우주)-장애유아 통합교육의 수정된 교수 목표, 장애유아 개별화 교육 계획(IEP)

일일 교육 계획

담 임	원 감	원 장

[10월 셋째 주]

생활 주제	가을	주 제	아름다운 가을	소주제	가을 열매(과일, 채소)
목 표	• 가을철에 볼 수 있는 열매의 종류, 생김새, 맛 등에 대해 관심을 가진다. • 가을철 열매를 관찰하고 통합적으로 표현할 수 있다. 지민) 가을 열매의 종류를 알고 표현해 본다. 동이) 가을 열매의 이름을 발성해 본다. 우주) 가을 열매를 보고 명칭을 발성해 본다.				

활동 계획

시간 및 활동명	활동 목표(생활 영역)	활동 내용	준비물
~9:00 A팀 등원	• 바르게 인사하는 태도를 기른다. • 옷을 바르게 정리할 수 있다. (건강, 사회)	• 유아의 건강과 기분 점검하기, 인사 나누기	손 세정액, 바구니, 옷걸이
9:00~9:30 A팀 소그룹 활동	• 밤과 도토리를 접는 과정을 통해 소근육 발달을 돕는다. (건강, 표현)	〈⑳ 조작: 밤과 도토리 접어 꾸미기〉 • 밤과 도토리를 접는 방법을 알고 꾸미기 지민) 밤과 도토리 접기 순서를 시간적 개념 '처음에' '다음에' 등을 사용하여 말하기 동이) 교사가 밤과 도토리를 제시하고 이름을 발성하면 소리가 나는 쪽으로 돌아보고, 입 모양을 따라 발성하기(인지-A-1-1.1) 우주) "밤을 찾아보세요."라는 교사의 지시에 자신이 접은 밤 찾기	종이접기 도판, 갈색 색종이, 종이, 가위, 풀, 색연필
9:30~9:50 B팀 등원 및 간식	• 바르게 인사하는 태도를 기른다. • 우유를 컵에 따르는 조절 능력을 기른다. (건강)	• 손 씻기 → 우유 마시기	종이 타월, 우유, 컵, 주전자, 행주
9:50~10:05 인사 나누기	• 날짜와 날씨를 탐구한다. • 바른 자세로 인사하고, 기도하는 태도를 기른다. (사회, 탐구)	• 인사 나누기 → 날씨와 날짜 알아보기 → 이름 부르기	이름 카드, 날짜판
10:05~10:25 이야기 나누기	• 오감을 활용해 가을 열매를 탐색할 수 있다. (사회, 탐구)	〈가을 열매〉 • 가을 열매(사과, 배, 감, 고구마, 호박, 모과, 밤, 고추 등)의 생김새와 맛에 대해 탐색하기 지민) 가을 열매의 이름을 2가지 이상 말하기 동이) 교사가 가을 열매의 이름을 말하고 찾아보도록 하면 앞으로 나와 그 열매를 찾아 교사에게 건네기(인지-A-1-1.1 / 사회성-B-3-3.2) 우주) 교사가 명명하는 과일 찾기	가을 열매(사과, 배, 고구마, 호박, 감)

<table>
<tr><td rowspan="4">10:25~11:30
새 활동
소개 · 계획
및
자유선택
활동</td><td rowspan="4">• 자신이 하고 싶은 놀이를 계획하고 활동할 수 있다.
• 새로운 활동의 놀이방법을 이해할 수 있다.
• 놀이 영역에서의 약속을 지킬 수 있다.
• 다양한 흥미 영역에 자발적으로 참여할 수 있다. (건강, 사회, 표현, 언어, 탐구)</td><td>〈언어: 동시 '가을의 소리' 개작하기〉
• 낙엽을 밟을 때, 도토리가 굴러갈 때, 잠자리가 날아다닐 때 어떤 소리가 날 수 있는지 생각해 보고 말로 표현하기</td><td>동시판</td></tr>
<tr><td>〈과학: 가을 과일 속 관찰하기〉
• 사과, 배, 감의 단면의 모양과 냄새 등을 탐색해 보기</td><td>반으로 자른 배, 사과, 감, 접시</td></tr>
<tr><td>〈쌓기: 가을 동산 꾸미기〉
• 단풍이 든 나무 그림을 이용하여 가을 동산의 모습 꾸며 보기</td><td>나무 그림이 붙은 유니트 블록</td></tr>
<tr><td>〈⑲ 요리: 가을 과일 샐러드〉
• 사과와 감을 작게 깍둑 썬 후 요플레와 함께 섞어서 먹기
지민) 과일 샐러드 만드는 순서를 말할 때 교사의 도움을 받아 '처음에' '다음에' '마지막에' 등 시간적 관계에 따라 순서 말하기
동이) 과일 샐러드 맛보기(적응-A-1-1.3)
우주) 가을 과일과 샐러드 만들기에 사용되는 도구의 색을 알고 표현하기</td><td>사과, 감, 요플레, 볼, 접시, 빵칼, 도마, 숟가락, 앞치마</td></tr>
<tr><td>11:30~11:40
정리정돈</td><td>• 장난감을 정리함으로써 일대일 대응과 분류 능력을 기른다. (건강)</td><td>• 신호가 울리면 장난감을 제자리에 정리하기
• 화장실에 다녀온 후에 손 씻기
• 놀이 평가하기</td><td>신호악기</td></tr>
<tr><td>11:40~12:30
점심 및 휴식</td><td>• 올바른 식습관을 기른다.
• 음식의 소중함을 알고 감사하는 마음으로 맛있게 먹는 태도를 기른다. (건강, 사회)</td><td>〈㉑ 메뉴: 흰밥, 닭곰탕, 깍두기, 과일 샐러드〉
• 손을 씻고 배식을 받아 감사기도를 드린 후에 점심 식사하기, 식사 후 소금물로 가글하기
지민) 교사의 언어적 촉구로 숟가락과 젓가락을 바르게 잡기
동이) 교사의 신체적 도움으로 깍두기 맛보기(적응-A-1-1.3)
우주) 교사의 언어적 촉구로 스스로 밥 먹기</td><td>식판, 수저, 소금물, 양치 컵 등</td></tr>
<tr><td>12:30~13:00
바깥놀이
활동</td><td>• 산책을 통해 자연의 아름다움을 느낄 수 있다. (건강, 사회)</td><td>〈가을 느끼기(필드트립)〉
• 총신동산에서 가을의 변화 느끼기</td><td>휴지, 약상자, 신호악기</td></tr>
<tr><td>13:00~13:10
동화</td><td>• 바른 자세로 동화를 듣는 태도를 기른다. (사회, 언어)</td><td>〈우진이의 사과파이〉</td><td>융판 동화</td></tr>
<tr><td>13:10~13:20
일과 평가 및
귀가지도</td><td>• 하루 일과를 회상하고 느낌을 표현할 수 있다. (언어, 사회, 표현)</td><td>• 일과 평가하기 → 인사 나누기</td><td>개인 사물</td></tr>
<tr><td>13:20~13:30
A팀 귀가</td><td>• 안전하게 차량에 탑승하는 태도를 기른다. (건강, 사회)</td><td>• A팀이 먼저 옷을 입은 후에 차량에 탑승하기</td><td></td></tr>
<tr><td>13:30~13:50
B팀 소그룹
활동</td><td>• 밤과 도토리를 접는 과정을 통해 소근육 발달을 돕는다. (건강, 표현)</td><td>〈조작: 밤과 도토리를 접어 꾸미기〉
• 밤과 도토리를 접는 방법을 알고 꾸미기</td><td>종이접기 도판, 갈색 색종이, 종이, 가위, 풀, 색연필, 밤, 도토리</td></tr>
<tr><td>13:50~
B팀 귀가</td><td>• 안전하게 차량에 탑승하는 태도를 기른다. (건강, 사회)</td><td>• B팀이 옷을 입은 후에 차량에 탑승하기</td><td></td></tr>
<tr><td>평 가</td><td colspan="3"></td></tr>
<tr><td>교육자원</td><td colspan="3">유치원 지도서 1 총론, 유치원 교구 · 교재 목록, 영유아를 위한 사정 · 평가 및 프로그램 체계</td></tr>
</table>

※ 지민), 동이), 우주)-장애유아 통합교육의 수정된 교수 목표, 장애유아 개별화 교육 계획(IEP)

일일 교육 계획

담 임	원 감	원 장

[11월 첫째 주]

생활 주제	기계와 도구	주 제	우리 생활에 사용되는 기계와 도구	소주제	소식을 알려 주는 기계와 도구
목 표	• 소식을 알려 주는 기계와 도구에 대해 관심을 가지고 탐색할 수 있다. 지민) 소식을 알려 주는 기계와 도구의 종류와 이름을 알고 표현해 본다. 동이) 소식을 알려 주는 기계와 도구의 이름을 발성해 본다. 우주) 소식을 알려 주는 기계와 도구의 이름을 알고 말해 본다.				

활동 계획

시간 및 활동명	활동 목표(생활 영역)	활동 내용	준비물
~9:00 A팀 등원	• 바르게 인사하는 태도를 기른다. • 옷을 바르게 정리할 수 있다. (건강, 사회)	• 유아의 건강과 기분 점검하기, 인사 나누기	손 세정액, 바구니, 옷걸이
9:00~9:30 A팀 소그룹 활동	• 컴퓨터 사용방법에 관심을 갖는다. (탐구, 사회)	〈컴퓨터: 유치원 홈페이지에 글 올리기〉 • 유치원 홈페이지에 글 올리는 방법을 알고 함께 글 올리기 지민), 우주) 컴퓨터, 모니터, 키보드, 마우스의 명칭 발성하기 동이) 컴퓨터, 모니터, 키보드, 마우스의 명칭을 실물과 함께 제시한 후 "~가 어디에 있니?"라는 질문에 따라 손가락으로 가리키거나 손으로 잡고 "……"라고 명명하기(사회-의사소통-B-1-1.1 / 사회성-B-3-3.2)	컴퓨터
9:30~9:50 B팀 등원 및 간식	• 바르게 인사하는 태도를 기른다. • 우유를 컵에 따르는 조절 능력을 기른다. (건강)	• 손 씻기 → 우유 마시기	종이 타월, 우유, 컵, 주전자, 행주
9:50~10:05 인사 나누기	• 날짜와 날씨를 탐구한다. • 바른 자세로 인사하고, 기도하는 태도를 기른다. (사회, 탐구)	• 인사 나누기 → 날씨와 날짜 알아보기 → 이름 부르기	이름 카드, 날짜판
10:05~10:25 이야기 나누기	• 소식을 알려 주는 기계와 도구의 종류에 관심을 갖는다. (건강, 언어, 탐구)	〈소식을 알려 주는 기계와 도구: 라디오, 전화, 컴퓨터, 텔레비전〉 • 소식을 알려 주는 기계와 도구의 종류 및 사용방법 알기 지민) 소식을 알려 주는 기계와 도구의 이름 2가지 이상 말하기 동이) 교사가 전화를 소개하면서 "○○는 전화를 받아 주세요."라고 말하면 전화기를 들고 교사의 말을 모방하여 발성하기(사회-의사소통-C-2-2.1) 우주) 교사가 명명하는 기계와 도구 찾기	라디오, 전화, 컴퓨터, 텔레비전의 실물 및 사진자료

10:25~11:30 새 활동 소개 · 계획 및 자유선택 활동	• 자신이 하고 싶은 놀이를 계획하고 활동할 수 있다. • 새로운 활동의 놀이방법을 이해할 수 있다. • 놀이 영역에서의 약속을 지킬 수 있다. • 다양한 흥미 영역에 자발적으로 참여할 수 있다. (건강, 사회, 표현, 언어, 탐구)	〈㉓ 수학: 내가 좋아하는 텔레비전 프로그램(수 그래프)〉 • 좋아하는 텔레비전 프로그램의 수 그래프 활동하기 동이) 좋아하는 프로그램이 나오면 웃음으로 표현하기 (사회성-D-2-2.2)	그래프판, 유아 사진
		〈㉒ 과학: 실전화기 놀이〉 • 구멍이 뚫린 종이컵에 실을 끼워 셀로판테이프로 고정하여 실전화기 만들기 • 성경 말씀 전하기 지민) 현재진행형을 사용하며 실전화기 놀이하기 동이) 놀이에 대한 자신의 감정을 적절하게 표현하기 (사회성-D-2-2.2) 우주) 교사의 언어적 지시에 따라 친구와 장난감을 바꿔 가며 놀기	종이컵, 실, 셀로판테이프, 말씀 카드
		〈㉔ 음률: 음악이 나오는 라디오 채널 찾기〉 • 카세트의 주파수를 바꾸어 음악이 나오는 채널을 찾아 듣기 지민) 카세트의 주파수를 바꾸어 음악이 나오면 "음악이 나와요."라고 현재진행형을 사용해 말하기	카세트
11:30~11:40 정리정돈	• 장난감을 정리함으로써 일대일 대응과 분류 능력을 기른다. (건강)	• 신호가 울리면 장난감을 제자리에 정리하기 • 화장실에 다녀온 후에 손 씻기 • 놀이 평가하기	신호악기
11:40~12:30 점심 및 휴식	• 올바른 식습관을 기른다. • 음식의 소중함을 알고, 감사하는 마음으로 맛있게 먹는 태도를 기른다. (건강, 사회)	〈메뉴: 오곡밥, 시금치새우국, 오징어볶음, 김구이, 김치〉 • 손을 씻고 배식을 받아 감사기도를 드린 후에 점심식사하기, 식사 후 소금물로 가글하기 지민) 교사의 언어적 촉구로 숟가락과 젓가락 바르게 잡기 동이) 교사의 신체적 도움으로 깍두기 맛보기(적응-A-1-1.3) 우주) 교사의 언어적 촉구로 스스로 밥 먹기	식판, 수저, 소금물, 양치 컵 등
12:30~12:50 바깥놀이 활동	• 대근육 활동 놀이를 통해 몸을 건강하게 관리할 수 있다. (건강, 사회, 표현)	〈종합놀이기구를 활용한 운동놀이〉	약상자, 카메라
12:50~13:10 새 노래	• 노랫말을 통해서 도구와 기계의 종류에 관심을 갖는다. (표현, 탐구)	〈무엇이라 부를까?〉	융판 동화
13:10~13:20 일과 평가 및 귀가지도	• 하루 일과를 회상하고 느낌을 표현할 수 있다. (언어, 사회, 표현)	• 일과 평가하기 → 인사 나누기	개인 사물
13:20~13:30 A팀 귀가	• 안전하게 차량에 탑승하는 태도를 기른다. (건강, 사회)	• A팀이 먼저 옷을 입은 후에 차량에 탑승하기	
13:30~13:50 B팀 소그룹 활동	• 컴퓨터 사용방법에 관심을 갖는다. (탐구, 사회)	〈컴퓨터: 유치원 홈페이지에 글 올리기〉 • 유치원 홈페이지에 글 올리는 방법을 알고 함께 글 올리기	컴퓨터
13:50~ B팀 귀가	• 안전하게 차량에 탑승하는 태도를 기른다. (건강, 사회)	• B팀이 옷을 입은 후에 차량에 탑승하기	
평 가			
교육자원	유치원 지도서 1 총론, 유치원 교구 · 교재 목록, 영유아를 위한 사정 · 평가 및 프로그램 체계		

※ 지민), 동이), 우주)–장애유아 통합교육의 수정된 교수 목표, 장애유아 개별화 교육 계획(IEP)

일일 교육 계획

담 임	원 감	원 장

[12월 셋째 주]

생활 주제	성탄	주 제	아기 예수님의 생일을 축하해요	소주제	예수님께서 이 땅에 오셨어요
목 표	• 예수님께서 우리를 구원하기 위해 이 땅에 오셨음을 안다. • 아기 예수님의 탄생을 기뻐하며 다양한 활동을 통해 예수님의 탄생을 축하한다. 지민) 예수님의 탄생을 알고 기쁨을 표현해 본다. 동이) '예수님'을 발성해 본다. 우주) 아기 예수님이 태어나심을 안다.				

활동 계획

시간 및 활동명	활동 목표(생활 영역)	활동 내용	준비물
~9:00 A팀 등원	• 바르게 인사하는 태도를 기른다. • 옷을 바르게 정리할 수 있다. (건강, 사회).	• 유아의 건강과 기분 점검하기, 인사 나누기	손 세정액, 바구니, 옷걸이
9:00~9:30 A팀 소그룹 활동	• 크리스마스트리의 의미를 알고 다양하게 표현할 수 있다. (건강, 표현).	〈㉖ 조형: 크리스마스트리 꾸미기〉 • 반짝이 풀로 트리를 꾸민 후에 말리기 동이) 교사가 그림을 보며, "이게 뭐지?"라고 질문하면 쿠잉으로 대답하기(사회-의사소통-A-3-3.1)	트리 모양 본, 반짝이 풀
9:30~9:50 B팀 등원 및 간식	• 바르게 인사하는 태도를 기른다. • 우유를 컵에 따르는 조절 능력을 기른다. (건강)	• 손 씻기 → 우유 마시기	종이 타월, 우유, 컵, 주전자, 행주
9:50~10:05 인사 나누기	• 날짜와 날씨를 탐구한다. • 바른 자세로 인사하고, 기도하는 태도를 기른다. (사회, 탐구)	• 인사 나누기 → 날씨와 날짜 알아보기 → 이름 부르기	이름 카드, 날짜판
10:05~10:25 이야기 나누기	• 예수님의 탄생에 대한 이야기에 관심을 갖고, 예수님의 탄생의 의미를 안다. (건강, 사회, 언어)	〈㉕ 이야기 나누기: 예수님이 태어나셨어요〉 • 동화 '예수님 생일 축하해요'를 듣고, 예수님의 탄생의 의미 알기 • 우리의 구원을 위해 예수님을 이 땅에 보내 주신 하나님께 감사 드리기 지민) 예수님의 생일이 크리스마스임을 알고 말하기 동이) 예수님의 탄생과 관련된 동화를 집중해서 듣기 (인지-A-1-1.1) 우주) 예수님이 태어나신 장소에 대해 알고 어문 2개를 사용하여 말하기	동화 '예수님 생일 축하해요'

10:25~11:20 새 활동 소개 · 계획 및 자유선택 활동	• 자신이 하고 싶은 놀이를 계획하고 활동할 수 있다. • 새로운 활동의 놀이방법을 이해할 수 있다. • 놀이 영역에서의 약속을 지킬 수 있다. • 다양한 흥미 영역에 자발적으로 참여할 수 있다. (건강, 사회, 표현, 언어, 탐구)	〈역할: 마리아와 요셉 되어 보기〉 • 의상을 입고 마리아와 요셉의 역할을 맡아 놀이하기 지민) 교사의 도움 없이 자발적으로 협동활동 시작하기	마리아와 요셉 의상, 아기 인형, 말구유
		〈㉗ 쌓기: 마구간 만들기〉 • 종이 벽돌 블록과 유니트 블록을 이용해 마구간 만들기 우주) 종이 벽돌과 유니트 블록이 어디 있는지 질문하면 손가락으로 가리키며 "저기 위에."라고 말하기	마구간 그림, 종이 벽돌 블록, 유니트 블록
		〈수학: 성탄 초를 밝혀 주세요〉 • 주사위를 던져 나오는 숫자만큼 성탄 초 붙이기	게임판, 성탄 초, 주사위
		〈언어: 마구간에서 나신 예수님〉 • 성경동화 읽기 우주) 교사가 읽어 주는 동화를 들으며 예수님이 마구간에서 나심을 알기	동화 '마구간에서 나신 예수님'
11:20~11:30 정리정돈	• 장난감을 정리함으로써 일대일 대응과 분류 능력을 기른다. (건강)	• 신호가 울리면 장난감을 제자리에 정리하기 • 화장실에 다녀온 후에 손 씻기 • 놀이 평가하기	신호악기
11:30~12:00 게임	• 친구와 협력하는 게임을 통해 즐거움을 느낄 수 있다. (건강, 표현, 탐구)	〈 별 옮기기〉 • 옆에 앉은 친구에게 별을 전달해서 마지막 유아가 융판에 별 붙이기 지민) 교사의 도움 없이 자발적으로 협동 게임에 참여하기 동이) 교사가 별 모양 종이를 제시하며 "별"이라고 발성하면 교사를 주시하고 입 모양을 모방하여 발성하기(인지-A-1-1.1) 우주) 게임의 방법과 규칙을 알고 방법과 규칙에 따라 참여하기	까슬이가 붙은 별 모양 종이, 융판,
12:00~12:50 점심 및 휴식	• 올바른 식습관을 기른다. • 음식의 소중함을 알고, 감사하는 마음으로 맛있게 먹는 태도를 기른다. (건강, 사회)	〈메뉴: 잡곡밥, 열무된장국, 생선커틀릿, 콘야채샐러드, 김치〉 • 손을 씻고 배식을 받아 감사기도를 드린 후에 점심 식사하기, 식사 후 소금물로 가글하기 지민) 교사의 언어적 촉구로 숟가락과 젓가락 바르게 잡기 동이) 교사의 신체적 도움으로 깍두기 맛보기(적응-A-1-1.3) 우주) 교사의 언어적 촉구로 스스로 밥 먹기	식판, 수저, 소금물, 양치 컵 등
12:50~13:10 새 노래	• 예수님의 탄생을 축하할 수 있다.	〈예수님 메리 크리스마스〉	노랫말 자료
13:10~13:20 일과 평가 및 귀가지도	• 하루 일과를 회상하고 느낌을 표현할 수 있다. (언어, 사회, 표현)	• 일과 평가하기 → 인사 나누기	개인 사물
13:20~13:30 A팀 귀가	• 안전하게 차량에 탑승하는 태도를 기른다. (건강, 사회)	• A팀이 먼저 옷을 입은 후에 차량에 탑승하기	
13:30~13:50 B팀 소그룹 활동	• 크리스마스트리의 의미를 안다. (건강, 표현)	〈조형: 트리 꾸미기〉 • 반짝이 풀로 트리를 꾸민 후에 말리기	트리 모양 본, 반짝이 풀
13:50~ B팀 귀가	• 안전하게 차량에 탑승하는 태도를 기른다. (건강, 사회)	• B팀이 옷을 입은 후에 차량에 탑승하기	
평 가			
교육자원	유치원 지도서 1 총론, 유치원 교구 · 교재 목록, 영유아를 위한 사정 · 평가 및 프로그램 체계		

※ 지민), 동이), 우주)-장애유아 통합교육의 수정된 교수 목표, 장애유아 개별화 교육 계획(IEP)

일일 교육 계획

담 임	원 감	원 장

[2월 둘째 주]

생활 주제	눈과 얼음	주 제	우리 주변의 눈과 얼음	소주제	눈과 얼음의 특징
목 표	• 주변에서 볼 수 있는 눈과 얼음의 종류에 대해 관심을 갖는다. • 눈과 얼음의 특성에 대해 탐구하는 태도를 기른다. 지민) 자신이 경험한 눈과 얼음에 대해 말할 수 있다. 동이) '눈' '얼음'을 발성해 본다. 우주) 친구들과 함께 눈에 대해 탐색해 본다.				

활동 계획

시간 및 활동명	활동 목표(생활 영역)	활동 내용	준비물
~9:00 A팀 등원	• 바르게 인사하는 태도를 기른다. • 옷을 바르게 정리할 수 있다. (건강, 사회)	• 유아의 건강과 기분 점검하기, 인사 나누기	손 세정액, 바구니, 옷걸이
9:00~9:30 A팀 소그룹 활동	• 눈 결정체 모양에 관심을 갖는다. • 가위를 사용함으로써 소근육의 힘을 기른다. (탐구, 건강)	〈㉘ 조형: 눈 결정체로 모빌 만들기〉 • 눈 결정체의 본을 접고 오려서 모빌 만들기 우주) 스스로 직선의 형태를 오리고, 완만한 곡선의 형태를 제시하여 오리기	눈 결정체 만들기 순서도, 색종이, 가위, 낚싯줄
9:30~9:50 B팀 등원 및 간식	• 바르게 인사하는 태도를 기른다. • 우유를 컵에 따르는 조절 능력을 기른다. (건강)	• 손 씻기 → 우유 마시기	종이 타월, 우유, 컵, 주전자, 행주
9:50~10:05 인사 나누기	• 날짜와 날씨를 탐구한다. • 바른 자세로 인사하고, 기도하는 태도를 기른다. (사회, 탐구)	• 인사 나누기 → 날씨와 날짜 알아보기 → 이름 부르기	이름 카드, 날짜판
10:05~10:25 이야기 나누기	• 주변에서 볼 수 있는 눈과 얼음의 종류에 대해 관심을 가지고 탐구하는 태도를 기른다. (건강, 표현, 언어, 탐구)	〈우리 주변에서 볼 수 있는 눈과 얼음의 모습〉 • 눈과 얼음에 대한 수수께끼 내기 • 우리 주변에서 볼 수 있는 눈과 얼음에 대해 이야기하기 지민) 자신이 경험한 눈과 얼음에 대해 말하기 동이) '눈' '얼음'을 교사가 말하면 교사를 주시하기 (사회-의사소통-A-1-1.1)	눈과 얼음의 실물 또는 사진

10:25~11:10 새 활동 소개 · 계획 및 자유선택 활동	• 자신이 하고 싶은 놀이를 계획하고 활동할 수 있다. • 새로운 활동의 놀이방법을 이해할 수 있다. • 놀이 영역에서의 약속을 지킬 수 있다. • 다양한 흥미 영역에 자발적으로 참여할 수 있다. (건강, 사회, 표현, 언어, 탐구)	〈㉙ 조작: 겨울 풍경 꾸미기〉 • 주사위를 던져서 나오는 겨울철 풍경 붙이기 지민) 겨울철 풍경을 붙이며, 교사의 언어적 촉구에 따라 다양한 공간에 붙여 보기	게임판, 겨울 풍경 그림자료, 풍경이 그려진 주사위
		〈언어: 함박눈이 내리면〉 • '함박눈이 내리면' 책 읽기	도서 '함박눈이 내리면'
		〈역할: 얼음으로 만든 작품 되어 보기〉 • 얼음으로 만든 작품 사진을 보고 표현해 보기	얼음 작품 사진, 역할 영역 세팅 후 바꾸기
		〈㉚ 쌓기: 유니트 블록으로 이글루 쌓기〉 • 이글루 사진을 보고 유니트 블록으로 이글루 쌓기 지민) 공간적 관계의 개념을 말하며 이글루 만들기 동이) 이글루와 이에 대해 말하고 있는 사람 쪽으로 돌아보며 활동에 관심 갖기(사회-의사소통-A-1-1.1) 우주) 친구와 함께 상호작용하며 이글루 만들기에 참여하기	이글루 사진, 유니트 블록
11:10~11:20 정리정돈	• 장난감을 정리함으로써 일대일 대응과 분류 능력을 기른다. (건강)	• 신호가 울리면 장난감을 제자리에 정리하기 • 화장실에 다녀온 후에 손 씻기 • 놀이 평가하기	신호악기
11:20~11:50 게임	• 게임 규칙에 따라 게임에 참여하는 태도를 기른다. (건강, 사회)	〈고드름 따 오기〉 • 눈(종이 블록)을 두 발을 모아 뛰어넘은 뒤에 고드름을 따서 돌아오기 지민) 게임 규칙을 알고 교사의 도움 없이 게임에 참여하기 동이) 고드름을 만져 본 경험을 이야기하며, '차가운'과 '뜨거운'의 반대개념에 대해 알 수 있도록 그림 제시하기(인지-G-5-5.2) 우주) 활동에 대한 느낌을 한 단어 이상으로 표현하기	고드름 그림, 종이로 싼 벽돌 블록, 융판, 신호악기, 뜨거운 것과 차가운 것의 물건 그림
11:50~12:50 점심 및 휴식	• 올바른 식습관을 기른다. • 음식의 소중함을 알고, 감사하는 마음으로 맛있게 먹는 태도를 기른다. (건강, 사회)	〈메뉴: 잡곡밥, 냉이된장국, 돈육야채볶음, 파래부각, 김치〉 • 손을 씻고 배식을 받아 감사기도를 드린 후에 점심 식사하기, 식사 후 소금물로 가글하기 지민) 교사의 언어적 촉구로 숟가락과 젓가락 바르게 잡기 동이) 교사의 신체적 도움으로 양배추 맛보기(적응-A-1-1.3) 우주) 교사의 언어적 촉구로 스스로 밥 먹기	식판, 수저, 소금물, 양치 컵 등
12:50~13:05 동화	• 바른 자세로 동화를 듣는 태도를 기른다. (사회, 언어)	〈신나는 겨울〉	그림동화
13:05~13:20 일과 평가 및 귀가지도	• 하루 일과를 회상하고 느낌을 표현할 수 있다. (언어, 사회, 표현)	• 일과 평가하기 → 인사 나누기	개인 사물
13:20~13:30 A팀 귀가	• 안전하게 차량에 탑승하는 태도를 기른다. (건강, 사회)	• A팀이 먼저 옷을 입은 후에 차량에 탑승하기	
13:30~13:50 B팀 소그룹 활동	• 눈 결정체 모양에 관심을 갖는다. • 가위를 사용함으로써 소근육의 힘을 기른다. (탐구, 건강)	〈조형: 눈 결정체를 오려서 모빌 만들기〉 • 눈 결정체의 본을 접고 오려서 모빌 만들기	눈 결정체 만들기 순서도, 색종이, 가위
13:50~ B팀 귀가	• 안전하게 차량에 탑승하는 태도를 기른다. (건강, 사회)	• B팀이 옷을 입은 후에 차량에 탑승하기	
평 가			
교육자원	유치원 지도서 1 총론, 유치원 교구 · 교재 목록, 영유아를 위한 사정 · 평가 및 프로그램 체계		

※ 지민), 동이), 우주)-장애유아 통합교육의 수정된 교수 목표, 장애유아 개별화 교육 계획(IEP)

5 단위 활동 계획안의 활용

다음의 단위 활동 계획안은 일일 교육 계획안의 장애유아 교수 목표를 적용한 예이며, 이 활동 계획은 장애유아만을 위한 활동 계획이 아니라 학급 내의 모든 유아들을 위한 활동 계획이다. 이 활동들을 구체적으로 계획함으로써 이전에는 분명치 않았던 장애유아의 교수 목표들을 활동 안에 포함하는 기회를 발견할 수 있다.

총신대학교 부속유치원의 단위 활동 계획안은 다음과 같은 6개의 구성요소를 포함하고 있다.

- **활동명**: 일일 주제의 목표를 실행하기 위한 활동을 의미한다.
- **활동 목표**: 활동에서 추구하고자 하는 목표를 의미하며, 이 책에서는 대상을 장애유아와 일반유아로 구분하여 제시하였다.
- **활동방법**: 활동을 전개하는 순서다. 순서는 장애유아를 포함한 모든 유아를 위한 것이며, 장애유아를 위한 강조 사항이 필요한 경우에는 이를 부각하여 제시하였다.
- **활동에 포함된 IEP 교수 목표**: 단위 활동에서 장애유아의 단기 목표를 달성하기 위한 다양한 활동을 포함한다. 이 책에서는 활동 계획에 따라 1~3명의 장애유아를 포함하였다.
- **유의점**: 활동 수행 시의 유의 사항을 의미하며, 일반유아와 장애유아 모두에게 필요한 사항을 제시하였다. 특히, 장애유아를 위한 부분은 장애유아가 활동 목표를 달성하도록 돕기 위한 교사의 개별적 지원방법을 제시하였다.
- **활동평가**: 각 활동의 목표에 대한 평가로서, 일반유아와 장애유아를 구분하여 제시하였다.

다음의 활동 계획안은 총신대학교 부속유치원의 장애유아 통합 단위 활동 계획안이다. 각 단위 활동 계획안은 앞서 제시한 주간 교육 계획안의 활동에 동일한 번호로 연계되어 있다. 활동 계획서는 1~3명의 장애유아를 포함한 예시들이며, 장애유아들은 지민(표현언어장애), 동이(청각장애), 우주(전반적 발달장애)다.

단위 활동 계획안 목차

* 지민–표현언어장애, 동이–청각장애, 우주–전반적 발달장애

기본 생활 습관(3월 둘째 주)

지민－표현언어장애

1 선생님과 인사해요

☺ 활동 목표

일반유아	• 등원 시 교사와 친구에게 바르게 인사할 수 있다.
장애유아	• 유치원에 오면 선생님과 친구에게 인사해야 함을 안다. • 상대방의 눈을 마주칠 수 있다. (지민)

☺ 활동방법

• 등원하면 유아와 같은 눈높이에서 유아의 이름을 부른다.
  －“○○야, 선생님 보자.”라고 이야기한 후, 교사와 눈맞춤을 한다.
• 교사가 먼저 눈을 보며 인사를 나눈다.
  －눈을 마주치는 반응시간이 짧을 경우 교사가 장애유아의 얼굴을 잡아 눈을 쳐다볼 수 있도록 한다.
• 또래 친구들과 인사를 나눌 수 있도록 교사가 모델을 제시한다.
  －친구의 눈을 보고 손을 흔들어 본다.
  －친구의 눈을 보고 손을 흔들 수 있으면, “안녕”이라고 인사한다.

☺ 활동에 포함된 IEP 교수 목표

영 역	활동에 포함된 IEP 교수 목표
대근육	－팔을 사용하여 손을 흔들어 ‘안녕’이라는 행동 취하기
적응	－인사를 하기 전에 입고 왔던 겉옷을 신체적 · 언어적 도움으로 정리할 수 있도록 하기
인지	－“친구의 눈을 보자.” “안녕이라고 인사해 보자.” 등의 일상적으로 주어지는 한 개의 지시를 순차적으로 따르거나 “친구의 눈을 보고 안녕이라고 인사해 보자.”라고 제안하여 2개의 지시에 따르기
사회－의사소통	－친구에게 언어로 인사할 수 있도록 교사가 먼저 모델링 제시하기 －교사의 모델을 따라서 인사할 수 있을 경우, 앞 글자의 “안”을 발음하여 큐를 제시하여 “안녕”이라고 말하기
사회성	－친구와 교사의 눈을 맞출 수 있도록 고개를 잡아 주거나 언어적으로 촉구하기 －인사를 했을 때, 교사와 친구의 감정을 언어와 표정으로 나타내어 타인의 감정에 대해 인식하도록 하기 －친구에게 인사할 때, 교사가 친구의 이름을 들려줌으로써 친구의 이름을 인식하도록 하기

☺ 유의점

- 유아가 자발적으로 인사할 수 있도록 격려한다.
- 교사의 언어적 촉구에 반응하여 교사와 눈맞춤을 하기 어렵다면 '눈은 어디 있나'의 노래를 사용하여 유아가 자연스럽게 교사와 눈맞춤을 할 수 있도록 유도한다. (지민)
- "안녕" "안녕하세요"를 발성하기 어려울 경우, 제스처를 사용하여 인사할 수 있도록 격려하고 점차 발성해 볼 수 있도록 유도한다. (지민)

☺ 활동평가

일반유아	• 등원하면서 교사와 유아에게 인사할 수 있는가?
장애유아	• 유치원에 오면 선생님과 친구에게 인사해야 함을 아는가? • 상대방과 눈맞춤이 가능한가? (지민)

기본 생활 습관(3월 둘째 주)

우주-전반적 발달장애

2 손을 씻어요

☺ 활동 목표

일반유아	• 스스로 손을 깨끗이 씻을 수 있다.
장애유아	• 손 씻는 순서에 대해 안다. • 손 씻는 순서 카드를 보며, 교사의 언어적 촉구에 의해 손을 씻을 수 있다. (우주)

☺ 활동자료

- 손 씻는 순서 카드, 비누, 수건(또는 종이 타월)

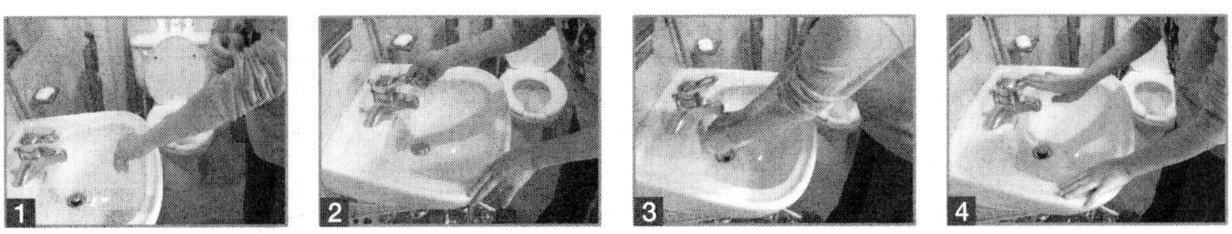

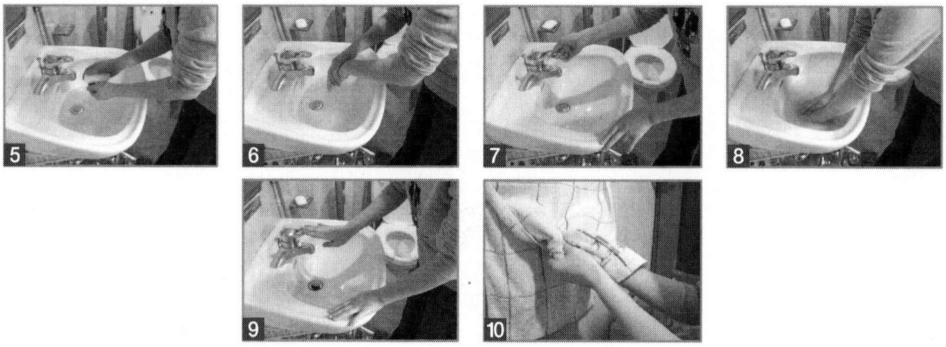

☺ 활동방법

- 실외 활동 후나 간식을 먹기 전에 세면대에 가서 손을 씻는다.
- 각 단계에 따라 순서 카드를 교사가 손으로 가리키며 이야기한다.
- 소매 걷기 → 물 틀기 → 손에 물 묻히기 → 물 잠그기 → 비누를 세 번 묻히기 → 손에 비누칠하기(손바닥, 손등, 손목, 손가락) → 물 틀기 → 손을 비비며 흐르는 물에 헹구기 → 물 잠그기 → 수건(또는 종이 타월)으로 닦기
- 손을 씻은 후에 칭찬해 주어 행동을 강화시킨다.

☺ 활동에 포함된 IEP 교수 목표

영 역	활동에 포함된 IEP 교수 목표
소근육	–사후 활동으로서 손 씻는 순서를 기억할 수 있도록 활동지를 제시하여 손 씻는 순서에 따라 그림을 오려 붙이기, 이때 직선으로 오릴 수 있도록 선 제시하기 –손 씻기 교구를 조작할 때, 한 손은 맞추기 판을 잡고 다른 한 손은 해당하는 그림을 찾아 붙이기
적응	–교사가 손가락으로 가리켜 손 씻는 순서를 제시하면 절차에 따라 손 씻기
인지	–손 씻기 순서에 따른 교사의 1~2개의 지시에 따르기 –유아가 손 씻기를 한 사진을 교구로 제시하여 손 씻기 장면을 회상하며 순서에 따라 맞추기
사회–의사소통	–실외 활동 후나 간식을 먹기 전에 무엇을 해야 하는지를 교사가 질문하고 한 단어로 대답한 후, 완성된 문장 들려주기 –손 씻기 순서를 교사가 가리킬 때, 한 문장의 언어적 자극 제시하기
사회성	–비누칠을 한 후에 옆 개수대에서 손을 씻는 친구에게 교사의 신체적 도움으로 비누 건네기 –비누를 건네주는 친구에게 교사의 언어적 촉구로 "고마워"라고 인사하기

☺ 유의점

• 손 씻는 과정을 게시하여 손 씻는 방법에 대해 기억할 수 있도록 돕는다.
• 손 씻기 과제를 분석하여 단계에 따른 카드를 제시하되, 점차적으로 도움의 양을 줄여 스스로 단계별로 손을 씻을 수 있도록 한다. (우주)
• 두 손을 비비는 것이 어려울 경우 교사가 신체적 도움을 제시한다. (우주)

☺ 활동평가

일반유아	• 스스로 손을 깨끗이 씻을 수 있는가?
장애유아	• 손 씻는 순서에 대해 아는가? • 손 씻는 순서 카드를 주시하는가? (우주) • 교사의 언어적 촉구에 의해 손을 씻을 수 있는가? (우주)

기본 생활 습관-동시 (3월 둘째 주)　　동이-청각장애

3 줄을 섭니다

☺ 활동 목표

일반유아	• 동시를 바르게 감상하고 이해한다. • 줄을 서야 하는 장소와 필요성에 대해 알 수 있다.
장애유아	• 동시를 바르게 감상하는 태도를 기른다. • '줄을 선다.'는 것의 의미를 이해한다. • 복도는 줄을 서야 하는 곳임을 알고, 또래의 도움을 받아 줄을 서 보는 경험을 갖는다. (동이)

☺ 활동자료

• 동시판

<줄을 섭니다>

줄을 섭니다 줄을 섭니다
한 사람 두 사람 모이면 줄을 섭니다

복잡한 곳에서는 줄을 섭니다
여러 사람이 모이면 줄을 섭니다

새치기 못하게 줄을 섭니다

☺ 활동방법

- 줄을 서야 하는 곳(예: 복도, 화장실, 계단, 산책)에 대해 이야기한다.
- 또래 유아가 줄을 서야 하는 곳 중 '복도'를 이야기하면, 앞으로 나와 복도 그림을 찾아 친구들에게 보여 준다. (동이)
- 동시를 감상한다.
- 동시의 말에 따라 한 명씩 나와 친구의 뒤에 차례대로 줄을 서 본다.
- 다음 활동을 위하여 이동하면서 복도에서 줄을 선다.
- 자신의 차례가 되면 앞에 있는 또래 유아의 도움을 받아 차례대로 줄을 선다. (동이)

☺ 활동에 포함된 IEP 교수 목표

영 역	활동에 포함된 IEP 교수 목표
소근육	–동시를 감상할 때, 친구들이 동시를 읊는 소리에 따라 한 손으로 판을 잡고, 다른 한 손으로 낚싯줄을 잡아 조작하기(줄을 서 있는 그림이 이동할 수 있도록 낚싯줄로 연결된 교구 제시하기)
대근육	–난간과 벽을 잡고 양발을 교대로 바꾸지 않고 계단 오르내리기
인지	–사진에서 줄을 서야 하는 곳을 찾아 융판에 붙이기 –친구들을 줄을 세운 후에 교사와 함께 친구들의 인원수 세기 –순서대로 서기 위해 나중에 온 사람은 뒤에 서야 함을 말함으로써 '~뒤에'라는 공간적 개념 인식하기
사회–의사소통	–줄을 서지 않았을 때, 다른 사람의 기분이 어떨지를 단어로 표현하기 –줄을 서서 친구를 밀었을 때, 어떤 결과가 나타날지 단어로 표현할 수 있도록 언어적 촉구하기
사회성	–동시에 따라 줄 서기 활동에 또래의 도움을 받아 참여하기 –다음 활동을 위해 또래의 도움을 받아 줄을 섬으로써 교실의 정해진 규칙에 따르기

☺ 유의점

- 유아의 이름을 부를 때, 한 명씩 불러 차례대로 줄을 설 수 있도록 한다.
- 복도 사진을 스스로 찾기 어려울 때, 교사가 손가락으로 가리켜 그림을 찾을 수 있도록 한다. (동이)
- 줄을 설 때, 또래 유아의 도움을 받을 수 있도록 사전에 또래 유아에게 도움을 요청한다. (동이)

☺ 활동평가

일반유아	• 동시를 바르게 감상하고 이해하는가? • 줄을 서야 하는 장소와 필요성에 대해 아는가?
장애유아	• 바르게 앉아 동시를 감상하는가? • '줄을 선다.'는 것의 의미를 이해하는가? • 복도에서 줄을 서야 함을 아는가? (동이) • 교사와 또래 유아의 도움을 받아 줄을 설 수 있는가? (동이)

신체 표현(4월 둘째 주) 지민–표현언어장애, 동이–청각장애, 우주–전반적 발달장애

4 나비가 되어 보세요

☺ 활동 목표

일반유아	• 나비의 움직임에 관심을 갖고 창의적으로 표현할 수 있다.
장애유아	• 신체를 이용하여 나비의 움직임을 표현할 수 있다. • 나비의 역할 중 자신이 하고 싶은 역할을 한 단어로 표현할 수 있다. (지민) • 나비의 움직임에 관심을 갖는다. (동이) • 나비의 색에 관심을 가지며, 2가지 색을 이해할 수 있다. (우주)

☺ 활동자료

• 나비, 꽃 머리띠, 나비 옷, 신호악기, 동영상(나비의 움직임), 음악 CD(봄의 소리 왈츠), 카펫, 방석

☺ 활동방법

• 동영상을 통해 나비의 움직임을 관찰한다.
  –"나비가 무엇을 하는 것 같니?"
  –"나비는 어떻게 움직였니?"
  –나비가 움직이는 장면을 관찰하도록 촉구한다. 나비를 관찰한 후에 어떻게 움직였는지 몸으로 표현해 보도록 유도한다. (동이)
• '봄의 소리 왈츠'와 '왕벌의 비행'을 감상한다.

–음악을 감상하며 느낌에 따라 제자리에 앉아 손을 움직여 본다.
- 나비가 되어 보기 위해 필요한 역할이 무엇인지 이야기하고 역할을 정한다.
  –나비, 꽃(방석으로 꽃의 위치를 정한다)
  –역할을 나누기 위해 별의 옷을 제시하며, "우주야, 나비가 어떤 색이니?"라고 묻고, 손가락으로 색을 가리켜 색을 변별할 수 있도록 한다. (우주)
  –교사가 "지민이는 어떤 역할을 하고 싶니?"라고 질문하면 교사의 언어적 도움으로 한 단어로 대답한 후, 교사가 "꽃이 되고 싶구나."라고 완성된 문장을 들려준다. (지민)
- 음악을 들으며 역할에 따라 몸으로 표현한다.
- 활동에 대해 평가한다.

☺ 활동에 포함된 IEP 교수 목표

영 역	활동에 포함된 IEP 교수 목표
소근육	–신체 표현 시 나비가 되어 한 손으로 꽃을 잡고, 다른 한 손으로 꽃가루를 떼어 내기(우주)
대근육	–신체 표현 시 키가 큰 꽃이 되어 교사의 언어적 촉구에 따라 한 발로 균형을 잡고 서서 표현하기(우주)
인지	–왕벌의 비행을 감상할 때, 소리가 크게 나오는 부분과 작게 나오는 부분을 구별하여 들려주고, 큰 소리와 작은 소리의 질적 개념을 경험하도록 하기(지민) –나비가 움직이는 장면을 관찰하도록 촉구하기, 관찰 후에 어떻게 움직였는지 몸으로 표현하기(동이) –'나비' '꽃'의 단어를 모방하여 발성하기(동이) –역할을 나누기 위해 벌의 옷을 제시하며, "우주야, 나비가 어떤 색이니?"라고 묻고 손가락으로 색을 가리켜 색을 변별할 수 있도록 하기(우주)
사회–의사소통	–나비와 꽃의 위치를 정하면서 지민이가 원하는 위치를 손가락으로 가리키면 교사의 언어를 모방하여 한 단어로 대답하기(지민) –교사가 "지민이는 어떤 역할을 하고 싶니?"라고 질문하면 교사의 언어적 도움으로 한 단어로 대답한 후, 교사가 "꽃이 되고 싶구나."라고 완성된 문장 들려주기(지민) –'봄의 소리 왈츠'와 '왕벌의 비행'을 감상하면서 소리가 나는 쪽으로 돌아보기(동이) –나비 또는 꽃의 역할을 한 후에 역할을 바꾸기 위해 교사의 말을 모방하여 "한 번 더."라고 반복을 표현하기(우주)
사회성	–신체 표현에서 역할에 따라 몸으로 표현할 때, 꽃이 되어 나비인 친구가 꽃가루를 옮겨 주면 꽃가루를 받는 것을 통해 상호작용하기(지민) –신체 표현 시 반팀으로 나누어 역할에 따라 표현할 때, 교사가 들려주는 이야기에 따라 적절하게 반응하기(동이) –신체 표현 평가 시 그림판을 들어 자신의 기분을 표현하기(동이) –신체 표현 시 교사의 이야기에 따라 또래 유아가 나비가 되어 나비가 된 우주를 안아 주면 함께 안아 주기(우주)

☺ 유의점

- 음악에 따라 나비를 표현할 때, 유아들이 서로 부딪히지 않도록 약속에 대해 이야기를 나눈다.
- 한 단어로 말하기 어려워할 경우 꽃과 벌의 머리띠를 제시하여 손가락으로 가리킨 후, 교사가 문장을 들려주도록 한다. (지민)
- 장애유아가 어려워할 경우 또래 유아가 먼저 시범을 보인 후에 표현해 볼 수 있도록 한다. (동이)
- 스스로 색깔을 말하기 어려워할 경우 교사의 언어를 모방하여 표현할 수 있도록 한다. (우주)

☺ 활동평가

일반유아	• 나비의 움직임에 관심을 갖고 창의적으로 표현할 수 있는가?
장애유아	• 신체를 이용하여 나비의 움직임을 표현할 수 있는가? • 내가 하고 싶은 역할을 한 단어로 스스로 표현할 수 있는가? (지민) • 벌의 움직임을 주시하며 관찰하는 태도를 보이는가? (동이) • 교사가 가리키는 2가지 종류의 색이름을 말할 수 있는가? (우주)

조형(4월 둘째 주)

동이–청각장애

5 벌 마라카스 만들기

☺ 활동 목표

일반유아	• 벌의 생김새와 특징에 대해 안다. • 다양한 조형 재료에 관심을 갖고 만들기를 할 수 있다.
장애유아	• 벌의 생김새에 대해 관심을 갖는다. • 조형활동에 필요한 재료를 요청하기 위해 문장으로 말할 수 있다. (동이)

☺ 활동자료

- 요구르트 병, 모래, 눈알, 빵끈, 네임펜, 본드, 면봉, 셀로판지 코팅한 것

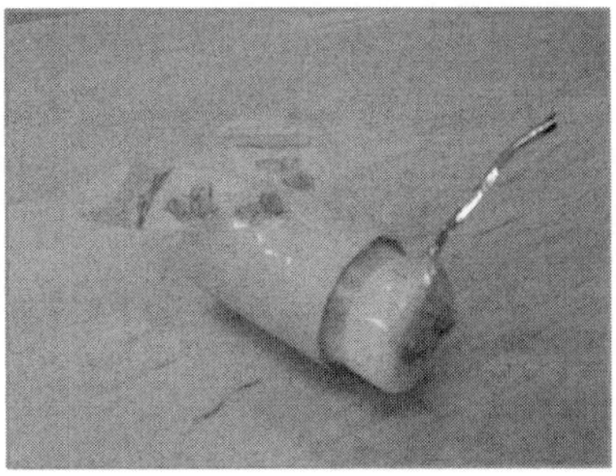

☺ 활동방법

- 벌의 생김새에 대해 브레인스토밍한다.
- 벌 마라카스를 만드는 방법을 소개한다.
  - 모래를 넣은 요구르트 병에 검정색 마스킹 테이프를 둘러 붙여 배 무늬를 만든다.
  - 눈알과 빵끈으로 더듬이와 침을 꾸민다.
  - 코팅된 셀로판지(날개)를 붙여서 완성한다.
  - 필요한 재료를 요청하기 위해 단어로 말할 수 있도록 모델링을 하거나 촉진한다. (동이)
- 조형활동을 마친 후에 친구들과 함께 마라카스를 연주해 본다.

☺ 활동에 포함된 IEP 교수 목표

영 역	활동에 포함된 IEP 교수 목표
소근육	–가위로 빵끈을 반으로 자르기 –한 손으로 날개, 다른 손으로 테이프를 잡아 요구르트 병에 날개 붙이기(교사는 요구르트를 잡아 주기) –한 손으로 눈알, 다른 손으로 (본드를 바른) 면봉을 잡고 눈알의 뒷면에 본드 칠하기
대근육	–벌을 완성하여 강당에서 '벌의 비행'의 음악에 따라 발을 번갈아 가며 뛰면서 표현하기
인지	–친구들이 완성한 벌을 모델로 제시하면 멈추어 서서 벌을 주시하기(동이) –벌의 생김새의 사진을 보며 어떤 색깔이 있는지, 생김새(예: 눈)는 어떠한지에 대해 이야기하기(동이) –벌의 생김새에 따른 명칭(날개, 더듬이 등)을 교사의 언어를 모방하여 발성하기(동이)
사회–의사소통	–벌이 완성되면 모래를 넣은 벌을 흔들어 소리가 나는 쪽을 바라볼 수 있도록 하기(동이) –필요한 재료를 요청하기 위해 교사의 언어적 촉구로 두 단어(예: "테이프 줄래?")로 말하기(동이)
사회성	–필요한 재료를 건네준 친구에게 교사의 언어적 촉구로 "고마워"라고 인사하기(동이) –교사가 활동의 순서에 따라 한 문장으로 지시하면 적절하게 반응하기(동이)

☺ 유의점

- 본드 사용 시 면봉을 이용하여 필요한 양만큼만 사용할 수 있도록 교사가 적당히 덜어 준다.
- 유아가 자신의 필요나 요구를 말할 때 문장으로 말할 수 있도록 격려해 준다. (동이)
- 조형활동 중에 친구들과 대화할 때도 문장으로 말할 수 있도록 한다. (동이)

☺ 활동평가

일반유아	• 벌의 생김새와 특징에 대해 아는가? • 다양한 조형 재료에 관심을 갖고 만들기를 할 수 있는가?
장애유아	• 벌의 생김새에 관심을 갖는가? • 조형활동에 필요한 재료를 요청하기 위해 문장을 사용하여 말할 수 있는가? (동이)

쌍기(4월 둘째 주) 우주–전반적 발달장애

6 봄동산 꾸미기

☺ 활동 목표

일반유아	• 봄 날씨에 관심을 갖고 봄동산을 다양하게 구성할 수 있다.
장애유아	• 봄동산 구성하기 활동에 참여할 수 있다. • 봄동산을 구성한 구성물의 색을 5개 이상 표현할 수 있다. (우주)

☺ 활동자료

- 꽃 · 나비 · 벌 모형

☺ 활동방법

- 봄동산의 모습을 사진이나 동영상을 보며 이야기 나눈다.
- 꽃 · 나비 · 벌 모형 등을 이용해서 봄동산을 꾸밀 것을 이야기한다.
- 유아가 색깔에 대해 인지할 수 있도록 구성물의 재료의 이름과 함께 색이름을 말해 준다. (우주)
- 봄동산을 꾸며 본다.
- 꽃, 나비, 벌의 색을 관찰하며 5가지 이상의 색이름을 말해 볼 수 있도록 한다. (우주)
- 완성된 봄동산에 이름을 붙인다.
- 전시하여 함께 감상해 본다.

☺ 활동에 포함된 IEP 교수 목표

영 역	활동에 포함된 IEP 교수 목표
소근육	–한 손으로 꽃을 잡고 다른 한 손으로 바구니를 잡아 꽃을 꽂기(우주)
대근육	–봄동산의 동영상을 보며 한 발로 균형을 잡으며 멈춰 있는 벌과 나비의 모습을 표현하기(우주)
적응	–꽃을 종류에 따라 묶음(끈으로 한 번 묶인 것)으로 제시하여 스스로 끈을 풀어 볼 수 있도록 잡아당겨야 하는 끈의 부분을 교사가 짚어 언어적 촉구하기(우주)
인지	–다양한 꾸미기 재료의 색깔에 대해 인지할 수 있도록 색이름 이야기하기(우주) –여러 가지 종류의 꽃과 곤충을 2가지로 유목화해 보기
사회–의사소통	–봄동산을 꾸밀 때 더 꾸미고 싶은 재료를 언어로 표현하기 위해 "꽃 더" "나비 더" 등의 2어문 사용하기(우주) –완성된 봄동산을 감상하며 "나비는 무엇을 하고 있니?" "벌은 무엇을 하고 있니?" 등의 질문을 하여 "나비 날아."처럼 행위자와 행위를 표현할 수 있도록 유도하기(우주)
사회성	–또래 유아가 우주가 완성한 봄동산을 감상하며 칭찬하면서 박수 칠 때, 미소 짓거나 박수를 치며 애정적인 호의에 반응하기(우주)

☺ 유의점

- 조화의 끝의 뾰족한 부분(철사)에 다치지 않도록 꽃 테이프로 감아 제시한다.
- 장애유아가 스스로 색이름을 말하면 격려해 준다. (우주)

☺ 활동평가

일반유아	• 봄동산을 다양하게 구성할 수 있는가?
장애유아	• 봄동산 구성하기에 역할을 맡아 참여할 수 있는가? • 유아가 구성물의 색이름을 5가지 이상 스스로 말할 수 있는가? (우주)

수 · 조작(5월 둘째 주) 지민–표현언어장애, 동이–청각장애, 우주–전반적 발달장애

7 좋아요! 싫어요!

☺ 활동 목표

일반유아	• 좋은 느낌과 싫은 느낌을 구분할 수 있다. • 나쁜 접촉에 대해 대처하는 방법을 안다.
장애유아	• 좋은 느낌과 싫은 느낌에 대해 안다. • 게임 시 교사에게 두 문장으로 도움을 요청할 수 있다. (지민) • 나쁜 접촉의 그림에 "싫어요"라고 말할 수 있다. (동이) • 두 손을 사용하여 게임판에 웃는 표정의 그림을 붙일 수 있다. (우주)

☺ 활동자료

• 게임판 2개(10칸), 웃는 표정 그림, 싫은 표정 그림(각 16개), 상황 그림 주사위

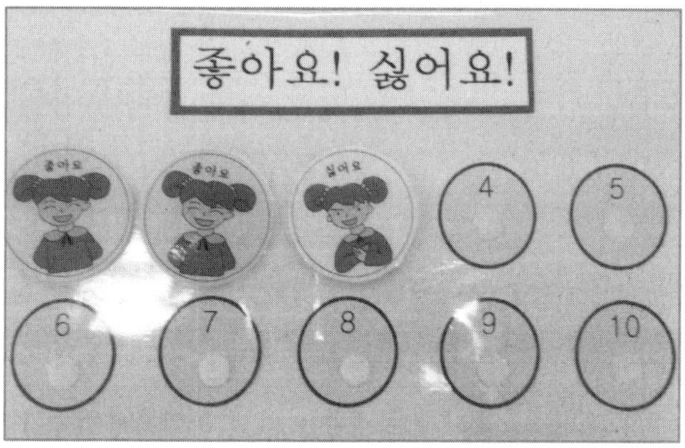

[게임판]

[웃는 표정 그림, 싫은 표정 그림]

[상황 그림 주사위-좋은 느낌, 싫은 느낌]

☺ 활동방법

- 게임판을 한 개씩 나누어 갖는다.
- 두 명의 유아가 순서를 정하여 주사위를 던진다.
- 주사위에 좋은 느낌의 그림이 나오면 웃는 표정을 붙인다. 싫은 느낌의 그림이 나오면 "싫어요"라고 말하고, 싫은 표정의 그림을 붙인다.
- 게임 시 도움을 요청하기 위해 교사의 손을 잡으며 "도와주세요"라고 말할 수 있도록 언어적으로 촉구한 뒤에 도움을 준다. (지민)
- 나쁜 접촉의 그림이 나오면 그림을 설명하고, 교사의 언어적 촉구에 따라 "싫어요"라고 말한다. (동이)
- 게임판에 웃는 표정의 그림을 정해진 칸 안에 붙일 수 있도록 한 손은 판을 잡고 다른 한 손으로 카드를 붙인다. (우주)
- 게임판의 빈칸에 웃는 표정의 그림을 모두 채우면 끝난다.

☺ 활동에 포함된 IEP 교수 목표

영 역	활동에 포함된 IEP 교수 목표
소근육	–게임판에 웃는 표정의 그림을 정해진 칸 안에 붙일 수 있도록 한 손은 판을 잡고 다른 한 손으로 카드 붙이기(우주) –사후 활동으로 좋은 느낌과 싫은 느낌을 구분할 수 있도록 활동지를 제시하여 그림을 직선으로 잘라 붙이기(지민)
인지	–주사위에 나오는 좋은 접촉과 나쁜 접촉의 그림을 보며 '나쁜'과 '좋은'의 질적 개념에 대해 말하고, 몸(동그라미, 엑스)으로 표현해 보기 –나쁜 접촉의 그림이 나오면 그림을 설명하고, 교사의 언어적 촉구에 따라 "싫어요"라고 말하기(동이) –'좋아요' '싫어요'의 그림에 따라 색이 다름을 이야기하고, 색이름 말하기(우주)

사회- 의사소통	-게임 시 도움을 요청하기 위해 교사의 손을 잡으며 "도와주세요"라고 말할 수 있도록 언어적으로 촉구한 뒤에 도움 주기(지민) -게임을 더 하고 싶은 감정을 또래 유아에게 표현할 때, "한 번 더." "또 하자." 등의 반복을 표현하기 위한 2어문 사용하기(우주)
사회성	-게임의 차례에 따라 또래 유아와 교대로 놀이하기(지민) -자신의 차례가 되어 주사위를 던져 나오는 그림에 맞는 그림을 붙이라는 지시에 따라 소집단 활동에 참여하기(동이) -게임 종결 후, 게임의 결과에 따라 자신의 기분을 언어로 표현하기(동이) -게임을 진행할 때, 옆에서 도움을 제시한 친구에게 "고마워"라고 말하기(우주)

☺ 유의점

- '좋아요' '싫어요' 글자를 구분할 수 있도록 다른 색의 종이를 사용하여 만든다.
- 좋은 느낌과 싫은 느낌을 명확하게 구분할 수 있는 그림을 주사위로 제시한다.
- 좋은 느낌과 싫은 느낌을 구분하기 어려울 경우 주사위를 던진 후에 교사에게 도움을 요청하도록 촉구한다. (지민)
- "싫어요"라고 단호하게 말할 수 있도록 교사가 시범을 보인다. (동이)
- 한 손으로 붙이기 어려울 경우 두 손을 사용하여 붙인다. (우주)

☺ 활동평가

일반유아	• 좋은 느낌과 싫은 느낌을 구분할 수 있는가? • 나쁜 접촉에 대해 대처하는 방법을 아는가?
장애유아	• 좋은 느낌과 싫은 느낌에 대해 아는가? • 게임 시 교사에게 신체적 · 언어적 도움을 요청할 수 있는가? (지민) • 나쁜 접촉과 좋은 접촉을 구분할 수 있는가? (동이) • 두 손을 다르게 사용하여 게임판을 조작할 수 있는가? (우주)

간식(5월 둘째 주)

우주-전반적 발달장애

8 우유 마시기

☺ 활동 목표

일반유아	• 음식의 소중함을 알고 감사하는 마음으로 맛있게 먹는 태도를 기른다. • 우유를 컵에 따르는 조절 능력을 기른다.
장애유아	• 우유의 맛을 보는 경험을 갖는다. • 한 손으로 컵을 잡고 다른 한 손으로 우유를 컵에 따를 수 있다. (우주)

☺ 활동자료

- 우유를 담은 주전자, 컵

☺ 활동방법

- 우유와 컵이 준비된 책상에 앉는다.
- 스스로 우유를 따르고 책상별로 기도한다.
- 유아가 한 손으로 컵을 잡고 다른 한 손으로 우유를 컵에 따를 수 있도록 적은 양의 우유를 제공한다. (우주)
- 우유를 모두 마신 유아는 컵을 쟁반에 정리한다.

☺ 활동에 포함된 IEP 교수 목표

영 역	활동에 포함된 IEP 교수 목표
소근육	–한 손으로 컵을 잡고 다른 한 손으로 주전자의 손잡이를 잡아 우유 따르기(우주)
대근육	–우유를 마시기 위해 유아가 스스로 유아용 의자에 앉고 일어서기
적응	–적절한 양의 우유를 마시고 컵을 탁자에 내려놓기 –우유를 마시고 화장지나 행주로 흘린 우유 닦기
인지	–우유의 색에 대해 이야기하기(우주)
사회–의사소통	–우유를 더 마시고 싶을 때는 교사의 언어적 촉구로 "우유 더."라고 말하기(우주) –우유를 마시기 전에 감사기도를 노래로 부를 때, 교사가 노래를 부르면 기도 손을 하고 음을 따라 훙얼거리기 –감사기도 시 따라 할 수 있는 한두 개의 단어를 따라 불러 보기
사회성	–우유 주전자가 멀리 있어 또래 유아가 주전자를 건네줄 때, "고마워"라고 말하기(우주)

☺ 유의점

- 우유를 쏟을 경우 유아 스스로 주변을 닦을 수 있도록 행주를 준비한다.
- 주전자에 담긴 우유의 양을 적절하게 조절해 준다. (우주)

☺ 활동평가

일반유아	• 음식의 소중함을 알고 감사하는 마음으로 맛있게 먹는 태도를 보이는가? • 우유를 컵에 따르는 조절 능력을 보이는가?
장애유아	• 우유의 맛을 보는 경험을 하였는가? • 한 손으로 컵을 잡고 다른 한 손으로 우유를 컵에 따를 수 있는가? (우주)

이야기 나누기(5월 둘째 주)

동이-청각장애

9 소중한 내 몸

☺ 활동 목표

일반유아	• 나의 몸이 소중함을 안다. • 내 몸의 소중한 부분과 그것을 보호하는 방법을 알고 실천할 수 있다.
장애유아	• 나의 몸에 관심을 갖는다. • 교사의 입 모양을 보고 "싫어요"라고 말할 때 감정을 함께 표현해 본다. (동이)

☺ 활동자료

• '내 몸과 내 마음은 내 거예요' 애니메이션, '남자와 여자의 몸' 그림자료, 손인형

☺ 활동방법

• 낯선 사람을 만났을 때 대처방법을 생각해 본다.

• 애니메이션을 보며 낯선 사람을 만났을 때의 대처방법을 익힌다.

  –따라가지 않는다.

  –큰 소리로 "싫어요"라고 말한다.

  –자신의 소중한 부분은 다른 사람에게 보여 주지 않는다.

• 낯선 사람을 만났을 때의 대처방법을 알고 지킴으로써 자신의 몸을 건강하게 지킨다.

• 손인형(낯선 사람의 역할)을 이용해서 활동을 해 본다.

• 유아가 '싫은' 감정을 적절하게 표현할 수 있도록 교사가 몸짓과 표정으로 모델링해 준다. (동이)

• 교사의 언어적 촉구에 따라 "싫어요"라고 말한다. (동이)

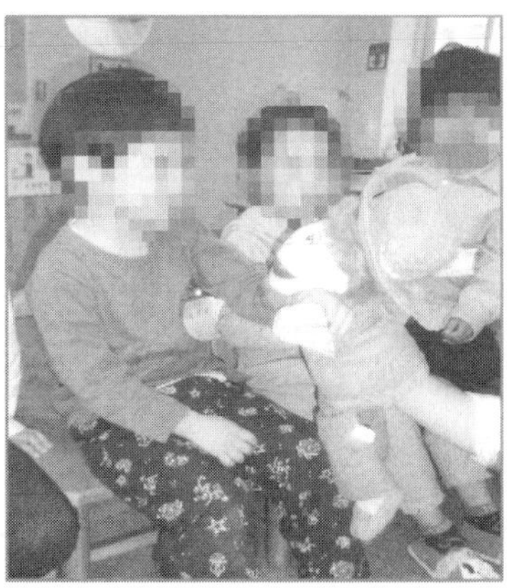

☺ 활동에 포함된 IEP 교수 목표

영 역	활동에 포함된 IEP 교수 목표
소근육	–사후 활동으로 "싫어요"라고 말해야 하는 상황의 그림에 긴 직사각형 2개(직선)를 잘라 'X' 표시로 붙이기
인지	–애니메이션을 틀면 영상과 소리에 집중하기(동이) –인형이 가까이 와서 함께 가자고 이야기할 때, 교사의 언어적 촉구에 따라 "싫어요"라고 말하기(동이) –"싫어요"라고 큰 소리로 단호하게 말해야 함을 이야기하며, '큰' '작은'의 질적 의미에 대해 말하기 –애니메이션에 나온 이야기의 순서에 따라 그림 나열하기(교사의 신체적 · 언어적 촉구 제시)
사회–의사소통	–교사가 인형을 동이 앞으로 가져와 이야기를 건네면 인형을 주시하기(동이) –애니메이션의 상황을 이야기할 때 현재 진행형을 사용하여 이야기 들려주기
사회성	–유아가 '싫은' 감정을 적절하게 표현할 수 있도록 교사가 몸짓과 표정으로 모델링해 주기(동이) –인형의 이야기에 따라 대답함으로써 1회 이상 상호작용하기

☺ 유의점

- "싫어요"라고 말할 때는 정확하고 큰 목소리로 말할 수 있도록 한다.
- 유아가 낯선 사람에 대한 대처방법을 잘 이해할 수 있도록 사전에 그림자료 등으로 상황에 대해 구체적으로 설명해 준다. (동이)

☺ 활동평가

일반유아	• 나의 몸이 소중함을 아는가? • 내 몸의 소중한 부분과 그것을 보호하는 방법을 알고 실천하는가?
장애유아	• 나의 몸에 관심을 갖는가? • "싫어요"라고 말할 때 구체적으로 표현하는가? (동이)

게임(6월 둘째 주) 지민–표현언어장애, 동이–청각장애, 우주–전반적 발달장애

10 우유 배달하기

☺ 활동 목표

일반유아	• 마트의 기능에 대해 안다. • 게임 시 지켜야 하는 약속에 대해 알고 스스로 지키는 태도를 기른다.
장애유아	• 게임에 참여하는 경험을 갖는다. • '차갑다'의 질적 개념을 알고, 언어로 표현할 수 있다. (지민) • 게임방법에 따라 친구에게 우유를 건넬 수 있다. (동이) • 친구에게 고마운 마음을 적절하게 표현할 수 있다. (우주)

☺ 활동자료

• 마트 간판, (얼굴) 이름표가 붙어 있는 우유갑 26개, 바구니 2개, 신호악기

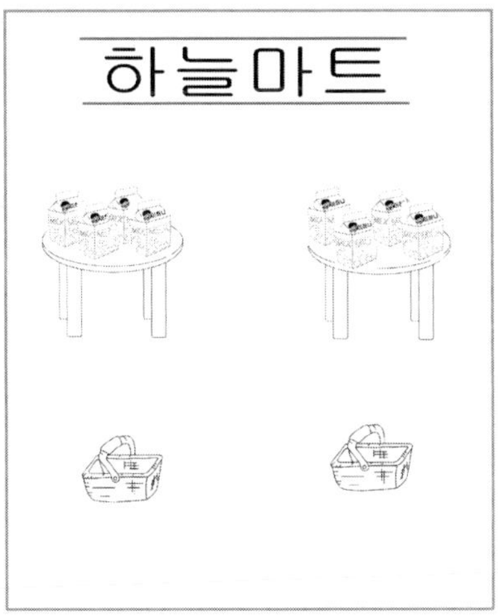

☺ 활동방법

• 팀별 게임 대형으로 자리에 앉는다.
• 팀 이름을 정한다.
• 활동방법을 소개한다.
  – 우유를 넣은 비밀 상자를 소개하고 안에 있는 것이 무엇인지 이야기하고 게임방법을 예측한다.
  – 비밀 상자에 교사와 함께 손을 넣어 본 후, 교사의 언어적 도움을 받아 "차가워"라고 말한

다. (지민)

–한 개의 바구니를 들고 교사의 출발 신호에 따라 책상이 있는 곳으로 달려간다.

–책상 위에 있는 우유 한 개를 바구니에 담는다.

–우유에 표시되어 있는 친구에게 우유를 배달하고 출발선으로 돌아온다.

–우유에 표시되어 있는 친구를 교사가 손으로 가리키며 "○○에게 우유를 배달해 주겠니?"라고 이야기하면 스스로 우유를 건넨다. (동이)

–우유를 배달해 주는 친구에게 교사의 언어적 촉구에 따라 "고마워"라고 대답한다. (우주)

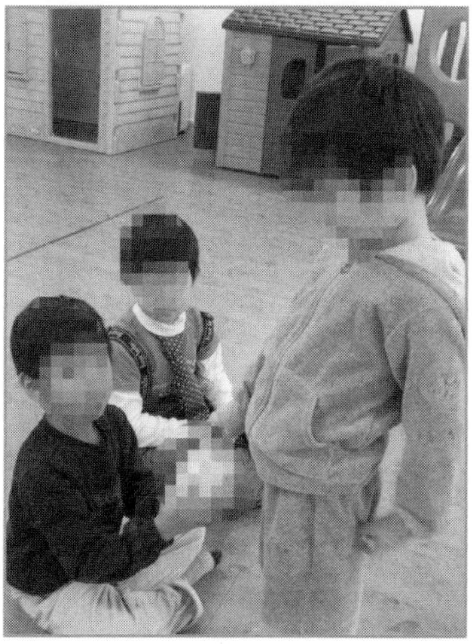

• 게임 규칙을 정한다.

–자기 팀 책상에 있는 우유를 배달한다.

• 게임을 한다.

• 활동에 대한 평가를 한다.

☺ 활동에 포함된 IEP 교수 목표

영 역	활동에 포함된 IEP 교수 목표
소근육	–한 손은 바구니를 잡고 다른 한 손은 우유를 담기 –마트에 있는 우유갑에 내 이름을 표시하기 위해 교사의 손을 잡고 이름 써 보기
대근육	–게임을 하기 위해 강당으로 이동할 시 계단을 양발로 오르내리기 –출발선에서 마트가 있는 곳까지 달려가 멈추기
적응	–게임을 하기 위해 교사의 언어적 촉구로 자신의 덧신(실내화) 벗기
인지	–비밀 상자에 교사와 함께 손을 넣어 본 후, 교사의 언어적 도움을 받아 "차가워"라고 말하기(지민) –응원 시 친구들이 응원하는 소리를 모방하여 함께 응원하기(동이) –우유갑에 붙어 있는 사진이 누구인지를 교사와 함께 명명하고, 교사의 도움으로 같은 친구를 찾기(동이) –우유갑의 한쪽 면의 모양(네모)을 찾아 이야기하기(우주) –교사와 함께 시범을 보이며 게임의 방법 기억해 보기
사회–의사소통	–손을 들어 자신이 원하는 팀의 이름을 한 단어로 말하기(지민) –우유갑에 표시되어 있는 친구를 교사가 손으로 가리키며 "○○에게 우유를 배달해 주겠니?"라고 이야기하면 스스로 우유를 건네기(동이) –양 팀의 인원이 다를 때 "한 번 더!" 등의 반복을 표현함으로써 게임에 참여하기(우주)
사회성	–교사의 신체적 도움으로 우유를 바구니에 넣고 친구에게 배달한 후에 출발선까지 돌아오기(동이) –게임을 한 후에 어떤 마음이 들었는지 자신의 느낌을 한 단어로 표현하기 –우유를 배달해 주는 친구에게 교사의 언어적 촉구로 "고마워"라고 대답하기(우주) –게임할 때 지켜야 하는 약속을 한두 단어로 말하기

☺ 유의점

- 게임 규칙을 정할 때, 배달받은 우유를 자신의 앞쪽이나 뒤쪽에 놓아 만지지 않도록 한다.
- 게임에서 이기는 것보다 약속을 지켜 최선을 다하는 것이 중요함을 이야기한다.
- "차가워"라고 이야기하기 어려울 경우 앞의 한 음절을 따라 할 수 있도록 유도한다. (지민)
- '차갑다'는 개념을 이해하기 위해 그 외의 다양한 차가운 사물을 제시하도록 한다. (지민)
- 스스로 친구에게 다가가기 어려울 경우 교사가 손을 잡고 우유를 건네야 하는 유아에게 데려다 준다. (동이)
- 언어적 촉구를 제시할 때, 교사의 입 모양을 볼 수 있도록 한다. (동이)

☺ 활동평가

일반유아	• 마트의 기능에 대해 알고 있는가? • 게임 시 지켜야 하는 약속에 대해 알고 스스로 지키는가?
장애유아	• 게임에 참여하였는가? • '차갑다'는 개념에 따라 교사를 모방하여 적절하게 표현할 수 있는가? (지민) • 이름이 적힌 우유를 친구에게 스스로 건넬 수 있는가? (동이) • 우유를 배달받았을 때, 교사의 언어적 촉구로 "고마워"라고 표현할 수 있는가? (우주)

조형(6월 둘째 주)

우주–전반적 발달장애

11 지갑 만들기

☺ 활동 목표

일반유아	• 지갑을 만들어 봄으로써 사회현상에 관심을 갖는다. • 다양한 조형 재료의 종류에 관심을 갖고 탐색해 본다.
장애유아	• 다양한 조형 재료에 관심을 갖는다. • 교사의 도움을 받아 지갑 만들기를 할 수 있다. (우주) • 교사의 호의에 반응할 수 있다. (우주)

☺ 활동자료

- 끈, 찍찍이, 오공본드, 테이프, 종이로 만든 지갑 본

☺ 활동방법

- 사진을 통해 여러 가지 지갑의 모습을 알아본다.
- 지갑 만드는 방법을 알아본다.
  - 종이로 만든 지갑 본의 선을 따라 긋고 접는다.
  - 스팽글, 수수깡, 스티커 등을 이용해서 지갑을 꾸미고 끈을 달아 완성한다.
  - 유아가 지갑을 만들 때 두 손으로 색종이를 눌러 접을 수 있도록 교사가 색종이의 선에 맞추어 잡아 주면 "고맙습니다" "감사합니다"라고 말하여 교사의 호의에 반응할 수 있도록 돕는다. (우주)
- 조형활동을 마친 후에 친구들과 함께 시장놀이를 해 본다.

☺ 활동에 포함된 IEP 교수 목표

영 역	활동에 포함된 IEP 교수 목표
소근육	–유아가 지갑을 만들 때 교사가 색종이의 선에 맞추어 잡아 주면 두 손으로 색종이를 눌러 접기(우주) –지갑을 꾸미기 위해 색종이를 둘로 나누거나 직선으로 잘라 붙이기(우주)
적응	–지갑의 여닫는 부분에 벨크로 테이프를 붙여, 놀이 시 붙였다 떼기(우주)
인지	–지갑을 만들 종이를 스스로 선택한 후에 자신이 고른 색이 어떤 색인지 말하기(우주) –각 순서에 따라 교사가 한 문장으로 지시하거나 모델링을 보여 활동에 참여하도록 하기
사회–의사소통	–지갑을 더 만들고 싶거나 꾸미기 재료가 더 필요할 때, "또 만들어." "더 줘(주세요)." 라고 표현하기(우주) –사후 활동으로 지갑으로 교사와 함께 친구들과 시장놀이에 참여하는 기회 갖기 –시장놀이 시 교사의 언어적 촉구로 "얼마예요?"라고 물으며, 또래 유아와 말을 주고받는 기회 갖기
사회성	–"고맙습니다" "감사합니다"라고 말하여 교사와 또래 유아의 호의에 반응하기(우주) –사후 활동으로 지갑으로 교사와 함께 친구들과 시장놀이에 참여하는 기회 갖기

☺ 유의점

- 본드의 양은 교사가 적절하게 덜어 준다.
- 사후 활동으로 시장놀이 시 유아들이 사고를 확장(여러 가지 가게, 돈 만들기 등)할 수 있도록 상호작용한다.
- 유아가 스스로 할 수 없을 경우 도움을 제공해서 유아가 자발적으로 호의에 반응할 수 있도록 돕는다. (우주)

☺ 활동평가

일반유아	• 지갑을 만들어 봄으로써 사회현상에 관심을 갖는가? • 다양한 조형 재료의 종류에 관심을 갖고 탐색하는가?
장애유아	• 다양한 조형 재료에 관심을 갖는가? • 교사의 도움을 받아 지갑을 만들 수 있는가? • '고맙습니다' '감사합니다'의 표현을 사용하여 호의에 반응했는가? (우주)

쌓기 · 역할(6월 둘째 주)

동이–청각장애

12 가게놀이

☺ 활동 목표

일반유아	• 여러 가지 가게의 종류를 안다. • 가게놀이를 통해서 사회현상에 관심을 갖는다.
장애유아	• 여러 가지 가게의 종류에 관심을 갖는다. • 가게의 명칭을 발성할 수 있다. (동이)

☺ 활동자료

- 가게 간판, 지갑, 돈 모형, 가게에 필요한 물건

☺ 활동방법

- 여러 가지 종류의 가게를 그림이나 사진을 보면서 알아본다.
- 가게놀이를 할 때 필요한 것과 소품에 대해 의논하고 준비한다.
  –가게 간판을 보여 주며 유아가 가게 명칭을 발성할 수 있도록 한다. (동이)

- 유아들이 협력하여 가게를 구성하고 물건을 배치한다.
- 가게 간판, 안내문 등을 만들어 붙이고 돈을 만든다.
- 역할에 따라 가게놀이를 하고 역할을 바꿔 본다.
  - 놀이 중에 다양한 가게의 이름을 발성할 수 있도록 한다. (동이)

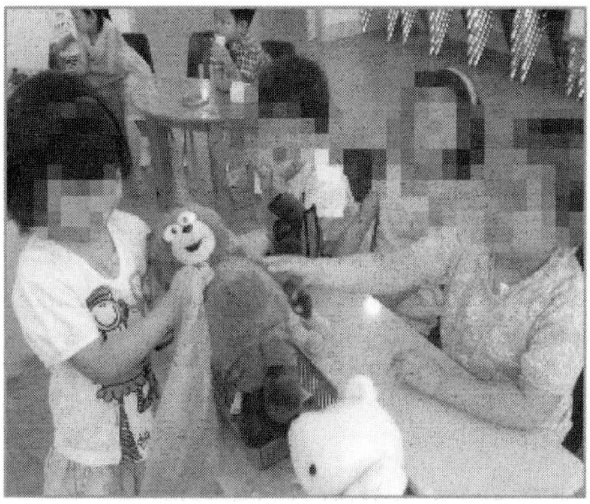

☺ 활동에 포함된 IEP 교수 목표

영 역	활동에 포함된 IEP 교수 목표
소근육	–돈을 만드는 역할을 맡아 직선 형태 자르기
적응	–식당에서 역할 영역의 장난감을 이용하여 음식을 옮겨 주는 놀이하기
인지	–가게 간판을 보여 주며 유아가 가게 명칭을 발성하기(동이) –놀이 중에 다양한 가게의 이름을 발성하기(동이) –각 가게의 규모를 비교하며 규모에 대해 말하기 –가게놀이를 하기 전에 과일, 야채, 생선 중 한 가지 기준에 따라 분류하기
사회–의사소통	–교사의 언어적 촉구로 가게 주인이 되어 또래 유아가 "○○ 주세요."라고 말하면 그에 따라 지시 수행하기(동이) –시장놀이의 역할을 정할 때, 교사의 언어적 촉구로 하고 싶은 역할에 손을 든 후에 한 단어로 말하기
사회성	–또래 유아, 교사와 역할을 교대로 하여 "얼마예요?" "○○ 주세요."라고 말하며 상호작용하기(동이) –놀이 평가 시간에 시장놀이의 느낌이 어떠했는지 자신의 감정을 말로 표현하기(동이)

☺ 유의점

- 유아들이 정한 가게의 이름에 따라 글자의 틀을 교사가 제시하여 간판을 꾸밀 수 있도록 한다.
- 가게놀이는 계획하기, 준비하기, 놀이하기의 과정이 필요하며, 유아가 모든 과정을 이해할 수 있도록 돕는다. (동이)

☺ 활동평가

일반유아	• 여러 가지 가게의 종류를 아는가? • 가게놀이를 통해서 사회현상에 관심을 갖는가?
장애유아	• 여러 가지 가게의 종류에 관심을 갖는가? • 유아가 가게 이름을 알고 교사의 모델링에 따라 가게 이름을 발성할 수 있는가? (동이)

동시(7월 첫째 주) 지민-표현언어장애, 동이-청각장애, 우주-전반적 발달장애

13 여름 낮

☺ 활동 목표

일반유아	• 여름철 날씨의 특징을 알고, 동시를 감상한다.
장애유아	• 바른 태도로 동시를 감상한다. • '덥다'의 개념을 알고 언어로 표현할 수 있다. (지민) • 교사와 교대로 두 단어를 발성할 수 있다. (동이) • 동시판 조작을 통해 자신감을 기른다. (우주)

☺ 활동자료

• '여름 낮' 동시 입체판(꽃, 새, 벨크로를 이용하여 조작할 수 있도록 만든 나비와 나뭇잎 그림자료)

☺ 활동방법

• 동시를 들려준다.

> 꽃들이 덥다고 "아이, 더워!" 졸라 대니까
> 나비가 펄럭펄럭 부채질해요.
> 새들이 덥다고 "아이, 더워!" 졸라 대니까
> 나뭇잎이 살랑살랑 부채질해요.

-'아이, 더워!' 부분에서 더위를 몸으로 표현해 본다(땀 닦기, 부채질하기 등). (지민)

• 교사가 들려주는 동시를 따라서 읊는다.

- 교사와 번갈아 가며 동시를 읊는다.
  - 교사의 도움을 받아 '아이, 더워!' 부분을 언어로 표현할 수 있도록 한다. (동이)
- 동시 내용에 따라 동시판을 조작하며 읊어 본다.
  - 교사나 친구가 동시를 읊을 때 동시판을 조작해 본다. (우주)
- 동시 감상 후에 활동에 대한 평가를 한다.

☺ 활동에 포함된 IEP 교수 목표

영 역	활동에 포함된 IEP 교수 목표
소근육	–동시판을 조작할 때 세 손가락으로 잡고 조작하기(우주)
적응	–교사나 친구가 동시를 읊을 때 동시판을 조작하기(우주)
인지	–'아이, 더워!' 부분에서 더위를 몸으로 표현해 보기(땀 닦기, 부채질하기 등)(지민) –'펄럭펄럭' '살랑살랑' 등 자주 사용하지 않는 말소리 모방하기(동이) –동시에 나오는 '나비' '새' '꽃' 등 친숙한 단어 소리를 들으며 청각적 사건 지향하기(동이) –색깔의 개념을 알 수 있도록 나뭇잎, 나비, 꽃의 색깔 말하기(우주)
사회–의사소통	–동시 활동을 마친 후의 느낌에 대해 단어, 구, 문장을 사용해서 말하기(지민) –상황적 단서 없이 교사의 입 모양을 보며 동시 중 짧은 문장 이해하기(동이) –동시에 나오는 '꽃' '나비' '새' '나뭇잎'의 상황을 묘사하기 위해 2어문 사용하기(우주)
사회성	–친구와 교대로 동시를 조작하며 상호작용하기(지민) –교사의 도움을 받아 '아이, 더워!' 부분을 언어로 표현하기(동이) –친구와 함께 동시자료를 바꿔 가며 사용하기(동이) –동시 활동 시간 동안 동시판과 교사를 집중해서 보기(동이) –친구와 교대로 동시를 조작하고 함께 동시 낭독하기(우주)

☺ 유의점

- 대그룹에서 동시판을 조작해 보지 못한 유아들은 자유선택 활동 시간에 스스로 동시판을 조작하며 낭독할 수 있도록 한다.
- 장애유아가 스스로 몸으로 표현하기 어려울 때는 또래 유아를 모방하여 표현할 수 있도록 신체 언어로 촉구한다. (지민)
- 동시를 따라 읊을 때 교사의 입 모양을 볼 수 있도록 한다. (동이)
- 동시 내용에 따라 동시판을 조작할 수 있도록 신체 언어로 촉구한다. (우주)

☺ 활동평가

- 여름철 날씨의 특징을 이해하고 있는가?
- '덥다'의 개념에 따라 교사 및 또래 유아를 모방하여 적절하게 표현할 수 있는가? (지민)
- 교사와 교대로 두 단어를 발성할 수 있는가? (동이)
- 동시 내용에 따라 벨크로를 스스로 떼고 붙일 수 있는가? (우주)

과학(7월 첫째 주)

동이–청각장애

14 바람의 세기 비교하기

☺ 활동 목표

일반유아	• 다양한 종류의 기계와 도구에 관심을 갖는다. • 바람 세기에 따라 힘의 크기가 달라짐을 안다.
장애유아	• 부채, 선풍기, 에어컨에서 바람이 나온다는 것을 안다. • 친구와 함께 바람 세기를 비교하며 상호작용할 수 있다. (동이)

☺ 활동자료

- 총채, 부채, 선풍기, 에어컨

☺ 활동방법

- 부채, 선풍기, 에어컨의 바람 세기를 탐색하고 각각의 바람 세기가 다름을 안다.
  –'부채' '선풍기' '에어컨'의 이름을 발성할 수 있도록 교사가 언어적으로 촉진한다. (동이)
- 부채, 선풍기, 에어컨의 바람 세기가 각각 다르다는 것을 어떻게 알 수 있을지 생각해 본다.

• 총채의 깃털 부분을 움직이게 하기 위해서 부채, 선풍기, 에어컨의 바람을 이용할 수 있음을 안다.
• 같은 거리에서 부채, 선풍기, 에어컨의 바람을 틀 때, 총채의 움직임을 관찰하며 바람의 세기를 비교해 본다.
 –친구와 함께 바람 세기를 비교하며 상호작용할 수 있도록 돕는다. (동이)

☺ 활동에 포함된 IEP 교수 목표

영 역	활동에 포함된 IEP 교수 목표
소근육	–두 손가락으로 부채 잡기
인지	–'부채' '선풍기' '에어컨'의 이름을 발성할 수 있도록 교사가 언어적으로 촉진하기 (동이)
사회–의사소통	–상황적 단서 없이 교사의 입 모양을 보며 "부채를 가져오세요." "선풍기는 어디 있어요?" "에어컨은 어디 있어요?"라는 질문을 이해하고 대답하기(동이) –놀이하고 있는 친구들의 목소리가 나는 쪽으로 돌아보기
사회성	–친구와 함께 바람 세기를 비교하며 상호작용하기(동이) –친구와 함께 총채를 교대로 나눠 사용하기(동이) –활동에 대한 자신의 감정을 자유롭게 표현하기(동이)

☺ 유의점

• 활동 전에 선풍기와 에어컨을 안전하게 사용하는 방법에 대해 이야기를 나눈다.
• 친구와 서로 입 모양을 보며 상호작용할 수 있도록 돕는다. (동이)

☺ 활동평가

일반유아	• 바람의 세기에 따라 힘이 달라진다는 것을 이해하는가?
장애유아	• 부채, 선풍기, 에어컨에서 바람이 나온다는 것을 이해하는가? • 친구와 함께 바람 세기를 비교하며 상호작용하는가? (동이)

언어(7월 첫째 주)

지민 – 표현언어장애

15 냉장고 안에는 무엇이 들어 있을까

☺ 활동 목표

일반유아	• 여름철 날씨에 관심을 갖는다. • 여름에 먹는 음식의 종류에 관심을 갖고 탐색해 본다.
장애유아	• 신문과 잡지에서 먹을 수 있는 음식을 찾아본다. • 질적 개념을 사용해서 음식의 이름을 말해 본다. (지민)

☺ 활동자료

• 신문, 잡지, 가위, 풀, 냉장고 그림

☺ 활동방법

• 여름철에 먹는 음식 중 냉장고에 보관해야 하는 음식의 종류를 생각해 본다.
• 신문이나 잡지에서 여름철에 자주 먹는 음식을 찾아서 냉장고 그림 안에 붙인다.

• 냉장고 안에 있는 음식에 대해서 설명할 수 있도록 하고, 교사가 설명을 써 준다.
  – 유아가 음식의 이름을 말할 때, 질적 개념(차가운, 단, 단단한 등)을 사용하여 말할 수 있도록 "차가운 아이스크림이 있구나." "단단한 수박도 있네." 등으로 상호작용해 준다. (지민)

☺ 활동에 포함된 IEP 교수 목표

영 역	활동에 포함된 IEP 교수 목표
소근육	–신문이나 잡지의 그림을 자를 때 직선 형태로 자르기(지민) –가위 잡는 방법을 알고 다양한 모양을 자르기
인지	–음식의 이름을 말할 때, 질적 개념(차가운, 단, 단단한 등)을 사용하여 말하기(지민) –음식 이름 명명하기
사회–의사소통	–활동을 마치고 자신의 활동에 대한 설명을 위해 "냉장고 안에는 ○○이 있어요." 등 단어, 구, 문장 사용하기(지민)
사회성	–활동을 하면서 친구와 신문과 잡지를 나눠 사용하며 상호작용하기(지민) –자신의 작품에 대해 설명하기 위해 목소리 다양화하기

☺ 유의점

• 신문이나 잡지를 오리고 난 후에 주변을 정리할 수 있도록 한다.
• 평소에 유아가 질적 개념을 사용할 수 있도록 교사가 상호작용해 주는 것이 바람직하다. (지민)

☺ 활동평가

일반유아	• 여름철 날씨의 특징에 대해 이해하고 설명하는가?
장애유아	• 신문과 잡지에서 먹을 수 있는 음식을 찾아보는가? • 질적 개념을 사용해서 음식의 이름을 말하는가? (지민)

역할(9월 첫째 주) 지민－표현언어장애, 동이－청각장애, 우주－전반적 발달장애

16 전철역 놀이하기

☺ 활동 목표

일반유아	• 전철역의 역할을 이해하고, 협동적으로 극놀이를 할 수 있다.
장애유아	• 친구들과 함께 놀이에 참여해 본다. • 역할을 바꾸거나 장난감을 나누어 줌으로써 협동놀이에 참여하는 경험을 갖는다. (지민) • 두 단계의 지시를 수행함으로써 협동놀이에 참여하는 경험을 갖는다. (동이) • 교사의 언어적 촉구로 어문 2개를 사용하여 장소를 적절하게 표현할 수 있다. (우주)

☺ 활동자료

- 역 간판, 전철 패스카드(표 사는 곳, 안내센터), 책상, 전철(훌라후프 5개가 연결된 것)

☺ 활동방법

- 유아들이 각각 역할을 맡아 전철역 놀이에 필요한 소품(패스카드, 역 간판)을 만든다.
- 유아들이 정한 장소대로 교실의 각 영역에 역 간판을 붙인다.
- 각자의 역할(표 파는 사람, 안내, 기관사, 승객)을 정한다.
- 역할에 따라 놀이한다.
  －'카드를 찍고 전철을 타세요.'라는 두 단계를 지시하여 수행할 수 있도록 한다. (동이)
- 교사가 신호악기를 울리면 역할을 바꾸어 놀이한다.
  －패스카드를 만들도록 유도한다. 표 파는 사람이 되어 교사의 언어적 촉구로 "받으세요"라고 말하며 친구들에게 표를 나누어 주도록 한다. 신호악기가 울리기 전에 역할을 바꿀 것임을 미리 이야기한다. 신호악기가 울리면 교사의 언어적 촉구로 놀이하던 패스카드를 친구에게 건넨다. (지민)
  －안내의 역할을 맡아 또래 유아가 표를 산 후에 "어디로 가야 하나요?"라고 질문하면 교사의 언어적 촉구로 "여기로 가세요."라고 말한다. (우주)

☺ 활동에 포함된 IEP 교수 목표

영 역	활동에 포함된 IEP 교수 목표
소근육	−활동에 필요한 전철표를 만들 때 곡선 형태로 표 자르기(지민) −활동에 필요한 전철표를 만들 때 직선 형태로 표 자르기(우주)
대근육	−속도를 바꿔 가며 전철역 놀이하기
인지	−기차놀이를 하며 '빠른' '느린' '조용한' '깨끗한' 기차 등의 질적 개념을 표현할 수 있도록 하기(지민) −기차표를 표상활동에 사용해서 놀이하기(동이) −"타세요"라는 소리를 듣고 기차에 타기(동이) −기차로 사용되는 훌라후프의 색깔 명명하기(우주)
사회−의사소통	−"이 기차에 타도 되나요?"라고 질문하고 기차에 타기(지민) −"카드를 찍고 전철을 타세요."라는 두 단계를 지시하여 수행할 수 있도록 하기(동이) −안내의 역할을 맡아 또래 유아가 표를 산 후에 "어디로 가야 하나요?"라고 질문하면 교사의 언어적 촉구로 "여기로 가세요."라고 말하기(우주)
사회성	−신호악기가 울리면 교사의 언어적 촉구로 놀이하던 패스카드를 친구에게 건네기(지민) −역할놀이를 마친 후에 친구들의 기분에 대해 관심을 갖고 정서 표현하기(지민) −친구와 역할을 바꿔 가며 놀이하기(동이)

☺ 유의점

- 활동 전에 이야기를 나누거나 현장학습을 통해 전철역의 모습과 기능에 관심을 가질 수 있도록 한다.
- 친구에게 패스카드를 건네주었을 때, 칭찬과 격려로 강화한다. 역할을 변경할 때, 어떤 역할을 해야 할지 어려워할 경우 구체적으로 지시한다. (지민)
- 두 단계의 지시를 수행하기 어려울 경우 한 단계씩 나누어 지시해 준다. (동이)
- 교사의 언어적 촉구를 간헐적으로 제시하여 스스로 표현해 볼 수 있도록 한다. 어문 2개가 어

려울 경우 "여기로" 등의 어문 하나를 사용하여 표현할 수 있도록 촉구한다. (우주)

☺ 활동평가

일반유아	• 전철역의 다양한 기능(표 사는 곳, 안내센터 등)을 이해하는가?
장애유아	• 친구들과 함께 놀이하는가? • 교사의 언어적 촉구로 역할과 장난감을 바꾸어 사용하는가? (지민) • 두 단계의 지시를 스스로 수행하는가? (동이) • 교사의 언어적 촉구로 어문 2개를 사용하여 장소를 표현하는가? (우주)

이야기 나누기(9월 첫째 주)

우주–전반적 발달장애

17 레일 위를 달리는 교통기관

☺ 활동 목표

일반유아	• 레일 위를 달리는 교통기관의 종류를 알고 움직임의 원리에 관심을 가진다.
장애유아	• 움직이는 기차에 관심을 갖는다. • 교사의 언어적 촉구로 어문 2개를 사용하여 장소에 대해 표현할 수 있다. (우주)

☺ 활동자료

- 교통기관 그림 카드, 레일이 있는 블록, 기차 모형

☺ 활동방법

- 모형 레일과 기차 모형을 이용해서 기차를 움직여 보여 줌으로써 유아들의 관심을 집중시킨다.
  - 기차가 움직이는 모습을 다양한 방법으로 표현해 본다.
  - 기차에서 발생할 수 있는 상황을 이야기 형식으로 말해 본다.
  - 기차 모형을 조작할 수 있도록 하고 유아가 "기차 안에 사람이 타고 있어요."라고 장소에 대해 표현할 수 있도록 모델링해 준다. (우주)
- 레일 위를 달리는 교통기관의 종류(전철, 기차, 레일바이크 등)를 알아본다.
- 교통기관 그림 카드를 보며 교통기관이 움직이는 원리를 생각해 본다.

☺ 활동에 포함된 IEP 교수 목표

영 역	활동에 포함된 IEP 교수 목표
소근육	–양손을 사용하여 기차 조작하기(우주)
적응	–벨크로로 연결되어 있는 자료 떼어 내기(우주)
인지	–기차 색깔 명명하기(우주) –교사의 이야기에 집중하기
사회–의사소통	–기차 모형을 조작할 수 있도록 하고, 유아가 "기차 안에 사람이 타고 있어요."라고 장소에 대해 표현하기(우주)
사회성	–교사와 이야기 나누기 자료를 바꿔 가며 사용하기(우주) –이야기 나누기 활동에 대한 느낌을 표현하기 –대집단 활동 동안 교수자료 보기

☺ 유의점

- 레일 위에서 움직이는 교통기관의 원리를 알고, 표현할 수 있도록 한다.
- 유아가 어문 2개를 사용하여 장소에 대해 표현하는 것을 어려워하는 경우, 교사는 "기차 안에 사람이 있네." "기차 밖에는 나무가 있구나."라고 이야기함으로써 촉진해 준다. (우주)

☺ 활동평가

일반유아	• 레일 위를 달리는 교통기관의 종류를 알고 말하는가?
장애유아	• 움직이는 기차에 관심을 갖는가? • 교사의 언어적 촉구로 어문 2개를 사용하여 장소에 대해 표현하는가? (우주)

신체 표현(9월 첫째 주)

동이-청각장애

18 기차 여행

☺ 활동 목표

일반유아	• 신체를 이용해 음악에 맞추어 기차의 움직임을 빠르거나 느리게 표현할 수 있다.
장애유아	• 즐거운 마음으로 신체 표현에 참여할 수 있다. • 상황적 단서 없이 2가지 신호에 따라 몸의 움직임을 다르게 할 수 있다. (동이)

☺ 활동자료

- 훌라후프(5개 연결된 것), 기차레일 테이핑, 기차역 표지판, 음악 CD, 트라이앵글

☺ 활동방법

- 기차의 움직이는 모습을 VTR로 시청한 후에 기차의 움직이는 모습에 대해 이야기를 나눈다.
- 기차의 움직임을 신체를 이용해 자유롭게 표현할 수 있도록 한다.
  - 기차의 움직임을 표현할 수 있도록 교사가 모델링해 준다. (동이)
- 기차의 움직임을 표현해 볼 수 있음을 알고, 신호에 따라 움직이기로 한다.
  - 트라이앵글을 천천히 치면 천천히 달리고, 빠르게 치면 빨리 달린다.
  - 소리를 듣고 신체를 움직일 수 있도록 격려한다. (동이)
- 창의적으로 표현하는 유아를 격려하며 움직임의 의미를 확장시킨다.

☺ 활동에 포함된 IEP 교수 목표

영 역	활동에 포함된 IEP 교수 목표
인지	–트라이앵글 소리를 듣고 신체를 움직이고, 소리가 멈추면 움직이지 않기(동이) –훌라후프를 기차로 표상하여 사용하기(동이)
사회–의사소통	–트라이앵글 소리가 나면 훌라후프를 잡고 움직이기(동이)
사회성	–친구와 훌라후프를 바꾸어 사용하기(동이) –기차의 모습을 VTR로 보기(동이) –대집단 활동 동안 교수자료 보기

☺ 유의점

- 음악의 빠르기에 따라 움직임을 다르게 함을 인식할 수 있도록 먼저 손뼉이나 몸짓으로 표현해 본다.
- 청각적으로만 상황을 이해하지 못할 때는 트라이앵글의 움직임을 볼 수 있도록 돕는다. (동이)

☺ 활동평가

일반유아	• 신체를 이용해 음악에 맞추어 기차의 움직임을 빠르거나 느리게 표현하는가?
장애유아	• 신체 표현에 즐겁게 참여하는가? • 상황적 단서 없이 2가지 신호에 따라 몸의 움직임을 다르게 하는가? (동이)

요리(10월 셋째 주) 지민–표현언어장애, 동이–청각장애, 우주–전반적 발달장애

19 가을 과일 샐러드

☺ 활동 목표

일반유아	• 가을철 과일의 종류를 알고, 과일 샐러드를 만들 수 있다.
장애유아	• 즐거운 마음으로 요리활동에 참여한다. • 과일 샐러드 만들기 순서를 알고, 시간적 관계에 따라 표현해 본다. (지민) • 과일 샐러드의 맛을 볼 수 있다. (동이) • 가을 과일과 샐러드 만들기에 사용되는 도구의 색을 알고 표현해 본다. (우주)

☺ 활동자료

• 사과, 감, 요플레, 볼, 접시, 빵칼, 도마, 숟가락, 앞치마

☺ 활동방법

• 과일 샐러드 만들기 순서와 재료를 알아본다.
  – 과일 샐러드 만들기 순서를 말할 때 교사의 도움을 받아 '처음에' '다음에' '마지막에' 등 시간적 관계에 따라 순서를 말할 수 있도록 한다. (지민)
• 샐러드 만들기를 한다.
  – 교사는 유아가 색을 알 수 있도록 "이것은 무슨 색이지?"라고 질문한다. (우주)
• 기도를 하고 샐러드를 먹는다.
  – "샐러드 맛보자."라는 교사의 언어적 촉구로 맛을 볼 수 있도록 한다. (동이)
• 요리활동에 대한 평가를 한다.

☺ 활동에 포함된 IEP 교수 목표

영 역	활동에 포함된 IEP 교수 목표
소근육	–안전칼을 이용해서 곡선 형태로 과일 자르기(지민) –안전칼을 이용해서 직선 형태로 과일 자르기(우주)
적응	–다양한 과일을 선택해서 먹기(지민) –"샐러드 맛보자."라는 교사의 언어적 촉구로 샐러드 맛보기(동이) –샐러드를 먹은 후에 이 닦기(우주)

인지	–과일 샐러드 만들기 순서를 말할 때 교사의 도움을 받아 '처음에' '다음에' '마지막에' 등 시간적 관계에 따라 순서 말하기(지민) –교사의 언어적 지시를 잘 듣고 활동 순서에 따라 요리에 참여하기(동이) –과일의 색을 알 수 있도록 교사가 "이것은 무슨 색이지?"라고 질문하면 대답할 수 있도록 색깔에 대한 이해 나타내기(우주)
사회–의사소통	–"나는 지금 샐러드를 만들고 있어요." "나는 지금 샐러드를 먹고 있어요." 등의 현재 진행형을 사용하며 활동에 참여하기(지민) –상황적 단서 없이 교사의 언어적 지시에 따라 한 손으로 과일을 잡고 다른 한 손으로 과일을 자르기(동이) –요리실에 들어가며 "여기는 요리실이에요."라고 말함으로써 장소에 대해 표현하기(우주)
사회성	–요리 재료와 도구를 친구와 나누어 쓰거나 바꾸어 사용하기(지민) –친구와 협동하며 요리활동에 참여하기(동이) –교사의 지시에 따라 요리활동에 참여하기(동이) –요리를 마치고 느낌에 대해 소리나 몸짓으로 표현하기(동이)

☺ 유의점

- 활동 목표를 효과적으로 수행할 수 있도록 가을철 과일(제철 과일)의 종류를 알고 요리활동을 할 수 있도록 한다.
- 장애유아가 스스로 시간 개념을 말하지 못할 때 교사가 언어적 촉진으로 도와준다. (지민)
- 유아가 스스로 샐러드 맛을 보면 즉각적인 강화를 한다. (동이)
- 유아가 자신감을 갖고 색이름을 말할 수 있도록 유아가 알고 있는 색깔부터 질문한다. (우주)

☺ 활동평가

일반유아	• 가을철 과일의 종류를 알고 과일 샐러드를 만드는가?
장애유아	• 즐거운 마음으로 요리활동에 참여하는가? • 과일 샐러드 만들기 순서를 알고, 시간적 관계에 따라 표현하는가? (지민) • 유아 스스로 과일 샐러드의 맛을 보는가? (동이) • 가을 과일과 샐러드 만들기에 사용되는 도구의 색을 알고 표현하는가? (우주)

조작(10월 셋째 주)

지민–표현언어장애

20 밤과 도토리 접어 꾸미기

☺ 활동 목표

일반유아	• 밤과 도토리의 특징과 사용되는 곳을 안다. • 밤과 도토리의 접는 과정을 통해 소근육을 발달시킨다.
장애유아	• 밤과 도토리의 모양에 관심을 갖는다. • 밤과 도토리 접는 순서를 시간적 개념을 사용하여 말할 수 있다. (지민)

☺ 활동자료

- 종이접기 방법판, 갈색 색종이, 종이, 가위, 풀, 색연필, 밤, 도토리

☺ 활동방법

- 밤과 도토리의 실물을 탐색한다.
- 종이접기로 밤과 도토리를 만든다고 이야기해 주고, 종이접기 방법판에 따라 접기방법을 알려 준다.
- 종이접기 순서를 회상해 본다.
  –밤과 도토리의 접는 순서를 말할 때 교사의 도움을 받아 '처음에' '다음에' '마지막에' 등 시간적 관계에 따라 순서를 말할 수 있도록 한다. (지민)
- 밤과 도토리를 접고 종이에 붙인 후에 색연필로 주변을 꾸며 준다.

☺ 활동에 포함된 IEP 교수 목표

영 역	활동에 포함된 IEP 교수 목표
소근육	–밤과 도토리를 접으며 소근육 발달시키기 –풀을 사용한 뒤에 풀 뚜껑 바르게 닫기
적응	–종이접기 방법판 뒤에 붙어 있는 벨크로 테이프를 이용해서 종이접기 방법판을 융판에 붙이고 떼기
인지	–밤과 도토리의 접는 순서를 말할 때 교사의 도움을 받아 '처음에' '다음에' '마지막에' 등 시간적 관계에 따라 말하기(지민) –교사의 언어적 촉구에 따라 활동 시작하기 –종이접기에 사용된 색종이 색깔에 대한 이해 나타내기
사회–의사소통	–교사의 도움을 받고 "색종이 접는 것을 도와주셔서 감사합니다." 등 문장을 사용하여 반응하기(지민) –교사가 도움을 주면 몸짓이나 말로써 감사를 표현하기 –상황적 단서 없이 교사의 언어적 촉구에 따라 한 손으로 종이를 잡고 다른 한 손으로 풀칠하기
사회성	–가위, 풀, 색종이를 나누어 쓰거나 바꾸어 사용하기(지민) –활동을 마친 후, 느낌에 대해 소리와 몸짓으로 표현하기

☺ 유의점

- 밤과 도토리의 생김새, 모양, 사용되는 곳에 대해 알 수 있도록 사전에 이야기를 나눈다.
- 장애유아가 스스로 시간개념을 말하지 못할 때 교사가 언어적 촉진으로 도와준다. (지민)

☺ 활동평가

일반유아	• 밤과 도토리의 특징과 사용되는 곳을 아는가? • 밤과 도토리의 접는 과정을 이해하고 올바른 방법으로 접을 수 있는가?
장애유아	• 밤과 도토리의 모양에 관심을 갖는가? • 밤과 도토리의 접는 순서를 시간적 개념을 사용하여 말할 수 있는가? (지민)

급식(10월 셋째 주) 동이–청각장애

21 다양한 촉감의 음식 먹기

☺ 활동 목표

일반유아	• 음식에 관심을 갖고 제공된 음식을 먹을 수 있다.
장애유아	• 다양한 음식에 대해 관심을 갖는다. • 의사소통판에 따라 새로운 촉감의 음식을 먹을 수 있다. (동이)

☺ 활동자료

• 의사소통판, 흰밥, 삶은 닭, 깍두기, 감, 사과

☺ 활동방법

• 손을 씻고 배식을 받는다.
• 기도를 하고 점심식사를 한다.
  –의사소통판에 유아가 싫어하는 음식부터(예: 깍두기, 감, 사과, 흰밥, 삶은 닭) 사진을 붙이고, 해당 음식을 먹을 때마다 사진을 떼어 가며 좋아하는 음식을 먹을 수 있도록 촉진한다. (동이)
  –다양한 촉감의 음식을 경험할 수 있도록 작은 조각으로 음식을 잘라 준다. (동이)
• 식사 후에 소금물로 가글을 한다.

☺ 활동에 포함된 IEP 교수 목표

영 역	활동에 포함된 IEP 교수 목표
소근육	–올바른 방법으로 숟가락과 포크 사용하기
대근육	–식판을 들고 안전하게 이동하기
적응	–다양한 촉감의 음식을 먹어 보기(동이) –밥을 먹은 후에 순서대로 이를 닦거나 소금물로 가글하기 –다양한 종류의 음식을 스스로 선택하여 먹기
인지	–"반찬을 먹어 보자."라는 교사의 언어적 촉구를 듣고 시행하기(동이) –반찬 색깔 명명하기
사회–의사소통	–밥을 먹기 전에 몸짓과 말로 기도하기(동이) –밥을 먼저 입에 넣고 반찬을 입에 넣은 후에 함께 씹어 먹기(동이)
사회성	–새로운 반찬을 먹은 후에 느낌 표현하기(동이) –친구들과 함께 밥을 먹는 동안 "반찬 한 개 먹어 보자."처럼 교사의 지시에 적절하게 반응하기(동이)

☺ 유의점

- 편식이 있는 유아들도 제공된 반찬의 맛을 볼 수 있도록 격려한다.
- 유아가 의사소통판을 잘 이해할 수 있도록 유치원 전 활동에서 의사소통판을 사용한다. (동이)
- 유아가 청각적으로 이해할 수 있는 단어나 사건은 의사소통판을 사용하지 않음으로써 청각적으로 반응할 수 있도록 돕는다. (동이)

☺ 활동평가

일반유아	• 음식에 대해 관심을 갖고 제공된 음식을 먹는가?
장애유아	• 다양한 음식에 대해 관심을 갖는가? • 의사소통판에 따라 새로운 촉감의 음식을 먹는가? (동이)

과학(11월 첫째 주) 지민-표현언어장애, 동이-청각장애, 우주-전반적 발달장애

22 실전화기 놀이

☺ 활동 목표

일반유아	• 실전화기 놀이를 하면서 소리에 대한 관심을 갖는다. • 줄의 당김 정도에 따른 소리의 차이를 탐색한다.
장애유아	• 실전화기 놀이에 흥미를 갖고 놀이에 참여한다. • 현재진행형을 사용하며 실전화기 놀이를 해 본다. (지민) • 놀이에 대한 자신의 정서와 감정을 적절하게 표현해 본다. (동이) • 친구와 전화기를 바꿔 가며 놀이할 수 있다. (우주)

☺ 활동자료

• 종이컵 2개, 클립 2개, 실, 셀로판테이프

☺ 활동방법

• 실전화기를 소개한다.
• 실전화기 만드는 방법을 소개한다.
  – 재료를 준비한다.
  – 구멍이 뚫린 종이컵에 실을 넣는다.
  – 종이컵에서 나온 실에 클립을 끼워 셀로판테이프로 고정시킨다.
• 여러 가지 방법으로 실전화기 놀이를 하면서 소리를 탐색한다.
  – 서로 가까이 서서 실을 느슨하게 하여 소리를 들어 본다.

–서로 멀리 서서 실이 당겨지도록 하여 소리를 들어 본다.
–실전화기로 전화놀이를 한다.
–유아가 동사의 끝에 'ㅇㅇ하다'를 붙여서 현재진행형 동사의 형식을 적절하게 사용할 수 있도록 한다. (지민)
–교사가 "친구와 전화기를 바꿔서 놀이해 보자."라고 말하면 바로 전화기를 바꿀 수 있도록 한다. (우주)

- 과학활동 후, 활동에 대한 평가를 한다.
  –전화놀이에 대한 느낌을 표현할 수 있도록 한다. 이때 유아가 표현하는 행동과 정서 및 감정이 일관되게 표현될 수 있도록 한다. (동이)

☺ 활동에 포함된 IEP 교수 목표

영 역	활동에 포함된 IEP 교수 목표
소근육	–실전화기를 꾸미기 위해 종이를 자를 때 곡선 형태로 자르기(지민) –실전화기를 꾸미기 위해 단순한 형태로 그림 그리기(우주)
인지	–동사의 끝에 'ㅇㅇ하다'를 붙여서 현재진행형 동사의 형식을 적절하게 사용할 수 있도록 하기(지민) –친구와 함께 실전화기 놀이를 하며 소리가 들리면 소리나 몸짓으로 반응하면서 청각적 사건 지향하기(동이) –전화놀이를 하는 위치를 책상 옆, 카펫 앞 등 위치 개념을 사용하여 나타내기(우주)
사회–의사소통	–화자와 청자의 역할을 교대로 하며 전화놀이하기(지민) –친구와 함께 실전화기 놀이를 하며 소리가 들리면 말이나 몸짓으로 간단한 질문에 반응하기(동이) –상황적 지시 없이 소리만 듣고 간단한 질문에 반응하기(동이) –"여기서 하자." "저리로 가자." 등 장소를 표현하기 위해 2어문을 사용하며 놀이에 참여하기(우주)
사회성	–친구와 함께 실전화기 놀이를 하면서 협동활동 유지하기(지민) –실전화기 놀이에 대한 느낌을 표현하기. 이때 유아가 표현하는 행동과 정서 및 감정이 일관되게 표현될 수 있도록 하기(동이) –교사가 "친구와 전화기를 바꿔서 놀이해 보자."라고 말하면 바로 전화기를 바꾸기(우주)

☺ 유의점

- 줄의 길이와 당김에 따라 소리가 달라짐을 비교한 후에 유아들이 통합적인 방법으로 표상할 수 있도록 격려한다.
- 언어적으로 모델링이 되는 또래와 함께 활동할 수 있도록 해서 유아가 현재 시제를 적절하게 사용할 수 있도록 돕는다. (지민)

• 유아가 활동에 대한 느낌을 정확하게 표현할 수 있도록 감정 그림자료나 사진을 이용한다. (동이)
• 교사의 언어적 지시에 따라 전화기를 바꾸면 즉시 강화한다. (우주)

☺ 활동평가

일반유아	• 실전화기 놀이를 하면서 소리에 대한 관심을 갖는가? • 줄 당김 정도에 따른 소리의 차이를 탐색하는가?
장애유아	• 실전화기 놀이에 흥미를 갖고 놀이에 참여하는가? • 현재진행형을 사용하며 실전화기 놀이를 하는가? (지민) • 놀이에 대한 자신의 정서와 감정을 적절하게 표현하는가? (동이) • 친구와 전화기를 바꿔 가며 놀이하는가? (우주)

수학(11월 첫째 주) 동이-청각장애

23 내가 좋아하는 텔레비전 프로그램

☺ 활동 목표

일반유아	• 내가 좋아하는 텔레비전 프로그램을 그래프로 표현해 본다. • 그래프의 개념을 이해하고 활용할 수 있다.
장애유아	• 자기 얼굴 사진을 찾아서 그래프에 붙일 수 있다. • 좋아하는 텔레비전 프로그램을 손으로 가리키고, 교사의 언어적 촉구에 따라 발성할 수 있다. (동이) • 좋아하는 프로그램을 보고 웃음으로 표현할 수 있다. (동이)

☺ 활동자료

• 텔레비전 프로그램의 이름 또는 사진, 그래프, 이름표

☺ 활동방법

• 텔레비전 프로그램에는 어떠한 것들이 있는지 이야기한다.
  - 프로그램의 종류에 따라 유아들이 알고 있는 프로그램의 사진을 제시한다.
• 여러 종류의 텔레비전 프로그램 중 자신이 본 텔레비전 프로그램에 대해 이야기를 나눈다.
• 그래프를 제시하고 활동방법을 소개한다.

–자신의 이름표를 찾는다.
–자신이 좋아하는 프로그램에 자신의 사진을 붙이되, 순서대로 붙인다.
–"동이가 좋아하는 프로그램을 찾아볼까?"라고 질문하여 좋아하는 프로그램을 손가락으로 가리키면, 교사가 정확한 프로그램의 이름을 발성하고, 교사의 입 모양과 소리를 따라 발성해 본다. (동이)
–좋아하는 프로그램이 나올 경우 웃음으로 표현한다. (동이)

• 다 함께 모여 그래프를 해석한다.
–○○반 친구들이 가장 좋아하는 텔레비전 프로그램은 무엇일까?
–○○반 친구들이 가장 싫어하는 텔레비전 프로그램은 무엇일까?
–☆☆ 프로그램의 수만큼 좋아하는 텔레비전 프로그램은 무엇일까?
–표를 해석하기 위해 숫자를 셀 때, 앞에 나와 표에 붙어 있는 이름표를 손가락으로 가리키고 유아들은 숫자를 센다. (동이)

☺ 활동에 포함된 IEP 교수 목표

영 역	활동에 포함된 IEP 교수 목표
소근육	–풀을 사용하고 풀 뚜껑 바르게 닫기
인지	–상황적 지시 없이 교사의 언어적 지시에 따라 좋아하는 텔레비전 프로그램을 선택하고 얼굴을 찾으며 청각적 사건 지향하기(동이)
사회–의사소통	–"동이가 좋아하는 프로그램을 찾아볼까?"라는 교사의 질문에 반응하기(동이) –"동이가 좋아하는 프로그램을 찾아서 선생님에게 가져와 보자."라는 두 단계 지시 수행하기(동이)
사회성	–친구와 함께 협동하며 그래프 활동에 참여하기(동이) –좋아하는 프로그램이 나올 경우 웃음으로 표현하기(동이) –친구들과 함께 물건을 나누어 쓰거나 바꾸어 사용하기

☺ 유의점

- 자신이 좋아하는 텔레비전 프로그램 중 한 가지만 선택할 수 있도록 하고, 선호하는 프로그램에 대한 이야기를 전개할 수 있도록 한다.
- 유아가 자신의 감정을 표현할 수 있도록 교사가 모델링해 준다. (동이)
- 교사가 완성된 문장을 들려줄 때는 교사의 입 모양을 보고 소리를 들을 수 있도록 한다. (동이)

☺ 활동평가

일반유아	• 자신이 좋아하는 텔레비전 프로그램을 그래프로 표현할 수 있는가? • 그래프의 개념을 이해하고 활용할 수 있는가?
장애유아	• 자기 얼굴 사진을 찾아서 그래프에 붙일 수 있는가? • 좋아하는 텔레비전 프로그램을 손으로 가리키고, 교사의 언어적 촉구에 따라 발성할 수 있는가? (동이) • 좋아하는 프로그램을 보고 웃음으로 표현할 수 있는가? (동이)

음률 (11월 첫째 주) 지민–표현언어장애

24 음악이 나오는 라디오 채널 찾기

☺ 활동 목표

일반유아	• 라디오가 소식을 전하는 도구임을 알고 올바르게 사용할 수 있다. • 라디오에서 음악이 나오는 채널을 찾아본다.
장애유아	• 라디오를 통해서 다양한 소리를 들어 본다. • 라디오 사용을 통해 현재진행형으로 말할 수 있다. (지민)

☺ 활동자료

- 라디오, 스티커

☺ 활동방법

- 소식을 알려 주는 기계와 도구로서 라디오를 소개한다.
- 라디오의 사용방법에 대해 이야기를 나눈다.

–주파수를 맞추기 위하여 위아래 화살표를 누른다.
–위아래 화살표의 스티커를 붙여 기억하기 쉽도록 한다.
–교사가 스티커가 붙어 있는 버튼을 2~3번 눌러 음악이 나오는 곳을 찾아 시범을 보여 준다. "지민이도 음악이 나오는 곳을 찾아보겠니?"라고 제안하여 버튼을 눌러 보도록 한다. (지민)
–음악이 나오면 멈추고 음악을 들어 본다.
–음악이 나오면 멈추고, "음악이 나오고 있구나!"라고 현재진행형을 사용한 문장을 들려준다. (지민)
–다른 음악이 나오면 음악이 나오고 있음을 모방하여 표현할 수 있도록 한다. (지민)

• 라디오를 사용해 본 느낌에 대해 이야기를 나눈다.

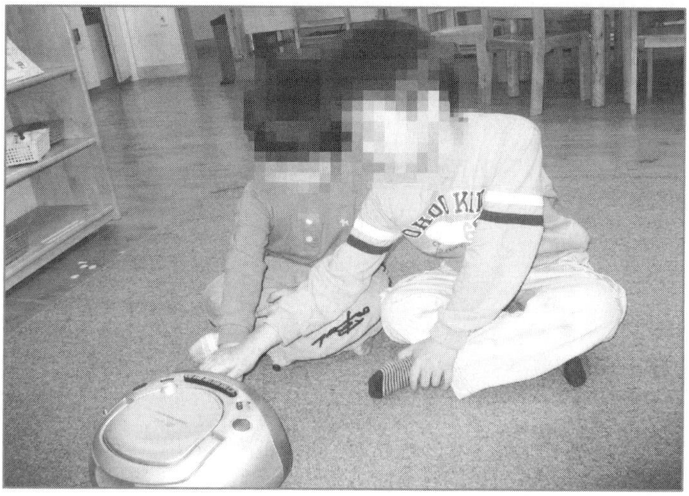

☺ 활동에 포함된 IEP 교수 목표

영 역	활동에 포함된 IEP 교수 목표
소근육	–손가락으로 라디오 버튼을 누를 수 있도록 격려하기
대근육	–활동을 마치면 라디오를 두 손으로 들고 안전하게 이동해서 제자리에 두기
인지	–음악이 나오는 채널을 찾던 순서를 회상하며 '처음에' '다음에' 등의 시간 관계를 사용해서 말해 보기(지민)
사회-의사소통	–음악이 나오면 멈추고, "음악이 나오고 있구나!"라고 현재진행형을 사용한 문장을 들려주며 현재진행형을 사용할 수 있도록 격려하기(지민) –"지금 음악이 나오고 있어요" 등 현재진행형을 사용하며 말할 수 있도록 격려하기(지민)
사회성	–친구와 함께 라디오 채널 찾으며 협동활동 유지하기(지민)

☺ 유의점

- 유아들이 순서를 정해서 음악 채널을 찾을 수 있도록 순서표를 제공한다.
- 현재진행형이 사용된 문장을 일과 중에 빈번하게 사용하여 현재진행형의 문장을 이해할 수 있도록 돕는다. (지민)

☺ 활동평가

일반유아	• 라디오가 소식을 전하는 도구임을 알고 올바르게 사용하는가? • 라디오에서 음악이 나오는 채널을 찾을 수 있는가?
장애유아	• 라디오에서 나오는 다양한 소리 듣기를 즐기는가? • 라디오를 사용하며, 상황에 대해 현재진행형으로 말하는가? (지민)

이야기 나누기(12월 셋째 주) 지민–표현언어장애, 동이–청각장애, 우주–전반적 발달장애

25 예수님이 태어나셨어요

☺ 활동 목표

일반유아	• 예수님의 탄생에 대한 이야기에 관심을 갖고 예수님 탄생의 의미를 안다. • 예수님의 탄생 순서를 이야기할 수 있다.
장애유아	• 바뀌는 동화 장면에 관심을 갖는다. • 예수님의 생일이 크리스마스임을 알고 말해 본다. (지민) • 예수님의 탄생과 관련된 동화의 내용을 집중해서 들을 수 있다. (동이) • 예수님이 태어나신 장소에 대해 안다. (우주)

☺ 활동자료

- 예수님의 탄생 동화자료

☺ 활동방법

• 예수님의 탄생 동화를 듣는다.
  – 교사의 입 모양과 그림자료에 집중하는 것뿐만 아니라 소리를 들을 수 있도록 격려한다. (동이)

> 어느 날 가브리엘 천사가 마리아에게 나타났어요.
> "마리아야, 하나님께서 너와 함께하신다."
> 마리아는 천사를 보고 너무 놀라서 엎드렸어요.
> "마리아야, 너는 하나님의 은혜를 받았다. 그리고 너는 곧 아들을 낳을 것이다.
> 그 아기는 세상을 구원하실 분이시다."
> 마리아는 하나님의 말씀에 순종했어요.
> 마리아는 요셉과 함께 호적을 하러 베들레헴으로 갔어요.
> 저녁이 되었지만 잘 곳이 없었어요.
> 마리아와 요셉은 마구간에서 예수님을 낳았어요.
> 동방박사와 목자들은 예수님의 탄생을 축하했답니다.

• 동화 내용을 회상해 보고 이야기를 나눈다.
  – 누가 예수님의 탄생을 마리에게 말해 주었나?
  – 예수님은 어디에서 태어나셨을까?
  – 예수님이 태어나신 곳에 대한 질문에 유아가 어문 2개(예: "마구간 안에서")를 사용할 수 있도록 한다. (우주)
• 예수님이 태어나신 날에 대해서 이야기를 나눈다.
  – 예수님의 생일을 무엇이라고 할까?
  – 교사의 도움을 받아 "예수님의 생일은 크리스마스예요."라고 말할 수 있도록 한다. (지민)
  – 예수님은 왜 이 세상에 오셨을까?
• 예수님께서 우리를 구원하기 위해 이 땅에 오셨음을 안다.

☺ 활동에 포함된 IEP 교수 목표

영 역	활동에 포함된 IEP 교수 목표
소근육	–동화를 들은 후, 연계활동에서 동화에 나왔던 단순한 형태의 주인공 형상을 보고 그리기(우주)
인지	–예수님이 태어나신 과정에 대한 이야기를 하며 '처음에' '나중에' '마지막에' 등 시간 개념을 사용하여 말하기(지민) –교사가 읽어 주는 동화를 집중해서 들으며 청각적 사건 지향하기(동이) –예수님과 관련된 그림자료를 범주화하기(우주)
사회–의사소통	–"예수님이 태어나셔서 기뻐요." 등 사건에 대한 감정을 표현하기 위해 문장 사용하기(지민) –동화를 회상하며 동화에 대한 느낌을 소리나 몸짓으로 표현하기(동이) –예수님이 태어나신 곳에 대한 질문에 유아가 어문 2개(예: "마구간 안에서")를 사용할 수 있도록 하기(우주)
사회성	–교사의 도움을 받아 "예수님의 생일은 크리스마스예요."라고 말할 수 있도록 하기(지민) –교사의 입 모양과 그림자료에 집중하는 것뿐만 아니라 소리를 들을 수 있도록 격려하기(동이) –약속을 지키며, 친구와 함께 동화 듣기

☺ 유의점

- 사전 활동으로 유아들이 이미 알고 있는 크리스마스의 의미를 생각해 보고, 함께 이야기를 나눌 수 있도록 한다.
- 장애유아가 스스로 대답하지 못할 때는 교사가 언어적으로 촉구하고 이를 반복한다. (지민)
- 유아가 교사의 입 모양을 보며 동화를 들을 수 있도록 교사 바로 맞은편에 앉게 한다. (동이)
- 유아가 장소에 대한 개념을 표현할 수 있도록 교사는 마구간 그림에 손을 짚어 신체적 촉구를 제시한다. (우주)

☺ 활동평가

일반유아	• 예수님의 탄생에 대한 이야기에 관심을 갖고, 예수님 탄생의 의미를 이해했는가? • 예수님의 탄생 순서를 알고 이야기할 수 있는가?
장애유아	• 바뀌는 동화 장면에 관심을 갖는가? • 예수님의 생일이 크리스마스임을 알고 말하는가? (지민) • 예수님 탄생과 관련된 동화의 내용을 집중해서 듣는가? (동이) • 예수님이 태어나신 장소에 대해 아는가? (우주)

조형(12월 셋째 주)

동이-청각장애

26 크리스마스트리 꾸미기

☺ 활동 목표

일반유아	• 크리스마스트리의 의미를 안다. • 여러 가지 재료로 크리스마스트리를 구성해 본다.
장애유아	• 다양한 꾸미기 재료를 탐색해 본다. • 교사의 질문에 대답함으로써 음성적 상호작용에 참여할 수 있다. (동이)

☺ 활동자료

• 크리스마스트리 본, 반짝이 풀, 꾸미기 재료(스팽글 등)

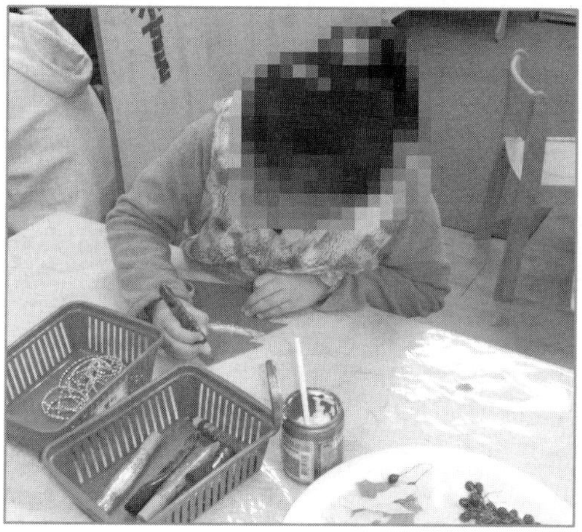

☺ 활동방법

• 크리스마스트리 본을 제시한다.

−본을 제시하며 교사가 "이게 뭐지?"라고 질문한다. 음성적 언어(쿠잉)로 대답하면 "이 나무는 크리스마스트리란다."라고 이야기하여 상호작용하는 경험을 갖도록 한다. (동이)

• 크리스마스트리의 의미에 대해 이야기한다.

• 크리스마스트리를 꾸미는 방법에 대해 이야기한다.

−재료를 보며 어떻게 꾸밀지 생각하여 이야기한다.

• 크리스마스트리를 꾸민다.

−반짝이 풀을 이용하여 트리를 꾸민다.

–반짝이 풀을 사용할 때, 반짝이 풀의 색을 질문하고, 음성적 언어(쿠잉)로 대답하면 반복하여 색을 이야기하여 상호작용하는 경험을 갖도록 한다. (동이)
–꾸미기 재료를 이용하여 꾸민다.

• 친구들이 꾸민 크리스마스트리를 소개하고 전시한다.

☺ 활동에 포함된 IEP 교수 목표

영 역	활동에 포함된 IEP 교수 목표
소근육	–필요한 만큼 반짝이 풀이 나올 수 있도록 손의 힘 조절하기
인지	–상황적 단서 없는 교사의 언어적 질문에 관심을 갖고 청각적 사건 지향하기(동이)
사회–의사소통	–교사의 질문에 음성적 언어(쿠잉)로 대답하면 "이 나무는 크리스마스트리란다."라고 이야기하여 상호작용하는 경험을 갖도록 하기(동이) –반짝이 풀을 사용할 때, 반짝이 풀의 색을 질문하고, 음성적 언어(쿠잉)로 대답하면 반복하여 색을 이야기하여 상호작용하는 경험을 갖도록 하기(동이) –활동 재료를 가지고 적절하게 상호작용하기
사회성	–활동에 대한 느낌을 표현하며 자신의 감정 표현하기(동이) –활동을 하며 친구들이 보이는 애정적 호의에 반응하기 –각자의 작품에 대해 이야기하며 친구와 교대로 상호작용하기

☺ 유의점

• 반짝이 풀이나 꾸미기 재료를 친구들과 나눠서 쓸 수 있도록 활동 전에 약속을 정한다.
• 조형활동 시 유아가 교사와 상호작용하는 경험을 갖도록 유도하되 놀이에 방해되지 않도록 한다. (동이)

☺ 활동평가

일반유아	• 크리스마스트리의 의미를 아는가? • 여러 가지 재료로 크리스마스트리를 구성하는가?
장애유아	• 다양한 꾸미기 재료를 탐색하고 관심을 갖는가? • 교사의 질문에 대답함으로써 음성적 상호작용에 참여하는가? (동이)

쌓기 (12월 셋째 주)

우주-전반적 발달장애

27 마구간 만들기

☺ 활동 목표

일반유아	• 예수님께서 마구간에서 태어나셨음을 안다. • 친구와 마구간을 만들고 극놀이로 표현할 수 있다.
장애유아	• 친구와 함께 마구간 만들기를 할 수 있다. • 마구간을 만드는 과정을 통해 어문 2개로 장소를 표현할 수 있다. (우주)

☺ 활동자료

• 마구간 그림, 유니트 블록, 벽돌 블록

☺ 활동방법

• 예수님이 마구간에서 태어나셨음을 이야기하며, 마구간을 그림으로 제시한다.
  - 마구간에 있는 것(말밥통)에 대해 이야기한다.
• 쌓기 영역에서 마구간을 만들 수 있는 블록에는 무엇이 있을지 이야기한다.
  - 종이 블록, 유니트 블록 등
• 종이 블록, 유니트 블록을 이용하여 그림에 있는 마구간을 만든다.
  - 마구간을 만드는 과정에서 교사가 "종이 블록은 어디에 있니?" "유니트 블록은 어디에 있니?" "예수님은 어디에서 태어나셨지?"라고 질문하면 "저기 위에" "마구간에서" 등 어문 2개로 표현한다. (우주)
• 마구간을 만든 후 역할(예: 아기 예수님, 마리아, 요셉, 동방박사, 목자, 마구간 주인)을 정하여 극놀이로 표현한다.

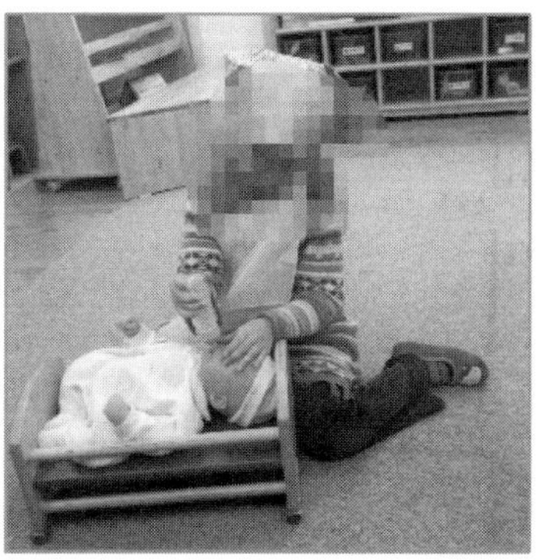

☺ 활동에 포함된 IEP 교수 목표

영 역	활동에 포함된 IEP 교수 목표
소근육	–마구간을 나타내기 위한 표지판을 만들며 말, 말구유 등의 단순한 그림 형태 보고 그리기(우주) –마구간을 꾸미기 위해 블록을 손으로 집어서 쌓으며 소근육 발달시키기 –마구간을 나타내기 위한 표지판을 만들며 '마구간' 등 글씨 써 보기
대근육	–마구간을 꾸미기 위해 유니트 블록, 재료 등을 두 손으로 집어서 옮기기(우주)
적응	–아기 예수님의 옷을 입히고 벗기기 위해서 단추 풀기(우주)
인지	–마구간을 꾸미기 위해 필요한 물건을 그룹 지으며 범주화하기(우주)
사회–의사소통	–마구간을 만드는 과정에서 교사가 "종이 블록은 어디에 있니?" "유니트 블록은 어디에 있니?" "예수님은 어디에서 태어나셨지?"라고 질문하면 "저기 위에" "마구간에서" 등 어문 2개로 표현하기(우주)
사회성	–친구들과 함께 마구간을 꾸미면서 물건을 나누어 쓰거나 바꾸어 사용하기(우주) –놀이를 하며 친구들이 보이는 애정적 호의에 반응하기 –친구와 교대로 상호작용하며 놀이하기

☺ 유의점

- 마구간을 다양하게 표현할 수 있도록 여러 가지 소품을 제공한다.
- 마구간은 유아에게 어려운 단어일 수 있으므로 그림을 보며, 마구간에서 태어나셨음을 말한다. (우주)
- 장소를 표현하기 위해 한 단어로 표현하였을 경우에 어문 2개의 문장을 들려준다. (우주)

☺ 활동평가

일반유아	• 예수님께서 마구간에서 태어나셨음을 아는가? • 친구와 마구간을 만들고 극놀이로 표현하는가?
장애유아	• 친구와 함께 마구간 만들기를 하는가? • 마구간을 만드는 과정에서 어문 2개로 장소를 표현하는가? (우주)

조형 (2월 둘째 주) 우주–전반적 발달장애

28 눈 결정체로 모빌 만들기

☺ 활동 목표

일반유아	• 여러 가지 눈 결정체 모양을 탐색하며, 관심을 갖는다. • 가위를 사용함으로써 소근육의 힘을 기른다.
장애유아	• 눈의 모양에 관심을 갖는다. • 결정체 그림에 따라 완만한 곡선을 오릴 수 있다. (우주)

☺ 활동자료

• 여러 가지 눈 결정체 사진, 눈 결정체 만들기 순서도, 색종이, 가위, 낚싯줄

☺ 활동방법

• 여러 가지 눈 결정체 모양을 관찰하며, 내가 만들고 싶은 눈 결정체의 모양에 대해 이야기한다.
• 순서도에 따라 색종이를 접는다.
• 색종이를 접었을 때, 나타나는 선에 따라 가위질을 한다.
  – 미리 그려져 있는 눈 결정체의 그림에 따라 가위를 사용하여 오려 본다.
  – 직선과 함께 완만한 곡선을 제시하여 가위질을 할 수 있도록 한다. (우주)
• 눈 결정체를 펼친 후 모양을 관찰한다.
• 낚싯줄을 달아 전시한다.

☺ 활동에 포함된 IEP 교수 목표

영 역	활동에 포함된 IEP 교수 목표
소근육	–직선과 함께 완만한 곡선을 제시하여 가위질을 할 수 있도록 하기(우주) –눈 결정체의 복잡한 형태 보고 그리기(우주)
인지	–같은 모양의 눈 결정체에 따라 그룹 지으며 범주화하기(우주)
사회–의사소통	–예상되는 눈 결정체 모양 표현을 위해 단어, 구, 문장 등을 사용하기 –활동 방법대로 하고 있는지에 대한 확인을 위해 교사에게 질문하기
사회성	–조형활동 동안 적절한 물건, 사람, 사건을 보며 참여하기(우주) –활동에 대한 느낌을 표현하며 자신의 감정 표현하기 –활동을 하며 친구들이 보이는 애정적 호의에 반응하기 –각자의 작품에 대해 이야기하며 친구와 교대로 상호작용하기

☺ 유의점

- 눈 결정체의 선을 수준별로 나누어 준비하여 유아들이 수준에 따라 활동할 수 있도록 한다.
- 직선을 선에 맞추어 오렸을 때, 칭찬으로 격려한다. (우주)
- 곡선을 완만하게 제시하여 성취감을 갖도록 돕는다. (우주)
  –점차적으로 곡선의 형태를 다르게 제시한다.
- 선 사이에 간격을 충분히 주어 종이가 잘리지 않도록 한다. (우주)

☺ 활동평가

일반유아	• 여러 가지 눈 결정체 모양을 탐색하며, 관심을 갖는가? • 가위를 사용하는가?
장애유아	• 눈의 모양에 관심을 갖는가? • 가위를 사용하여 완만한 곡선에 맞추어 가위질할 수 있는가? (우주)

조작 (2월 둘째 주)

지민 - 표현언어장애

29 겨울 풍경 꾸미기

☺ 활동 목표

일반유아	• 눈과 얼음 그림으로 겨울 풍경을 꾸밀 수 있다. • 게임의 약속을 지켜 순서대로 놀이에 참여할 수 있다.
장애유아	• 게임에 참여하는 경험을 갖는다. • 교사의 언어적 촉구에 따라 겨울 풍경을 꾸밈으로써 4가지 공간에 대한 개념을 안다. (지민)

☺ 활동자료

• 게임판, 겨울 풍경 그림자료, 풍경이 그려진 주사위

☺ 활동방법

• 친구(교사)와 게임판을 나누어 갖는다.
• 게임의 순서를 정한다.
• 이긴 사람이 먼저 주사위를 던져 그림의 수와 종류에 따라 얼음과 눈을 자신의 게임판에 붙인다.
  – 주사위의 그림에 따라 같은 그림의 종류의 수를 선택하도록 언어적인 도움을 제시한다. (지민)
  – 눈과 얼음의 그림을 붙일 때, '~아래' '~옆에' '~위에' '~사이' 등의 단어를 사용해 그곳에 붙여 보자고 제안하여 공간에 따라 그림을 붙일 수 있도록 한다. (지민)
• 얼음과 눈을 모두 붙인 후, 서로의 겨울 풍경을 감상하며 이야기한다.

☺ 활동에 포함된 IEP 교수 목표

영 역	활동에 포함된 IEP 교수 목표
소근육	–두 손가락으로 그림자료 집어서 옮기기
인지	–눈과 얼음의 그림을 붙일 때, '~아래' '~옆에' '~위에' '~사이' 등의 단어를 사용해 그곳에 붙여 보자고 제안하여 공간에 따라 그림을 붙일 수 있도록 하기(지민)
사회-의사소통	–예상되는 겨울 풍경을 표현하기 위해 단어, 구, 문장 등을 사용하기(지민) –자신이 꾸민 겨울 풍경에 대한 설명을 하며 의미 전달을 위해 목소리 다양화하기(지민) –교사의 언어적 도움으로 함께 게임하고 싶은 친구에게 다가가 "같이 하자."라고 말하기
사회성	–활동 중 친구와 갈등이 생겼을 때 갈등 해결을 위해 협상하기(지민) –활동에 대한 느낌을 표현하며 자신의 감정 표현하기 –활동을 하며 친구들이 보이는 애정적 호의에 반응하기 –각자의 작품에 대해 이야기하며 친구와 교대로 상호작용하기

☺ 유의점

- 겨울 풍경과 관련한 사진, 동영상을 감상함으로써 겨울 풍경을 잘 꾸밀 수 있도록 돕는다.
- 공간개념이 형성되지 않아 언어적 촉구에 따라 그림을 붙이기 어려울 경우 신체적 도움(손가락으로 가리키기)을 제시하여 공간의 개념을 이해할 수 있도록 한다. (지민)

☺ 활동평가

일반유아	• 눈과 얼음 그림으로 겨울 풍경을 꾸밀 수 있는가? • 게임의 약속을 지켜 순서대로 놀이에 참여할 수 있는가?
장애유아	• 게임에 참여하였는가? • 4가지의 공간개념을 이해하여, 각 개념에 따라 그림을 붙일 수 있는가? (지민)

쌓기(2월 둘째 주) 지민-표현언어장애, 동이-청각장애, 우주-전반적 발달장애

30 유니트 블록으로 이글루 쌓기

☺ 활동 목표

일반유아	• 이글루의 모양에 관심을 갖고 블록으로 표현할 수 있다.
장애유아	• 쌓기 영역에서 친구와 놀이하는 경험을 갖는다. • 공간적 관계의 개념을 말하며 이글루 만들기를 해 본다. (지민) • 이글루와 이에 대해 말하고 있는 사람 쪽으로 돌아보며 활동에 관심을 갖는다. (동이) • 친구와 함께 상호작용하며 이글루 만들기에 참여할 수 있다. (우주)

☺ 활동자료

• 흰색 종이로 싼 유니트 블록, 이글루 사진

☺ 활동방법

• 이글루 사진을 보여 주며 이글루에 대해 이야기해 본다.
  - 어떻게 만들었을까?
  - 이곳에는 누가 살고 있을까?
• 흰색 종이로 싼 유니트 블록을 제공한다.
• 유아들이 유니트 블록을 이용해서 이글루를 만들 수 있도록 한다.
  - 유아가 활동에 관심을 가질 수 있도록 '이글루'를 큰 목소리로 발성하며 청각적으로 자극해 준다. (동이)
  - 친구와 함께 교대로 유니트 블록을 쌓을 수 있도록 격려한다. (우주)
• 활동을 확장할 수 있도록 상호작용해 주어 사람 모형을 활용하거나 주변 환경을 꾸밀 수 있도

록 한다.
–사람들은 어디 있을까?
–이글루 말고 다른 집도 있을까?
–교사가 이글루와 사람을 보며 "사람들은 어디에 있니?"라고 질문을 하면 유아가 공간적 개념(예: ~안에, ~뒤에, ~앞에)을 사용해서 위치를 말할 수 있도록 한다. (지민)

☺ 활동에 포함된 IEP 교수 목표

영 역	활동에 포함된 IEP 교수 목표
소근육	–이글루를 꾸미기 위해 블록을 손으로 집어서 쌓으며 소근육 발달시키기 –이글루를 나타내기 위한 표지판을 만들며 '이글루' 등 글씨 써 보기
대근육	–이글루를 꾸미기 위해 유니트 블록, 재료 등을 두 손으로 집어서 옮기기
인지	–교사가 이글루와 사람을 보며 "사람들은 어디에 있니?"라고 질문을 하면 유아가 공간적 개념(예: ~안에, ~뒤에, ~앞에)을 사용해서 위치를 말할 수 있도록 하기(지민) –유아가 활동에 관심을 가질 수 있도록 '이글루'를 큰 목소리로 발성하며 청각적으로 자극해 주기(동이) –이글루를 꾸미기 위한 유니트 블록을 크기대로 그룹 지으며 범주화하기(우주)
사회–의사소통	–이글루 안에서 친구들과 놀이하며 의미전달을 위해 목소리 다양화하기(지민) –이글루를 활용해 언어적 상호작용을 하며 놀이하고 있는 친구 쪽으로 돌아보기(동이)
사회성	–놀이 시 갈등이 생길 경우 갈등 해결을 위해 협상하기(지민) –놀이에 대한 자신의 정서와 감정을 표현하고 다른 사람의 감정에 관심 갖기(동이) –친구와 함께 교대로 유니트 블록을 쌓을 수 있도록 격려하기(우주) –놀이를 하며 친구들이 보이는 애정적 호의에 반응하기 –친구와 교대로 상호작용하며 놀이하기

☺ 유의점

- 사각형의 블록으로 원 모형의 이글루를 만들 때의 입체적인 공간을 생각할 수 있도록 상호작용한다.
- 펭귄 등의 소품을 제시하여 확장하여 놀이할 수 있도록 한다.
- 유아가 공간의 개념을 이해하도록 친구가 있는 모습을 보며, 각각의 단어를 말해 준다. (지민)
- 이글루 사진을 보며 명칭을 알 수 있도록 하고 유아가 청각적 자극을 받을 수 있도록 '이글루' 부분을 크게 발성해 준다. (동이)
- 유아가 친구와 함께 활동에 참여하면 즉각적으로 강화한다. (우주)

☺ 활동평가

일반유아	• 이글루의 모양에 관심을 갖고 블록으로 표현할 수 있는가?
장애유아	• 쌓기 영역에서 친구와 놀이하는 경험을 하였는가? • 5개 이상의 공간적 관계의 개념을 말하며 이글루 만들기를 할 수 있는가? (지민) • 이글루의 명칭과 사물을 연결하고 자발적으로 활동에 관심을 갖는가? (동이) • 친구와 함께 상호작용하며 이글루 만들기를 했는가? (우주)

부록

AEPS를 활용한 장애유아 통합교육 프로그램의 효과

다음은 AEPS를 활용한 장애유아 통합교육 프로그램을 실시한 만 3~5세 유아에 대한 효과를 검증한 내용이다.

1 만 3세 장애유아의 공격적 행동에 대한 통합교육적 지원

1) 장애유아의 인적 사항

- 이름: 신수경(가명) (성별: 여)
- 생년월일: 2006년 8월 31일생
- 가족 관계: 아버지, 어머니
- 장애 유형: 언어장애(서울대학교 병원 소아정신과, 이화여자대학교 발달장애아동센터 진단)

2) 신수경의 성장 배경

<table>
<tr><th colspan="5">성장과정</th></tr>
<tr><td rowspan="2">태아기</td><td>임신 중</td><td colspan="3">건강함</td></tr>
<tr><td>출생 시</td><td colspan="3">정상 분만</td></tr>
<tr><td rowspan="4">영아기
(생후
1~2년)</td><td>영양 및 식습관</td><td>모유와 우유를 섞어 먹임</td><td>질병</td><td>없음</td></tr>
<tr><td>젖 뗀 시기</td><td>7개월</td><td>걸음마 시작</td><td>17개월부터</td></tr>
<tr><td>양육자</td><td>어머니, 할머니</td><td>말하기 시작</td><td></td></tr>
<tr><td>수면 습관</td><td>잠들기 어려워함</td><td>비고</td><td></td></tr>
<tr><td rowspan="3">유아기
(생후
3년~)</td><td>영양 및 식습관</td><td colspan="3">양호</td></tr>
<tr><td>수면 습관</td><td colspan="3">잠들기 어려워함</td></tr>
<tr><td>비고</td><td colspan="3"></td></tr>
<tr><th colspan="5">행동 특성</th></tr>
<tr><td>전반적인
행동 특성</td><td colspan="4">• 전반적인 언어 이해는 1세 후반 수준으로 또래에 비해 1년 반 정도 지체되어 있고, 언어 표현은 11개월 수준으로 또래에 비해 2년 반 정도 지체되어 있음
• 발성을 동반한 제스처로 의도를 표현하는 것이 빈번함
• 의사소통 면에서는 요구하기, 거부하기 중심의 제한된 의사소통 의도를 표현함
• 의사소통 시 사람의 손을 잡아끌어 자신이 원하는 것을 보여 주기, 데리고 가기, 자신의 얼굴을 손가락으로 가리키기 등으로 표현함
• 자기 주도적이고 적극적으로 활동에 참여함
• 친구들의 모습을 자주 관찰하나 모방이 잘 이루어지지는 않음
• 기억력이 좋아 가르쳐 준 것을 잘 기억하여 행동함</td></tr>
</table>

도전적인 행동 특성	• 자신의 욕구가 받아들여지지 않을 때 공격적인 행동을 보임: 머리카락 잡아당기기, 할퀴기, 꼬집기, 소리 지르기, 발로 차기 등 • 자신에게 불편을 주지 않은 유아에게도 갑자기 공격적인 행동을 함 • 두 다리를 꼬고 앉는 경우가 많음
비 고	• 신변 처리 훈련이 완전히 이루어지지 않아 외출 시에는 기저귀를 착용함 • 입학 전에는 특수치료로 5~6명 정도의 소그룹에서 1시간 정도의 수업만 받았기에 유치원 일과에 적응하는 과정에서 스트레스성 행동으로 공격성이 나타날 수 있음

3) 언어장애 유아의 공격적 행동 지도방법 및 지원과정

공격적 행동의 지도방법에는 분노를 표출할 수 있는 활동 제공하기, 공격적 행동의 결과에 대해 인식하기, 보호 장비 착용하기 등의 방법이 있다.

신수경의 경우 언어발달장애를 고려하여 의사소통이 자유롭게 이루어지지 못하는 점에 대해 교사와 유아들의 민감한 반응을 최우선으로 하였다. 또한 동시에 공격적인 행동을 줄이기 위하여, 첫째 자신의 공격적 행동의 결과에 대한 타인의 입장 인식하기, 둘째 공격적 행동 후에 사과하기, 셋째 의사소통장애의 욕구 조절을 위한 대체활동 제공하기, 넷째 보호 장비 착용하기를 사용하였다.

4) IEP에 따른 계획안

성 명	신수경	반 명	만 3세 반	장애명	언어장애	실시 기간	2010. 6. 7~현재
현재 수행 능력	강점	소근육 운동	• 작은 물건(점토, 뽕뽕이 등)을 엄지와 검지를 이용해서 잡을 수 있음 • 두 손을 사용하여 물체를 조작하고 다양한 형태의 모양을 자를 수 있음 • 포크와 숟가락을 사용하여 부분적으로 식사를 할 수 있음				
		대근육 운동	• 신체 움직임에 대한 욕구가 강함				
		적응	• 새로운 사람이나 환경에 잘 적응함 • 호기심이 많아 새로운 활동(놀이) 참여에 적극적임				
		인지	• 반복되는 기본 생활 습관은 흐름을 기억하여 스스로 하려고 함				
		의사소통	• 요구하기, 거부하기 중심의 제한된 의도를 표현할 수 있음 • 눈맞춤과 순서 바꾸기(turn taking)가 잘됨				
		사회성	• 사람을 좋아하고 낯가림이 없음 • 친구들의 행동을 유심히 관찰함 • 줄 서기				

	요구 영역	소근육 운동	• 색연필을 집을 때 올바르게 잡기 • 숟가락과 포크를 잡을 때 올바르게 잡기
		대근육 운동	• 균형 있게 허리를 세우고 움직이기 • 천천히 걷기
		적응	• 하루 일과에 모두 참여하기
		인지	• 단어를 모방하려고 시도하기
		의사소통	• 자신의 요구가 받아들여지지 않을 때 소리를 지르거나 공격적인 행동하지 않기
		사회성	• 또래와 함께 놀기 • 기분이 안 좋거나 자신의 뜻대로 되지 않을 때 다른 사람을 공격(머리 잡아당기기, 얼굴 할퀴기, 팔 꼬집기 등)하지 않기
	흥미	• 손을 이용한 놀이(물감놀이, 점토놀이, 물놀이 등)를 좋아함 • 실외 놀이, 꽃밭에 물 주기 등 야외 활동에 흥미를 보임 • 식사와 손 씻기에 흥미가 많음	
학부모 요구 사항	• 친구들과 함께 놀기 • 기다리고 양보하기		
필요 영역	소근육 운동, 대근육 운동, 적응, 인지, 의사소통, 사회성		

영 역	요 소	장기 목표	단기 목표
소근육	소근육 운동 기술의 기능적 사용	1. 수평면에서 각 손목 돌리기	1.1. 각 손으로 손목과 팔을 회전하여 물건 돌리기
		2. 조각을 맞추는 장난감이나 물건을 조립하기	2.1. 여러 모양들을 같은 모양의 공간에 맞춰 넣기
		4. 그림책을 올바르게 세워 한 장씩 책장 넘기기	4.1. 책의 페이지 넘기기 4.2. 그림책을 올바른 방향으로 잡거나 돌려서 잡기
대근육	놀이기술	1. 앞으로 점프하기	1.1. 위로 점프하기 1.2. 낮은 구조물에서 점프하기
		2. 세발자전거의 페달을 밟고 조종하기	2.1. 타는 장난감을 밀면서 앞으로 나가기

적응	음식 먹이기	4. 포크와 숟가락으로 먹기	4.1. 식사도구를 사용하여 음식물을 입으로 가져오기
	개인위생	1. 대소변 가리기 시도하기	1.1. 대소변 조절 능력 표현하기 1.2. 대변이나 소변으로 젖은 기저귀나 팬티를 인식하고 표현하기
	옷 벗기	1. 스스로 옷 벗기	1.2. 앞을 잠글 수 있는 코트, 재킷, 셔츠 벗기 1.3. 바지 벗기
인지	인과관계	1. 기계로 움직이는 장난감을 정확하게 작동하기	1.1. 간단한 장난감을 정확하게 작동하기 1.3. 간단한 장난감이나 기계로 움직이는 장난감에 관심 표하기
	모방	2. 자주 사용하지 않는 단어 모방하기	2.1. 자주 사용하지 않는 말소리 모방하기 2.2. 자주 사용하는 단어 모방하기
	초기 개념	1. 관련 물건의 범주화	1.1. 기능적으로 관련된 물건 그룹 짓기 1.2. 크기, 형태, 색깔에 따라 물건 그룹 짓기 1.3. 그림과 물건 짝짓기
의사소통	단어로 전환하기	1. 사람의 주의 집중을 얻고, 물건, 사람, 사건에 대해 언급하기	1.3. 몸짓이나 말로 사람과 인사하기
		2. 일관적으로 유사 단어 사용하기	2.1. 일관된 자음-모음 결합 사용하기 2.3. 감정을 표현하기 위해 소리 내어 말하기
사회성	친숙한 어른과의 상호작용	2. 자발적으로 친숙한 어른과 상호작용을 시작하고 유지하기	2.2. 친숙한 어른의 사회적인 행동에 반응하기
	환경과의 상호작용	1. 관찰 가능한 신체적 욕구를 사회적으로 적절한 방법으로 충족하기	1.1. 배고픔, 목마름, 휴식 등의 신체적 욕구 충족하기 1.2. 적절한 자기 전략 사용하기
	또래와의 상호작용	1. 자발적으로 또래와의 상호작용을 시작하고 유지하기	1.1. 자발적으로 또래에게 사회적 행동을 시작하기 1.2. 또래의 사회적인 행동에 적절하게 반응하기 1.3. 한두 명의 또래 근처에서 놀이하기
		2. 또래와 의사소통적 상호작용을 시작하고 유지하기	2.1. 또래와의 의사소통을 자발적으로 시작하기 2.2. 또래의 의사소통에 반응하기

5) 활동 순서

활 동	활동명
활동 1	공격적 행동이 다른 사람에게 주는 피해 인식하기 – 동화(Ⅰ)
활동 2	공격적 행동을 했을 때 사과하기 – 언어, 동작(Ⅱ)
활동 3	공격적 욕구의 발산을 위한 대체활동 제공하기(Ⅲ) – 밀가루 점토 주무르기
활동 4	공격적 욕구의 발산을 위한 대체활동 제공하기(Ⅲ) – 에어캡 터뜨리기
활동 5	공격적 욕구의 발산을 위한 대체활동 제공하기(Ⅲ) – 모래놀이
활동 6	공격적 욕구의 발산을 위한 대체활동 제공하기(Ⅲ) – 셰이프 폼 문지르기
활동 7	장갑 착용하기(Ⅳ)

※ 이와 관련된 내용은 일일 및 주간 교육 계획안에서 계속적으로 진행한다.

6) 실제 활동과정

활동 1	공격적 행동이 다른 사람에게 주는 피해 인식하기 – 동화(Ⅰ)
활동 목표	• 공격적인 행동의 결과를 인식한다. • 동화의 내용을 이해하고 공격적인 행동을 조절할 수 있다.
활동자료	동화 「너랑 놀고 싶지 않아」
활동 내용	① 대집단 영역에 모여 앉는다. ② "오늘 동화의 제목은…….”이라고 말하며, 손 유희를 통해 주의를 집중시킨다. ③ 동화를 감상한다. ④ 등장인물을 보며 내용을 회상한다.  
유의점	장애유아가 동화를 잘 볼 수 있는 자리에 앉을 수 있도록 한다.
연관 활동	동화 내용을 동극으로 활용하기
평 가	• 동화의 내용을 이해했는가? • 동화에 나온 공격적인 행동을 아는가? • 동화에서 피해 유아가 입은 상처를 인식했는가? • 자신이 했던 공격적인 행동을 아는가? • 자신이 공격행동을 했을 때 나타나는 결과를 예상할 수 있는가?

활동 2	공격적 행동을 했을 때 사과하기 – 언어, 동작(II)
활동 목표	• 자신의 공격적인 행동에 대해 상대방에게 미안한 감정을 느낀다. • 공격받은 유아에게 "미안해"라고 말한다. • 공격받은 유아의 어깨를 쓰다듬는다.
활동자료	–
활동 내용	① 공격적인 행동을 했을 때 그 행동을 중지시킨다. ② 공격적인 행동이 잘못되었음을 알린다(팔로 '×' 표시). ③ 사건의 맥락을 파악한다. ④ 유아가 공격적인 행동을 했는지 확인한다. ⑤ 상대방 유아가 자신의 감정과 기분을 표현하도록 한다. ⑥ 가해자 유아의 행동으로 인해 상대방 유아가 느낀 감정과 기분을 교사가 정리하여 다시 설명한다. ⑦ 상대방 유아에게 "미안해"라고 말하고 어깨를 쓰다듬고 안아 주어 사과의 표현을 하도록 한다. 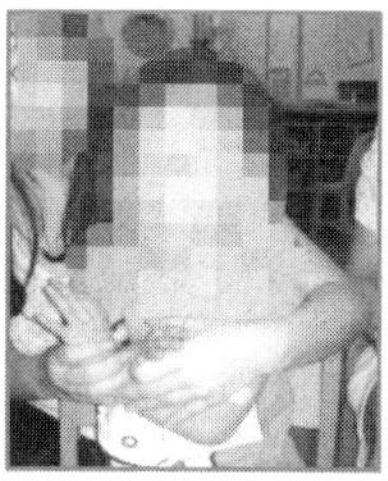 
유의점	• 공격행동이 나타난 즉시 사과할 수 있도록 한다. • 공격행동에 대해서는 반드시 사과해야 함을 인식할 수 있도록 한다.
연관 활동	친구에게 "미안해"라고 말한 후에 안아 주기
평 가	• 자신이 한 공격적인 행동의 결과를 인식하는가? • 자신의 행동에 대해 반성의 표정을 나타내는가? • 피해 유아에게 "미안해"라고 말하는가? • 피해 유아에게 즉시 "미안해"라고 말하는가? • 피해 유아의 어깨를 손으로 쓰다듬으며 동작으로 표현하는가?

활동 3	공격적 욕구의 발산을 위한 대체활동 제공하기(III) – 밀가루 점토 주무르기	
활동 목표	• 손으로 밀가루 점토를 주무름으로써 부정적인 감정을 해소한다. • 밀가루 점토놀이를 통해 소근육 발달과 눈과 손의 협응력을 기른다.	
활동자료	밀가루 점토, 밀대, 찍기 틀	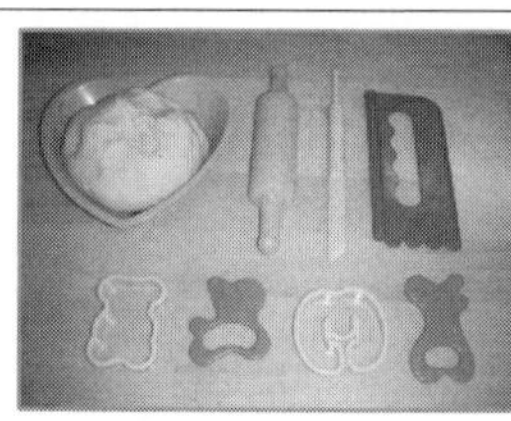

활동 내용	① 밀가루 점토 두드리기 ② 밀가루 점토를 납작하게 만들기 ③ 밀가루 점토를 비틀어 보기 ④ 밀가루 점토 굴리기 ⑤ 밀가루 점토를 밀대로 밀어 보기 ⑥ 찍기 틀로 여러 가지 모양 찍어 보기 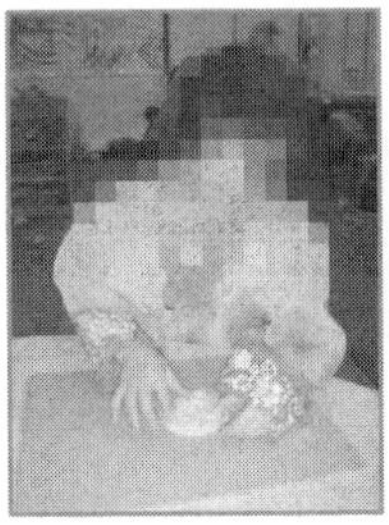  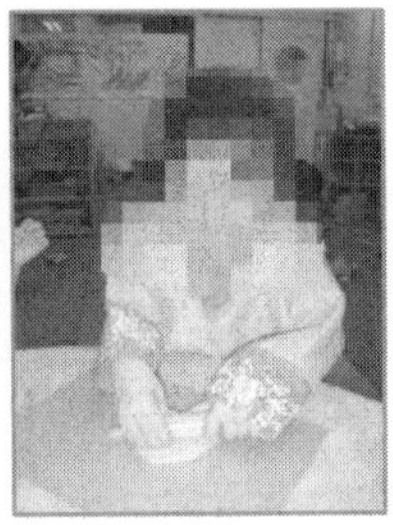
유의점	밀가루 점토를 입에 넣지 않도록 주의한다.
연관 활동	• 밀가루 점토에 막대기나 연필로 표시해 보기 • 밀가루 점토 덩어리를 높이 쌓기
평 가	• 밀가루 점토놀이를 자유롭게 하는가? • 밀가루 점토놀이를 즐겁게 하는가? • 밀가루 점토놀이에 손바닥과 손가락을 잘 활용하는가? • 밀가루 점토놀이에 도구를 사용하는가? • 밀가루 점토놀이 후에 공격행동이 줄어드는가?
활동 4	공격적 욕구의 발산을 위한 대체활동 제공하기(III) – 에어캡 터뜨리기
활동 목표	• 에어캡을 터뜨려 보는 활동을 통해 부정적인 감정을 해소한다. • 에어캡을 터뜨려 보며 눈과 손의 협응력을 기른다.
활동자료	에어캡, 매직  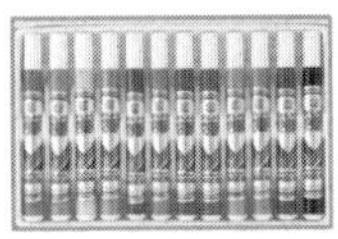
활동 내용	① 에어캡을 탐색해 본다. ② 손바닥으로 에어캡을 터뜨려 본다. ③ 에어캡에 매직으로 그림을 그려 본다. 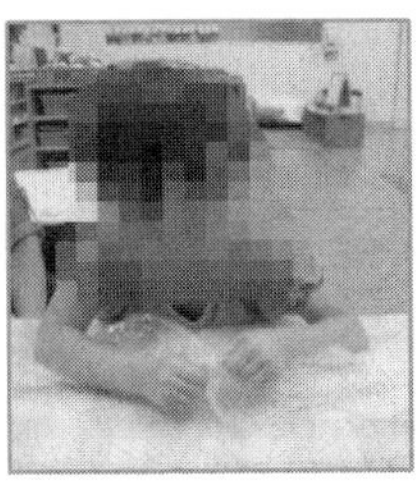 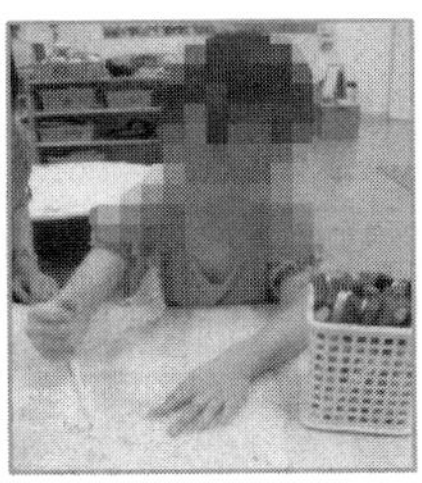

유의점	—
연관 활동	• 에어캡 위에서 구르기 • 에어캡을 발바닥으로 터뜨리기
평 가	• 에어캡 터뜨리기를 자유롭게 하는가? • 에어캡을 터뜨리면서 즐거워하는가? • 에어캡을 터뜨릴 때 성취감을 느끼는가? • 에어캡을 손을 이용하여 잘 터뜨리는가? • 에어캡 놀이 후에 공격행동이 줄어드는가?
활동 5	공격적 욕구의 발산을 위한 대체활동 제공하기(Ⅲ) — 모래놀이
활동 목표	• 모래를 만짐으로써 부정적인 감정을 해소한다. • 모래를 다양한 방법으로 탐색해 본다. • 모래놀이를 하며 즐거움을 느낀다.
활동자료	모래밭, 양동이, 그릇, 삽 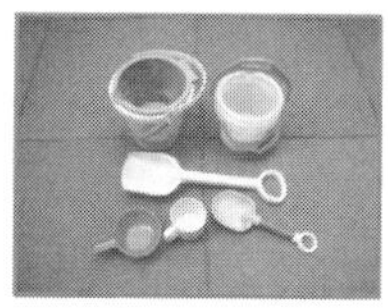
활동 내용	① 모래를 만지며 탐색해 본다. ② 삽으로 모래를 푼다. ③ 양동이에 모래를 담아 본다. ④ 모래를 날라 본다. ⑤ 모래성을 쌓아 본다. ⑥ 모래성을 무너뜨려 본다.  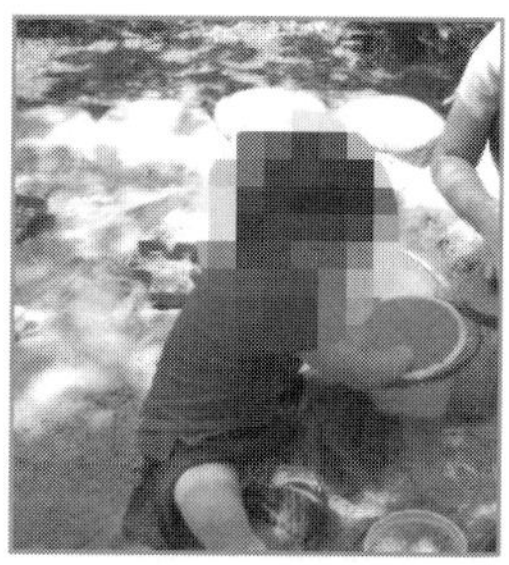
유의점	• 모래를 먹지 않도록 주의한다. • 모래를 다른 유아에게 튀지 않도록 주의한다.
연관 활동	• 두꺼비집 놀이하기 • 동물 모양 찍기
평 가	• 모래놀이를 자유롭게 하는가? • 모래놀이를 하면서 즐거워하는가? • 모래놀이 후에 공격행동이 줄어드는가?

활동 6	공격적 욕구의 발산을 위한 대체활동 제공하기(III) – 셰이프 폼 문지르기
활동 목표	셰이프 폼을 자유롭게 문질러 봄으로써 부정적인 감정을 해소한다.
활동자료	셰이프 폼, 쟁반 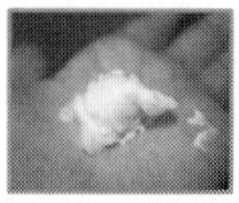 
활동 내용	① 셰이프 폼을 쟁반에 뿌린다. ② 손가락과 손바닥을 이용하여 셰이프 폼을 넓게 퍼뜨린다. ③ 손가락으로 셰이프 폼 위에 그림을 그린다. 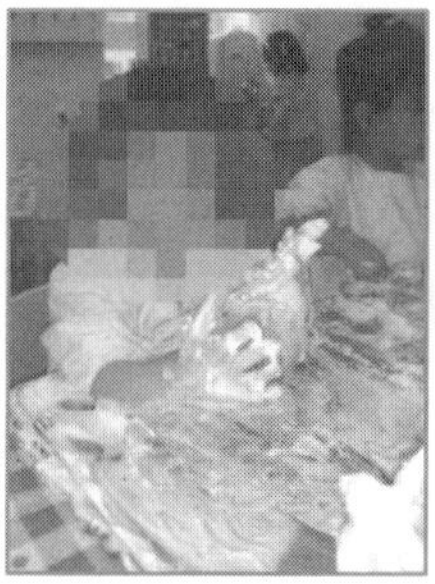 
유의점	셰이프 폼을 먹지 않도록 한다.
연관 활동	셰이프 폼에 물감을 떨어뜨려 혼합과정 탐색하기
평 가	• 셰이프 폼놀이를 자유롭게 하는가? • 셰이프 폼놀이를 하면서 즐거워하는가? • 셰이프 폼놀이 후에 공격행동이 줄어드는가?
활동 7	장갑 착용하기(IV)
활동 목표	• 공격적인 행동을 할 때 장갑을 착용함으로써 공격적인 행동을 자제할 수 있다. • 공격적인 행동을 할 때 장갑을 착용함으로써 피해 유아의 상처를 최소화한다.
활동자료	장갑 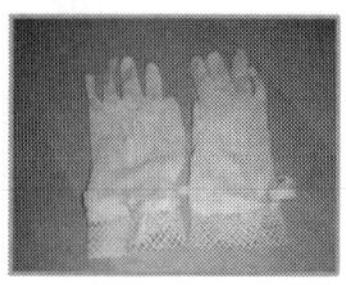
활동 내용	① 활동 중 다른 유아에게 공격적 행동을 하면 장갑을 착용한다. ② 장갑을 끼는 이유에 대해 설명한다. 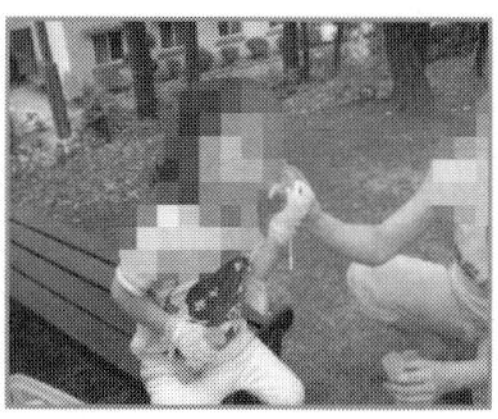 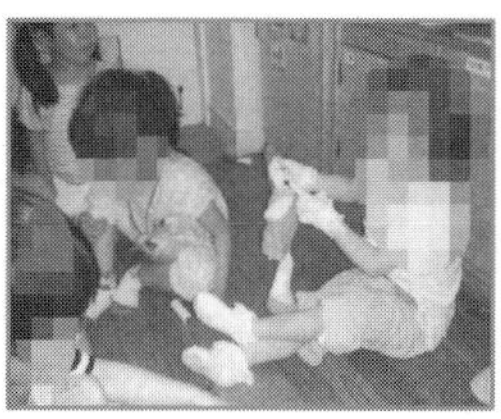 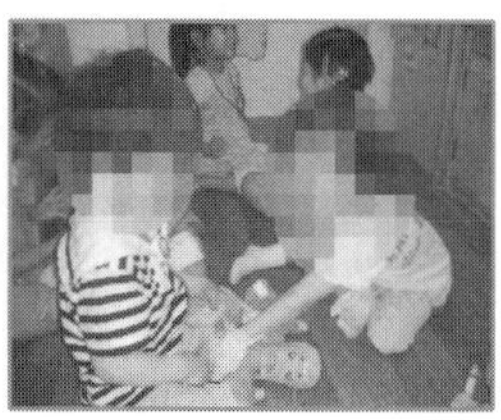

유의점	• 공격적인 행동을 보였을 때 또 그러면 장갑을 끼울 것이라고 미리 알려 준다. • 장갑 착용 후에 공격적인 행동이 줄어들면 장갑 착용 시간을 줄여 나간다.
연관 활동	–
평 가	• 장갑을 착용하는 것의 의미를 이해하는가? • 장갑을 착용함으로써 공격을 당한 유아의 상처가 최소화되는가? • 장갑 착용 후에 공격적인 행동이 줄어들었는가?

7) 결과 및 해석

신수경의 공격적 행동에 대한 지원활동의 결과는 다음과 같다. 본 연구에 사용된 도구는 발달의 위험이나 장애를 갖고 있는 영유아를 위한 교육과정 중심의 사정·평가인 AEPS다. 신수경은 AEPS의 0~3세용 검사도구를 사용했으며, 신수경의 사회성 영역(공격성)과 다른 영역 부분에서 지속적으로 향상되어 가고 있는지 알아보기 위해 6개 영역(소근육, 대근육, 적응, 인지, 의사소통, 사회성)을 2차 시에 걸쳐 검사한 결과를 그래프로 살펴보면 다음과 같다.

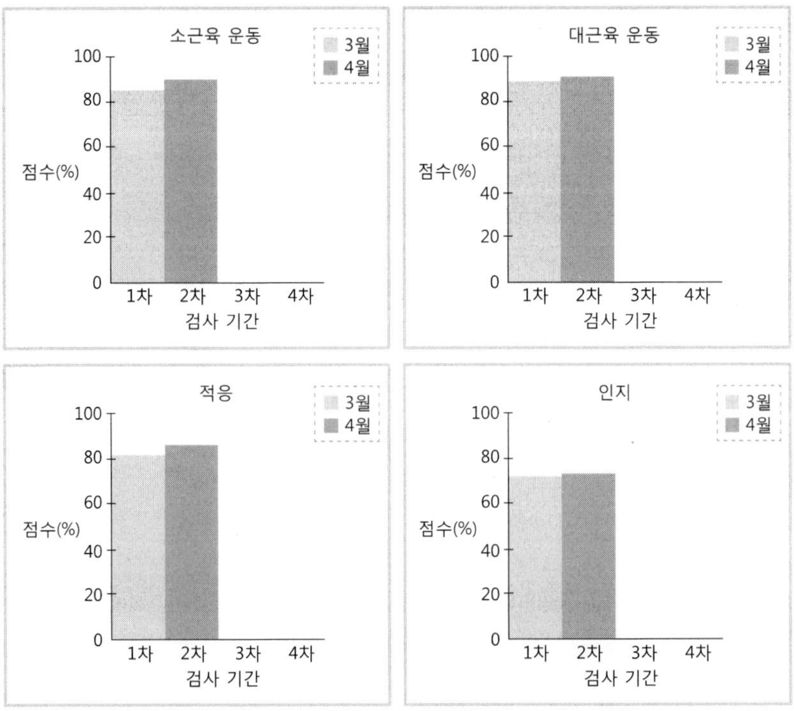

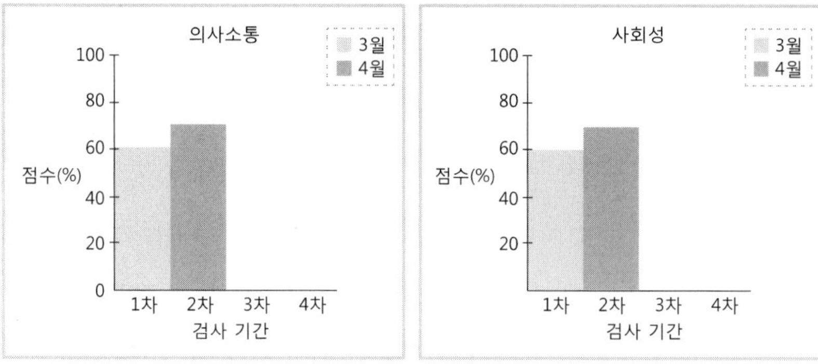

[그림 1] AEPS의 6개 영역-각 영역별 수행 능력 그래프

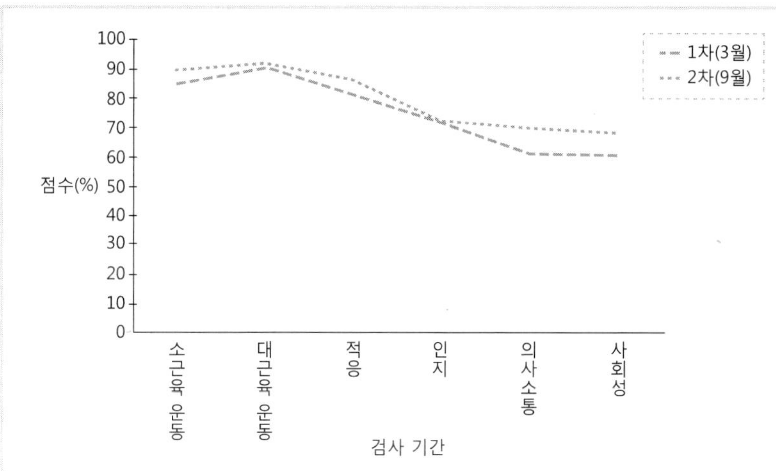

[그림 2] AEPS의 6개 영역-수행 능력 그래프

8) 결 론

신수경은 입학 당시 언어장애로서 또래 유아들과 의사소통이 전혀 이루어지지 않았으며, 또래 유아들의 행동을 유심히 관찰하기는 하였으나 그들에게 관심을 보이거나 사회적 의사소통을 요구하지는 않았다. 그러나 입학 1~2일 후부터는 입학 전부터 다른 기관에서 보였던 공격적인 행동이 이곳 단체생활 적응에 대한 스트레스로 인해 더욱 심하게 나타났다.

이에 AEPS를 기초로 유아의 현재 능력 및 요구 사항을 측정한 후에 언어발달과 함께 의사소통 능력 및 사회성을 발달시키기 위하여 공격적 행동의 지도에 초점을 맞추어 개별화 교육 계획(IEP)을 진행하였다. 첫째로, 자신의 행동에 대한 결과를 인식할 수 있는 친사회적 활동으로 타인의 감정과 행동을 이해하기, 자신의 행동 사과하기를 진행하였다. 둘째로, 의사소통 장애로 인한 욕구불만을 해소할 수 있는 활동을 병행하였다.

지금은 또래 유아들에게 먼저 다가가기, 손잡기, 물건 주기 등의 관심 보이기 행동을 빈번히 나타내고, 친구들의 이야기를 수용하는 모습이 많이 발전되었다. 그리고 공격적인 행동을 한 후에는 스스로 즉각적으로 사과하며, 공격적인 행동이 입학 초에 비하여 많이 줄어들고 있다.

즉, 신수경은 완전통합교육을 통하여 AEPS의 소근육, 대근육, 인지, 의사소통, 적응 영역에서 발전되어 가고 있을 뿐만 아니라, 인간관계에서 반드시 필요한 사회성 영역(공격적 행동)의 개별화 교육 계획을 통하여 부적절한 행동이 감소되어 가며 긍정적으로 발전되어 가고 있음을 알 수 있었다.

2 만 3세 장애유아의 신변 처리 문제에 대한 통합교육적 지원

1) 장애유아의 인적 사항

- 이름: 고영수(가명) (성별: 남)
- 생년월일: 2006년 3월 23일생
- 가족 관계: 아버지, 어머니, 여동생
- 장애 유형: 지적장애 2급(중앙대학교병원 소아정신과 진단)

2) 고영수의 성장 배경

성장과정		
태아기	임신 중	건강 상태 양호함
	출생 시	정상 분만

<table>
<tr><td rowspan="4">영아기
(생후
1~2년)</td><td>영양 및 식습관</td><td>모유와 우유를 섞어 먹임</td><td>질병</td><td>없음</td></tr>
<tr><td>젖 뗀 시기</td><td>12개월</td><td>걸음마 시작</td><td>19개월 이후</td></tr>
<tr><td>양육자</td><td>조부모</td><td>말하기 시작</td><td>35개월 이후(엄마, 아빠 정도)</td></tr>
<tr><td>수면 습관</td><td>양호</td><td>비고</td><td>조부모와 상호작용이 거의 없었음</td></tr>
<tr><td rowspan="3">유아기
(생후
3년~)</td><td>영양 및 식습관</td><td colspan="3">편식하는 음식은 없으나 숟가락이나 포크 사용 시 음식물을 흘리며 밥을 먹음</td></tr>
<tr><td>수면 습관</td><td colspan="3">양호</td></tr>
<tr><td>비고</td><td colspan="3">30개월에 지적장애 2급 장애인으로 등록함</td></tr>
<tr><td colspan="5">행동 특성</td></tr>
<tr><td>전반적인 행동 특성</td><td colspan="4">• 19개월경, '걷기'가 느려 S대 병원에서 MRI 검사를 하였으나 이상 소견은 나타나지 않았음
• 생후 33개월, 지적 능력(K-ABC) 검사 결과 의사소통 및 사회성 영역에서 1세조차 되지 못하는 상당한 제한을 보였음
• 생후 33개월, 사회성숙도 검사(SMS) 결과 의사소통 및 사회성 영역에서 1세 미만으로 나타났음
• 생후 33개월까지 스스로 완수할 수 있는 신변 처리 능력이 거의 없었음
• 생후 33개월까지 '엄마' '아빠'를 말할 수 있는 수준이기는 하지만 의미 없는 명명에 해당되는 것으로 보이며, 상호작용을 통한 한 음절은 모방이 관찰되지 않았음
• 현재는 눈맞춤이 가능하고, 타인에게 관심을 갖기 시작했으며, 옹알이와 몸짓을 사용하여 자신의 요구를 요청하는 범위가 넓어지고 있음
• 숟가락과 포크를 사용하여 스스로 식사를 하지만 음식물을 흘림
• 배변과정에서 신체적 · 시각적 촉진을 통한 교수 지원이 제공되었을 때 부분적으로 과제를 수행하고 있음
• 현재 54개월로 급한 상황이나 요구가 있을 때 "엄마" "아빠"라고 말함</td></tr>
<tr><td>도전적인 행동 특성</td><td colspan="4">• 신변 처리(소변, 대변) 능력이 거의 없음
• 의사소통의 어려움
• 사회적 관계의 어려움</td></tr>
<tr><td>비 고</td><td colspan="4">• 생후 47개월에 본 유치원에 입학함
• 고영수는 일차적으로 지능이 낮은 것뿐만 아니라 부모가 맞벌이를 하는 과정에서 1차 양육자인 조부모가 거의 상호작용을 하지 않았음
• 부모 역시 유아에게 다양한 자극과 탐색할 수 있는 경험을 제공하는 데 부족하였음. 또한 유아의 상태에 대한 민감도가 낮아서 섬세하고 예민한 반응이 부족했던 것으로 보임</td></tr>
</table>

3) 지적장애 유아의 배변훈련 지도방법 및 지원과정

배변훈련을 위한 지도방법에는 배변 처리 후에 강화물을 제공하는 분산학습법, 훈련 기간 중 유아가 섭취하는 음료수의 양을 증가시킴으로써 유아의 소변 보는 횟수를 증가시키는 집중학습법, 유아를 계획된 시간에 맞추어 화장실에 데리고 가는 방법으로 규칙적인 간격이나 소변을 볼 시간이 가까워졌을 때 화장실에 데리고 가는 시간표 방법 등이 있다. 고영수의 배변훈련을 위해서 교사는 30분마다 화장실에 가는 시간표 방법을 사용했으며, 고영수가 배변 처리 기술을 인지할 수 있도록 배변훈련의 전 과정을 세분화하여 교육함으로써 일련의 활동을 연결시키는 행동연쇄법을 사용하였다.

4) IEP에 따른 계획안

<table>
<tr><th>성 명</th><td colspan="2">고영수</td><th>반 명</th><td>만 3세 반</td><th>장애명</th><td>지적장애 2급</td><th>실시 기간</th><td>2010. 3. 10 ~ 현재</td></tr>
<tr><th rowspan="8">현재 수행 능력</th><td rowspan="6">강점</td><td>소근육</td><td colspan="6">• 작은 물건(점토, 뻥뻥이 등)을 엄지와 검지를 이용해서 잡음</td></tr>
<tr><td>대근육</td><td colspan="6">• 힘이 세고 체력이 좋아서 쉽게 지치지 않음</td></tr>
<tr><td>적응</td><td colspan="6">• 새로운 환경에 잘 적응하는 편임</td></tr>
<tr><td>인지</td><td colspan="6">• 눈앞에서 숨긴 물건이나 사람을 찾을 수 있음</td></tr>
<tr><td>의사 소통</td><td colspan="6">• 기분이 안 좋을 때 울음으로 표현할 수 있음
• 사람을 좋아하고 낯가림이 없음</td></tr>
<tr><td>사회성</td><td colspan="6">• 친구들이 고영수에게 호감을 보임</td></tr>
<tr><td rowspan="2">요구 영역</td><td>소근육</td><td colspan="6">• 물건 정렬하기
• 양손 중 하나로 큰 물건의 안이나 위에 손에 쥔 물건 놓기
• 각 손목으로 손목과 팔을 회전하여 물건 돌리기
• 지정된 공간에 물건 넣기
• 긁적거리기</td></tr>
<tr><td>대근육</td><td colspan="6">• 위로 점프하기
• 공 또는 비슷한 물건 차기
• 목표를 향해 공 또는 비슷한 물건 던지기
• 목표를 향해 공 굴리기</td></tr>
</table>

		적응	• 대소변 조절 능력 표현하기 • 대변이나 소변으로 젖은 기저귀나 팬티를 인식하고 표현하기 • 컵이나 유리잔으로 음료수를 마실 때 입술 사용하기 • 입술을 사용하여 숟가락과 포크 위의 음식물을 분리하여 먹기 • 컵이나 유리잔으로 마실 때 거의 흘리지 않기 • 식사도구를 사용하여 음식물을 입으로 가져오기
		인지	• 청각적 사건 지향하기 • 시각적 사건 지향하기 • 수평, 수직, 원으로 움직이는 물건을 시각적으로 추적하기 • 물건과 사람에게 초점 맞추기 • 유아가 보는 동안에 숨긴 물건과 사람 찾기 • 유아의 시야에서 물건을 숨기거나 사람이 숨을 때 반응하기 • 일상적인 장소에 있는 물건 찾기
		의사소통	• 소리가 나는 물체 쪽으로 돌아보기 • 불특정한 자음-모음 결합이나 뜻을 알 수 없는 말을 사용하기 • 감정을 표현하기 위해 소리 내어 말하기 • 개음절 소리 내어 말하기 • 익숙한 소리를 듣고 안정 찾기 • 상황적 단서를 사용하여 한 단계 지시 수행하기
		사회성	• 친숙한 어른에게 미소로 반응하기 • 친숙한 어른에게 편안함, 친밀함, 신체적 접촉 요구하기 • 장난감을 가지고 즐거워하면서 스스로 적절하게 놀이하기
	흥 미		• 점토놀이에 흥미를 보임 • 실외 놀이와 필드트립 등 야외 활동에 흥미를 보임 • 교사에게 관심을 보임 • 자신이 좋아하는 장난감(문어 모형, 도너츠 모형, 색연필이나 크레파스, 스펀지 등)이 있음
학부모 요구 사항	• 손에 힘주기를 원함 • 힘주어 돌리기를 원함 • 두 발 모아 깡총 뛰기를 원함 • 숟가락을 잘 사용하기를 원함 • 배변에 대해 표현하고 스스로 실행하기를 원함 • 수용 · 표현 언어를 시작하기를 원함 • 성인이나 또래 친구와 놀이를 시작하기를 원함		
필요 영역	소근육 운동, 대근육 운동, 적응, 인지, 의사소통, 사회성		

<table>
<tr><th>영 역</th><th>요 소</th><th>장기 목표</th><th>단기 목표</th></tr>
<tr><td>소근육</td><td>도달하고, 잡고, 놓기</td><td>5. 물건들을 정렬하고 쌓아 올리기</td><td>5.3. 양손 중 하나로 큰 물건의 안이나 위에 손에 쥔 물건 놓기
5.4. 각 손에 쥐었던 물건 놓기</td></tr>
<tr><td>대근육</td><td>놀이기술</td><td>1. 앞으로 점프하기</td><td>1.1. 위로 점프하기
1.2. 낮은 구조물에서 점프하기</td></tr>
<tr><td rowspan="5">적 응</td><td rowspan="3">음식 먹이기</td><td>1. 고형 음식과 음료수를 먹거나 마실 때, 혀와 입술을 사용하기</td><td>1.1. 컵이나 유리잔으로 음료수를 마실 때 입술을 사용하기
1.2. 입술을 사용하여 숟가락과 포크 위의 음식물을 분리하여 먹기</td></tr>
<tr><td>2. 딱딱한 음식물을 깨물고 씹기</td><td>2.1. 부드럽고 바삭거리는 음식물을 깨물고 씹기</td></tr>
<tr><td>3. 컵이나 유리잔으로 마시기</td><td>3.1. 컵이나 유리잔으로 마실 때 거의 흘리지 않기</td></tr>
<tr><td>개인위생</td><td>1. 대소변 가리기 시도하기</td><td>1.2. 대변이나 소변으로 젖은 기저귀나 팬티를 인식하고 표현하기</td></tr>
<tr><td>옷 벗기</td><td>1. 스스로 옷 벗기</td><td>1.5. 신발 벗기</td></tr>
<tr><td rowspan="2">인 지</td><td>감각자극</td><td>1. 청각적 · 시각적 · 촉각적 사건 지향하기</td><td>1.1. 청각적 사건 지향하기
1.2. 시각적 사건 지향하기
1.3. 촉각적 자극 지향하기
1.4. 청각적 · 시각적 · 촉각적 자극에 반응하기</td></tr>
<tr><td>대상 영속성</td><td>1. 물건과 사람이 시야에서 사라질 때까지 시각적으로 추적하기</td><td>1.1. 수평, 수직, 원으로 움직이는 물건을 시각적으로 추적하기
1.2. 물건과 사람에게 초점 맞추기</td></tr>
<tr><td>의사소통</td><td>언어 전 의사소통적 상호작용</td><td>1. 사람이 말하는 쪽으로 돌아보기</td><td>1.2. 소리가 나는 물체 쪽으로 돌아보기</td></tr>
<tr><td rowspan="2">사회성</td><td rowspan="2">친숙한 어른과의 상호작용</td><td>1. 친숙한 어른의 감정에 적절하게 반응하기</td><td>1.3. 친숙한 어른에게 미소로 반응하기</td></tr>
<tr><td>2. 친숙한 어른과의 상호작용을 자발적으로 시작하고 유지하기</td><td>2.3. 친숙한 어른에게 편안함, 친밀함, 신체적 접촉을 요구하기</td></tr>
</table>

5) 활동 순서

활 동	활동명
활동 1	화장실의 위치를 알고, 화장실에서 하는 일 관찰하기
활동 2	양변기 위치 알기
활동 3	바지와 속옷(기저귀)을 무릎 밑으로 내리기
활동 4	바지와 속옷(기저귀)을 허리까지 올리기
활동 5	양변기 앞에 서 있기
활동 6	양변기 물 내리기
활동 7	손 씻기
활동 8	의사소통판에 따라 배변 훈련하기

※ 이와 관련된 내용은 일일 및 주간 교육 계획안에서 계속적으로 진행한다.

6) 실제 활동과정

활동 1	화장실의 위치를 알고, 화장실에서 하는 일 관찰하기
활동 목표	• 화장실의 위치를 안다. • 화장실에서 하는 일을 관찰한다.
활동자료	화장실에서 하는 일(소변보기, 손 씻기) 사진 
활동 내용	① "화장실에 가자."라고 하며 몸짓으로 화장실을 가리킨다. ② 유아의 옷을 잡아당기거나 손을 잡고 화장실 입구로 간다. ③ 화장실 입구에 붙어 있는 사진(소변보기, 손 씻기)을 보며 "화장실에서 하는 일이야." 라고 말해 준다. ④ 친구들이 화장실에서 하는 일을 교사와 함께 관찰하며, 친구들의 행동을 설명해 준다(예: "○○가 소변을 보고 있네." "○○가 손을 씻고 있네."). 

<table>
<tr><td>유의점</td><td>• 유아가 화장실의 위치를 알 수 있도록 언어적 · 신체적으로 촉구한다.
• 친구들이 화장실에서 하는 행동을 언어적으로 설명해 주며 자극한다.</td></tr>
<tr><td>연관 활동</td><td>조작: 화장실에서 하는 일의 퍼즐 한 조각 맞추기</td></tr>
<tr><td>평 가</td><td>• 교사의 언어적 · 신체적 촉구에 따라 화장실로 갈 수 있는가?
• 친구들이 화장실에서 하는 일을 교사의 도움 없이 5초 이상 관찰했는가?</td></tr>
<tr><td>활동 2</td><td>양변기 위치 알기</td></tr>
<tr><td>활동 목표</td><td>• 양변기의 위치를 안다.
• 양변기에서 소변을 볼 수 있음을 안다.</td></tr>
<tr><td>활동자료</td><td>양변기에서 소변보는 사진 </td></tr>
<tr><td>활동 내용</td><td>① 교사의 신체적 도움을 받아 화장실 문을 열고, 교사와 유아가 함께 화장실에 간다.
② 양변기 앞에서 유아가 소변을 보고 있는 사진을 보여 주며, “소변을 볼 수 있는 곳이야.”라고 설명해 준다.
③ ①과 ②를 반복한 후에 유아는 화장실 안에 있고, 교사는 화장실 입구 쪽에 서 있는다.
④ 교사가 유아에게 양변기에서 소변을 보고 있는 사진을 보여 주며, “양변기로 가세요.”라고 지시한다.
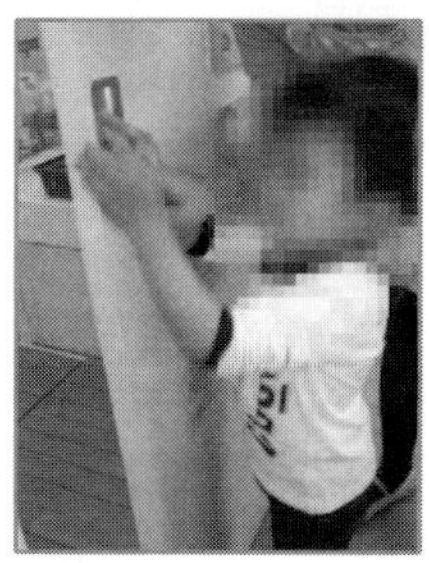</td></tr>
<tr><td>유의점</td><td>• 언어적 촉구만으로 유아 스스로 양변기로 가지 못할 때 신체적으로 도와준다.
• 유아가 스스로 과제를 수행할 수 있도록 적절한 비계 설정을 해 준다.
• 유아가 과제를 성공적으로 수행했을 때 즉각적인 강화를 한다.</td></tr>
<tr><td>연관 활동</td><td>양변기에서 소변보는 친구를 5초 이상 관찰하기</td></tr>
<tr><td>평 가</td><td>교사의 언어적 · 신체적 촉구에 따라 양변기 앞까지 갈 수 있는가?</td></tr>
<tr><td>활동 3</td><td>바지와 속옷(기저귀)을 무릎 밑으로 내리기</td></tr>
<tr><td>활동 목표</td><td>유아 스스로 바지와 속옷을 무릎 밑으로 내릴 수 있다.</td></tr>
<tr><td>활동자료</td><td>바지와 속옷을 입은 유아</td></tr>
</table>

활동 내용	① 교사는 유아에게 "바지와 속옷을 내릴 거예요."라고 말한다. ② 교사는 유아가 양손으로 바지 허리부터 잡을 수 있도록 신체적으로 도와준다. ③ 교사는 유아가 바지를 무릎 아래까지 내릴 수 있도록 신체적으로 도와준다. ④ 교사는 유아가 속옷을 허리부터 잡을 수 있도록 신체적으로 도와준다. ⑤ 교사는 유아가 속옷을 무릎 아래까지 내릴 수 있도록 신체적으로 도와준다. ⑥ ②~⑤단계를 반복해서 유아 스스로 바지와 속옷을 무릎 밑으로 내릴 수 있도록 한다. ⑦ 교사의 언어적 · 신체적 촉구에 따라 유아 스스로 바지와 속옷을 내릴 수 있도록 한다. 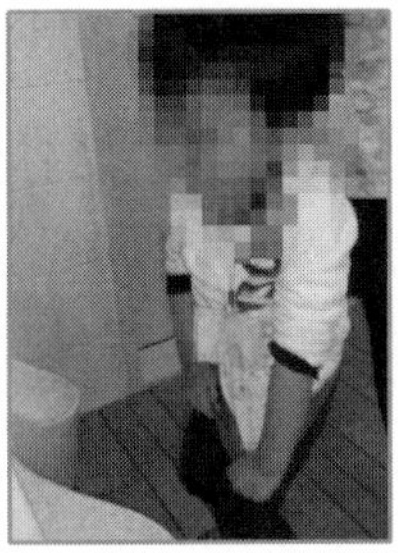
유의점	• 유아에게 느슨한 바지(고무밴드 바지나 트레이닝복)를 입게 한다. • 유아가 각 단계의 과제를 수행하는 데 어려움이 있으면 교사는 신체적으로 도와준다. • 유아가 스스로 과제를 수행할 수 있도록 적절한 비계 설정을 해 준다. • 유아가 과제를 성공적으로 수행했을 때 즉각적인 강화를 한다.
연관 활동	유아가 소변을 보기 위해서 바지와 속옷을 내리는 친구의 모습 관찰하기
평 가	교사의 언어적 · 신체적 촉구에 따라 바지와 속옷을 무릎 밑으로 내릴 수 있는가?
활동 4	바지와 속옷(기저귀)을 허리까지 올리기
활동 목표	유아 스스로 바지와 속옷을 허리까지 올릴 수 있다.
활동자료	바지와 속옷을 입은 유아
활동 내용	① 교사는 유아에게 "바지와 속옷을 올릴 거예요."라고 말한다. ② 교사는 유아가 양손으로 바지와 속옷을 허리까지 올릴 수 있도록 신체적으로 도와준다. ③ 속옷을 무릎까지 올릴 수 있도록 신체적으로 도와준다. ④ 속옷을 허리까지 올릴 수 있도록 신체적으로 도와준다. ⑤ ②~④단계를 반복해서 유아 스스로 바지와 속옷을 허리까지 올릴 수 있도록 한다. ⑥ 교사의 언어적 · 신체적 촉구에 따라 유아 스스로 바지와 속옷을 올릴 수 있도록 한다.

	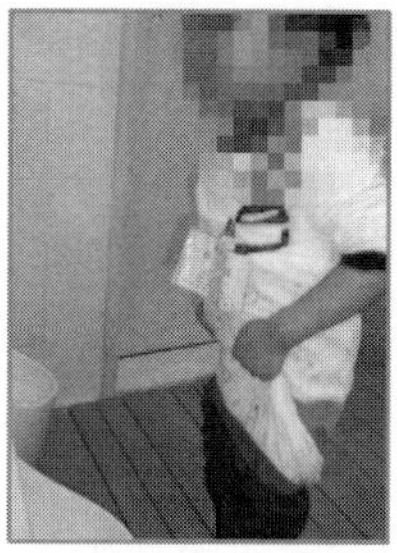
유의점	• 느슨한 바지(고무밴드 바지나 트레이닝복)를 입게 한다. • 유아가 각 단계의 과제를 수행하는 데 어려움이 있으면 교사는 신체적으로 도와 준다. • 유아가 스스로 과제를 수행할 수 있도록 적절한 비계 설정을 해 준다. • 유아가 과제를 성공적으로 수행했을 때 즉각적인 강화를 한다.
연관 활동	소변을 본 후에 속옷과 바지를 올리는 친구의 모습을 관찰하기
평 가	교사의 언어적 · 신체적 촉구에 따라 바지와 속옷을 허리까지 올릴 수 있는가?
활동 5	양변기 앞에 서 있기
활동 목표	• 바지와 속옷을 내리고 양변기 앞에 서 있을 수 있다. • 양변기에서 소변을 볼 수 있음을 안다.
활동자료	화장실 표지판, 양변기에서 소변보는 사진  
활동 내용	① 교사는 유아에게 화장실 표지판을 보여 주며 "화장실에 갈 거예요."라고 말한다. ② 유아가 화장실까지 갈 수 있도록 신체적, 언어적으로 촉구한다. ③ 화장실 문 앞 로고를 보고 "여기가 화장실이에요."라고 말한다. ④ 유아가 바지와 속옷을 무릎까지 내린 후에 양변기 앞에 서게 한 후 "소변을 볼 때는 이곳에서 소변을 봐요."라고 설명해 준다. ⑤ 유아가 교사의 신체적 · 언어적 촉구 없이 양변기 앞에 서 있을 수 있도록 한다. ⑥ 양변기 앞에 5초 이상 서 있은 후에 "속옷과 바지를 입을 거예요."라고 말한다. ⑦ 유아가 속옷과 바지를 입을 수 있도록 신체적, 언어적으로 촉구한다. 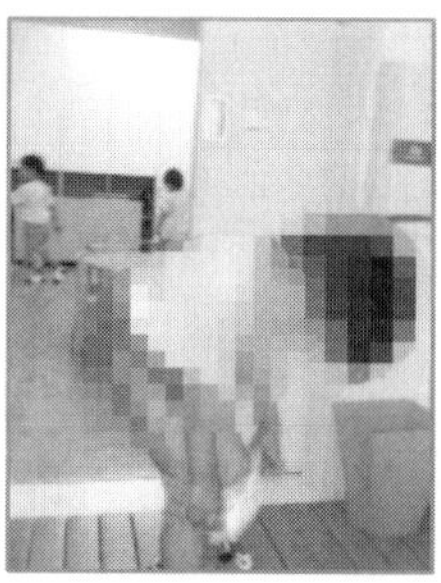 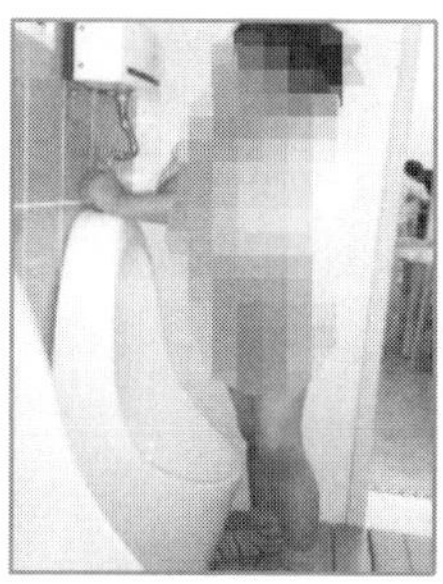 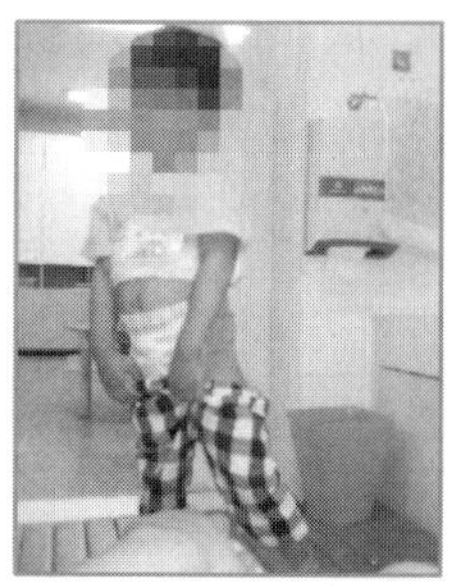

유의점	• 유아가 스스로 과제를 수행할 수 있도록 적절한 비계 설정을 해 준다. • 유아가 과제를 성공적으로 수행했을 때 즉각적인 강화를 한다.
연관 활동	양변기에서 소변보는 친구의 모습 관찰하기
평 가	• 양변기 앞에서 바지와 속옷을 스스로 내리고 올릴 수 있는가? • 교사의 도움 없이 양변기 앞에서 5초 이상 서 있을 수 있는가?
활동 6	양변기 물 내리기
활동 목표	• 소변을 본 후에 물을 내려야 함을 안다. • 유아 스스로 양변기 물을 내리는 센서를 조작할 수 있다.
활동자료	손가락 스티커 
활동 내용	① 교사는 "소변기 물을 내릴 거야."라고 말하며, 유아의 손을 양변기 물 내리는 센서(손가락 스티커)에 가져다 댄다. ② 센서에 유아의 손이 가까이 닿을 수 있도록 한다. ③ 변기에서 물이 나오는 것을 확인한다. ④ 센서에서 손을 뗀다. ⑤ 소변이 물에 씻겨 가는 것을 확인한다. ⑥ 유아가 스스로 과제를 수행할 수 있도록 적절한 비계를 설정해 주며, 물 내리는 센서를 조작할 수 있게 한다. 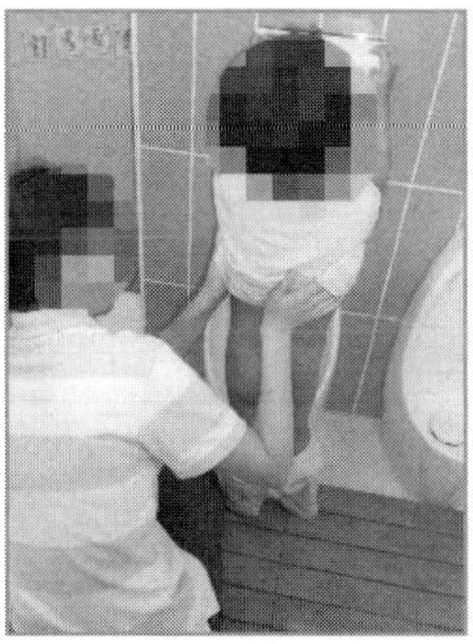
유의점	• 자동센서기의 경우 유아가 센서 조작을 할 수 있도록 센서 부분에 스티커를 붙여서 활동할 수 있도록 한다. • 변기 물을 만지지 않도록 유의한다.
연관 활동	조작: 교사가 지시하는 물건을 손가락으로 3초 이상 누르고 있기
평 가	센서를 3초 이상 누르고 있을 수 있는가?

활동 7	손 씻기
활동 목표	• 손 씻는 순서를 안다. • 유아 스스로 손을 씻을 수 있다.
활동자료	세면비누, 수건, 세면대
활동 내용	① 교사는 유아에게 "손을 씻을 거예요."라고 말하며 세면대 앞에 서게 한다. ② 양 옷소매를 팔꿈치까지 걷어 올릴 수 있도록 신체적, 언어적으로 촉구한다. ③ 교사는 유아에게 "손을 씻으세요."라고 말한 후에 유아가 손 씻기 순서에 따라 손을 씻도록 신체적, 언어적으로 촉구한다. –수도꼭지를 올려서 물을 틀게 한다. –손에 물을 묻힌다. –손에 비누를 묻히고 문지른다. –물로 헹군다. –수도꼭지를 내려서 물을 잠근다. –수건으로 손을 닦는다. 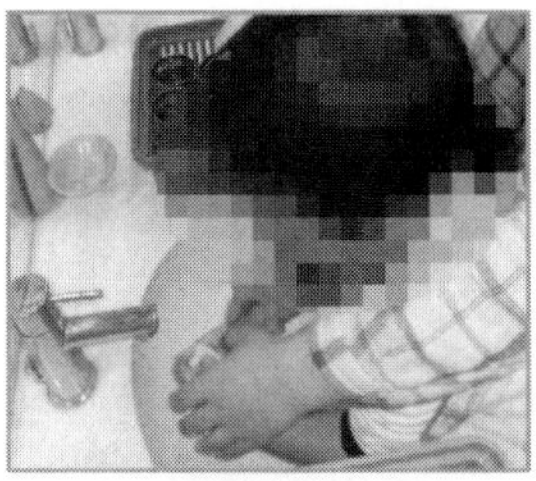 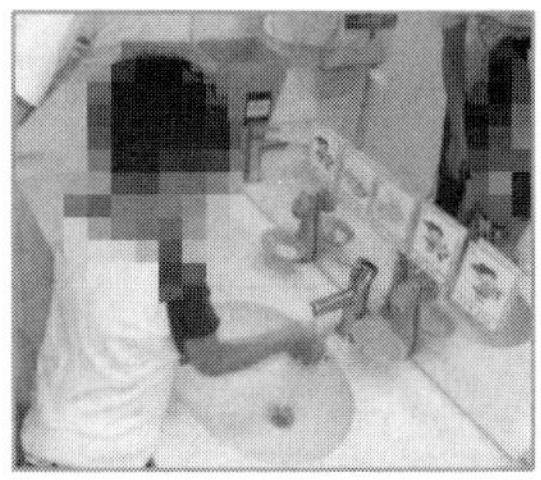
유의점	• 손 씻기 활동을 세분화하여 작은 단계 하나하나를 체계적으로 습득한 후에 전체 활동을 연결할 수 있도록 한다. • 유아가 각 단계의 과제를 수행하는 데 어려움이 있으면 교사는 신체적으로 도와준다.
연관 활동	조작: 손 씻기 퍼즐 
평 가	• 유아는 손 씻는 순서를 알고 있는가? • 손 씻기 순서에 따라 유아 스스로 손을 씻을 수 있는가?
활동 8	의사소통판에 따라 배변 훈련하기
활동 목표	• 소변보는 과정을 안다. • 소변보는 순서에 따라 의사소통판을 조작할 수 있다.

<table>
<tr><td>활동자료</td><td>소변보기 순서 의사소통판</td><td></td></tr>
<tr><td>활동 내용</td><td colspan="2">① 유아에게 소변보기 의사소통판을 제시한다.
② 의사소통판의 순서에 따라 교사와 함께 배변훈련을 한다.
–화장실 안 양변기로 이동하기
–바지와 속옷 내리기
–양변기 앞에 서기
–소변보기(소변보기 시도하기)
–물 내리기
–속옷과 바지 입기
–손 씻기
③ 세분화된 활동을 수행하면 의사소통판 사진을 떼어 내고 교사와 함께 박수를 친다.
④ ①~③단계를 교사와 함께 반복한다.
⑤ 유아가 각 단계의 과제를 수행할 수 있도록 신체적 · 언어적 촉구를 한다.
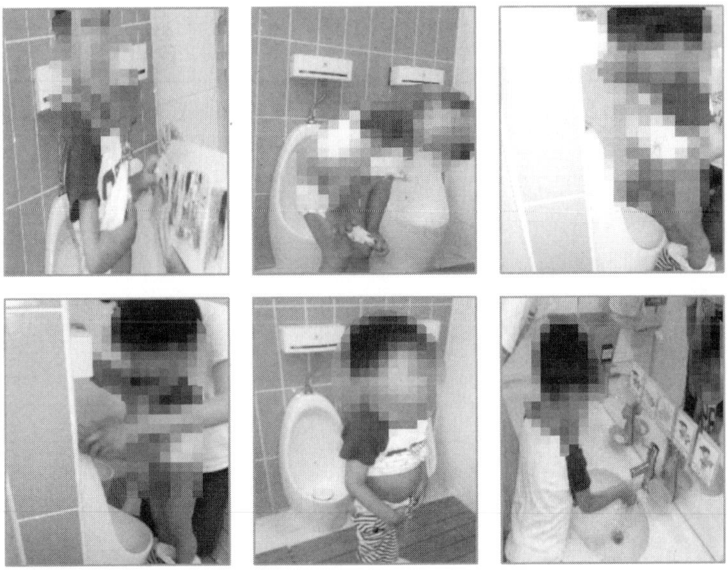</td></tr>
<tr><td>유의점</td><td colspan="2">• 유아가 각 단계의 과제를 수행하는 데 어려움이 있으면 교사는 신체적으로 도와준다.
• 유아가 스스로 과제를 수행할 수 있도록 적절한 비계 설정을 해 준다.</td></tr>
<tr><td>연관 활동</td><td colspan="2">조작: 의사소통판 떼었다 붙이기</td></tr>
<tr><td>평 가</td><td colspan="2">• 유아가 소변보는 과정을 이해했는가?
• 소변보는 순서에 따라 의사소통판을 조작할 수 있는가?</td></tr>
</table>

7) 결과 및 해석

고영수의 신변 처리 행동에 대한 지원활동의 결과는 다음과 같다. 본 연구에 사용된 도구는 발달의 위험이나 장애를 갖고 있는 영유아를 위한 교육과정 중심의 사정 · 평가인 AEPS다. 고영수는 AEPS의 0~3세용 검사도구를 사용했으며, 고영수의 적응 영역(신변 처리)과 다른 영역 부분이 지속적으로 향상되고 있는지 알아보기 위해 6개 영역(소근육, 대근육, 적응, 인지, 의사소통, 사회성)을 2차 시에 걸쳐 검사한 결과의 그래프는 다음과 같다.

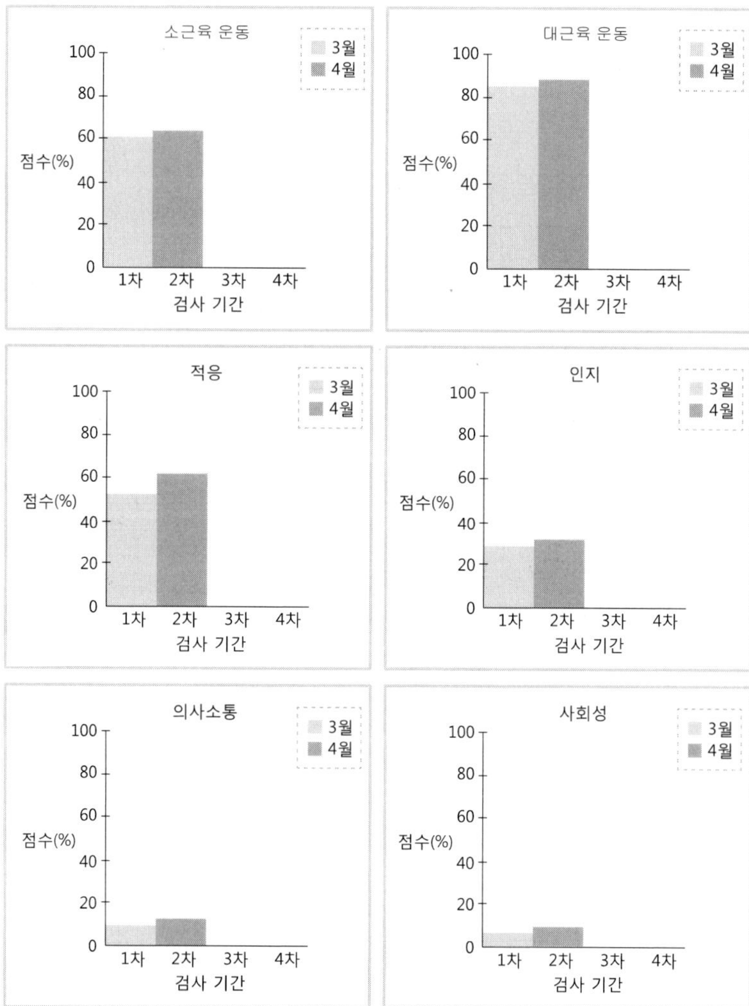

[그림 3] AEPS의 6개 영역-각 영역별 수행 능력 그래프

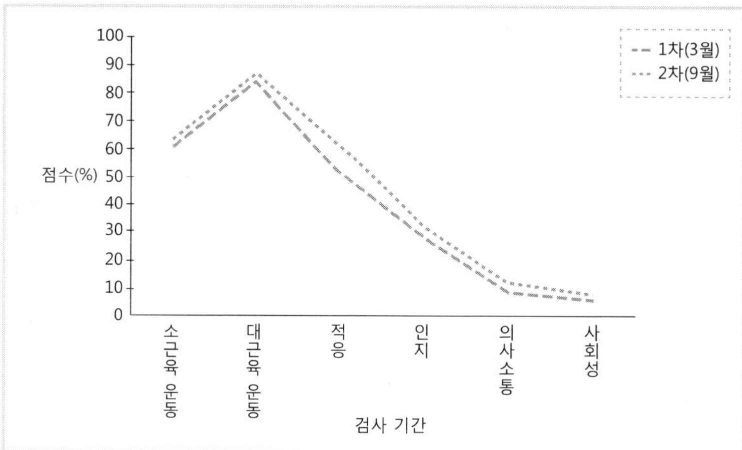

[그림 4] AEPS의 6개 영역-수행 능력 그래프

고영수의 AEPS의 6개 영역의 결과는 다음과 같다.

- 소근육 운동 영역: 1차 검사는 60.6%, 2차 검사는 63.6%로 나타났다. 소근육 운동 영역은 발달되고 있는 것으로 나타났다.
- 대근육 운동 영역: 1차 검사는 84%, 2차 검사는 86.3%로 나타났다. 대근육 운동 영역은 발달되고 있는 것으로 나타났다.
- 적응 영역: 1차 검사는 51%, 2차 검사는 60.9%로 나타났다. 적응 영역은 발달되고 있는 것으로 나타났다.
- 인지 영역: 1차 검사는 28%, 2차 검사 31.8%로 나타났다. 인지 영역은 발달되고 있는 것으로 나타났다.
- 의사소통 영역: 1차 검사는 9%, 2차 검사는 11.95%로 나타났다. 의사소통 영역은 발달되고 있는 것으로 나타났다.
- 사회성 영역: 1차 검사는 6%, 2차 검사는 8%로 나타났다. 사회성 영역은 발달되고 있는 것으로 나타났다.

이 같은 내용을 토대로 결과를 해석해 보면, 고영수는 유치원 완전통합교육 및 개별화 교육 계획(IEP)을 통하여 AEPS의 모든 영역이 발전되고 있는 것으로 나타났다. 특히, 배변훈련을 포함하는 적응 영역에서 1차 검사보다 2차 검사에서 9.9% 더 향상되어 다른 영역보다 더 의미 있게 발전되어 가고 있음을 보여 주고 있다.

8) 결 론

고영수는 유치원의 일상생활에서 우선시되어야 하는 신변 처리인 배변훈련이 가정에서부터 이루어지지 않은 상태(기저귀 착용)에서 유치원에 입학했다.

학기 초에는 배변과 관련된 개별행동인 바지와 속옷을 무릎 밑으로 내리고 올리기, 양변기 앞에 서 있기, 양변기 물 내리기, 손 씻기에 대한 개념을 인지하지 못했다.

하지만 AEPS를 기초로 유아의 현재 능력 및 요구 사항을 측정한 후에 배변훈련에 대한 프로그램을 계획하고, 8회에 걸친 단위 활동을 실행 · 반복하면서 고영수에게 유의미한 변화가 나타났다. 즉, 이전까지는 스스로 배변에 대한 욕구를 신체적, 언어적으로 표현할 수 없었으나 교사가 화장실로 데리고 가서 변기 앞에 서게 하면, 스스로 바지와 속옷을 내리고 양변기 앞에 서 있은 후에 양변기 물을 내리고 바지와 속옷을 다시 입는 4단계에 걸친 동작을 연쇄적으로 시행할 수 있게 되었다. 또한 배변을 마친 후에 손을 씻을 때도 학기 초에는 교사가 손 씻는 전 과정을 도와주어야 했지만, 최근에는 신체적 · 언어적 촉구를 통해서 소매를 걷고, 물을 틀고, 물을 만진 후에 물을 잠그는 행동이 가능하게 되었다.

즉, 고영수는 완전통합교육을 통하여 AEPS의 소근육, 대근육, 인지, 의사소통, 사회성 영역이 발전되어 가고 있을 뿐만 아니라 일상생활에서 반드시 필요한 적응 영역(신변 처리-배변훈련)의 개별화 교육 계획(IEP)을 통하여 긍정적으로 발전되고 있는 것으로 나타났다.

지적장애 유아가 배변을 보기 위한 생리적 욕구를 스스로 표현하고 행동으로 이행하는 것에는 어려움이 있었으나, 지속적으로 배변에 대한 조력이 뒷받침되고 배변훈련을 반복하여 실행한다면 유아의 배변행동을 형성시키는 데 더욱 효과가 있을 것으로 기대된다.

3 만 4세 장애유아의 사회적 상호작용에 대한 통합교육적 지원

1) 장애유아의 인적 사항

- 이름: 박수현(가명) (성별: 여)
- 생년월일: 2005년 3월 10일생
- 가족 관계: 할아버지, 할머니, 아버지
- 장애 유형: 지적장애 1급(서울대학교병원 소아정신과 진단)

2) 박수현의 성장 배경

<table>
<tr><th colspan="5">성장과정</th></tr>
<tr><td rowspan="2">태아기</td><td>임신 중</td><td colspan="3">건강 상태 양호함</td></tr>
<tr><td>출생 시</td><td colspan="3">조산(8개월)</td></tr>
<tr><td rowspan="4">영아기
(생후
1~2년)</td><td>영양 및
식습관</td><td>모유와 우유를 섞어 먹임</td><td>질병</td><td>없음</td></tr>
<tr><td>젖 뗀 시기</td><td>6개월</td><td>걸음마 시작</td><td>13개월 이후</td></tr>
<tr><td>양육자</td><td>조부모</td><td>말하기 시작</td><td>28개월 이후</td></tr>
<tr><td>수면 습관</td><td>양호</td><td>비고</td><td>분리불안이 심하였으며, 24개월 무렵 잦은 경기로 입원 경험이 많음</td></tr>
<tr><td rowspan="3">유아기
(생후
3년~)</td><td>영양 및
식습관</td><td colspan="3">고기와 생선류를 선호하며, 야채류를 싫어함</td></tr>
<tr><td>수면 습관</td><td colspan="3">양호</td></tr>
<tr><td>비고</td><td colspan="3">지적장애 1급 장애인에 등록함</td></tr>
<tr><th colspan="5">행동 특성</th></tr>
<tr><td>전반적인
행동 특성</td><td colspan="4">• 오른쪽 눈에 사시가 있음
• 심한 분리불안이 있어서 울음을 터뜨리거나 타인에 대한 경계로 초기 적응에 어려움이 있었음
• 공식적인 검사가 어려워 조모 보고에 의한 검사를 실시함
• 의사소통 상황에서 자발어 시 주로 단어(2~3음절) 표현이 많았음
• 종종 두 단어의 나열식 표현이 관찰되었음</td></tr>
</table>

	• 호명 반응, 눈맞춤, 간단한 지시 따르기는 가능하였음 • 자발어 시 단어의 끝을 올리는 등 부적절한 억양 패턴을 보임 • 특수교육 치료 초기에 자신의 행동을 제지당했을 때, 못 견뎌 하며 알 수 없는 소리를 지르기도 하고, 책상을 흔드는 등 다소 과격한 모습을 보임 • 스스로 밥을 먹기보다는 성인에 대한 의존도가 높음 • 주의 집중과 착석 유지가 어려움 • 장소를 이동할 때, 걷기보다는 뛰어다니며 신체를 움직이려고 함
도전적인 행동 특성	• 사물을 10초 이상 집중하여 관찰하는 데 어려움이 있음 • 의사소통의 어려움 • 사회적 관계의 어려움
비 고	• 생후 24개월에 어린이집에 입학하였으나 적응이 어려워서 중도에 퇴소하였음 • 지능지수가 29로 진단되었음 • 한부모가정으로 주로 조모가 양육하고 있음

3) 지적장애 유아의 사회적 상호작용 지도방법 및 지원과정

사회적 상호작용 지도방법으로는 장애유아가 표현하는 문제행동은 신체적·정서적 욕구로서 민감하게 대처하기, 음성/언어적 상호작용을 운동과 몸짓 형태의 상호작용으로 대체하기, 놀이 친구를 자유롭게 선택할 수 있도록 허용하기, 적은 인원의 소그룹을 활용하여 과제 제시하기, 학급 내에서 사회적 인정을 받을 수 있도록 역할 부여하기, 또래 관계를 통한 긍정적 행동을 지원하기, 관심을 보이는 장난감을 중심으로 반복적으로 놀이방법을 소개하기, 사회적 상호작용이 보다 잘 이루어질 수 있도록 체계적이고 구조화된 중재 계획하기 등이 있다. 박수현 유아의 경우, 친숙한 성인과의 상호작용이 가능하여 먼저 교사와의 친밀감을 형성하고, 이후에 또래 관계 가운데 사회적 상호작용이 이루어질 수 있도록 계획하고 지원하고자 하였다.

4) IEP에 따른 계획안

<table>
<tr><th>성 명</th><th>박수현</th><th>반 명</th><th>만 4세 반</th><th>장애명</th><th>지적장애 1급</th><th>실시 기간</th><th>2010. 3~ 2010. 7. 19</th></tr>
<tr><td rowspan="12">현재 수행 능력</td><td rowspan="6">강점</td><td>소근육</td><td colspan="5">• 물체를 한 손으로 잡아서 안정적으로 옮겨 볼 수 있음
• 양손 중 한쪽의 엄지, 검지, 중지 끝으로 주먹 크기의 물건을 잡을 수 있으며 방향을 돌려 볼 수 있음</td></tr>
<tr><td>대근육</td><td colspan="5">• 놀이기구를 탈 때 미끄럼틀을 관통하여 내려갈 수 있음
• 계단을 오르내릴 때 중심을 잡고 내려올 수 있음
• 소리가 들리는 쪽으로 고개를 돌리거나 청각적, 시각적, 촉각적으로 자극이 제시되었을 때, 순간적으로 활동을 멈추거나 반응을 보일 수 있음</td></tr>
<tr><td>적응</td><td colspan="5">• 우유 컵이나 음료수를 마실 때 입술을 컵에 대고 사용할 수 있음
• 부드러운 음식을 쉽게 씹어서 삼킬 수 있음
• 스스로 화장실에 가고 싶을 때 의사를 표현함</td></tr>
<tr><td>인지</td><td colspan="5">• 재미있는 손 유희에 대해 반응을 보이며 반복적으로 따라 하려고 함</td></tr>
<tr><td>의사 소통</td><td colspan="5">• 말하는 친구나 교사의 얼굴을 향하여 돌아볼 수 있음
• 묻는 질문에 “응” 혹은 “아니”라고 대답함</td></tr>
<tr><td>사회성</td><td colspan="5">• 친숙한 어른의 옷자락을 잡아당기거나 팔에 매달림
• 친숙한 어른이 말하거나 요구하면 고개를 돌리며 반응을 보임</td></tr>
<tr><td rowspan="6">요구 영역</td><td>소근육</td><td colspan="5">• 물건을 한 줄로 쌓아 올리기 시작함
• 그림책을 한 장씩 넘기려고 함</td></tr>
<tr><td>대근육</td><td colspan="5">• 놀이터의 낮고 안정된 구조물에 관심을 보이며, 오르기를 시도함
• 미끄럼틀을 오르기 위해서 난간을 잡고 올라가는 것을 인식하기 시작함
• 자신의 옷소매를 스스로 벗으려고 시도함</td></tr>
<tr><td>적응</td><td colspan="5">• 숟가락과 포크 등을 스스로 잡고 사용하려고 함
• 손을 씻을 때 수건을 사용하려고 함</td></tr>
<tr><td>인지</td><td colspan="5">• 서로 다른 모양을 변별하여 세모, 네모, 동그라미 모양과 같은 모양을 찾아서 끼우기 시작함
• 물건과 사람이 시야에서 사라질 때까지 시각적으로 추적하려고 시도함</td></tr>
<tr><td>의사 소통</td><td colspan="5">• 익숙하지 않은 상황에서 물건, 사람, 사건 찾기에 반응을 보이기 시작함
• 자신의 이름을 부르면 “네”라고 대답하는 횟수가 증가함
• 교사의 질문에 반응하며 대답하기 시작함
• 상황적인 단서를 제공하면 한 단계 지시 사항을 수행함</td></tr>
<tr><td>사회성</td><td colspan="5">• 또래에게 미소를 짓고 친구가 먼저 인사하면 따라서 인사함
• 교사가 손뼉 치기 등의 간단한 사회적 게임을 하면 자발적으로 참여하기 시작함
• 장난감을 가지고 스스로 적절하게 놀이하기 시작함</td></tr>
</table>

	흥 미	• 높은 곳에서 낮은 곳으로 점프하면서 뛰어내리는 것을 즐겨 함 • 움직이는 물체를 쫓아가는 것을 좋아함 • 화장실에서 손 씻을 때 물장난하는 것을 즐김. 물로 하는 놀이를 즐겨 하며 오랫동안 활동에 참여할 수 있음 • 다른 사람들이 이름을 부르면 좋아하면서 이름을 불러 준 사람에게 안기려고 하며 친밀감을 나타냄 • 바퀴 달려 움직이는 자동차를 좋아하며, 자동차를 움직이면서 반복적으로 활동함 • 차를 타고 이동하거나 신체를 움직여서 장소를 이동하는 것을 즐겨 함	
학부모 요구 사항	• 언어와 인지발달을 돕기 위한 교육 • 집중해서 활동에 참여할 수 있도록 조력 • 또래들과의 원만한 관계 형성 • 그림 그리기와 글씨 쓰기 훈련 • 왼손을 주로 사용하는데, 오른손으로 숟가락 사용하기 • 의사소통을 할 때 구체적인 말로 표현하기		
필요 영역	소근육 운동, 대근육 운동, 적응, 인지, 의사소통, 사회성		
영 역	**요 소**	**장기 목표**	**단기 목표**
소근육	도달하고, 잡고, 놓기	5. 물건을 정렬하고 쌓아 올리기	5.1. 물건 정렬하기
	소근육 운동 기술의 기능적 사용	2. 조각을 맞추는 장난감이나 물건을 조립하기	2.1. 여러 모양들을 같은 모양의 공간에 맞춰 넣기
		4. 그림책을 올바르게 세워 한 장씩 책장 넘기기	4.2. 그림책을 올바른 방향으로 잡거나 돌려서 잡기
		5. 시범 후 간단한 도형 보고 그리기	5.1. 원과 선 그리기
대근육	균형과 운동성	3. 장애물 피하여 달리기	3.1. 달리기 3.2. 빠르게 걷기
	놀이기술	3. 공 또는 비슷한 물건을 잡고, 차고, 던지고, 굴리기	3.3. 목표를 향해 공 또는 비슷한 물건을 던지기 3.4. 목표를 향해 공 굴리기
		4. 놀이기구 오르내리기	4.2. 장애물 밑이나 위를 관통하여 움직이기
적 응	음식 먹이기	3. 컵이나 유리잔으로 마시기	3.1. 컵이나 유리잔으로 거의 흘리지 않고 마시기
		4. 포크와 숟가락으로 먹기	4.1. 식사도구를 사용하여 음식물을 입으로 가져오기
		5. 다른 용기로 음식물과 음료수 옮기기	5.2. 다른 용기로 음식물 옮기기

	개인위생	3. 양치질하기	3.1. 양치질하기에 협력하기
	옷 입기와 옷 벗기	1. 스스로 옷 벗기	1.1. 위로 입을 수 있는 셔츠와 스웨터 벗기 1.2. 앞을 잠글 수 있는 코트, 재킷, 셔츠 벗기
인 지	대상 영속성	1. 물건과 사람이 시야에서 사라질 때까지 시각적으로 추적하기	1.1. 수평, 수직, 원으로 움직이는 물건을 시각적으로 추적하기
	인과관계	1. 기계로 움직이는 장난감을 정확하게 작동하기	1.1. 간단한 장난감을 정확하게 작동하기 1.2. 어떤 방법으로든 간단한 장난감이나 기계로 움직이는 장난감을 작동시키기 1.3. 간단한 장난감이나 기계로 움직이는 장난감에 관심 표하기
의사소통	단어와 문장의 이해	1. 상황적인 단서 없이 물건, 사람, 사건 찾기	1.1. 익숙하지 않은 그림에서 익숙한 물건, 사람, 사건 찾기 1.2. 익숙한 그림에서 익숙한 물건, 사람, 사건 찾기 1.4. 자기 이름 인식하기 1.5. 익숙한 소리를 듣고 안정 찾기
사회성	친숙한 어른과의 상호작용	자발적으로 협동활동 시작하기	2.1. 다른 사람과의 협동활동에 참여하기 2.3. 물건을 나누어 쓰거나 바꾸어 사용하기

5) 활동 순서

활 동	활동명
활동 1	친구와 유치원 버스 함께 기다리기
활동 2	교사와 친숙해지기
활동 3	친구의 이름 알아보기
활동 4	친구와 손잡고 이동하기
활동 5	점심 도우미 역할하기
활동 6	친구 옆에서 놀이하기
활동 7	친구와 같은 장난감으로 놀이하기

※ 이와 관련된 내용은 일일 및 주간 교육 계획안에서 계속적으로 진행한다.

6) 실제 활동과정

활동 1	친구와 유치원 버스 함께 기다리기
활동 목표	• 함께 유치원 차를 타는 친구들의 이름과 얼굴을 안다. • 안전하게 유치원 버스를 타고 내릴 수 있다.
활동자료	유치원 버스 그림 모형 
활동 내용	① 유치원 차량을 함께 타는 친구들에 대해 알아본다. ② 친구들과 차례대로 줄을 서서 유치원 차량을 기다린다. ③ 유치원 차량이 도착하면 친구들과 함께 차량으로 이동한다. ④ 유치원 차량에 타는 순서대로 친구의 이름을 불러 본다. ⑤ 자신의 차례가 되면 유치원 차량에 안전하게 탑승한다. ⑥ 같은 동네에 살고 있는 친구들과 같은 자리에 앉는다. 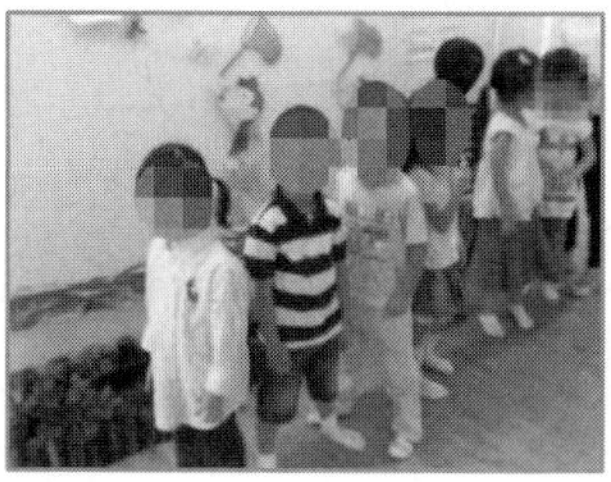 
유의점	같은 동네에 살고 있는 친구들의 이름과 얼굴을 알 수 있도록 차량 안에서 같은 위치에 앉도록 한다.
연관 활동	사람 모형을 차례대로 줄 세우기
평 가	• 자신이 타야 하는 유치원 버스를 알고 있는가? • 친구들과 함께 안전한 곳에서 유치원 버스를 기다릴 수 있는가?
활동 2	교사와 친숙해지기
활동 목표	• 교사의 얼굴과 이름을 안다. • 교사에게 편안함과 친밀감을 느낀다.
활동자료	옷걸이 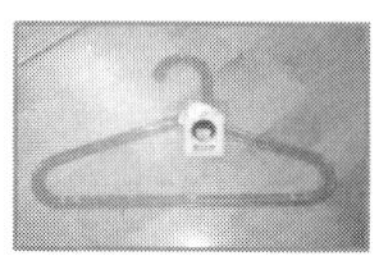

<table>
<tr><td>활동 내용</td><td colspan="2">① 유치원에 등원할 때 유치원 현관 앞에서 유아를 맞이한다.
② 교사의 얼굴을 마주 보고 인사를 나눈다.
③ 교사의 말을 따라 소리 내어 “안녕하세요”라고 인사해 본다.
④ 유아가 겉옷을 벗어 옷을 정리할 수 있도록 돕는다.
⑤ 교실을 둘러보면서 하루 일과에 대해 개별적으로 소개한다.
⑥ 관심을 보이는 장난감으로 함께 놀이한다.
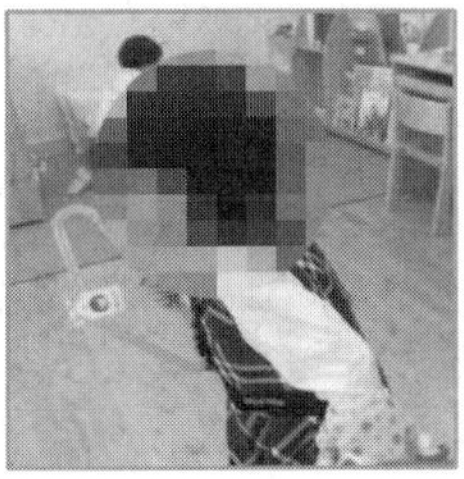 </td></tr>
<tr><td>유의점</td><td colspan="2">교사가 과도한 관심을 보일 경우에는 오히려 유아의 자발적인 사회적 상호작용이 감소될 수 있다.</td></tr>
<tr><td>연관 활동</td><td colspan="2">• 까꿍놀이하기
• 교사와 손바닥을 마주치며 소리 내어 인사하기</td></tr>
<tr><td>평 가</td><td colspan="2">유치원에 등원하여 교사의 얼굴을 보고 가까이 다가와서 인사할 수 있는가?</td></tr>
<tr><td>활동 3</td><td colspan="2">친구의 이름 알아보기</td></tr>
<tr><td>활동 목표</td><td colspan="2">• 같은 반 친구들의 이름에 관심을 가진다.
• 이름 카드를 활용하여 같은 반 친구들의 이름을 알 수 있다.</td></tr>
<tr><td>활동자료</td><td>이름 카드</td><td></td></tr>
<tr><td>활동 내용</td><td colspan="2">① 이름 카드에 관심을 보이며 탐색해 본다.
② 교사가 이름 카드를 보면서 이름을 부르면 주의 깊게 듣는다.
③ 교사가 이름 부른 친구의 이름을 따라서 불러 본다.
④ 스스로 이름 카드를 넘기면서 알고 있는 친구들의 이름을 불러 본다.
⑤ 이름 카드와 같은 친구의 얼굴을 교실에서 찾아본다.
⑥ 친구의 손을 잡고 이름 카드의 얼굴과 맞추어 본다.
 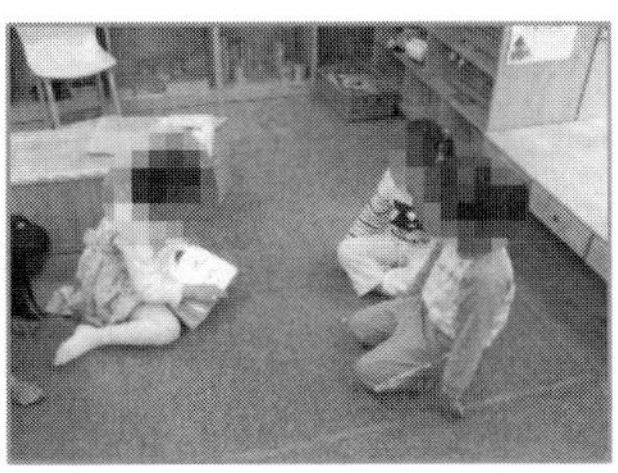</td></tr>
</table>

유의점	이름 카드의 친구의 얼굴 사진을 크게 제시한다.
연관 활동	교실 사진 속에 숨어 있는 친구의 작은 얼굴을 돋보기로 찾아보기
평 가	이름 카드를 보면서 자신이 알고 있는 친구들의 이름을 소리 내어 불러 볼 수 있는가?
활동 4	친구와 손잡고 이동하기
활동 목표	• 친구와 손을 잡고 안전하게 장소를 이동할 수 있다. • 친구와 손을 잡고 이동하면서 친구의 소중함을 느낀다.
활동자료	이름표, 신호악기
활동 내용	① 이동할 장소를 알려 준다. ② 다양한 방법(차례대로 줄 서기, 제비뽑기, 팀 나누기 등)으로 짝을 정한다. ③ 짝과 만나서 서로의 얼굴과 이름을 확인한다. ④ 짝과 함께 줄을 서서 장소를 이동한다. ⑤ 이동 장소에 도착한다.  
유의점	가급적 앞에서 인솔하는 교사와 가까운 거리에서 이동할 수 있도록 한다.
연관 활동	눈 가리고 친구 찾기 게임하기
평 가	• 자신과 짝이 된 친구를 알고 있는가? • 장소를 이동할 때 친구의 손을 잡고 이동할 수 있는가?
활동 5	점심 도우미 역할하기
활동 목표	• 점심 도우미의 역할에 관심을 가진다. • 점심 도우미로서 자신의 역할을 이해하고, 친구들의 식사 준비를 돕는다.
활동자료	점심 도우미 목걸이 
활동 내용	① 교사가 유아들에게 점심 도우미를 소개한다. ② 점심 도우미 목걸이를 착용한다. ③ 행주를 활용하여 책상을 닦는다. ④ 친구들에게 냅킨과 행주 바구니를 나누어 준다. ⑤ 친구들이 식사를 마친 후에 식판을 바르게 정리할 수 있도록 돕는다.

	⑥ 모든 유아들이 식사를 마친 후에 배식대를 밀어서 정리할 수 있다.  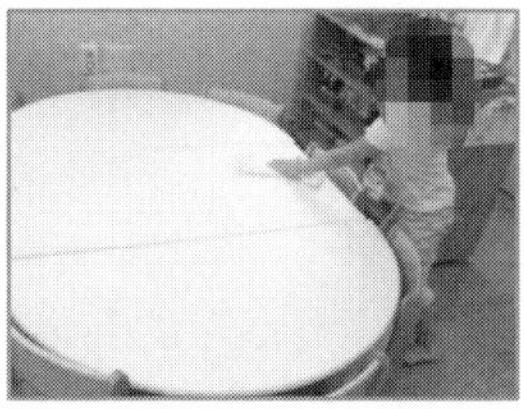
유의점	학기 초에는 도우미 활동에 능숙한 유아와 짝을 지어서 활동할 수 있도록 한다.
연관 활동	역할 영역에서 상 차리기 하기
평 가	• 점심 도우미의 역할에 관심을 가지고 참여하는가? • 행주를 활용하여 친구들의 식사 준비를 도울 수 있는가?
활동 6	친구 옆에서 놀이하기
활동 목표	• 자신이 가지고 놀고 싶은 장난감을 스스로 선택할 수 있다. • 다른 친구들의 옆에서 놀이를 지속하려는 마음을 가진다.
활동자료	자동차, 기차 등
활동 내용	① 쌓기 영역에서 자신이 좋아하는 장난감을 선택한다. ② 쌓기 영역 카펫 안에서 안전하게 놀이할 수 있도록 한다. ③ 이미 놀이를 시작하고 있는 친구 옆에 앉는다. ④ 자신이 선택한 장난감을 가지고 즐겁게 놀이에 참여한다.  
유의점	같은 공간에서 놀이할 수 있도록 장애유아가 좋아하는 영역의 공간을 충분히 확보해야 한다.
연관 활동	친구와 같은 장난감을 같은 분류 바구니에 담아서 정리해 보기
평 가	• 여러 가지 장난감 중에서 자신이 하고 싶은 놀이를 스스로 선택할 수 있는가? • 자신이 하고 싶은 놀이를 3분 이상 지속할 수 있는가?
활동 7	친구와 같은 장난감으로 놀이하기
활동 목표	• 친구와 같은 장난감을 가지고 놀이에 참여해 본다. • 친구들이 놀이하는 방법을 보고 모방하여 놀이해 본다.
활동자료	다양한 장난감

활동 내용	① 교사와 함께 놀이 계획표를 보면서 하고 싶은 놀이를 말로 표현해 본다. ② 자신이 계획한 놀이에 놀이 이름표를 붙이고 참여한다. ③ 친구들이 놀이하고 있는 모습을 관찰한다. ④ 친구들과 같은 장난감을 가지고 놀이할 수 있다. ⑤ 친구들을 따라서 같은 방법으로 놀이에 참여한다. ⑥ 친구와 함께 놀이했던 장난감을 정리할 수 있다. 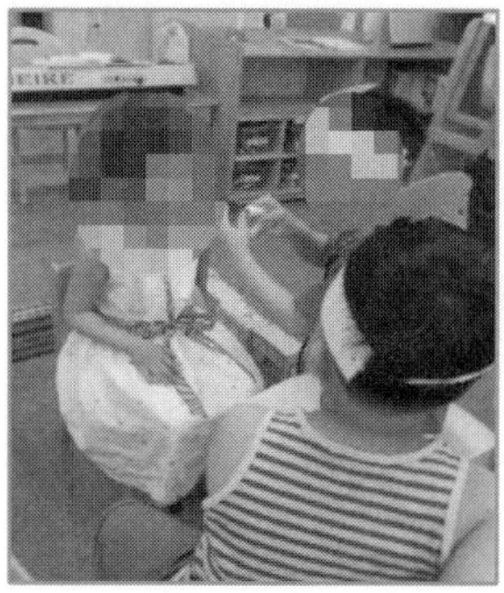 
유의점	이미 놀이가 진행되고 있을 경우, 교사가 개입하여 장애유아가 함께 놀이할 수 있도록 도움을 주어야 한다.
연관 활동	친구들이 이미 시작한 놀이에 개입하여 놀이하기
평 가	친구와 같은 장난감을 가지고 5분 이상 놀이를 지속할 수 있는가?

7) 결과 및 해석

박수현의 사회적 상호작용에 대한 지원활동의 결과는 다음과 같다. 본 연구에 사용된 도구는 발달의 위험이나 장애를 갖고 있는 영유아를 위한 교육과정 중심의 사정 · 평가인 AEPS다. 박수현은 AEPS의 1~3세용 검사도구를 사용했으며, 박수현의 사회성 영역(사회적 상호작용)과 다른 영역 부분에서 지속적으로 향상되어 가고 있는지 알아보기 위해 6개 영역(소근육, 대근육, 적응, 인지, 의사소통, 사회성)을 2차 시에 걸쳐 검사한 결과를 그래프로 살펴보면 다음과 같다.

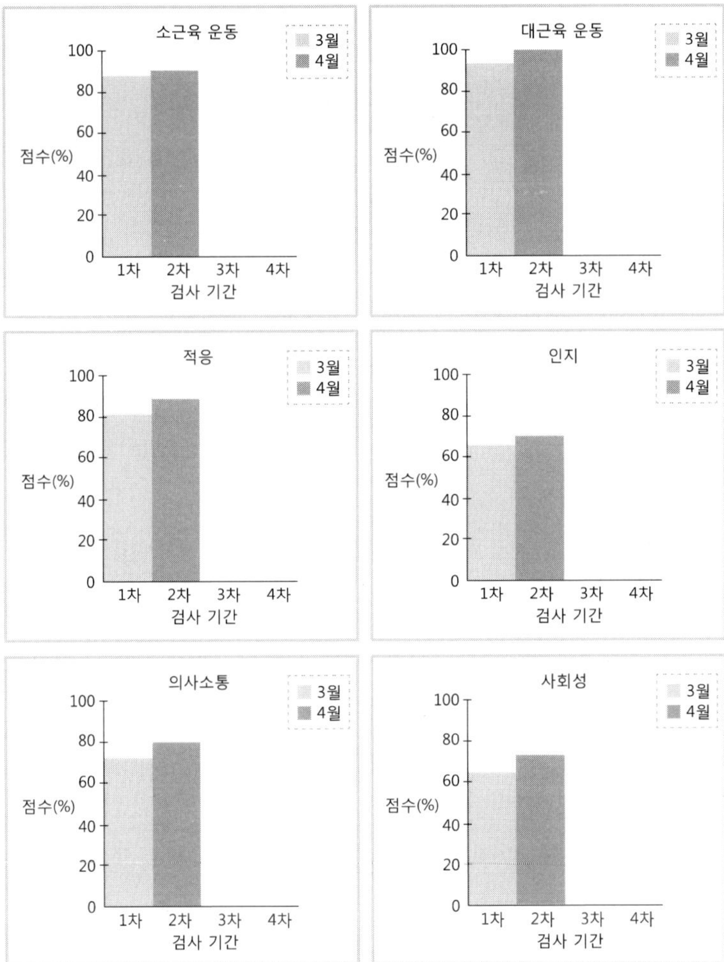

[그림 5] AEPS의 6개 영역-각 영역별 수행 능력 그래프

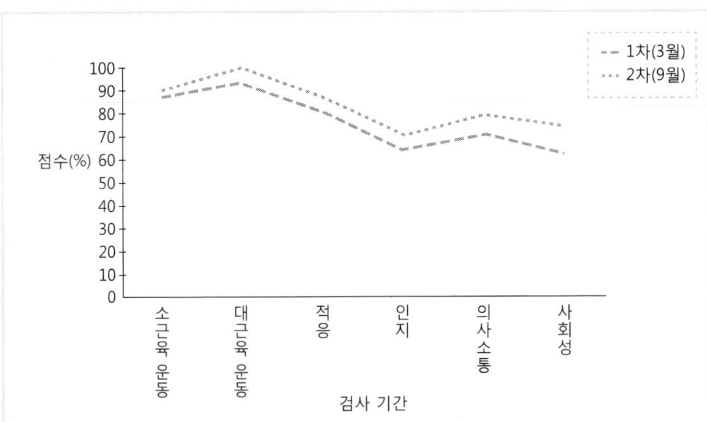

[그림 6] AEPS의 6개 영역-수행 능력 그래프

박수현의 AEPS의 6개 영역의 결과는 다음과 같다.

- 소근육 운동 영역: 1차 검사는 87.8%, 2차 검사는 90.2%로 나타났다. 이 영역은 발달되고 있는 것으로 나타났다.
- 대근육 운동 영역: 1차 검사는 93.6%, 2차 검사는 99.9%로 나타났다. 이 영역은 발달되고 있는 것으로 나타났다.
- 적응 영역: 1차 검사는 81.2%, 2차 검사는 87.5%로 나타났다. 이 영역은 발달되고 있는 것으로 나타났다.
- 인지 영역: 1차 검사는 64.6%, 2차 검사는 69.8%로 나타났다. 이 영역은 발달되고 있는 것으로 나타났다.
- 의사소통 영역: 1차 검사는 71.7%, 2차 검사는 79.3%로 나타났다. 이 영역은 발달되고 있는 것으로 나타났다.
- 사회성 영역: 1차 검사는 62%, 2차 검사는 74%로 나타났다. 이 영역은 발달되고 있는 것으로 나타났다.

이 같은 결과를 통하여 알 수 있는 것은 박수현은 유치원 완전통합교육을 통하여 AEPS의 6개 영역에서 모두 발전되고 있다는 것이다. 그중 특히 사회성 영역에서는 사회적 상호작용 IEP 교육을 통하여 1차 검사보다 2차 검사에서 12%가 증가되어 다른 영역보다 더 의미 있게 나타났음을 보여 주고 있다.

8) 결 론

박수현은 입학 초기 할머니와의 분리불안이 심하여 교실 내의 입실에 다소 어려움이 있었으며, 낯선 타인에 대한 경계심을 가지고 있었다. 인사 나누기 시간에 자신의 이름을 부르면 고개를 돌리거나 일시적으로 눈을 응시하는 정도의 반응을 보였다. 이에 박수현의 사회적 상호작용에 대한 프로그램을 계획하는 과정에서 AEPS를 기초로 유아의 현재 능력 및 요구 사항을 측정하고, 8회에 걸친 단위 활동을 실행·반복하였다. 프로그램 실행 초기에는 친숙한 성인과의 관계에서 사회적 상호작용이 보다 적극적으로 이루어지는 것이 관찰되었다. 따라서 학기 초에는 교사와의 친밀감 형성을 목표로 하고, 박수현이 유치원에서 안정적으로 생활할 수 있는 것에 주안점을 두었다. 4월 초반 이후에는 점차 함께 차량에 탑승하는 같은 동네 친구들을 중심으로 사회적 상호작용의 기회를 제공하였으며, 그 이후에는 수현이가 관심을 보이거나, 수현이에게 관심을 보이는 친구들과 관계를 형성할 수 있도록 IEP를 계획하고 놀이를 제시하였다. 이를 통해 현재 수현이는 학급 내에서 자신이 하고 싶은 놀이를 스스로 선택할 수 있으며, 다른 친구들과 함께 놀이에 참여하며, 친구들의 놀이를 모방하여 놀이를 즐기는 모습이 관찰되고 있다. 이처럼 박수현은 완전통합교육을 통하여 AEPS의 소근육, 대근육, 인지, 의사소통, 사회성 영역이 발전되어 가고 있을 뿐만 아니라 사회성 영역(사회적 상호작용)의 개별화 교육 계획(IEP)을 통하여 부적절한 행동이 긍정적으로 발전되고 있음을 알 수 있다.

4 만 4세 장애유아의 섭식행동에 대한 통합교육적 지원

1) 장애유아의 인적 사항

- 이름: 조현준(가명) (성별: 남)
- 생년월일: 2005년 10월 16일생
- 가족 관계: 아버지, 어머니, 남동생
- 장애명: 청각 2급(양측 고도난청)(서울대학교병원 소아이비인후과 진단)

2) 조현준의 성장 배경

성장과정				
태아기	임신 중	건강 양호		
	출생 시	정상 분만		
영아기 (생후 1~2년)	영양 및 식습관	모유와 우유를 섞어 먹임	질병	없음
	젖 뗀 시기	24개월	걸음마 시작	12개월 이후
	양육자	조모	말하기 시작	생후 14~18개월경 초어 산출(엄마, 아빠 제외)
	수면 습관	양호	비고	생후 6개월경 조부가 유아를 떨어뜨림

유아기 (생후 3년~)	영양 및 식습관	밥을 잘 먹지 않음, 설, 추석 등 친척 집에 갈 일이 생기면 외부에서 전혀 밥을 먹지 않고 하루 종일 굶음, 유치원에서도 입학 후 1년은 식탁에서 음식을 받아 쳐다만 봄
	수면 습관	부모와 함께 자며 쉽게 잠듦
	비고	2008년 8월 청각이상을 알게 됨
행동 특성		
전반적인 행동 특성	• 자발적 의사소통의 욕구가 있고, 주로 손짓으로 의사를 전달함 • 수용언어 능력이 16개월 지체됨. 청력의 손실로 청각적 단서만을 통한 언어적 · 상황적 이해력에 어려움을 나타냄 • 표현언어 능력이 16개월 지체됨 • 시공간 기능이 정상적이며, K-DIAL Ⅲ에서 운동발달 영역 과제에서도 평균적인 수준을 보였으며, VMI(통합운동발달검사)에서는 연령에 비해 높은 수행을 나타냄 • 사회지수(SQ)=125로 타인과 관계를 맺고 상호작용하는 기본적인 정서 및 행동적인 반응이 높은 수준으로 발달되어 있음 • 일상생활 적응에 필요한 기본적인 옷 입기, 먹기 등의 신변 처리 능력과 자조 능력의 발달이 양호함 • 혼자서 간단한 위험을 피할 수 있음	
도전적인 행동 특성	• 가정에서는 흰쌀밥, 김, 삶은 달걀 등 자신이 좋아하는 음식만 먹음 • 유치원에서는 음식을 먹지 않음	
비 고	• 2008년 8월 보청기를 착용하기 시작하였고, 2009년 5월 인공와우 수술을 함 • 생후 41개월에 본 유치원에 입학함 • 조현준은 부모가 맞벌이를 하는 과정에서 조부모가 1차 양육자였음. 생후 20개월까지 이유식만 먹음	

3) 장애유아의 편식 지도방법 및 지원과정

편식 지도방법에는 다양한 음식을 맛볼 기회 주기, 특정 음식에 대한 거부감을 보일 경우에는 음식의 냄새를 맡아 보고 조금만 맛본 후에 입에 음식을 조금 넣고 씹어 보는 단계 적용하기, 요리 함께하기 등의 방법이 있다.

조현준의 편식 지도를 위해 교사는 가정과 다른 유치원 내에서의 식사 환경에 익숙해질 수 있는 기회를 제공하고, 좋아하는 음식부터 맛보게 하였다. 또한 양측 고도 난청으로 인한 의사소통의 어려움을 돕기 위한 방법으로 의사소통판을 활용하면서 음식을 먹은 뒤에는 좋아하는 놀이를 할 수 있다는 것을 알려 줌으로써 식사에 대한 동기를 유발하고, 그 후 조금씩 다양한 음식을 맛볼 수 있도록 순차적인 단계를 제시하였다.

4) IEP에 따른 계획안

<table>
<tr><th>성 명</th><th>조현준</th><th>반 명</th><th>만 4세 반</th><th>장애명</th><th>청각 2급
(양측 고도난청)</th><th>실시 기간</th><th>2010. 5. 3~
현재</th></tr>
<tr><td rowspan="8">현재
수행
능력</td><td rowspan="6">강점</td><td>소근육</td><td colspan="5">• 두 손을 사용하여 물체를 조작하고 각 손은 다른 움직임을 수행할 수 있다.
• 세 손가락으로 쓰기도구를 잡고 쓰며 글자를 쓸 수 있다.</td></tr>
<tr><td>대근육</td><td colspan="5">• 장애물을 피하여 달리며 양발을 교대로 계단을 오르내린다.
• 공을 튀기고, 잡고, 차고, 던진다.</td></tr>
<tr><td>적응</td><td colspan="5">• 음식을 입에 넣고 입을 다물고 씹으며, 입에 있는 음식을 삼킨 후에 다음 음식을 뜬다.
• 집게를 이용해 음식을 집을 수 있으며, 다양한 용기에 음료수를 따를 수 있고, 요구르트를 마시기 위해 빨대의 껍질을 벗겨 요구르트에 꽂을 수 있다. 스스로 바나나의 껍질 및 사탕 껍질을 벗길 수 있다.</td></tr>
<tr><td>인지</td><td colspan="5">• 촉각적 자극과 시각적 사건을 지향한다.
• 물건을 색깔, 모양, 기능에 따라 분류할 수 있다.
• 그림으로 상황을 보여 주고 어디를 가야 할지 로고를 찾아보도록 하면 소방서, 우체국, 병원 등을 찾을 수 있다.</td></tr>
<tr><td>의사
소통</td><td colspan="5">• 교사의 몸짓 언어를 잘 이해하고 지시에 따를 수 있다. 관심 있는 사람이나 사건에 집중한다.
• 음식을 먹기 싫을 경우 손을 내밀며 “안 먹어.”라고 말하고 교사가 제시하는 활동을 하기 싫을 경우 고개를 젓는다.</td></tr>
<tr><td>사회성</td><td colspan="5">• 다른 친구와 함께 블록을 쌓고, 블록 주위에서 장난을 치며 웃는다. 교사가 도와주면 친구와 장난감을 바꿀 수 있다.
• 갖고 싶은 장난감의 경우 친구가 가져가려고 하면 가져가지 못하도록 화를 내거나 다른 곳으로 도망간다.</td></tr>
<tr><td rowspan="2">요구
영역</td><td>적응</td><td colspan="5">• 교사가 먹여 주는 다양한 종류의 음식을 조금씩 맛보기 시작한다.
• 끈 형태의 묶는 것을 풀기 시작한다.</td></tr>
<tr><td>인지</td><td colspan="5">• 이름을 부르면 3번째 정도에 소리가 나는 쪽을 바라본다.
• 교사가 모르는 단어를 말할 경우 입 모양을 따라서 흉내 내기 시작한다.</td></tr>
</table>

		의사소통	• 기분이 좋을 때, 화가 났을 때, 하고 싶은 것이 있을 때, 톤이 다른 옹알이를 통해 의사를 표현한다. • 말을 하면서 몸짓으로 보여 주면 이해하고 반응을 보인다. • '가, 먹어, 안 돼, 싫어, 할 거야' 등을 손짓으로 표시할 수 있으며, '안 먹어'는 발화가 가능하다.
		사회성	• 자발적으로 협동활동을 시작한다. • 일상적인 지시에 관련된 몸짓을 이해하고 적절하게 행동할 수 있다. • 유치원 내의 규칙 중 지킬 수 있는 것이 있다. 예를 들면, 줄을 서야 하는 경우 자신의 위치를 지킬 수 있다.
	흥미		• 친구를 좋아하며, 친구들의 이름표를 보고 해당 친구에게 줄 수 있다. • 호기심이 많아 새로운 활동(놀이)의 참여에 적극적이다. • 소근육 활동을 좋아하며 능숙하게 할 수 있다. • 바깥놀이, 자전거 타기 등 대근육 활동을 좋아하며 적절하게 움직일 수 있다. • 도구 및 놀이시설을 활용하여 안전하게 놀이할 수 있다. • 노래의 경우 자신이 알고 있는 말을 중간중간 발화하여 음의 높낮이의 차이를 두어 노래를 부른다.
학부모 요구 사항	• 유치원 내 또래와 언어적 상호작용 방법을 배울 수 있기를 원함 • 유치원에서 많은 언어자극을 받기를 원함 • 다양한 종류의 음식 맛보기 • 반대말 개념 이해하기 • 간단한 동요 듣기 • 형용사와 동사를 이해하고 사용하기 • 2어문 사용하기 • 자신의 개인 정보 알기		
필요 영역	적응, 인지, 의사소통, 사회성		

영 역	요 소	장기 목표	단기 목표
소근육 (AEPS 3~6세)	발달 목표 도달		
대근육 (AEPS 3~6세)	발달 목표 도달		
적응 (AEPS 3~6세)	음식 먹기	1. 적절한 식기를 사용해서, 흘리지 않거나 조금만 흘리고 다양한 음식을 먹고 마시기	1.3. 다양한 촉감의 음식 먹기

인지 (AEPS 출생~3세)	감각자극	1. 청각적 · 시각적 · 촉각적 사건 지향하기	1.1. 청각적 사건 지향하기 1.4. 청각적 · 시각적 · 촉각적 자극에 반응하기
	모방	2. 자주 사용하지 않는 단어 모방하기	2.1. 자주 사용하지 않는 말소리 모방하기 2.2. 자주 사용하는 단어 모방하기
	물체와의 상호작용	1. 놀이에 가상적 물건 사용하기	1.1. 물건을 표상활동에 사용하기
의사소통 (AEPS 출생~3세)	언어적 · 의사소통적 상호작용	1. 사람이 말하는 쪽으로 돌아보기	1.1. 사물과 이에 대해 말하고 있는 사람 쪽으로 돌아보기 1.2. 소리가 나는 물체 쪽으로 돌아보기
		3. 옹알이로 음성적 상호작용에 참여하기	3.1. 쿠잉(초기 옹알이)으로 음성적 상호작용에 참여하기
	단어로 전환하기	1. 사람의 주의 집중을 얻고 물건, 사람, 사건에 대해 언급하기	1.1. 말이나 몸짓으로 간단한 질문에 반응하기 1.3. 몸짓이나 말로 사람과 인사하기
	단어와 문장의 이해	2. 상황적인 단서 없이 두 단계 지시 수행하기	2.1. 상황적인 단서를 사용하여 두 단계 지시 수행하기 2.2. 상황적인 단서 없이 한 단계 지시 수행하기 2.3. 상황적인 단서를 사용하여 한 단계 지시 수행하기
사회성 (AEPS 3~6세)	다른 사람과의 상호작용	1. 놀이 상대로 다른 사람과 상호작용하기	1.3. 다른 사람과 교대로 상호작용하기 1.4. 친숙한 사람에게 먼저 인사하기
		2. 자발적으로 협동 활동 시작하기	2.1. 다른 사람과의 협동활동에 참여하기 2.2. 다른 사람과의 협동활동 유지하기 2.3. 물건을 나누어 쓰거나 바꾸어 사용하기
	참여	2. 소집단 활동 동안 보고, 듣고, 참여하기	2.1. 소집단 활동 동안 물체를 가지고 적절하게 상호작용하기 2.2. 소집단 활동 동안 지시에 적절하게 반응하기
		3. 대집단 활동 동안 보고, 듣고, 참여하기	3.1. 대집단 활동 동안 물체를 가지고 적절하게 상호작용하기 3.2. 대집단 활동 동안 지시에 적절하게 반응하기 3.3. 대집단 활동 동안 적절한 물건, 사람, 사건을 보기

5) 활동 순서

활동	활동명
활동 1	친구들과 함께 음식 먹는 자리에 앉아 있기
활동 2	교사와 함께 식사 준비에 참여하기
활동 3	좋아하는 음식 맛보기
활동 4	의사소통판 인식하기
활동 5	의사소통판에 따라 싫어하는 음식 한 번 맛보기
활동 6	작은 음식 조각 한 개씩 먹기
활동 7	2가지 음식 함께 먹기
활동 8	음식량 조금씩 늘려 가기

※ 이와 관련된 내용은 일일 및 주간 교육 계획안에서 계속적으로 진행한다.

6) 실제 활동과정

활동 1	친구들과 함께 음식 먹는 자리에 앉아 있기
활동 목표	• 친구들과 함께 먹는 상황에 익숙해질 수 있다. • 식사시간에는 함께 앉아 있어야 한다는 것을 안다. • 친구들의 식사 모습을 보고 동기부여가 된다.
활동자료	식판, 음식, 숟가락, 포크 등
활동 내용	① 스스로 앉고 싶은 자리를 선택한다. ② 배식된 식판을 나누어 준다. ③ 친구들이 음식을 먹는 동안 자리에 앉아 있는다. ④ 음식을 다 먹은 친구들이 정리를 시작하면 함께 정리한다. 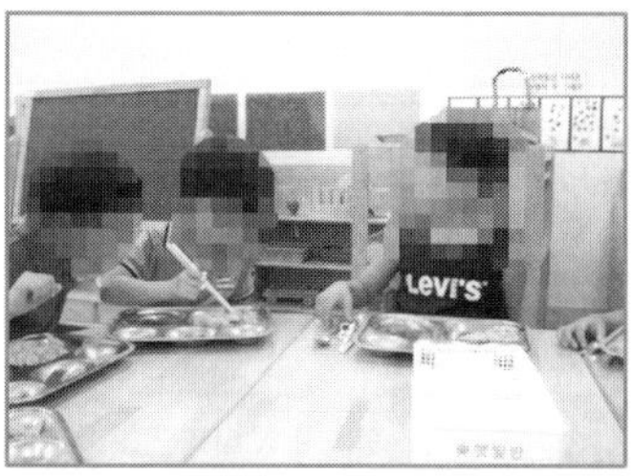
유의점	• 친한 친구들과 함께 앉아 식사시간 동안 소외되지 않도록 한다. • 친구들이 정리를 시작하기까지 자리에 앉아 기다리도록 한다.
연관 활동	역할: 유치원의 식사도구를 활용해 놀이하기
평 가	• 식사시간 동안 친구들과 함께 자리에 앉아서 기다리는가? • 친구들이 식사하는 모습을 바라보는가?

활동 2	교사와 함께 식사 준비에 참여하기
활동 목표	• 식사 준비에 참여함으로써 식사 시 자신이 할 수 있는 일이 있다는 것에 대해 자부심을 가진다. • 다른 사람을 돕는 일에 즐겁게 참여할 수 있다.
활동자료	식기(식판, 수저), 반찬 등
활동 내용	① 손을 씻는다. ② 교사와 함께 배식 준비를 한다. ③ 친구들이 오면 식판을 나누어 준다.  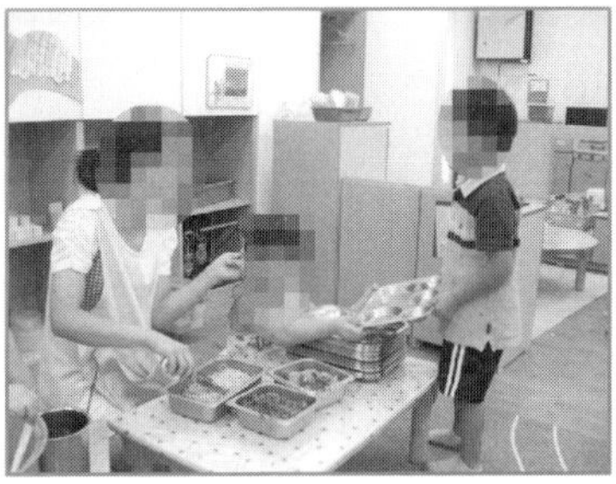
유의점	교사와 친구들을 도와준 것에 대해 칭찬해 준다.
연관 활동	역할: 음식상 차리기
평 가	• 식사 준비를 통해 자부심을 가지는가? • 식사 준비에 참여함으로써 즐거움을 느끼는가?
활동 3	좋아하는 음식 맛보기
활동 목표	• 좋아하는 음식을 맛봄으로써 유치원에서의 식사시간에 대해 친숙함을 느낄 수 있다. • 스스로 먹을 수 있다는 자신감을 가진다.
활동자료	식판, 음식, 숟가락, 포크 등
활동 내용	① 스스로 앉고 싶은 자리를 선택한다. ② 배식된 식판을 나누어 준다. ③ 좋아하는 음식을 선택해 먹는다. ④ 친구들이 음식을 먹는 동안 자리에 앉아 기다린다. ⑤ 음식을 다 먹은 친구들이 정리를 시작하면 함께 정리한다.  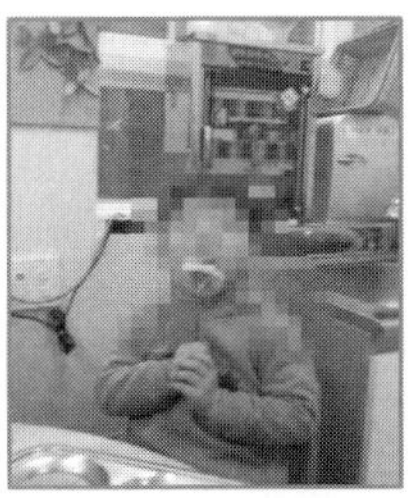

<table>
<tr><td>유의점</td><td colspan="2">• 가능한 한 좋아하는 음식을 맛볼 수 있도록 음식을 제공한다. 예를 들면, 좋아하는 음식 재료의 맛 이외에 다른 맛이 섞이는 것을 싫어한다면 그 재료의 고유의 맛을 볼 수 있도록 제공한다.
• 음식을 먹을 경우 칭찬과 격려를 해 준다.</td></tr>
<tr><td>연관 활동</td><td colspan="2">요리: 좋아하는 음식 재료로 요리해서 맛보기</td></tr>
<tr><td>평 가</td><td colspan="2">• 유치원에서의 식사시간에 대해 친숙함을 느끼는가?
• 좋아하는 음식을 스스로 선택해서 먹는가?</td></tr>
<tr><td>활동 4</td><td colspan="2">의사소통판 인식하기</td></tr>
<tr><td>활동 목표</td><td colspan="2">• 의사소통판을 통해 현재와 미래를 인지할 수 있다.
• 일과의 순서를 이해한다.</td></tr>
<tr><td>활동자료</td><td>의사소통판, 여러 가지 활동 사진</td><td></td></tr>
<tr><td>활동 내용</td><td colspan="2">① 의사소통판을 제시하고 현재 하는 활동 사진을 선 왼쪽에 붙이고 다음에 이루어질 활동 사진을 선 오른쪽에 붙인 뒤에 설명한다.
② 활동이 끝나면 활동 사진을 뗀 뒤에 하이파이브를 한다.
 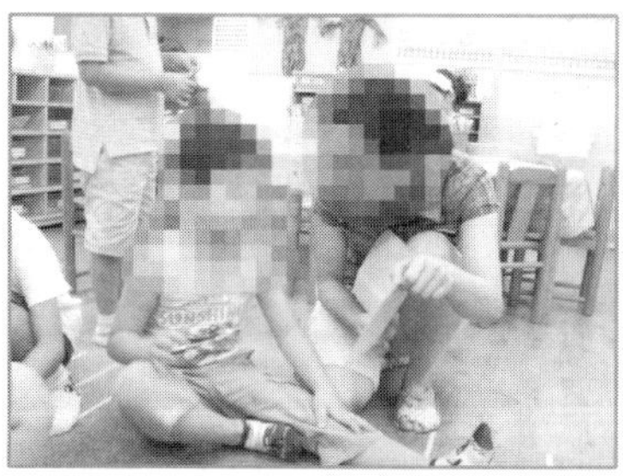</td></tr>
<tr><td>유의점</td><td colspan="2">• 하루 일과가 진행되는 동안 이 과정을 반복함으로써 이해하도록 한다.
• 이 활동이 반복되어 익숙해지면 활동 사진을 늘려 여러 단계의 다음 활동을 예측할 수 있도록 한다.
• 이후에 교사가 설명해 주면 유아 스스로 붙이고 뗄 수 있도록 한다.</td></tr>
<tr><td>연관 활동</td><td colspan="2">의사소통판에 따라 하루 일과 이해하기</td></tr>
<tr><td>평 가</td><td colspan="2">• 현재 이루어지고 있는 것과 다음에 이루어질 것을 인지하는가?
• 일과의 흐름을 이해하는가?</td></tr>
</table>

활동 5	의사소통판에 따라 싫어하는 음식 한 번 맛보기
활동 목표	• 싫어하는 것을 한 후에 좋아하는 것을 할 수 있음을 안다. • 싫어하는 음식을 맛보는 것에 대한 거부감을 줄인다.
활동자료	의사소통판, 음식 먹는 사진, 정리하는 사진, 식판, 음식, 숟가락, 젓가락 등 
활동 내용	① 의사소통판의 선 왼쪽에는 음식을 먹는 사진, 선 오른쪽에는 정리하는 사진을 붙여 둔다. ② 의사소통판을 보며 싫어하는 음식의 국물을 한 번 맛본 뒤에 정리할 수 있음을 설명한다. ③ 국물을 맛본 뒤에 음식을 먹는 사진을 떼어 내고 하이파이브를 한다. 
유의점	• 유아가 싫어하는 음식을 꼭 한 번은 맛볼 수 있도록 한다. • 처음에는 국물부터 시작해서 나중에는 작게 자른 조각 하나를 먹을 수 있도록 한다.
연관 활동	의사소통판으로 자신의 생각을 표현하기
평 가	• 싫어하는 것을 한 뒤에 자신이 좋아하는 것을 할 수 있다는 것을 이해하는가? • 싫어하는 음식을 거부하는 정도가 줄어드는가?
활동 6	작은 음식 조각 한 개씩 먹기
활동 목표	• 다양한 음식을 맛볼 수 있다. • 다양한 맛과 질감에 대한 거부감을 줄인다.
활동자료	식판, 음식, 숟가락, 젓가락 등

활동 내용	① 배식을 받아 자리에 가서 앉는다. ② 좋아하는 음식은 스스로 먹고, 싫어하는 음식은 작게 잘라 맛본다. ③ 모든 음식을 한 번씩 맛본 뒤에 정리한다. 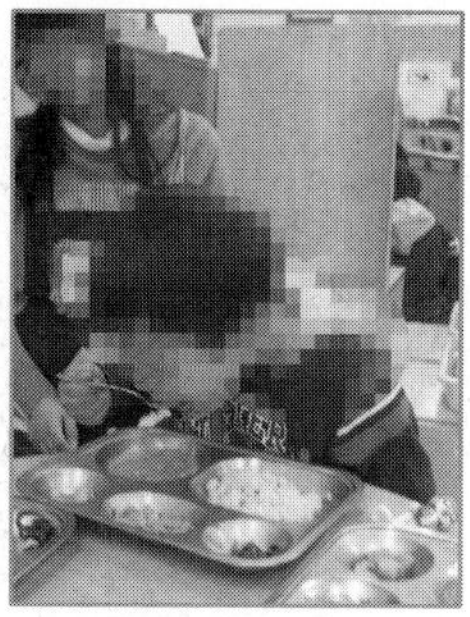 
유의점	• 모든 음식을 적은 양이라도 모두 맛볼 수 있도록 한다. • 유아가 싫어하는 음식도 점차 스스로 먹을 수 있도록 유도한다.
연관 활동	과학: 같은 맛 찾아내기
평 가	• 다양한 음식을 맛보는가? • 다양한 맛과 질감을 가진 음식을 거부하는 빈도가 줄어들었는가?
활동 7	2가지 음식 함께 먹기
활동 목표	• 밥과 반찬을 함께 먹는 태도를 기른다. • 함께 어울려 먹는 음식을 먹을 수 있다.
활동자료	식판, 카레와 밥, 돈가스와 소스, 숟가락, 젓가락 등
활동 내용	① 밥과 반찬을 함께 먹어야 함을 알려 주고, 숟가락에 함께 올려놓고 먹을 수 있도록 돕는다. ② 소스를 찍은 돈가스와 같은 음식을 친구들과 함께 동시에 먹어 보도록 한다.  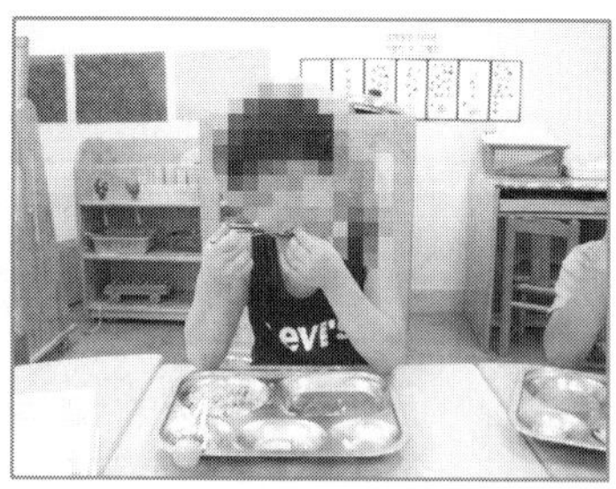
유의점	• 밥과 반찬을 함께 먹을 수 있도록 지속적으로 격려한다. • 가능한 한 스스로 함께 먹을 수 있도록 한다.
연관 활동	언어: 2가지 음식을 함께 먹으며, 음식 이름 알아보기
평 가	• 밥과 반찬을 함께 먹는가? • 함께 어울려 먹는 음식을 먹을 수 있는가?

활동 8	음식량 조금씩 늘려 가기
활동 목표	• 다양한 맛과 질감의 음식을 스스로 먹는 태도를 기른다. • 음식을 다 먹었을 때의 성취감을 느낄 수 있다.
활동자료	식판, 음식, 숟가락, 젓가락 등
활동 내용	① 음식을 종류별로 한 개씩 배식하다가 유아가 스스로 다 먹는 것에 대한 성취감을 느끼게 되면 점점 양을 늘린다. ② 음식을 스스로 먹은 뒤에 정리한다.  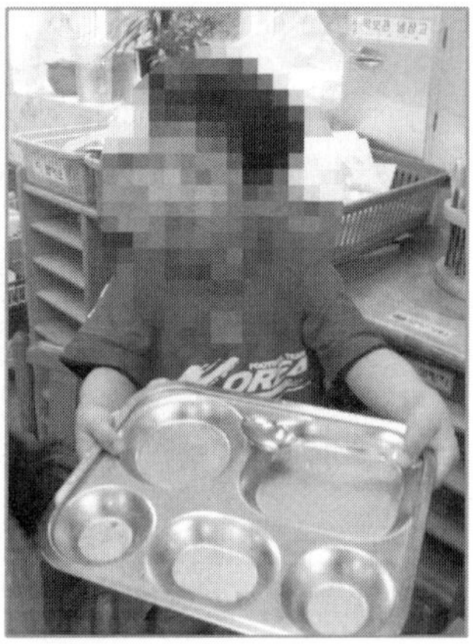
유의점	• 음식을 다 먹었을 때 칭찬과 격려를 통해 성취감을 느낄 수 있도록 한다. • 유아가 지속적으로 성취감을 느낄 수 있도록 양을 천천히 늘려 간다.
연관 활동	수: 먹은 음식의 개수를 세어 그래프 만들기
평 가	• 음식의 맛과 질감에 관계없이 음식을 스스로 먹는가? • 음식을 스스로 다 먹었다는 것에 대해 성취감을 느끼는가?

7) 결과 및 해석

조현준의 편식에 대한 지원활동의 결과는 다음과 같다. 본 연구에 사용된 도구는 발달의 위험이나 장애를 갖고 있는 영유아를 위한 교육과정 중심의 사정·평가 도구인 AEPS다. 조현준은 청각장애로 인하여 의사소통 시 어려움이 있어 AEPS의 의사소통과 인지 영역은 1~3세용 검사도구를, 나머지 영역은 3~6세용 검사도구를 사용하였다. 조현준의 적응 영역(편식)과 다른 영역 부분에서의 어려움이 지속적으로 향상되고 있는가를 알아보기 위해 6개 영역(소근육, 대근육, 적응, 인지, 의사소통, 사회성)을 3차 시에 걸쳐 검사한 결과를 그래프로 살펴보면 다음과 같다.

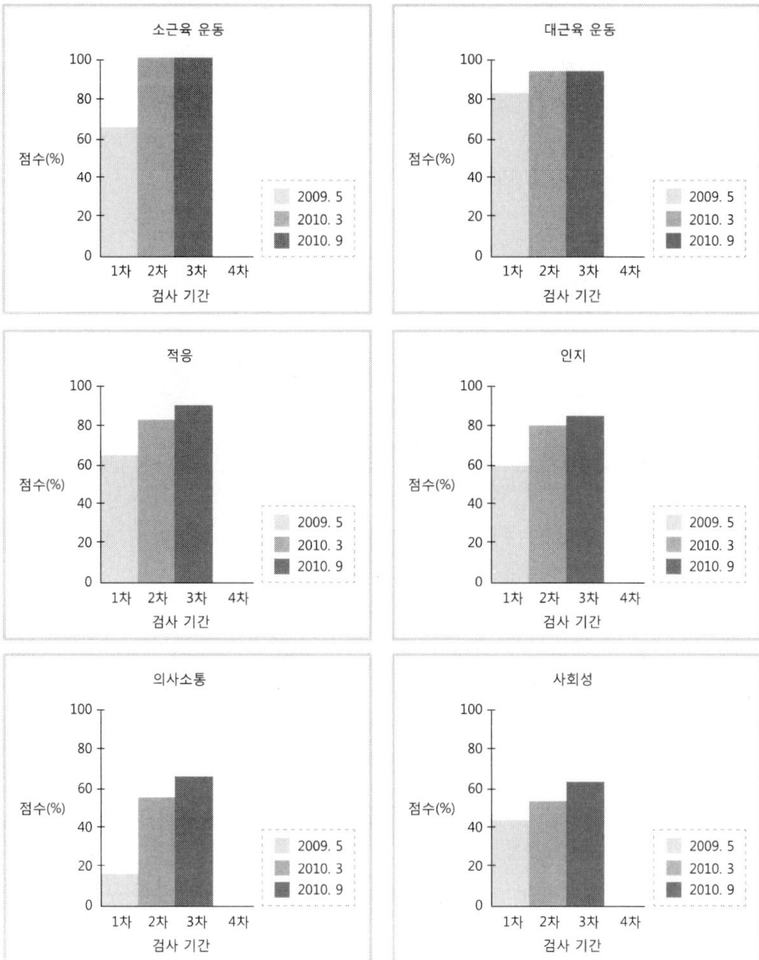

[그림 7] AEPS의 6개 영역-각 영역별 수행 능력 그래프

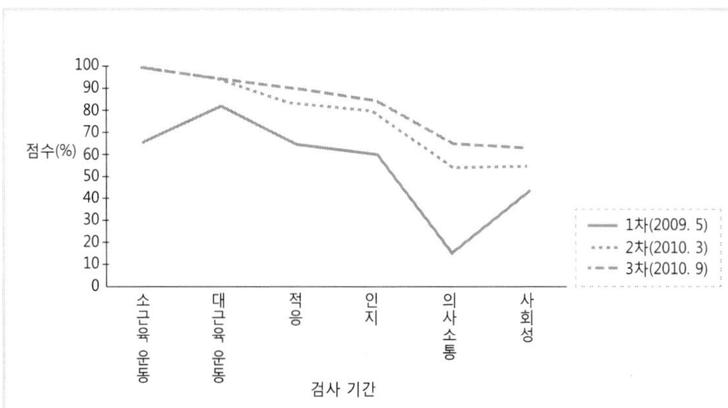

[그림 8] AEPS의 6개 영역-수행 능력 그래프

조현준의 AEPS의 6개 영역의 결과는 다음과 같다.

- 소근육 운동 영역: 1차 검사는 66%, 2, 3차 검사는 100%로 소근육 운동 영역은 우수한 것으로 나타났다.
- 대근육 운동 영역: 1차 검사는 82%, 2, 3차 검사는 94.1%로 대근육 운동 영역은 발달되고 있는 것으로 나타났다.
- 적응 영역: 1차 검사는 65%, 2차 검사는 82.8%, 3차 검사는 90%로 적응 영역은 발달되고 있는 것으로 나타났다.
- 인지 영역: 1차 검사는 60%, 2차 검사 80%, 3차 검사는 84.5%로 인지 영역은 발달되고 있는 것으로 나타났다.
- 의사소통 영역: 1차 검사는 16%, 2차 검사는 54.3%, 3차 검사는 65.2%로 의사소통 영역은 효과적이었다. 2009년 5월 인공와우 수술의 결과로 많은 향상이 있었다.
- 사회성 영역: 1차 검사는 44%, 2차 검사는 55.3%, 3차 검사는 62.7%로 사회성 영역은 효과적이었으며, 발달되고 있는 것으로 나타났다.

이러한 자료를 토대로 결과를 보면, 조현준은 유치원 완전통합교육 및 개별화 교육 계획(IEP)을 통하여 AEPS의 모든 영역이 발전되고 있는 것으로 나타났다. 특히, 편식훈련을 포함하는 적응 영역에서 1차 검사와 3차 검사의 차이는 25%나 진전되었음을 보여 주고 있다.

8) 결 론

조현준은 입학 초기 유치원에서 음식을 전혀 먹으려고 하지 않았다. 가정에서도 좋아하는 음식 몇 가지 이외에는 전혀 먹지 않아 영양상의 불균형에 대한 우려와 원만한 성격 형성을 위해 AEPS를 기초로 유아의 현재 능력 및 요구 사항을 측정한 후에 편식에 대한 프로그램을 계획하고 단계별로 제시하였다.

친구들과 함께 음식을 먹는 자리에 앉아 있도록 함으로써 가정과 다른 유치원의 식사 환경에 적응할 수 있었으며, 교사와 함께 식사 준비에 참여함으로써 식사시간에 자신이 할 수 있는 일이 있다는 것에 대한 자부심을 느낄 수 있었다. 또한 양측 고도난청으로 언어를 이해할 수 없으므로 의사소통판을 활용하여 음식을 맛본 뒤에는 좋아하는 활동을 할 수 있다는 것을 알려 줌으로써 음식을 먹는 것에 대한 동기를 유발할 수 있었다. 이러한 과정을 통해 2010년 2월경 좋아하는 음식을 스스로 조금씩 먹기 시작하였다. 그 뒤 모든 음식을 작게 잘라 씹어 보며 다양한 음식의 맛과 질감을 느껴 보는 경험을 제공하였다. 그 결과 조현준에게 유의미한 변화가 나타났다. 현재는 배식되는 모든 음식을 먹어야 한다는 것을 알고 스스로 먹으며, 먹는 양도 조금씩 늘려 가고 있다.

조현준은 완전통합교육을 통하여 AEPS의 소근육, 대근육, 인지, 의사소통, 사회성 영역이 발전되고 있을 뿐만 아니라 일상생활에서 반드시 필요한 적응 영역(편식)의 개별화 교육 계획(IEP)을 통하여 긍정적으로 발전되고 있음을 알 수 있다.

5 만 5세 장애위험 유아의 분노 감정에 대한 통합교육적 지원

1) 장애유아의 인적 사항

- 이름: 이민호(가명) (성별: 남)
- 생년월일: 2004년 3월 26일생
- 가족 관계: 아버지, 어머니
- 장애 유형: 장애위험군(사회적 기술 결핍 및 공격적 행동) 진단

이민호는 학급에서 분노와 공격적 행동이 심하여 교사와 부모가 함께 2가지 검사를 시행하였다. 그 결과는 다음과 같다.

<table>
<tr><th></th><th>검사도구</th><th colspan="2">결과 요약</th><th>검사 결과 해석</th></tr>
<tr><td>검사 1</td><td>한국형 Ages and Stages Questionnaire: Social and Emotional(ASQ: SE)</td><td colspan="2">교사: 115점
(문제행동 의심),
부모: 50점
(문제행동 의심)</td><td>• 교사와 부모 두 집단 간에 점수 차이가 남
• 교사와 부모 모두 유아의 행동에 어려움 제시
−도구의 절선을 넘김으로써 사회 · 정서 · 행동 영역에서 어려움이 의심됨</td></tr>
<tr><td rowspan="2">검사 2</td><td rowspan="2">한국형 유아 행동평가척도(Child Behavior Checklist: CBCL1/1/2−5)</td><td>내재화</td><td>위축 부분에서 준임상적 수준</td><td>• 내재화 영역(정서적 반응성, 우울, 불안, 신체 불편, 위축)의 전체적인 평가는 문제가 없는 것으로 나타남
• 하위 영역(위축)에서 부모의 평가 결과 문제가 있는 것으로 나타남</td></tr>
<tr><td>외현화</td><td>공격성 부분(23)에서 임상적 수준</td><td>• 외현화 영역은 문제 있음으로 나타남
• 2가지 영역(주의 집중, 공격성) 가운데 공격성 영역은 교사와 부모가 공통적으로 문제를 인식하고 있는 것으로 나타남</td></tr>
</table>

2) 이민호의 성장 배경

<table>
<tr><th colspan="5">성장과정</th></tr>
<tr><td rowspan="2">태아기</td><td>임신 중</td><td colspan="3">건강</td></tr>
<tr><td>출생 시</td><td colspan="3">건강하게 출산하였음</td></tr>
<tr><td rowspan="4">영아기
(생후 1~2년)</td><td>영양 및 식습관</td><td>인공 영양과 모유</td><td>질병</td><td>특별한 질병은 없었음</td></tr>
<tr><td>젖 뗀 시기</td><td>10개월</td><td>걸음마 시작</td><td>13개월 이후</td></tr>
<tr><td>양육자</td><td>부모</td><td>말하기 시작</td><td>12개월 이후</td></tr>
<tr><td>수면 습관</td><td>쉽게 잠드는 편임</td><td>비고</td><td></td></tr>
<tr><td rowspan="3">유아기
(생후 3년~)</td><td>영양 및 식습관</td><td colspan="3">스스로 먹을 수 있으나 속도가 느린 편임</td></tr>
<tr><td>수면 습관</td><td colspan="3">부모와 함께 자며, 쉽게 잠드는 편임</td></tr>
<tr><td>비고</td><td colspan="3">사회성이 부족한 것 같아 염려하고 있음. 화가 나면 울고 소리를 지르기도 함</td></tr>
<tr><th colspan="5">행동 특성</th></tr>
<tr><td>전반적인 행동 특성</td><td colspan="4">• 유아의 행동 특성으로 인하여 놀이치료를 받고 있음
• 'ASQ: SE'에서 유아의 행동에 대한 어려움이 있음이 제시되었고, 사회 · 정서 · 행동 영역에서 어려움이 의심됨
• 'CBCL1/1/2−5'에서 공격성 영역에서 효과적인 교육 및 치료 방안이 필요함</td></tr>
</table>

도전적 행동 특성	• 분노의 감정 표현이 소리 지르기, 꼬집기, 밀기, 때리기, 바닥에 드러눕기의 행동으로 나타남 • 분노 감정 발생 시 갈등이 일어난 대상 유아뿐 아니라 가까이 있는 유아에게도 공격성이 나타남
비 고	

3) 장애위험 유아의 공격성 표출행동에 대한 지도방법 및 지원과정

분노 감정이 공격성 표출행동으로 나타나는 것에 대한 지도방법에는 분노 감정을 표출할 수 있는 대체물(펀치)을 사용하는 방법, 공격성 외의 다른 행동으로 표출되는 경우를 강화하는 상반행동 강화와 소멸(무시)법의 사용, 적절한 행동으로 반응하였을 때 토큰이나 스티커를 제공하는 토큰 강화제와 스티커 방법의 사용, 타임아웃(time out)의 사용, 도서, 게임활동을 통하여 다양한 정서를 이해할 수 있는 활동의 제공, 거북이 기술훈련 등이 있다.

이민호의 분노 감정이 공격성 표출행동으로 나타나는 행동을 지도하기 위하여 펀치를 사용하여 분노 감정을 표출할 수 있도록 하였고, 약속판을 만들어 약속의 실행 여부에 따라 타임아웃과 스티커 방법을 사용하였다. 또한 다양한 정서를 이해할 수 있도록 하기 위하여 게임과 동화의 활동을 제공하고, 거북이 기술을 훈련함으로써 분노와 충동을 다스리는 방법을 지도하였다.

4) IEP에 따른 계획안

성 명	이민호		반 명	만 5세 반	실시 기간	2010. 4 ~ 2010. 7. 19
현재 수행 능력	강점	소근육	• 두 손을 사용하여 물체를 조작하고, 각 손이 다른 움직임을 수행할 수 있음 • 직선 형태와 곡선 형태의 가위질이 가능함 • 소근육이 연령에 맞게 발달하여 세 손가락으로 연필을 잡고 이름과 같은 글자 쓰기가 가능함 • 3개 글자를 보고 쓸 수 있음			

		대근육	• 장애물을 피하여 달리기를 할 수 있음 • 양발을 교대로 하여 계단을 오르내릴 수 있음 • 제자리 점프하기, 발 구름판에서 점프하기가 가능함 • 공을 튀기기, 잡기, 차기, 던지기를 할 수 있음 • 한 발로 뛰기(홉핑)를 할 수 있음 • 대근육이 연령에 맞게 발달하여 공을 잡고, 차고, 던지기가 가능하며, 오르막길에서 자전거를 스스로 이동시킬 수 있음
		적응	• 적절한 식기를 사용할 수 있으며, 스스로 골고루 먹음 • 손 씻기, 옷 입기, 양치하기, 화장실 기능 수행하기 등의 적응행동 기능을 수행할 수 있음
		인지	• 색깔, 형태, 크기의 개념을 이해하고 있음 • 질적인 개념을 이해하여 질문에 바르게 대답함 • 20개 이상의 물건을 셀 수 있으며, 인쇄된 수에 대한 이해를 나타냄 • 단어, 낱자를 소리 내어 말할 수 있으며, 쓸 수 있음
		의사소통	• 알리고, 지시하고, 질문하고, 예상하고, 상상하고, 애정 및 감정을 표현하기 위해 단어, 구, 문장을 사용함 • 화자와 청자의 역할을 교대로 하여 대화할 수 있음 • 6w의 질문을 이해하며, 스스로 사용하기도 함 • 궁금한 것을 질문하며, 애정 및 감정을 표현하기 위해 문장을 사용하여 말함
		사회성	• 자신의 소유권을 주장하거나 방어할 수 있음 • 배고픔, 갈증과 같은 신체적 욕구를 이해하고, 스스로 충족하려고 함 • 놀이 시간에 좋아하는 활동이나 물건을 스스로 선택하며, 좋아하는 활동을 자발적으로 시작함 • 전화번호, 생일, 성별, 이름과 나이 말하기 등 자신과 다른 사람의 정보에 대해 말할 수 있음
	요구 영역	사회성	• 다른 사람이 보인 애정적인 호의에 반응하며, 교대로 상호작용하기, 근접성 유지하기 등 놀이 상대로 다른 사람과 상호작용하는 방법을 이해할 필요가 있음 • 갈등 해결을 위한 간단한 전략 사용하기, 협상하기 등 효과적인 전략으로 갈등을 해결하는 경험이 필요함 • 활동의 시작과 종료의 요구에 적절한 방법으로 반응할 필요가 있음 • 교사나 또래의 도움으로 협동활동에 참여하는 기회가 필요함 • 소집단 및 대집단 활동 동안 보고, 듣고, 참여하도록 도움이 필요함 • 교실에서의 정해진 규칙을 기억하여 스스로 지키는 태도가 필요함 • 자신과 다른 사람의 정서와 감정에 대해 이해하고, 적절하게 표현하고 반응하는 태도가 필요함 • 교사나 유아가 놀이에 방해가 될 경우에도 꼬집기, 밀기, 소리 지르기 등의 행동을 하지 않도록 함

<table>
<tr><td></td><td>흥미</td><td colspan="3">• 조형 영역의 색종이에 쓰고 싶은 글자를 쓴 후에 알림을 표시하기 위해 교실에 붙여 놓는 것을 좋아함
• 축구에 적극적으로 참여하며 공을 차고 싶어 함
• 대근육 활동을 좋아하여 자전거 타기, 모래놀이, 놀이터에서 적극적으로 놀이함
• 상상놀이를 좋아하며, 언어 · 독서 영역, 쌓기 영역에서 빈번하게 놀이함
• 교사와 이야기 나누는 것을 즐기며, 자신의 상상이나 즐거운 상황에 대해 이야기하는 것을 좋아함
• 다른 친구들에게 좋아하는 감정을 표현하여 이름을 부르거나 스스로 다가가서 안아 주기도 함
• 좋아하는 친구에게 먼저 놀이하자고 제안하며, 이름을 부름
• 조형 영역에서 열쇠를 만든 후에 도서 영역의 문을 잠그는 시늉을 하며, 놀이하는 것을 좋아함. “문을 잠가.”라는 말을 자주 함</td></tr>
<tr><td>학부모 요구 사항</td><td colspan="4">• 또래와의 발달을 비교해 볼 때, 대인관계, 정서발달 측면은 미숙한 면이 있다고 판단됨. 또래와의 상호작용이 이루어지면 좋겠음
• 상황에 따른 감정 조절이 필요함
• 대집단 속에서 역할을 맡아 참여함으로써 자신감을 기를 수 있으면 좋겠음</td></tr>
<tr><td>필요 영역</td><td colspan="4">사회성</td></tr>
<tr><td>영 역</td><td colspan="2">요 소</td><td>장기 목표</td><td>단기 목표</td></tr>
<tr><td>소근육
(AEPS 3~6세)</td><td colspan="4">발달 목표 도달</td></tr>
<tr><td>대근육
(AEPS 3~6세)</td><td colspan="4">발달 목표 도달</td></tr>
<tr><td>적응
(AEPS 3~6세)</td><td colspan="4">발달 목표 도달</td></tr>
<tr><td>인지
(AEPS 3~6세)</td><td colspan="4">발달 목표 도달</td></tr>
<tr><td>의사소통
(AEPS 3~6세)</td><td colspan="4">발달 목표 도달</td></tr>
</table>

사회성 (AEPS 3~6세)	다른 사람과의 상호작용	1. 놀이 상대로 다른 사람과 상호작용하기	1.1. 어려움에 처해 있거나 도움이 필요한 사람에게 반응하기 1.2. 다른 사람과 가까이 하고 이(근접성)를 유지하기 1.3. 다른 사람과 교대로 상호작용하기 1.4. 친숙한 사람에게 먼저 인사하기 1.5. 다른 사람이 보인 애정적인 호의에 반응하기
		2. 자발적으로 협동활동 시작하기	2.1. 다른 사람과의 협동활동에 참여하기 2.2. 다른 사람과의 협동활동을 유지하기 2.3. 물건을 나누어 쓰거나 바꾸어 사용하기
		3. 효과적인 전략을 선택하여 갈등 해결하기	3.1. 갈등 해결을 위해 협상하기 3.2. 갈등 해결을 위한 간단한 전략 사용하기
	참여	1. 연령에 적합한 활동을 자발적으로 시작하고, 마치기	1.1. 활동 종료 요구에 반응하기 1.2. 활동 시작 요구에 반응하기
		2. 소집단 활동 동안 보고, 듣고, 참여하기	2.1. 소집단 활동 동안 물체를 가지고 적절하게 상호작용하기 2.2. 소집단 활동 동안 지시에 적절하게 반응하기 2.3. 소집단 활동 동안 적절한 물건, 사람, 사건 보기 2.4. 소집단 활동 동안 집단과 함께하기
		3. 대집단 활동 동안 보고, 듣고, 참여하기	3.1. 대집단 활동 동안 물체를 가지고 적절하게 상호작용하기 3.2. 대집단 활동 동안 지시에 적절하게 반응하기 3.3. 대집단 활동 동안 적절한 물건, 사람, 사건 보기 3.4. 대집단 활동 동안 집단과 함께하기
	환경과의 상호작용	2. 집과 교실 밖에서 상황에 맞는 규칙에 따르기	2.1. 어른의 허락을 구하기 2.2. 집과 교실의 정해진 규칙 따르기
	자신과 다른 사람에 대해 표현하기	2. 자신의 행동, 생각, 감정이 다른 사람에게 어떻게 영향을 주는지에 대한 이해를 표현하기	2.1. 다른 사람의 정서와 감정에 대해 표현하기 2.2. 자신의 정서와 감정을 표현하기
		3. 자신과 다른 사람에 대한 정보 말하기	3.1. 주소 말하기

5) 활동 순서

활 동	활동명
활동 1	펀치 사용하기
활동 2	약속판 만들기 / 약속의 실행(타임아웃, 정적강화)
활동 3	또래 훈련
활동 4	정서적 언어 능력 강화하기 I – 게임
활동 5	정서적 언어 능력 강화하기 II – 동화
활동 6	분노와 충동 다스리기 I – 거북이 훈련방법
활동 7	분노와 충동 다스리기 II – 거북이 기술 사용
활동 8	친구와 놀이하기

※ 이와 관련된 내용은 일일 및 주간 교육 계획안에서 계속적으로 진행한다.

6) 실제 활동과정

<table>
<tr><td>활동 1</td><td colspan="2">펀치 사용하기</td></tr>
<tr><td>활동 목표</td><td colspan="2">• 펀치의 사용방법과 약속에 대해 안다.
• 펀치의 위치와 사용방법을 알고 탐색한다.
• 화가 났을 때, 교사의 신체적 · 언어적 도움으로 펀치를 이용하여 감정을 발산할 수 있다.</td></tr>
<tr><td>활동자료</td><td>펀치, 화이트보드, 보드펜</td><td></td></tr>
<tr><td>활동 내용</td><td colspan="2">① 펀치를 소개하고, 약속을 정한다. 장난감으로 사용하는 것이 아니라 자신이 화가 났을 때 칠 수 있는 것임을 이야기한다.
② 펀치의 위치를 정하고, 펀치를 탐색한다.
③ 화가 났을 때, 펀치로 감정을 발산한다.
 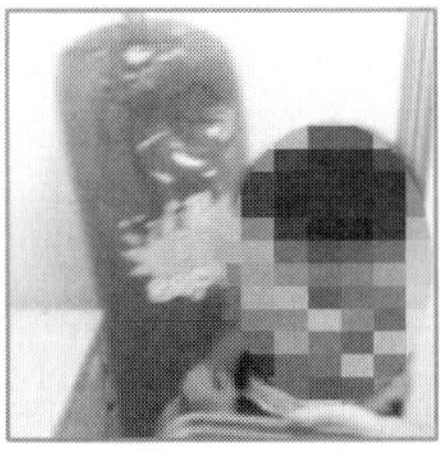 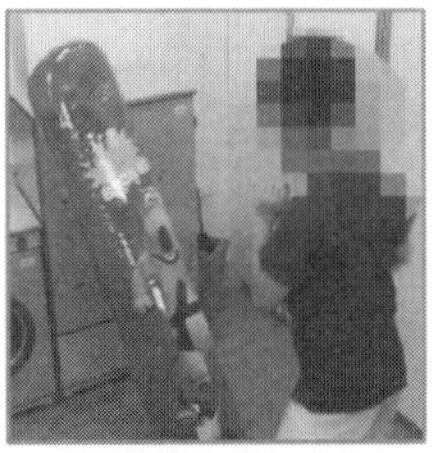</td></tr>
</table>

유의점	• 펀치를 언제 쳐야 하는 것인지를 유아들이 스스로 기억하도록 처음에는 교사의 언어적 촉구가 필요하다. • 펀치를 둘 때, 유아가 분노를 표출하는 장소에 근접할 수 있도록 한다. • 화가 난 감정이 모두 발산되도록 펀치를 충분히 치도록 배려한다.
연관 활동	• 펀치 사용 약속판 만들기 • 펀치 치고 돌아오기 • 친구와 펀치 숫자만큼 치기
평 가	• 유아가 펀치의 사용 약속에 대해 이해하는가? • 유아가 펀치에 관심을 보이며 탐색하는가? • 유아가 화가 났을 때, 펀치로 분노를 발산하는가?
활동 2	약속판 만들기 / 약속의 실행(타임아웃, 정적강화)
활동 목표	• 유치원에서 지켜야 하는 약속에 대해 이야기할 수 있다. • 정해진 약속을 스스로 지키는 태도를 기른다.
활동자료	약속판 만들 종이, 스티커, 연필, 인주 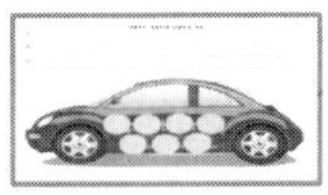
활동 내용	① 민호와 유치원에서 지켜야 할 약속 중 반드시 지켜야 할 약속 3가지를 이야기하여 약속판에 글자를 쓴다. ② 약속판의 방법에 대해 설명한다. 약속을 지키면 스티커를 받게 된다는 것과 스티커를 채우면 민호가 좋아하는 도우미를 하게 될 것이라고 이야기한다. ③ 약속을 지키는 것에 대해 격려하며 함께 손도장을 찍는다. ④ 등원하여 지켜야 할 약속판을 교사와 함께 읽는다. ⑤ 공격적인 행동을 보이지 않았을 때는 스티커를 주거나 칭찬을 한다. 공격적인 행동을 보일 때는 타임아웃을 사용한다.  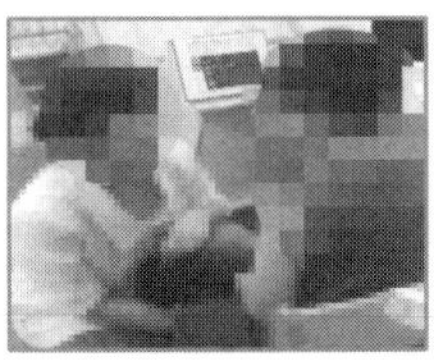 
유의점	• 약속의 수가 너무 많으면 유아가 약속을 지키기가 어려워 포기하게 된다. 따라서 교사는 유아가 가장 먼저 지켜야 하는 문제행동을 파악해야 한다. • 타임아웃 시 유아가 자신의 잘못에 대해 생각할 수 있는 시간을 주되, 10분을 넘기지 않도록 한다.
연관 활동	–
평 가	• 자신이 지켜야 하는 약속을 스스로 이야기하는가? • 강화물이 유아에게 적절한가? • 유아가 약속을 지켜 공격적인 행동이 감소되었는가?

활동 3	또래 훈련
활동 목표	친구를 도울 수 있는 방법에 대해 알고 적절하게 대처할 수 있다.
활동자료	키보드 
활동 내용	■ 또래 훈련을 하게 된 배경: 정리시간에 민호의 공격적 행동이 증가함. 관찰한 결과 민호가 정리해야 하는 것을 강제적으로 정리하려고 하여 갈등 상황이 발생되었음. 따라서 민호가 싫어하는 행동과 도와주기 위한 방법을 유아들이 알아야 할 필요성이 제기되었음 ① 자신들이 어떤 행동을 할 때 민호가 싫어했는지에 대해 이야기한다. –민호가 키보드를 칠 때 함부로 끄면 분노 표출을 하게 된다는 것에 대해 이야기한다. ② 친구의 감정에 대해 생각해 본다. ③ 어떻게 도와주면 좋을지에 대해 이야기한다. –언어로 표현하는 방법에 대해 이야기한다. ④ 정리 시간이 되었을 때, 친구를 도와주는 방법에 대해 생각한 후에 행동할 수 있도록 교사의 언어적 촉구를 제시한다.
유의점	–
연관 활동	키보드 이외에 유아에게서 나타나는 보편적 행동 특성에 대처할 수 있는 방법에 대해 이야기한다(예: 정리시간).
평 가	또래 유아들이 유아의 행동 특성을 이해하고 적절하게 대처하는가?

활동 4	정서적 언어 능력 강화하기 I – 게임
활동 목표	다양한 표정에 따른 감정을 이해하고, 표현할 수 있다.
활동자료	다양한 표정판(웃는 얼굴, 우는 얼굴 등) 
활동 내용	① 팀별 게임 대형으로 자리에 앉는다. ② 인원수를 세고, 팀별 이름을 정한다. ③ 게임방법을 예측하고 설명한다. –여러 가지 색깔 카드를 뒤집어 같은 색깔 카드의 표정 그림을 보고 같은 표정을 지어 보고 돌아온다. –내가 지은 표정이 어떤 것이고, 나는 어떤 상황에서 그런 감정을 느꼈는지 이야기해 본다.

	④ 게임을 한 후에 평가한다. 
유의점	–
연관 활동	상황에 따른 그림을 제시하여, 표정을 지어 보거나 느낌을 표현할 수 있도록 한다.
평 가	• 표정에 따른 감정을 이해하고 있는가? • 여러 가지 감정에 따른 경험을 말할 수 있는가?
활동 5	정서적 언어 능력 강화하기 II – 동화
활동 목표	• 상황에 따른 여러 가지 감정을 경험할 수 있다. • 언어와 손을 긍정적으로 사용하는 방법에 대해 안다.
활동자료	〈동화〉 • 오늘도 화났어 • 손은 때리라고 있는 것이 아니에요 • 말은 상처를 주라고 있는 게 아니랍니다  
활동 내용	① '나는 ○○ 때 화가 나.'에 대한 나의 경험을 이야기한다. ② 동화를 듣는다. ③ 동화에 대해 이야기를 나눈다. –주인공이 화가 난 이유, 주변 사람들이 화가 난 이유에 대해 이야기를 나눈다. –손을 잘못 사용했을 때와 바르게 사용했을 때에 대해 이야기를 나눈다. –부정적인 언어 사용과 긍정적인 언어 사용에 대해 이야기를 나눈다. 
유의점	–

연관 활동	손의 바른 사용 및 긍정적인 언어 사용에 대한 교구 제시
평 가	• 나와 타인의 감정에 대해 이해하는가? • 손을 잘못 사용했을 때 미치는 영향에 대해 이해하고, 손을 바르게 사용하는 방법에 대해 아는가? • 부정적인 언어의 사용이 미치는 영향에 대해 알고, 긍정적인 언어 사용의 중요성에 대해 말할 수 있는가?
활동 6	분노와 충동 다스리기 Ⅰ – 거북이 훈련방법
활동 목표	분노와 충동을 다스리기 위한 거북이 훈련방법을 안다.
활동자료	그림 동화, 문제해결 카드  
활동 내용	① 자신이 화가 났을 때 어떻게 대처하는지에 대해 이야기한다. ② 동화를 들어 본다(예: '등껍질로 들어가는 거북이처럼, 깊이 생각하는 시간을 가지세요.') ③ 동화를 들은 후에 이야기를 나눈다. –터커가 사용한 방법에 대해 이야기를 나누며, 방법에 따른 그림을 융판에 붙여 설명한다. ④ 문제해결 카드를 사용하여 문제를 해결하는 방법에 대해 이야기를 나눈다. 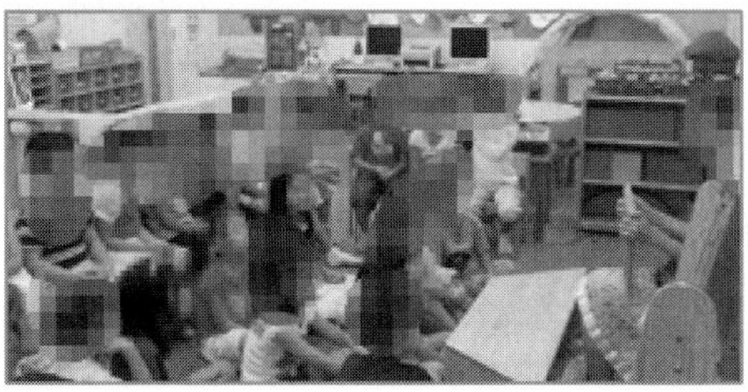 
유의점	화가 난 상황에서 문제를 해결하기 위한 방법이 떠오르지 않을 때는 문제해결 카드를 보며 해결방법을 생각해 볼 수 있다.
연관 활동	여러 가지 일들을 문제화시켜 해결도구를 사용하여 해결하는 방법을 생각해 보도록 한다.
평 가	• 거북이 훈련방법의 순서를 이해하는가? • 문제를 해결하기 위한 방법을 알고 있는가?

활동 7	분노와 충동 다스리기 II – 거북이 기술 사용
활동 목표	거북이 기술의 순서를 이해하고 적용함으로써 분노와 충동을 다스리는 경험을 갖는다.
활동자료	거북이 기술 사용 순서판, 문제해결 카드  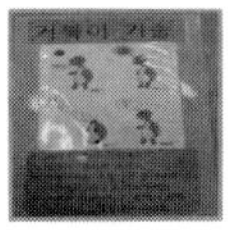
활동 내용	① 유아가 분노를 느끼는 상황이 되었을 때, 거북이 기술 사용 순서판을 보고 어떻게 행동해야 하는지 생각한다. ② 거북이 기술 사용 순서판의 순서대로 유아가 문제를 해결하는 경험을 갖도록 한다. ③ 성공적으로 문제해결을 했을 때 칭찬으로 강화한다. 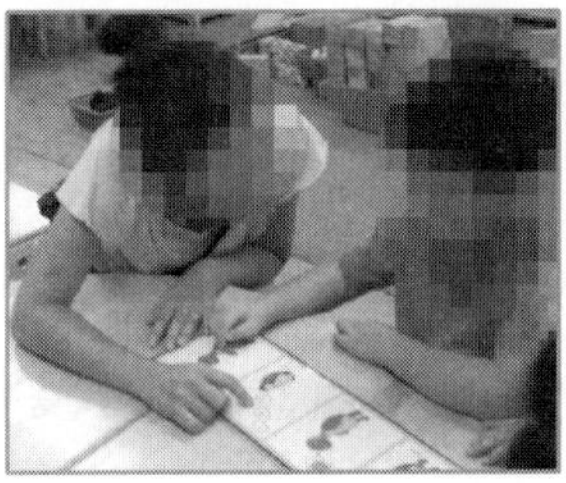 
유의점	거북이 기술의 순서를 익히기 어렵기 때문에 순서판을 제시하도록 한다.
연관 활동	거북이 기술의 순서를 익히기 위해 거북이 기술 책 만들기 등의 활동하기
평 가	• 분노를 느끼는 상황에서 또래와 교사의 도움을 받아 기북이 기술을 사용할 수 있는가? • 문제를 해결하기 위한 방법을 찾아 해결하려는 태도를 보이는가?
활동 8	친구와 놀이하기
활동 목표	문제 상황을 언어로 해결하는 긍정적인 경험을 통해 협동놀이를 한다.
활동자료	게임판, 블록
활동 내용	친구와의 놀이 상황에서 발생하는 공격성의 원인을 파악하였을 때, 함께 놀이를 시도하는 과정에서 도움이 필요하였다. ① 자유놀이 시간에 하고 싶은 놀이를 선택한다. ② 함께 놀이하고 싶은 친구에게 교사의 언어를 모방하여 함께 놀이하자고 말한다. ③ 수 · 조작 영역에서 게임을 한다. –게임 중간에 일어나는 갈등 상황에서 사회적 규칙을 지킬 수 있도록 교사 및 또래가 심판을 볼 수 있도록 한다. –게임방법을 소개하면서 미리 약속을 상기시킨다. ④ 친구들과의 놀이를 시도하여 긍정적인 놀이 경험을 갖는다.

	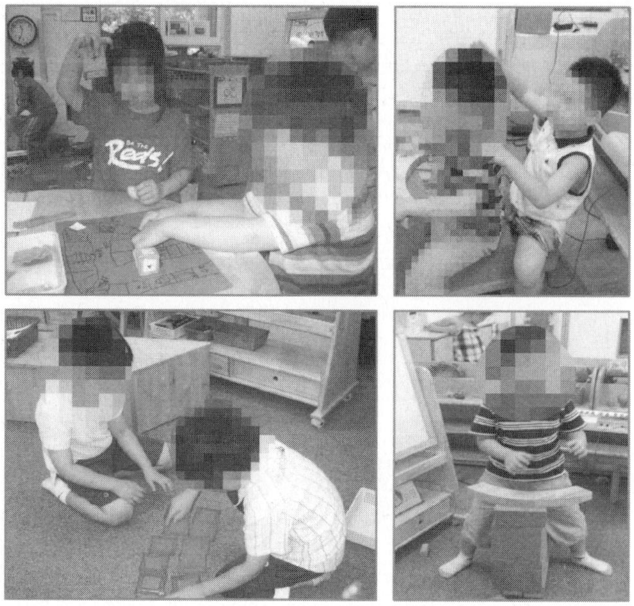
유의점	처음에는 한 번에 많은 유아와 놀이하는 경험보다 한 명의 유아와 놀이해 보는 경험을 갖도록 한다.
연관 활동	• 자유선택 활동 시 협동놀이가 이루어지는 쌓기 영역 • 역할 영역에서 또래와 놀이하는 경험 갖기
평 가	• 교사의 지원으로 친구와 긍정적으로 놀이하는 경험을 했는가? • 스스로 다른 친구와 놀이를 시도하는가? • 놀이를 시도하는 과정에서 공격적으로 행동하지 않고 언어로 표현할 수 있는가?

7) 결과 및 해석

이민호의 분노 감정이 공격적 행동으로 나타나는 것에 대한 지원활동의 결과는 다음과 같다. 본 연구에 사용된 도구는 발달의 위험이나 장애를 갖고 있는 영유아를 위한 교육과정 중심의 사정 · 평가 도구인 AEPS다. 이민호는 AEPS의 3~6세용 검사 도구를 사용했으며, 장애위험 유아로서 도움이 필요하다고 판단되는 2개 영역(의사소통, 사회성)을 2차 시에 걸쳐 검사한 결과를 그래프로 살펴보면 다음과 같다.

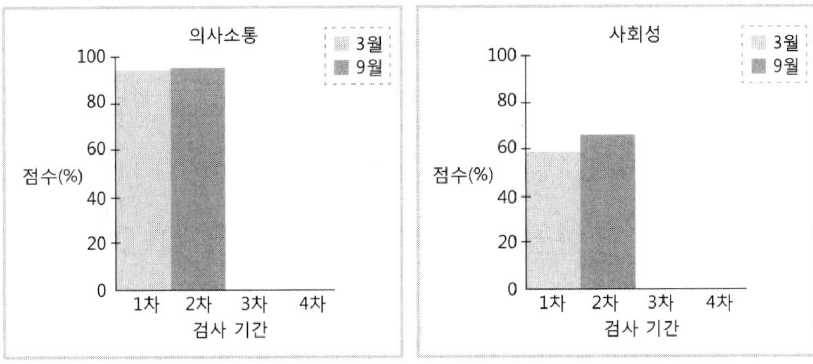

[그림 9] AEPS의 2개 영역-각 영역별 수행 능력 그래프

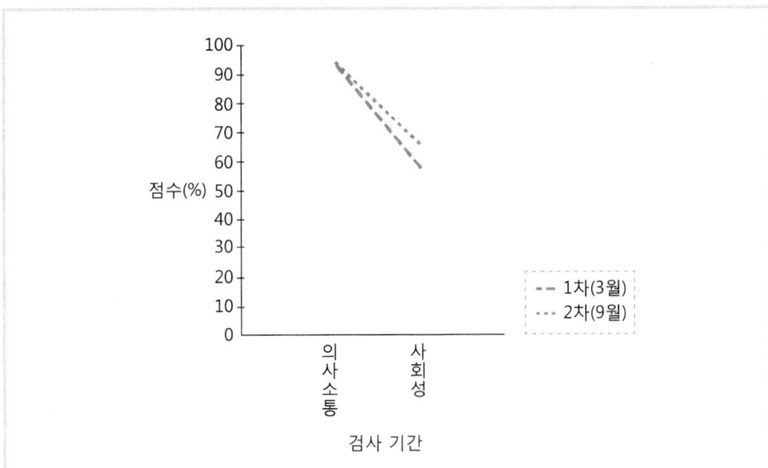

[그림 10] AEPS의 2개 영역-수행 능력 그래프

이민호의 AEPS의 2개 영역의 결과는 다음과 같다.

- 의사소통 영역: 1차 검사는 94%로, 이 영역의 원점수가 절선점수 이상으로 발달연령에 맞게 발달하고 있음을 알 수 있었고, 2차 검사는 94.7%로 이 영역이 발달되고 있는 것으로 나타났다.
- 사회성 영역: 1차 검사는 58.5%, 2차 검사는 66%로 나타나 이 영역이 발달되고 있는 것으로 나타났다. 즉, 어려움에 처해 있거나 도움이 필요한 사람에게 반응하기, 다른 사람과 상호작용하기, 다른 사람이 보인 애정적인 호의에 반응하기, 다른 사람과의 협동활동에 참여하기, 갈등 해결을 위한 간단한 전략 사용하기,

활동 종료에 반응하기, 활동 시작 요구에 반응하기, 어른의 허락 구하기 등에서 발달되고 있는 것으로 나타났다.

이러한 내용을 토대로 결과를 해석해 보면, 이민호의 유치원 완전통합교육 및 개별화 교육 계획(IEP)을 통하여 AEPS의 두 영역에서 발전되어 가고 있는 것으로 나타났다. 특히, 사회성 영역에서는 분노 감정이 공격성으로 나타나는 행동에 대한 IEP를 통하여 1차 검사 때보다 2차 검사에서 7.5%가 향상되어 의미 있게 발달되고 있음을 보여 주고 있다.

8) 결 론

이민호는 학기 초부터 분노 감정이 공격적인 행동—할퀴기, 꼬집기, 발로 차기, 손으로 때리기, 공격적인 언어—으로 나타나 이에 대한 문제행동 접근방법이 필요하였다. 이에 따라 펀치로 분노 감정 발산하기, 약속판 사용하기, 또래 교수, 거북이 훈련방법의 사용을 통하여 다양한 감정의 인식과 분노 감정에 대처하는 방법에 대한 활동이 제공되었다.

이에 따라 이민호는 학기 초에 비하여 분노 상황에서 공격적인 언어—'**귀' '찌로야' '○○를 자동차에 넣어 문을 잠가.' '○○ 귀를 잘라.'—로써 감정을 표출하는 빈도수가 감소되었으며, '나 화났어.'라는 언어를 사용하여 자신의 감정을 표현할 수 있게 되었다. 또한 공격적 행동이 지속되는 시간이 학기 초에 5~10분에서 1~3분으로 감소되었다.

분노 감정이 공격성으로 나타나는 행동에 대하여 자신의 감정을 인식하고 적절하게 표현하는 방법을 지속적으로 훈련하는 지도방법을 통하여 공격성은 감소하고, 분노 감정을 보다 긍정적인 방법으로 표현할 수 있을 것이라고 기대된다.

이처럼 이민호는 사회성 영역의 개별화 교육 계획(IEP)을 통하여 긍정적으로 발전되고 있음을 알 수 있었다.

6 AEPS를 활용한 장애유아 통합교육 프로그램의 효과에 대한 검증을 마치며

본 유치원에서 장애유아 통합교육을 AEPS를 근거로 하여 실시한 결과를 살펴보면 전체적으로 모든 장애유아들이 발전해 가고 있음을 알 수 있다. 이를테면, 후퇴하고 있거나 눈에 띄게 달라지지는 않았지만 발전해 가는 선상에 있음은 장애유아 통합교육이 긍정적이고 희망적임을 볼 수 있다.

효과적인 장애유아 통합교육을 위해서는 기본적으로 갖추어야 할 몇 가지 필수 요건 및 전제 조건이 있다. 즉, 장애유아 조건, 비장애유아 조건, 교사의 자질, 교실 환경, 교육 프로그램 그리고 부모 참여 등이다. 본 유치원의 통합교육에 있어서는 비교적 전제 조건들을 잘 갖추려고 노력하는 중이다. 준비된 교사와 장애유아 통합교육을 위한 원내 연수를 통한 훈련과 계속적인 진행 및 평가를 실시해 왔다. 부모 참여의 측면은 높은 평가를 내릴 수 없는 편이다. 부모의 입장과 원의 입장이 일치되지 않아서 발전될 수 있는 유아인데도 포기해 버리거나 이곳저곳 떠돌아다니는 부모들이 있다.

장애유아이건 비장애유아이건 모두 똑같은 아이들로서 바르게 교육하고 양육받을 권리가 있다. 또한 유치원에서는 그들을 잘 가르칠 책임이 있다. 유치원에서는 이 일을 수용해야 하며, 감당해 내야 한다.

장애유아 통합교육은 국가적인 시책으로 부상하고 있지만, 훈련된 교사와 그들을 가르칠 수 있는 교육과정이 턱없이 부족한 실정이다. 이를 위해서 앞으로 많은 노력을 경주해야 할 것이다.

참고문헌

강문희(1990). 부모교육을 통한 장애아지도 방안 연구. 서울여자대학교 논문집 제19집.

강옥려(1992). 장애아동의 행동지도. – 엄마 아빠 할 수 있어Ⅱ. 기쁜 소식.

교육과학기술부(2008). 유치원 교육과정 해설(Ⅰ) 총론. 서울: 교육과학기술부.

권오기(2001). 통합교육 영상자료 활용이 일반아동의 장애아 수용태도에 미치는 효과. 대구대학교 특수교육대학원 석사학위 청구논문.

김경숙, 김미숙, 김수진, 박숙영, 백유순, 이성용, 조광순, 조윤경, 최민숙, 허계형(2009). 유아특수교육개론. 서울: 학지사.

김계자(1984). 통합교육과정으로서의 요리활동의 교육적 가치에 관한 연구. 중앙대학교 대학원 석사학위 논문.

김교천(1977). 고교생의 편식원인과 신체발달 및 성격특성에 관한 연구. 동아대학교 석사학위 논문.

김규수, 김선혜(2008). 유아의 분노조절 프로그램이 분노와 공격성에 미치는 영향. 열린 유아 교육 연구, 13(1), 301 321.

김기홍(2009). 장애아교육학: 장애아동의 이해와 교육을 위한 입문서. 서울: 집문당.

김남희(2002). 비장애유아와의 미술활동이 장애유아의 사회적 기술에 미치는 영향. 단국대학교 특수교육대학원 석사학위 청구논문.

김미경(2001). 행동형성법이 자폐성 아동의 대변보기 행동에 미치는 효과. 대구대학교 특수교육대학원 석사학위논문.

김미경(2001). 헤드 스타트(Head Start). 서울: 정민사.

김미경, 정희영, 정갑순, 김동춘(2004). 장애유아 이해증진을 위한 통합교육활동의 실제. 배화여자대학 장애유아 통합교육지원센터.

김미정(2000). 행동형성을 이용한 뇌성마비아동의 배변처리 지도 효과. 대구대학교 특수교육대학원 석사학위논문.

김삼섭(1996). 장애아통합교육. 서울: 양서원.

김숙경(2001). 지역청 특수교육 운영방안, 지역사회 중심의 특수교육 운영 방안(제2회 특수교육 전문직 위크 자료. 경기: 국립특수교육원, 41-61.

김영남(2003). 또래 주도 사회성 중재 전략이 통합된 장애유아의 사회적 상호작용에 미치는 효과. 우석대학교 교육대학원 석사학위 논문.

김영환 외(1996). 발달장애아의 지도 프로그램. 서울: 도서출판 특수교육.

김윤희(2009). 행동연쇄법을 이용한 지도가 지적장애아동의 배변처리 능력에 미치는 효과. 용인대학교 교육대학원 석사학위논문.

김은영 외(2006). 혼합형 감각조절장애 아동에 대한 단기 집중 감각통합치료 프로그램의 효과: 사례보고. 대한감각통합치료학회.

김종삼(2000). 통합교육의 경험, 학년, 성별에 따른 일반아동의 장애아동 및 장애인에 대한 태도, 전주교육대학교 대학원 석사학위 청구논문.

김종현, 이성현, 이은림(2009). 특수아동의 이해와 교육. 서울: 창지사.

김진아(2006). 초등학생이 지각한 부모 애착이 분노경험 및 분노표현에 미치는 영향. 연세대학교 교육대학원 석사학위 청구논문.

김진호, 박재국, 방명애, 안성우, 유은정, 윤치연, 이효신 공역(2006). 최신 특수교육. 서울: 시그마프레스.

김현숙(2004). 동화와 요리 활동이 유아의 편식해소에 미치는 영향. 우석대학교 교육대학원 석사학위 논문.

김호연, 강창욱, 박경옥, 장혜성 공역(2008). 영·유아 캐롤라이나 교육과정: 0~3세. 서울: 굿에듀.

김효선(2003). 통합적 장애인식 개선 프로그램이 비장애아동의 장애아동 수용 태도에 미치는 효과. 인천교육대학교 교육대학원 석사학위 청구논문.

류은미(2000). 협동학습이 유치원에 통합된 발달지체유아의 사회적 상호작용에 미치는 영향. 이화여자대학교 대학원 석사학위 논문.

민경환(2002). 장애유아의 교류교육이 일반유아의 태도변화에 미치는 영향. 단국대학교 특수교육대학원 석사학위 청구논문.

박인수(2006). 장애 이해 프로그램이 장애유아에 대한 비장애유아의 태도변화에 미치는 효과. 광신대학교 교육대학원 석사학위 청구논문.

박재욱, 강대옥(2005). 장애유아 통합교육. 경기도: 서현사.

박지현(2010). 유아의 자기조절능력 증진 프로그램 개발 및 적용효과: 자기조절능력 증진과 공격성 감소효과 연구. 성균관대학교 일반대학원 박사학위 청구논문.

박찬웅(2002). 생활환경에 따른 정신지체아의 사회관계망 특성. 초등특수교육연구, 4(1), 111-134

박혜진(2000). 학급도우미 역할 부여가 장애유아의 사회적 상호작용과 사회적 지위에 미치는 영향. 이화여자대학교 대학원 석사학위논문.

박혜진, 이승역(2006). 장애유아 통합교육 이야기. 서울: 학지사.

배화여자대학 장애유아 통합교육 지원센터(2004). 장애유아 이해증진을 위한 통합교육활동의 실제.

배화여자대학 장애유아 통합교육 지원센터(2005). 유아통합교육 행정지원을 위한 정책연구. 2005년 교육인적자원부 재정지원 특성화 사업.

배화여자대학 장애유아통합교육지원센터(2004). 사회성 발달을 위한 장애유아 통합교육 프로그램의 이론과 실제.
백경순(2005). 유아교사와 유아특수교사가 특수유아 통합교육에서 직면하는 어려움에 관한 연구. 유아교육학논집, 9(4), 193-214.
백종인(2005). 미국장애인 교육법상 장애아동의 권리에 대한 절차적 보호. 교육법학연구, 17(1), 119-150.
보건복지부(2002). 보건복지부 · 노동부 · 교육부 장애인복지발전 5개년 계획: 2003-2007.
삼성아동교육문화센터(2007). 포괄적 보육서비스: 지역사회 연계프로그램. 다음세대.
서영숙, 천혜정(2001). 통합교육을 위한 유아의 장애이해교육. 서울: 양서원.
서울특별시교육청(2009). 장애유아 통합교육 운영. 2009 특수교육 교단지원자료.
성수자(2001). 장애아동이해 프로그램이 비장애아동의 태도변화에 미치는 효과. 우석대학교 석사학위 청구논문.
손복순(2003). 장애 이해 프로그램 적용이 비장애아동의 장애아동에 대한 태도에 미치는 영향. 전주대학교 교육대학원 석사학위 청구논문.
송정은(2003). 편식과 아동의 자아개념 및 문제행동의 관계. 고려대학교 교육대학원 석사학위 논문.
신현기, 최세민, 유장순, 김희규(2005). 통합교육의 이론과 실제. 서울: 박학사.
신현기, 최세민, 유장순, 김희규(2005). 특수교육의 이해. 서울: 교육과학사.
신현정(2009). 유아교육기관의 가족지원 프로그램 개발 연구. 덕성여자대학교 대학원 박사학위 청구논문.
안라리(2005). 유아의 개인변인 및 어머니의 정서성과 유아의 정서발달, 사회적 능력의 관계. 이화여자대학교 대학원 박사학위 청구논문.
오은혜(2002). 통합프로그램이 비장애아동의 장애아동에 대한 태도에 주는 효과, 한림대학교 사회복지대학원 석사학위 청구논문.
오정수, 정익중(2008). 아동 복지론. 서울: 학지사.
오혜경(2002). 영유아기 장애아동에 대해 조기개입에 있어 가족 중심적 지원에 관한 고찰. 한국가족복지학, 7(1), 한국가족복지학회.
오혜경, 정소영(2003). 학령기 장애아동의 양유부담과 가족지원. 신정 출판사.
우해숙(2003). 장애 이해 프로그램이 일반아동의 장애아동 수용태도와 자아개념에 미치는 효과. 부산대학교 교육대학원 석사학위 청구논문.
원경희(2002). 장애 이해 프로그램이 장애아동에 대한 일반아동의 인식에 미치는 영향, 순천향대 교육대학원 석사학위 청구 논문.
유수옥(2005). 유아특수교육론. 서울: 학지사.
유수옥, 문연심, 김호연, 송미선, 김혜경, 심성경, 박주희 공역(2006). 장애유아 통합교육 전략. 서울: 창지사.
이규태(1981). 장애자복지에 대한 한국인의 의식구조, 현대사회와 장애자복지. 아산 사회복지사업재단.

이병임(1988). 편식과 불안심리. 한양대학교 석사학위논문.

이상욱, 김재호(1996). 개정증보안과학. 서울: 수문사.

이선복(2000). 통합된 장애아동에 대한 비장애아동의 태도연구. 단국대학교 특수교육 대학원 석사학위 청구논문.

이소현 역(1995). 장애영유아를 위한 교육. 서울: 이화여자대학교출판부.

이소현(1995a). 유치원 교사 양성 교수들의 장애유아 통합에 관한 인식 조사 연구. 특수교육논총 12, 37-60.

이소현 역(1995b). 장애영유아를 위한 교육. 서울: 이화여자대학교 출판부.

이소현 역(2003). 장애영유아를 위한 교육. 서울: 이화여자대학교 출판부.

이소현, 박은혜(2001). 장애유아 통합유치원 교육과정. 서울: 학지사.

이소현, 박은혜(2006). 특수아동교육. 서울: 학지사.

이숙향(1999). 학급 내 가치 있는 역할부여가 장애아동에 대한 일반아동의 태도에 미치는 영향. 이화여자대학교 대학원 석사학위 청구논문.

이연석 외(1999). 어린이집에서의 장애아동 보육에 대한 교사와 부모의 요구 분석. 정서학습장애연구, 15권 1호. 한국정서학습장애아 교육학회.

이영철, 허계형, 이상복, 정갑순 공역(2008). 영유아를 위한 사정, 평가 및 프로그램 체계 Vol 1. 지침서. 서울: 굿에듀북.

이윤옥(2003). 중재전략이 장애아동에 대한 비장애아동의 수용태도에 미치는 효과. 대구교육대학교 교육대학원 석사학위 청구논문.

이익섭(1990). 한국 장애자 문제의 이해. 재활 제35호. 한국장애자재활협회.

이재길(2003). 장애아동 이해 프로그램이 일반아동의 장애아 수용태도에 미치는 효과. 대구대학교 특수교육대학원 석사학위 청구논문.

이창미, 장혜성, 김수진(2005). 장애아 통합보육론. 서울: 교육과학사.

임남희(2004). 통합환경에서의 여가활동이 장애아동의 사회적 기술에 미치는 영향. 단국대학교 특수교육학과 석사학위 청구논문.

임해순(2008). 그림동화가 유아의 공격성 행동 및 친사회적 행동에 미치는 효과. 우석대학교 석사학위 논문.

장선철(2002). 특수유아의 이해와 교육. 서울: 동문사.

장애인복지법시행령(2009). 대통령령 2p219162호(장애인 고용촉진 및 직업재활법 시행령) 일부개정 2009.12.31.

전귀연, 김수경(2005). 장애아동 가족지원 서비스요구 및 만족도 조사. 대한가정학회지, 43(5), 57-79.

전애리(2003). 청각장애학교와 일반학교 간 통합교육경험에 따른 일반아동의 장애아동에 대한 인식. 창원대학교 교육대학원 석사학위 청구논문.

정갑순(2006). 부모교육론. 서울: 창지사

정대영(2009). 행동기능 평가와 긍정적 행동 지원. 서울: 양서원.

정순자(1982). 초등학교 아동의 편식에 대한 실태 조사. 대한가정학회지 20권.
정정진, 강의중(1994). 발달장애 및 영유아를 위한 기초생활 훈련 프로그램. 서울: 도서출판 특수교육.
정희정, 이재연(2008). 경계선 지적 지능 아동의 특성. 특수교육학연구.
조용태(1994). 통합된 장면에 있어서 장애유아의 사회적 상호작용 특성. 특수교육 학회지, 15(2), 27-43.
조윤경(2001). 분산된 활동을 통한 복수 또래 중재가 장애유아의 사회적 발달에 미치는 영향. 이화여자대학교 대학원 박사학위 청구논문.
조윤경, 김수진(2008). 유아교사를 위한 특수아동지도. 서울: 공동체
조종연(2001). 부분통합학급 일반아동의 장애아동에 대한 인식 연구. 공주대학교 특수교육대학원 석사학위 청구논문.
지석연, 김미혜(2006). 감각조절장애 아동에 대한 감각통합 치료적용. 대한감각통합치료학회, 4(1), 5-10.
채미경(2001). 통합교육이 비장애유아의 장애유아에 대한 인식과 유아의 사회정서 발달에 미치는 영향. 인천대학교 교육대학원 석사학위 청구논문.
최민숙(2002). 장애아동교육을 위한 가족참여지원. 서울: 학지사.
최영해(2008). 자연친화 교육프로그램구성 및 적용에 따른 통합학급 유아들의 행동변화. 덕성여자대학교 대학원 박사학위 청구논문.
최은혜(2009. 4. 1). 새 학기 급식 꺼리는 아이 바로잡는 방법. 중앙일보.
최홍자(2004). 장애 이해 프로그램 적용이 비장애아 태도변화에 미치는 효과. 대구대학교 특수교육대학원 석사학위 청구논문.
한경근, 신현기, 김은경 공역(2008). 영·유아 캐롤라이나 교육과정: 3~6세. 서울: 굿에듀.
한국통합교육학회 편(2005). 통합교육. 서울: 학지사.
허계형, 노진아(2010). 영유아의 사회 정서 능력 계발을 위한 활동 중심 중재. 서울: 시그마프레스.
허계형, 이영철 공역(2004). 통합 및 특수환경의 장애 영·유아를 위한 교육방법. 서울: 교육과학사.
황혜신(2001). 유아의 인지능력이 문제행동에 미치는 영향. 대한가정학회, 39, 25-33.

Allin, K. E., & Schwartz, I. S. (2001). *The exceptional child: Inclusion in early childhood education*. Albany, NY: Delmar.
Bagnato, S. J., & Neisworth, J. T. (1991). *Assessment for early intervention: Best practices for professional*. New York: Guilford.
Bagnato, S, J., & Neisworth, J. T. (1999). Collaboration and teamwork in assessment for early intervention. *Child and Adolescent Psychiatric Clinics of North America, 8*, 347-363.
Beckman, P. & Kohl, F. L. (1984). The effects of social and isolate toys on the interactions and play of integrated and nonintegrated groups of preschoolers, *Education and Training of the Mentally Retarded, 19*, 169-174.

Brennan, H. R. (2005). Behavior and Social Effects of Inclusion at the Preschool Level: Exploring an Integrated Early Childhood Classroom. Washington, DC. ERIC ED 490-544.

Bricker, D. D. (2002). *Assessment, evaluation, programming system for infants and children.* Paul Brookes Publishing Co.

Bricker, D. D., & Sheehan, R. (1981). Effectiveness on early intervention program as indexed by measures of child change, *Journal of the Division for Early Childhood, 4,* 11-28.

Bricker, D. D., Pretti-Frontczak, K., & McComas, N. (1998). *An activity based approach to early intervention* (2nd ed.). Baltimore, MD: Paul. Brookes Publishing Co.

Bricker, D. D. (1989). *Early intervention for at-risk and handicapped infants, toddlers, and preschool children.* CA: VORT Corporation.

Bricker, D. D. (1996). Assessment for IFSP development and intervention planning. In S. J. Meisels & E. Fenichel (Eds.), *New visions for the development assessment of infants and young children* (pp. 169-192). Washington, DC: Zero to Three National Center for Infants, Toddlers, and Families.

Donald, B. B. & Mark, W.(1992). *Teaching Infant and Preschooler with Disabilities* (2nd ed.). Prentice Hall.

Dunst, C. J., Jolamson, C., Trivette, C.M., Hamby, D. (1991). Family-Oriented Early Intervention policies and practices : Family-Centered or not? *Exceptional Children, 58,* 115-126.

Dunst, C, J., Trivette, C. M., & Tompson, R. (1991). New Direction for Family Resource and Support Program. In D. G. Unger & D. R. Powell.(Eds.), *Family as Nurturing System: Support across the Life span*(pp.19-43). NY: Haward.

Dunst, C; J., & Trivette, C. M. (1994). Aims and Principle of Family Support Programs. In Dunst, C, J., Trivette, C. M., & Deal, A. G.(Eds.), *Supporting and Strengthening Families* (pp. 30-48). Cambridge, MA: Brookline Books, Inc.

Esposito, B. G. & Peach, W. J. (1983). Changing attitudes of preshool children toward handicapped persons. *Exceptional Children, 43,* 202-210.

Esposito, B. G. & Peach, W. J. (1983). Changing attitudes of preschool children toward handicapped person, *Exceptional Children, 49,* 361-363.

Eva Essa (2008). What to do When-Practical Guidance Strategies for Challengeing Behavors in the Preschool, Sixth Edition, THOMSON.

Farazza, P., Philipsem, L., & Kumar. P (2000). Strategies for promoting social relationship between young children with and without disabilities: Implications for research. Paper presented at International Division for Early childhood, CEC Annual Conference. Phoenix, AZ.

Fewell, R. R., & Oelwein, P. L. (1990). The relationship between time in integrated environments and developmental gains in young children with special needs. *Topics in Early Childhood Special Educaiton, 10*(2), 104–116.

Fewell, R. R., & Oelwein, P. L. (1990). The Relationship Between Time in Integrated Environments Gains in Young Children With Special Needs. *Topics in Early Childhood Special Educaiton, 10*(3), 105–117.

Fjørtoft, I., & Sageie, J. (2000). The natural environment as a playground for children landscape description and analyses of a natural playscape. *Landscape and Urban Planning, 48*(1), 83–97.

Gargiulo, R., & Kilgo, T. (2000). Young children with special needs. Delmar publishers.

Gearheart, B. R. (1980). *Special education for the 80's,* St. Louis: The C. V. Mosby Company.

Guralnick, M. J. (1980). Social interaction among preschool handicapped children, *Exceptional Child Psychology, 31,* 115–130.

Guralnick, M. J. (2001). Social competence with peers and early childhood inclusion: Need for alternative approaches. In M. J. Guralnick (Ed), *Early childhood inclusion: Focus on change* (pp.481–502). Baltimore: Paul H. Brookes Publishing Co.

Johnson–Martin, N., Attermeier, S., & Hacker, B. (2004). *Carolina Curriculum for Preschoolers with Special Needs.* MD: Paul Brookes Publishing Co.

Karens, M. B. & Richard, C, Lee (1979). Mainstreaming in the preschool, *Current Topic in Childhood Education,* Vol. II, ed. L. G. Katz, New York: Univ. of Illinois Press.

Karnes, M. B. & Johnson, L. J. (1989). Training for staff, parents and volunteets working with Gifted young children, Especially those with clisabilite and from low–income. *Young Children, 44*(3), 49–56.

McEvoy, M. A., Odom. S. L., & McConneell, S. R. (1992). Peer social competence intervention for young children with disabilities. In S. L. Odom, S. McConnell, & M. A. McEvoy (Eds.), *Social competence of young children with disabilities* (pp. 3–36). Baltimore: Brookes.

Newman, Judith (2006). 'EC CARES: 미국 오리건 지역의 조기중재 및 유아특수교육 프로그램', 장애아통합교육, 제11회 총신유아교육 학술대회, 19–28.

Odom, S. L. & Strain, P. S. (1984). Classroom–based social skills instruction for severely handicapped preschool children, *Topics in Early Childhood Special Education, 4,* 97–116.

Odom, S., & Mchean, M, E. (1996). Early Intervention/Early Childood Secial Education: Recommended Practices. *Orthopsychiartry, 59,* 6–19. Austin, TX: PRO–ED.

Preschool children, *Analysis and Intervention in Developmental Disabilities, 2,* 207–222.

Sarah, R., babara, J. F., & Mark, S. I. (1990). Preparation for Transiton to Mainstreamed Post-Preshool Environments: Development of a Survival Skills.

Schwatz, L. L. (1984). *Exceptional students in the mainstream.* Belmont California: Wadworth publishing Company.

Squires, J., & Bricker, D. (2009). *An activity-based approach to developing young children's social emotional competence.* Paul Brookes Publishing Co.

Strain, P. S., Shores, R. E., & Kerr, M. M. (1976). An experimental analysis of pill over effects on social interaction among behaviorally handicapped preschool children, *Journal of Applied Behavior Analysis, 9,* 31-40.

Strain, P. S., & Hoyson, M. (2000). The need for longitudinal, intensive social skill intervention: LEAP Follow-up outcomes for children with autism. *Topics in Early Childhood Special Education, 20*(2), 116-122.

Shears, M., & Shear, D. E. (1974). The Portage Project, Paper Presented at Conference on Early Intervention for high Risk Infants and Young Children. Chopel, Hill, North Carolina.

Turnbull, A. P., & Turnbull, H. R. (1997). *Families, Professionals, and Exceptionality: A Special Partnership* (3rd ed.). Cloumbus, OH: Merrill.

Neisworth, J. T., & Bagnato, S. J. (2004). The mis-matching of young children. The authentic assessment alternative. *Infants and Young Children, 17,* 198-212.

Pretti-Frontczak, K., & Bricker, D. (2004). *An activity based approach to early intervention.* Baltimor: Paul Brookes Publishing Co.

http://cafe.daum.net/louegpa/6u30/642 함께하는 강북 성북 장애인 부모회

http://ulsan.familynet.or.kr 울산대학교와 함께하는 울산광역시 건강가정지원센터

http://www.dreamforchild.com 다솜아동발달센터

http://www.hopestart.org 희망 스타트

http://www.knise.kr 국립특수교육원

http://www.moleg.go.kr 법제처

http://westart.joins.com We Start 마을 사업 표준안

http://www.withua.com 장애유아 통합포털 위드유아

찾아보기

인 명

내 용

편저자 소개

책임집필 / 정갑순(총신대학교 유아교육과 명예교수, 총신대학교 부속유치원 원장 역임)

집필위원 / 정희영(총신대학교 유아교육과 교수)

김미경(총신대학교 유아교육과 교수)

허계형(총신대학교 유아교육과 교수)

최영해(총신대학교 유아교육과 겸임교수)

김나래(총신대학교 부속유치원 교사)

이만큼(총신대학교 부속유치원 교사)

장애유아 통합교육과정

—하나, 둘, 셋, 단계별 따라 하기—

2011년 8월 20일 1판 1쇄 인쇄
2011년 8월 30일 1판 1쇄 발행

편저자 • 총신대학교 부속유치원
펴낸이 • 김진환
펴낸곳 • (주) 학지사
121-837 서울특별시 마포구 서교동 352-29 마인드월드빌딩 5층
대표전화 • 02)330-5114 팩스 • 02)324-2345
등록번호 • 제313-2006-000265호

홈페이지 • http://www.hakjisa.co.kr
커뮤니티 • http://cafe.naver.com/hakjisa

ISBN 978-89-6330-676-6 93370

정가 19,000원